디지털통상론

디지털통상연구회

Theory and Practices of

DIGITAL TRADE

박영사

일러두기

1. 본 교재는 다수의 연구자들이 참여한 관계로 동일한 용어에 대해 다른 번역을 사용한 사례가 존재합니다. 이러한 경우에는 독자들의 이해를 돕고자 원문표현을 함께 표기하였습니다.

2. 본 연구에서 언급되는 각종 협정이나 국제기구, 정부기관 등의 명칭은 본문에서 처음 나올 때는 한글(영어 명칭: 약어)의 형태로 작성하였으며, 이후에는 통상적 명칭과 약어를 병용하였습니다. [예: 한국-싱가포르 디지털동반자협정(Korea-Singapore Digital Partnership Agreement: KSDPA), 이후 '한-싱 DPA', 'KSDPA' 병용]

3. 비록 엄격한 의미에서 각 용어가 갖는 주체와 범위 차이에도 불구하고, '디지털무역'과 '디지털통상'이라는 용어는 본 연구에서 동일한 의미로 사용되었습니다.

4. 본 연구에서 각주는 가독성과 독자들의 편의를 위해 장마다 1)로 새로 시작하였습니다.

머리말

국제경제를 다루는 시스템은 현재 중대한 국면을 지나가고 있습니다. 지난 20세기 국제통상의 발전을 이끌었던 다자주의(multilateralism)는 점점 힘을 잃어가고, 대외 경제정책에서의 자국 우선주의는 무역에서의 보호주의(protectionism) 경향을 더욱 강화하고 있습니다. 특히, 지난 글로벌 금융위기 이후 축적된 이러한 보호주의의 에너지는 지금까지 이루었던 국제통상 체제에서 다양한 변화를 초래하였습니다. 미국은 소위 "America First" 정책을 통해 WTO로 대표되었던 다자주의 무역체제의 변경을 요구하였고, EU는 "Brexit"를 거치며 그동안 이루었던 지역통합에 대한 철학이 도전을 받았습니다. 한편, 중국은 반도체 굴기 등을 통해 국제경제에서 미국과 양강 체제를 형성하려는 구체적 움직임을 나타내고 있습니다. 이러한 세계 경제와 무역 시스템에 대한 변화 속에서 국가들은 이제까지 경험하지 못했던 새로운 분야에서의 도전에 직면하고 있습니다.

이러한 통상문제의 핵심에는 새로운 환경에 대한 도전과 응답이 있습니다. 오래 전 인류가 선박을 통해 바다를 이용하게 되면서 국제사회는 각종 상품의 운송 및 물류시스템을 발전시키게 되었습니다. 1900년대 다양한 금융상품의 도입과, 각종 서비스의 발전은 새로운 무역형태를 제공하게 되었으며, 20세기 말 지식재산권이나 노동, 환경 등 새로운 쟁점들과 연계된 통상문제는 언제나 기존 시스템에 대한 도전이었습니다. 그리고 지금 우리는 제4차 산업혁명이라 불리는 "디지털" 시대를 맞아 다시 한번 새로운 도전을 마주하고 있습니다. 지금 우리가 마주하는 소위 "디지털 혁명"은 기존의 법과 제도, 그리고 다양한 정책에서 새로운 관점을 제시해 주고 또한 지금까지 경험하지 못하였던 낯선 문제들을 남겨놓을지도 모릅니다. 이러한 쟁점들은 비단 어느 한 특정 학문의 영역에만 머무는 것이 아니라 다양한 관점에서의 통합적 논의를 요구하는 문제일 수도 있습니다.

이러한 상황에서 지난 2023년 초 평소에 디지털통상에 관심을 두었던 몇 명의 교수, 연구자 및 실무가들이 모여 디지털통상 분야에 대한 기존의 논의를 정리하고, 이를 이해하는데 기본이 될 교재를 만들자는 의견을 나누었습니다. 이후 이 교재를 만들기 위해 포함되어야 할 내용을 선정하고, 해당 부분을 어떻게 작성할지 토의하였으며, 수차례의 공식·비공식 회의를 진행하는 등 다양한 작업을 함께 해왔습니다. 그리고 이러한 공동작업의 결과가 지금 마주하게 된 『디지털통상론』입니다.

그러나 학문적 배경이나 접근 방법이 다르고, 또한 전공이나 글을 쓰는 방법 등에서 많은 차이를 갖고 있는 다수의 연구자들 그리고 실무자들이 모여 함께 한 공동작업은 부분적인 한계도 함께 보여주었습니다. 예를 들어 같은 영어단어에 대한 번역도 문맥에 따라 또는 각 장(chapter)을 작성한 사람에 따라 다르게 표기된 경우도 있을 것입니다. 이러한 문제를 해결하기 위해 각 장을 담당하는 연구자들은 가능하면 이를 통일하고자 노력하였지만 마지막까지 완벽한 통일성을 만들어내지는 못했습니다. 또한 '디지털통상'을 다루는 교재로서 가능하면 현재 논의되는 디지털통상 분야에서의 다양한 사안들, 예를 들어 '디지털경제와 조세' 등 많은 쟁점들을 내용에 포함시키고자 하였습니다만 참여인력의 한계 또는 주어진 시간적 제약 등으로 처음 예상했던 모든 분야들을 포함시키지는 못하였습니다. 이런 부분들은 어쩌면 이번 교재에서의 한계일 수도 있습니다. 그러나 이러한 점들은 향후 본 교재를 개정하면서 좀 더 완결성을 갖춰가도록 하겠습니다.

'디지털통상연구회'는 현재 디지털통상, 디지털경제 분야에서의 전문가를 지향하는 교수, 연구자 및 실무가들의 모임입니다. 이 교재는 지금까지 디지털통상 분야를 연구해 온 저자들의 자기 고백이기도 합니다. 어쩌면 수줍은 고백이 될 수 있는 이 교재를 출간하기 위해 많은 분들의 노력이 있었습니다. 우선 본 교재를 출판하기까지 전반적인 작업은 영남대학교 노재연 교수님께서 맡아서 수고해 주셨습니다. 또한 박영사 탁종민 대리는 촉박한 출판일정 속에서도 저자들의 원고를 검토하고 통일성과 일관성을 위해 마지막까지 많은 노력을 해 주셨습니다. 그리고 본 교재의 출판을 허락해주신 안종만 회장님, 안상준 대표님, 조성호 이사님께도 감사의 말씀을 올립니다. 아무쪼록 본 교재를 통해 독자들이 변화하는 디지털통상 환경을 이해하는 데 도움이 되기를 바랍니다. 아울러 본 교재가 변화하는 국제통상 환경에서 직면한 도전에 응답하며, 디지털통상의 국제질서를 형성하는 데 우리나라가 선도국가로서 활약할 수 있는 기초가 되기를 희망합니다.

2024년 1월
디지털통상연구회를 대표하여
권현호

집필진 소개

곽동철

서울대학교 국제대학원 석사 및 박사

(전) 한국무역협회 통상지원센터 수석연구원

(현) 경북대학교 경제통상학부 조교수

(現, E-mail: kwakdc@knu.ac.kr)

☐ 저서 및 논문

디지털 시대의 통상정책에 대한 연구: 전자적 전송에 대한 무관세 모라토리움을 중심으로(2022)

TAPED를 활용한 글로벌 디지털무역규범의 형성과 아시아-태평양 지역무역협정의 역할에 관한 연구(2022) 외

권현호

고려대학교 법과대학 석사 및 박사

미국 New York University School of Law LL.M.

성신여자대학교 법학부 교수

(現, E-mail: luckyhyun@sungshin.ac.kr)

☐ 저서 및 논문

디지털통상협정의 한국형 표준모델 설정 연구(2023)

디지털무역과 국제통상규범(신국제경제법 2022) 외

김민정

서울대학교 국제대학원 박사

KDI 국제정책대학원 석사

서울대학교 국제학연구소 국제통상전략센터 책임연구원

(現, E-mail: mjk@snu.ac.kr)

□ 저서 및 논문

국제통상 체제의 표준규정 분석과 디지털무역 협정 시사점(2021)

디지털통상 규범 발전과 통상법 쟁점 연구(2021) 외

노재연

서울대학교 대학원 경제학 박사

미국 George Washington University 국제관계학 석사

영남대학교 무역학부 조교수

(現, E-mail: acts8@yu.ac.kr)

□ 저서 및 논문

The Effects of Digital Trade Policies on Digital Trade(2023)

디지털 통상의 국제규범화 현황과 쟁점: 국경 간 데이터 이동 및 데이터 보호를
　중심으로(2021) 외

서정민

미국 Boston University 경제학 박사

서울대학교 경제학부 경제학 석사

숭실대학교 글로벌통상학과 교수

(現, E-mail: jsuh@ssu.ac.kr)

□ 저서 및 논문

The effects of digital trade policies on digital trade(2023)

Information Technology and Spatial Reorganization of Firms(2022) 외

이주형

이화여자대학교 법과대학 법학 박사

Graduate Institute of International and Development Studies(Geneva)
　법학 석사

사법연수원 36기

(현) 김앤장 변호사

(전) 대법원 국제심의관, 외교부 국제법률국 행정사무관

(現, E-mail: amylee2525@gmail.com)

□ 저서 및 논문

온라인플랫폼의 규제와 혁신을 위한 신거버넌스 – 디지털 무역협정을 중심으로
 (2023)

EU 디지털 무역규범의 발전과 시사점 – '국가의 규제권한'을 중심으로(2021) 외

이효영

서울대학교 국제학 박사

KDI 국제정책대학원 정책학 석사

국립외교원 부교수

(現, E-mail: hylee17@mofa.go.kr)

□ 저서 및 논문

경제안보의 관점에서의 디지털무역 규범과 우리의 디지털경제외교 전략 (2022)

디지털 무역협정의 '정당한 공공정책 목적(LPPO)' 예외의 의미와 쟁점(2021) 외

한주실

미국 Boston University School of Law LLM in Taxation

사법연수원 36기

(현) 산업통상자원부 FTA 서비스투자과 과장

(現, E-mail: jslhan07@gmail.com)

차례

PART
03 무역원활화와 디지털통상

PART
06 디지털통상과 정책적 재량

약어표

주요 약어	영어 표기	한글 표기
APEC	Asia-Pacific Economic Cooperation	아시아태평양경제협력체
ASEAN	Association of Southeast Asian Nations	동남아시아국가연합
AUSDEA	Australia-Singapore Digital Economy Agreement	호주-싱가포르 디지털경제협정
CEPA	Comprehensive Economic Partnership Agreement	포괄적경제동반자협정
CETA	Comprehensive Economic Trade Agreement	포괄적경제무역협정
CPTPP	Comprehensive and Progressive Agreement for Trans-Pacific Partnership	포괄적·점진적환태평양경제동반자협정
DDA	Doha Development Agenda	도하개발의제
DDE	Dialogue on Digital Economy	디지털경제에 관한 대화회의
DEPA	Digital Economic Partnership Agreement	디지털경제동반자협정
DPA	Digital Partnership Agreement	디지털동반자협정
EFTA	European Free Trade Association	유럽자유무역연합
EJEPA	EU-Japan Economic Partnership Agreement	EU-일본 경제동반자협정
EPA	Economic Partnership Agreement	경제동반자협정
EUKTCA	EU-UK Trade and Cooperation Agreement	EU-영국 무역협력협정
FTA	Free Trade Agreement	자유무역협정
GDPR	General Data Protection Regulation	유럽연합 일반데이터보호규칙
GIA	Geographical Indication Agreement	지리적표시협정
IPEF	Indian-Pacific Economic Framework	인도-태평양경제프레임워크
ITA	Information Technology Agreement	정보기술협정
ITE	Information Technology Equipment	정보기술장비
KSDPA	Korea-Singapore Digital Partnership Agreement	한국-싱가포르 디지털동반자협정
NAFTA	North America Free Trade Agreement	북미자유무역협정
RCEP	Regional Comprehensive Economic Partnership	역내포괄적경제동반자협정
RTA	Regional Trade Agreement	지역무역협정
SDG	Sustainable Development Goals	지속가능한 개발 목표
SECA	Strategic Economic Cooperation Agreement	전략적경제협력협정

주요 약어	영어 표기	한글 표기
SPA	Strategic Partnership Agreement	전략적동반자협정
STEP	Agreement for Sustainable Trade and Economic Partnership	지속가능무역과경제동반자협정
TBT	Technical Barriers to Trade	무역기술장벽
TFA	Trade Facilitation Agreement	무역원활화협정
TIDCA	Trade, Investment, and Development Agreement	무역투자개발협정
TIFA	Trade and Investment Framework Agreement	무역투자기본협정
TPP	Trans-Pacific Strategic Economic Partnership	환태평양경제동반자협정
TTC	Trade and Technology Council	무역기술이사회
UKSDEA	UK-Singapore Digital Economy Agreement	영국-싱가포르 디지털경제협정
UNCUECIC	United Nations Convention on the Use of Electronic Communications International Contracts	국제계약의 전자통신 이용에 관한 유엔협약
USITC	United States International Trade Commission	미국 국제무역위원회
USJDTA	US-Japan Digital Trade Agreement	미국-일본 디지털무역협정
USMCA	United States-Mexico-Canada Agreement	미국·멕시코·캐나다무역협정
WTO	World Trade Organization	세계무역기구

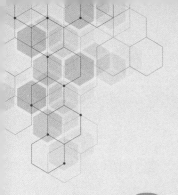

PART 01

디지털통상의 이해

제1장

디지털통상이란?

권현호

1. 개관[1]

　다자무역을 대표하는 세계무역기구(World Trade Organization: WTO) 체제는 20세기 말 정보통신기술의 급격한 발전과 함께 전자상거래(e-commerce)라는 새로운 유형의 무역을 규율해야 하는 도전을 맞이하였다. 이러한 변화와 도전은 규범 측면뿐만 아니라 실제 거대한 디지털경제(digital economy)를 이루어냈다.[2] 또한 4차 산업혁명의 도래, 보호무역 및 지역주의의 심화 등에 기인한 글로벌가치사슬(Global Value Chain)의 패러다임 변화는 이러한 흐름을 더욱 가속화시키고 있다.[3] 특히 2017년 트럼프 대통령 취임 이후 지금까지 계속되고 있는 미국과 중국 간의 갈등은 단순한 통상 분쟁에 머무는 것이 아니라 안보와 기술, 나아가 국제사회의 패권 경쟁으로 발전하고 있다.[4]

　이러한 변화 속에서 디지털무역의 성장은 국제통상 관계에서 기회와 도전을 동

1　이하의 내용은 2022년 1월 『명지법학』에 게재된 '디지털무역과 국제통상규범'이라는 필자의 논문 중 일부를 발췌하여 작성되었다.

2　예를 들어, 2023년 5월 시가총액 기준 세계 10대 기업에 디지털 기업으로 애플, 마이크로소프트, 알파벳, 아마존, 메타플랫폼 등이 올라왔다. 이는 2008년 기준으로 마이크로소프트와 구글 등 단 2개 기업이 올라온 것과 비교하면 이미 상당한 변화가 진행되었음을 알 수 있다. 이러한 통계는 https://www.statista.com/statistics/263264/top-companies-in-the-world-by-market-capitalization 참조 (2023년 9월 30일 최종접속)

3　한국무역협회 국제무역연구원, 『글로벌 가치사슬(GVC)의 패러다임 변화와 한국무역의 미래』, 2020년 2월, 18-63면 참조.

4　특히, 미국은 4차 산업혁명 기술과 글로벌가치사슬 및 디지털규범에 있어 소위 '민주주의 가치 동맹국'과 함께 규범의 제도화를 통해 새로운 판을 구상하고 있다. 미-중 분쟁의 통상관계 측면에 대한 좀 더 자세한 내용은 신원규, "디지털 대전환과 글로벌 통상환경의 변화", 『SW중심사회』, 소프트웨어정책연구소, 2021년 9월, 59~60면 참조.

시에 가져왔다. 우선 디지털무역의 성장은 관련 인프라 및 서비스에 대한 접근비용을 낮춰 많은 국가들이 무역에 참여할 수 있는 기회를 확대시킬 수 있다. 특히, 디지털화가 가능한 서비스 분야는 이를 통하여 새로운 산업으로 성장할 수 있다는 긍정적 측면을 갖는다.[5] 한편, 디지털무역이 점차 플랫폼화되면서 개인정보 보호, 온라인 소비자 보호 및 데이터의 국경 간 이동과 보안 문제, 데이터저장시설(서버) 국내유지 요구금지 등 다양한 쟁점들에 대한 우려가 제기되고 있으나 이를 규율하는 국제통상 규범이 아직까지 제한적이라는 점은 해결해야 할 도전이 된다.[6]

한편, 보다 근본적으로는 '디지털통상' 또는 '디지털무역'의 정의와 범위에 대해서도 명시적으로 인정되는 국제적 합의는 아직까지 도달하지 못한 것으로 보인다.[7] 이는 디지털 방식으로 이루어지는 무역의 다양한 측면을 어디까지 고려할 것인지에 대하여 경제 주체마다 그리고 개별 국가마다 서로 다른 시각을 갖고 있기 때문으로 보인다. 다만, 무역 또는 통상이라는 관점에서 디지털 교역을 검토한다면 1998년 시작된 WTO의 전자상거래 논의는 현재의 디지털통상 논의의 출발점이 된다고 평가할 수 있다.

1998년 5월 일반이사회(General Council)에서 채택된 '세계전자상거래선언(Declaration on Global Electronic Commerce)'과,[8] 동 선언에 따라 같은 해 9월 이루어진 '전자상거래 작업프로그램(Work Programme on Electronic Commerce)'은 전자상거래를 '전자적 수단에 의한 상품과 서비스의 생산, 유통, 마케팅, 판매 또는 전달'로 표현하였다.[9] 이러한 전자상거래 개념은 기본적으로 교역의 대상, 즉 상품이나

---

5   예를 들어, 교육·회계·원격진료 등 기존에 비교역재로 인식되던 서비스가 디지털화되어 국경 간 공급이 가능해지면서 무역을 통한 미래 먹거리의 다양화가 가능해지고, 또한 AICBM(AI, IoT, Cloud, Big Data, Mobile) 등 신기술을 활용하는 새로운 재화와 서비스 공급 여건을 조성하여 혁신성장을 유도할 수 있다는 견해가 있다. KOTRA, "글로벌 디지털 통상규범 논의 동향 및 주요국 입장", Global Market Report 20-003, 6면 참조.

6   앞의 주.

7   디지털통상 또는 디지털무역이란 "Digital Trade"라는 용어를 우리말로 어떻게 번역하는가의 차이에 기인한다. 비록 통상과 무역이라는 용어가 행위 주체나 관련 교역의 법적 성격 등에서 일부 차이가 있을 수 있다. 그러나 본고에서는 이러한 차이에도 불구하고 '디지털통상'과 '디지털무역'은 동일한 의미로 사용한다.

8   WTO, Declaration on Global Electronic Commerce, WT/MIN(98)/DEC/2, May 25, 1998.

9   WTO, Work Programme on Electronic Commerce, WT/L/274, 30 September 1998, para. 1.3.

서비스가 오프라인에서 존재하거나 또는 이와 동종의 대상이 전자적 수단을 통해 온라인에서 교역이 이루어지는 일종의 매개체로서의 성격을 강조한 것으로 보인다.

그러나 2000년대 이후 '디지털무역'이라는 용어가 사용되기 시작하면서 그 개념과 범위도 변경되고 있다.[10] 예를 들어, 2013년 미국 국제무역위원회(United States International Trade Commission: USITC)는 디지털무역을 인터넷, 즉 고정된 유선망이나 모바일 네트워크를 통하여 이루어지는 상품 및 서비스의 제공으로 정의하고 있다.[11] 다만, USITC는 소프트웨어나 음악, 영화 등 CD나 DVD에 담겨 판매되는 물리적 상품들과, 온라인으로 주문된 물리적 실체가 있는 상품들은 이러한 디지털무역의 범위에서 제외된다고 밝히고 있어[12] 기존 WTO에서의 전자상거래의 범위와는 다소 차이를 보인다. 또한 2017년 USITC 보고서는 디지털무역에 대한 개념을 "모든 산업 분야에서 인터넷을 통한 상품 및 서비스의 전송, 그리고 스마트폰 등 인터넷과 연결되는 기기 등 관련 상품의 전송"을 의미한다고 명시하여 이전 2013년 보고서와도 차이를 나타내기도 한다.[13] 한편, WTO 전자상거래 이니셔티브 논의를 위해 2018년에 제출한 회람문서에서 미국은 디지털무역을 "전자적 수단에 의하여 이루어지는 통상의 모든 무역관련 측면들을 포함하는 것"으로 설명하고 있다.[14]

결국, 디지털무역에 대한 정의나 범위에 대하여 현재까지 국제적으로 명시된 기준은 없는 것으로 보인다. 이는 디지털무역이 포괄하는 산업과 교역의 형태 및 행위자들의 다양성으로 그 범위를 한정하기 어렵고, 기술의 발전에 따른 상황의 가변성이 크기 때문이다. 다만 디지털무역이 갖는 공통적 특징은 다음과 같이 정리될 수 있다.

---

10 이러한 변화는 WTO에서 전자상거래 논의를 주도하고 있던 미국이 전자상거래라는 용어 대신 디지털무역 또는 디지털통상이라는 용어를 사용하면서 변경된 것으로 보인다. KOTRA, 앞의 주4), 3면.

11 USITC, *Digital Trade in the U.S. and Global Economies*, Investigation No.332-531, USITC Publication 4415, July 2013, p. xii, and 1-2.

12 *Id.* 다만, 이러한 USITC의 디지털무역에 대한 개념정의는 동 보고서에 한정된다는 한계가 있다.

13 USITC, *Global Digital Trade 1: Market Opportunities and Key Foreign Trade Restrictions*, Investigation No.332-561, USITC Publication 4716, August 2017, p.33. 다만 동 보고서에서도 전자상거래 플랫폼과 관련된 서비스의 제공은 디지털무역의 범위에 포함되지만, 2013년 보고서와 마찬가지로 온라인으로 주문된 물리적 실체가 있는 상품과 CD나 DVD에 체화될 수 있는 디지털상품은 디지털무역의 대상에서 제외된다.

14 WTO, JOINT STATEMENT ON ELECTRONIC COMMERCE INITIATIVE, Communication from the United States, JOB/GC/178, 12 April 2018, footnote 1.

첫째, 디지털무역은 디지털화가 가능한 상품이나 서비스의 교역 또는 데이터 그 자체를 대상으로 한다. 둘째, 디지털무역은 대상이 무엇이든 디지털화된 수단을 통해 이루어진다. 결국, 디지털무역 또는 디지털통상이란 디지털 수단에 의하여 이루어지는 상품, 서비스 및 데이터 등의 교역과 이와 관련된 경제주체 사이의 국경을 넘는 활동으로, 온라인을 통한 상품 및 서비스의 교역뿐만 아니라, 스트리밍 등 새로운 인터넷 플랫폼 서비스와 클라우드 서비스 등을 통한 데이터의 이동 등을 포괄하는 것으로 이해될 수 있다.[15]

2. 주요 국제기구의 디지털통상 개념과 범위

(1) WTO

1) 논의 경과

디지털통상에 대한 국제기구의 시각 중 가장 대표적인 것은 무역을 직접 다루고 있는 WTO에서의 논의 결과일 것이다. 앞서 언급한 것처럼 WTO에서 디지털무역에 대한 논의의 출발은 1998년 5월 제2차 WTO 각료회의에서 이루어진 '세계전자상거래선언'에서 비롯되었다.[16] 동 선언에 따라 일반이사회는 1998년 9월 WTO에서의 구체적인 전자상거래 논의계획을 담은 작업계획을 채택하고,[17] 무역과 관련된 전자상거래의 다양한 측면을 검토하였다. 그러나 1999년 11월 제3차 시애틀(Seattle) 각료회의의 실패 이후 WTO에서의 전자상거래 논의는 상당기간 답보상태에 머물렀다. 이후 2000년 7월 일반이사회는 WTO 전자상거래 작업계획을 다시 시작할 것을 결정하고, 각 이사회는 일반이사회에 그 결과를 보고하도록 하였다.[18] 이에 따라 2001년 5월 일반이사회에서 회원국들은 분류문제를 포함한 전자상거래의 교차쟁점(cross-cutting

---

15 KOTRA, 앞의 주5), 4면.

16 WTO, *supra* note 9, 동 각료선언은 WTO 일반이사회(General Council)에 전자상거래의 무역관련 쟁점들을 검토하기 위한 작업계획(Work Programme)을 설정할 것을 결정하고, 회원국들이 전자상거래에 관세를 부과하지 않는 현 관행을 지속할 것을 규정하였다.

17 WTO, *supra* note 8.

18 WTO, G/L/421, 24 November 2000. para. 1.

issues)을 일반이사회 중심으로 논의를 지속하기로 결정하고, 동년 6월 첫 회의를 개최하였다.[19] 한편 동년 11월 카타르 도하(Doha)에서 개최된 제4차 WTO 각료회의는 WTO에서 전자상거래 논의를 다시 활성화시키는 데 중요한 계기가 되었다.[20] 그러나 WTO는 제11차 각료회의에 이르기까지 디지털무역에 대한 구체적 논의 결과를 도출하지 못하였다. 이후 WTO 회원국들은 제11차 각료회의에서 '전자상거래 공동선언'을 채택하여[21] 기존 전자상거래 작업계획에서 확인된 내용뿐만 아니라 전자상거래를 통한 무역원활화 측면에서 모든 활동을 포함하여 협상을 계속하기로 결정하였다.[22]

2017년 12월 제11차 각료회의에서 채택된 '전자상거래 공동성명'과, 전자상거래 작업계획에 따른 각료결정에 따라 2018년 3월부터 WTO는 비공식적으로 디지털무역의 다양한 쟁점들에 대한 협상을 진행하였다.[23] 이후 WTO는 기존 전자상거래 작업계획에 따른 미해결 쟁점뿐만 아니라, 디지털무역과 전자상거래의 원활화, 개방성과 디지털무역, 신뢰와 디지털무역 그리고 공통이슈 등 주요 4가지 주제와, 세부주제로 데이터의 국경 간 이전의 자유, 서버 로컬화 금지 등 최근 디지털무역에서 등장하는 자유화 요소를 포함하는 다양한 쟁점들에 대한 논의를 진행하였다.[24]

이에 따라 WTO는 2018년부터 수차례 비공식 회의를 가졌으나 구체적 합의를 이루지는 못하였다. 다만, 2018년 12월 개최된 9차 회의에서 의장국인 호주는 지금까지의 비공식 회의가 다양한 쟁점들에 대한 협상 참여국들의 이해를 높였고, 향후 WTO 차원의 협상 진행을 위한 공감대 형성에 기여했다고 평가하였다.[25] 또한 2019

---

19 WTO, WT/GC/W/436(*restricted*), 4 July 2001, p.1. 동 회의에서 결정된 '중복쟁점'으로는 분류문제 이외에도 개발관련 쟁점, 전자상거래의 재정적 함의, 전자상거래와 전통적 상거래와의 관계, 관세의 부과, 경쟁문제 및 관할권과 준거법 등이 있다.

20 WTO, WT/MIN(01)/DEC/1, 20 November 2001, para. 34.

21 WTO, JOINT STATEMENT ON ELECTRONIC COMMERCE, WT/MIN(17)/60, 13 December 2017.

22 WTO, WORK PROGRAMME ON ELECTRONIC COMMERCE, MINISTERIAL DECISION OF 13 DECEMBER 2017, WT/MIN(17)/65, WT/L/1032, 18 December 2017.

23 WTO, *supra* note 21 및 22 참조.

24 이에 대하여는 김흥종, "디지털 무역 규범의 국제 논의와 한국의 대응", 「통상법률」 통권 제149호, 2020년 11월, 4면 및 이종석, "디지털 통상규범 정립 지연 이유와 우리나라 디지털 통상정책에 시사점", 「물류학회지」 제29권 제1호, 2019년 2월, 67면 <표 1>등 참조.

25 예를 들어, 전자인증의 효력인정, 서류 없는 무역 등 기존 전자상거래 촉진과 관련된 주제에 대해서는 협상 참여국들 간에 이견이 크지 않았으나, 국경 간 데이터 이전의 자유화, 시장접근 개선방안, 전자적 전송에 대한 무관세 등 자유로운 디지털무역 활동과 관련된 쟁점들에 대해서는 자유화를 주장하는 미

년 1월 비공식 WTO 각료회의에서 참가국들은 동 협상이 개도국을 포함한 모든 WTO 회원국들에게 도전과 기회를 제공할 것이라는 내용의 공동성명을 발표하기도 하였다.[26] 이에 따라 협상 참가국들은 제12차 WTO 각료회의까지 기존 전자상거래의 미해결쟁점뿐만 아니라 데이터 이전, 서버 장소에 대한 문제, 온라인 소비자 보호 등 디지털무역의 다양한 쟁점들에 대하여 논의하고 그 결과를 전자상거래 협정으로 담기 위해 노력하였다.[27] 그러나 2022년 6월 개최된 제12차 WTO 각료회의에서도 전자적 전송에 대하여 관세를 부과하지 않는 관행을 차기 각료회의 때까지 계속 유지한다는 합의 외에 다른 분야에서의 구체적인 합의에 도달하지는 못하였다.[28]

2) 디지털통상의 범위와 쟁점 요소

결론적으로 WTO는 무역을 직접 다루는 국제기구임에도 불구하고 현재 나타나고 있는 디지털무역에 대한 개념이나 정의, 또는 그 범위를 구체화하지는 않았다. 다만, WTO 전자상거래 논의는 WTO에서 처음 논의가 시작될 때와는 달리 지금은 다양한 디지털 쟁점들을 무역에 영향을 미치는 요소들로 고려하고 있고, 이를 '협상용 통합문서'에 반영하여 향후 체결될 WTO 복수국 간 전자상거래협정에 반영하고자 하였다. 동 협상문서에서 다루고 있는 디지털무역의 주요 쟁점 요소와 범위는 다음 표와 같다.

국, 일본, 싱가포르, 호주 등의 그룹과 이에 반대하는 중국을 비롯한 개발도상국 그룹 간의 견해 차이가 크게 나타났다. 이종석, 앞의 주.

26 WTO, JOINT STATEMENT ON ELECTRONIC COMMERCE, WT/L/1056, 25 January 2019.

27 WTO, News "Negotiations on e-commerce advance, eyeing a statement at MC12", 10 November 2021. https://www.wto.org/english/news_e/news21_e/ecom_10nov21_e.htm (2023년 10월 2일 최종 접속)

28 WTO, WT/MIN(22)/32, WT/L/1143, 22 June 2022.

〈표 1-1〉   WTO 전자상거래 협상을 위한 통합문서 구조[29]

구분	소구분	주요 내용
Section A 전자상거래 활성화	전자거래 원활화	- 전자거래의 구조 - 전자인증과 전자서명 - 전자계약 - 전자송장 - 전자지급서비스/전자지급의 원활화
	디지털무역원활화 및 물류	- 종이 없는 무역 - 미소마진 및 세관절차 - 싱글 윈도 정보교환과 시스템 상호운용성 - 물류 서비스 - 무역원활화 강화 - 상품반출과 통관을 위한 기술 사용 - 무역원활화 지원 서비스
Section B 개방과 전자상거래	비차별 및 책임	- 디지털제품 비차별대우 - 양방향컴퓨터서비스: 책임제한 - 양방향컴퓨터서비스: 침해
	정보의 이전	- 전자적 수단에 의한 국경 간 정보이전 - 컴퓨터설비의 위치 - 금융정보, 금융서비스 공급자를 위한 금융 컴퓨터설비 위치 　전자적 전송에 대한 관세
	인터넷과 정보 접근	- 공공데이터 개방 - 인터넷 접근 개방/전자상거래를 위한 인터넷 접근과 사용 　원칙 - 온라인 플랫폼 접근/경쟁
Section C 신뢰와 전자상거래	소비자 보호	- 온라인소비자보호 - 원치 않는 상업 전자메시지
	프라이버시	- 개인정보보호
	비즈니스 신뢰	- 소스코드 - 암호를 사용하는 ICT 제품
Section D 공통이슈	투명성, 국내규제 및 협력	- 투명성 - 무역 관련 정보의 전자적 가용성 - 국내규제 - 협력 및 협력 메커니즘 　사이버 보안

---

29   WTO, INF/ECOM/62/Rev.2 (restricted), 8 September 2021. 동 문서의 논의 구조를 표로 재구성함.

구분	소구분	주요 내용
Section E 통신	역량 강화	- 역량 강화와 기술지원을 위한 선택
	통신서비스에 대한 WTO 참고문서 업데이트	- 범위, 정의, 경쟁적 세이프가드, 상호연결, 보편적 서비스, 라이선싱과 인증, 통신규제기관, 제한된 자원의 분배와 이 용, 필수설비, 분쟁해결
	네트워크 장비 및 제품	- 전자상거래 관련 네트워크 장비 및 상품
Section F 시장접근	서비스 시장 접근, 임시 입국 및 전자상거래 관련 인원 부족, 상품 시장 접근	
부속서	서문, 정의, 원칙, 범위, 다른 협정과의 관계, 일반적 예외, 안보 예외, 건전성 조치, 조세, 분 쟁해결, 전자상거래의 무역측면 위원회	

이상의 표에서 살펴본 바와 같이 WTO에서 다루는 디지털무역의 범위는 국경을 넘어서는 데이터의 흐름과 이를 통해 제공되는 서비스를 포함하는 광범위한 영역을 포괄한다. 비록 WTO에서 디지털무역 자체를 정의한 바는 없지만, [표 1-1]에서 나타난 다양한 쟁점들은 디지털무역이 갖는 특성이자 개념 요소로 정리될 수 있다. 다만, 아직까지 WTO에서의 논의는 진행 중에 있고, 현재 확립되지 않은 개념의 모호성 등이 나타날 수 있다.[30] 그럼에도 불구하고 WTO에서의 논의는 현재 디지털무역의 개념과 범위를 파악할 수 있는 대표적인 수단이 될 것이다.

(2) OECD

경제협력개발기구(Organisation for Economic Co-operation and Development: OECD)는 지난 2001년 전자상거래에 대한 정의와 해석을 제시한 이후 현재는 단순한 전자상거래를 넘어 디지털 경제(digital economy)의 개념을 도입하여 관련 분야에서 다양한 활동을 지속해오고 있다. 2001년 OECD는 전자거래(electronic transaction)를 넓은 의미로는 "기업, 개인 및 기타 공공 및 민간 조직에 의해 수행되는지 관계없이 컴퓨터 네트워크를 통해 수행되는 상품 및 서비스의 구매와 판매"로 정의하였다. 한편 좁은 의미에서의 전자거래에서는 이에 더하여 인터넷을 통해 주문이 이루어지고, 결제나 상품 및 서비스의 전달은 궁극적으로 오프라인으로 이루어지

---

30 대표적으로 디지털제품(digital products)의 정의나 서비스의 전자적 전송 등을 규율하는 대상의 정의나
범위, 적용규범 등에서 아직까지 모호한 부분이 남아있다.

는 거래를 현 디지털통상의 기본이 되는 전자거래의 개념 요소로 파악하였다.[31] 한편 2009년에는 "주문 장소 또는 수령 목적을 위해 특별하게 고안된 방법에 의한" 컴퓨터 네트워크를 통한 상품과 서비스의 구매 또는 판매라는 표현이 추가되었다.[32] 이러한 전자거래에 대한 OECD의 정의와 해석에 대한 지침은 현재까지 유지되고 있다.[33]

다만, OECD의 활동은 디지털통상 부분에 국한된 것이 아니라 디지털 경제 전반에 걸쳐 다양한 쟁점들, 예를 들어 디지털 시대의 정책 결정이나, 디지털 환경에 대한 접근과 연결성의 문제, 데이터에 대한 접근과 공유, 재사용의 쟁점들, 프라이버시와 데이터 보호, 디지털 안보 등 광범위한 디지털 환경에서의 문제들을 다루고 있다.[34] 결국, 좁은 의미로서의 디지털무역 또는 전자거래의 국경 간 교역의 측면을 살펴본다면 OECD가 바라보는 디지털통상의 범위 또는 개념의 핵심은 결제나 배송의 측면이 아니라 거래의 시작인 주문이 이루어지는 방법에 초점을 두고 있다. 이러한 개념은 OECD는 디지털통상의 개념을 전통적 의미에서의 전자상거래에 초점을 두고 있으며, OECD의 디지털 분야에서의 활동은 디지털무역 또는 디지털통상과는 다른 차원으로 이해된다.[35]

(3) UNCTAD

디지털통상과 관련하여 UN무역개발회의(United Nations Conference on Trade and Development: UNCTAD)는 국제통화기금(International Monetary Fund: IMF)의 표준 서비스 분류 체계를 기반으로 ICT 기반 서비스(ICT-enabled services)라는 용어를 사용하고 있으며, "원격으로(전자적 또는 이메일을 통해) 전달될 수 있는 산출물"의 거래를 기본 개념으로 제시하고 있다.[36] UNCTAD가 의미하는 ICT 기반 서

---

31   OECD, OECD Guide to Measuring the Information Society 2011, August 2011, p. 74.

32   *Id.*

33   김정곤, "국경간 디지털상거래의 쟁점과 과제", 「국제통상연구」 제 23권 제1호, 2018년 3월, 59면 참조.

34   보다 자세한 OECD의 디지털 경제에 대한 시각은 OECD Digital Economy Outlook 2020, November 27, 2020, available at https://www.oecd.org/digital/oecd-digital-economy-outlook-2020-bb167041-en.htm (2023년 10월 2일 최종접속) 참조.

35   김정곤, 앞의 주 33) 참조.

36   이효영, "디지털 무역을 활용한 통상외교 확대 방안", IFANS 주요국제문제분석, 2017-27, 국립외교원 외교안보연구소, 2017년 7월, 4면 참조.

비스에는 대표적으로 통신, 보험, 금융, 컴퓨터 및 정보서비스, 기타 사업 서비스, 개인·문화 서비스 등이 포함되는 것으로 알려진다.[37] 특히, UNCTAD는 ICT 기반 서비스를 서비스무역에 관한 일반협정(General Agreement on Trade in Services: GATS)의 서비스무역 유형 중 모드 1(mode 1)에 해당하는 국경 간 공급(cross-border supply)으로 간주하고 있다는 점이 특징이다.[38] 물론 엄밀한 의미에서 앞서 예로든 다양한 서비스 유형들이 모두 국경 간 공급에 해당하지는 않는다. 다만, 이러한 서비스 중 많은 부분들이 현재 그리고 미래에 국경 간 공급의 형태로 무역이 가능할 것이고, 그에 따라 UNCTAD가 정의하는 ICT 기반 서비스는 더욱 중요해질 것이다.

3. 주요 국가의 디지털통상에 대한 개념과 접근 방향

(1) 미국

미국은 초기 전자상거래 시절부터 현 디지털무역에 이르기까지 디지털통상의 세계적 논의를 이끌어 가고 있는 국가이다. 앞서 살펴본 바와 같이 2013년 USITC는 디지털무역을 유선이나 무선 인터넷 네트워크를 통하여 이루어지는 상품 및 서비스의 제공으로 정의하고 있다.[39] 다만, 2013년 USITC의 디지털무역의 범위에는 물리적 실체가 있는 디지털제품(digital products)이 포함되지 않는다는 범위의 제한이 존재한다. 또한 2014년에 발표된 USITC 보고서에서는 디지털무역을 "인터넷과 인터넷 기반 기술이 주문, 생산, 또는 상품과 서비스의 전달에 있어 특별히 의미 있는 역할을 하는 미국 내 거래 또는 국제무역"으로 정의하고 있다.[40] 한편, 2017년 USITC 보고서는 디지털무역을 "모든 산업 분야에서 인터넷을 통한 상품 및 서비스의 전송, 그리고 스마트폰 등 인터넷과 연결되는 기기 등 관련 상품의 전송"의 개념으로 정의한다.[41] 특히 이러한 일련의 USITC 보고서에서 공통적으로 나타나는 개념은 전자상거래 플

37　김정곤, 앞의 주 33) 60면 참조.

38　UNCTAD, Information Economy Report 2006: The Development Perspective, pp. 35~37 참조.

39　USITC, *supra* note 11 참조.

40　USITC, Digital Trade in the U.S. and Global Economies, Part 2, August 2014, p. 29.

41　USITC, *supra* note 13 참조.

랫폼 및 이와 관련된 서비스는 디지털무역의 범위에 포함되지만, CD나 DVD 등에 담긴 영상물과 같이 물리적인 상품이 있는 좁은 의미의 '디지털제품'의 온라인 주문과 거래는 디지털무역에 포함되지 않는다는 점이다. 그러나 이러한 디지털무역에 대한 범위의 제한은 USITC가 보고서를 작성하면서 규정한 범위에 불과하며 일반적인 국제무역에서의 미국의 입장으로 파악하기는 어렵다.

한편, 2018년 WTO 전자상거래 이니셔티브 논의에 제출한 문서에서 미국은 디지털무역을 "전자적 수단에 의하여 이루어지는 통상의 모든 무역관련 측면들을 포함하는 것"으로 설명하고 있다.[42] 즉, 동 문서에서 미국은 디지털무역의 개념 또는 범위에서 가장 중요한 특징으로 '전자적 수단'이라는 점을 강조하고 있다. 또한 미국이 다른 국가들과 체결한 국제협정들 속에서의 디지털무역에 대한 입장은 해당 협정에 따라 달리 규정하고 있음을 알 수 있다. 예를 들어, 일반적인 FTA 내 체결되는 전자상거래 장(chapter)의 경우에는 '디지털제품'의 개념을 적극적으로 사용하고 이의 전자적 전송에 대한 무관세를 적용하며, 비차별대우 의무를 부과하는 명시적 조항들을 포함한다.[43] 예를 들어, 미국-멕시코-캐나다 자유무역협정(USMCA)은 제19장에서 디지털무역을 별도로 규정하고 있으며, 기존 WTO에서의 전자상거래 범위에 더하여 온라인 소비자보호, 개인정보보호, 데이터의 국경 간 이전이나 서버 현지화 문제 등 보다 넓은 쟁점들을 디지털무역의 범위에 포함시키기고 있다.[44]

또한 미국의 디지털무역에 대한 관심은 기존 FTA 내 전자상거래 관련 쟁점들에 대한 규율에서 발전하여 독립적인 디지털협정 자체를 체결하기도 하였다. 예를 들어, 미국이 일본과 체결한 미-일 디지털무역협정(US-Japan Digital Trade Agreement: USJDTA)은 디지털통상에 관한 최초의 단독협정이라는 점이 가장 큰 특징이다. 또한 동 협정은 기존 FTA 내 전자상거래 장의 규율 내용을 포함하여 알고리즘, 금융데이터, 조세, 암호화 기술, 온라인 플랫폼 등등 기존 FTA 전자상거래 장에는 포함되지 않

42　WTO, *supra* note 14 참조.

43　이러한 미국의 전자상거래 장에 대한 특징의 보다 자세한 내용은 권현호·이주형·김민정·곽동철, 「디지털통상협정의 한국형 표준모델 설정 연구」, 대외경제정책연구원, 연구보고서 22-29, 2023년 5월, 42면 참조.

44　USMCA, Chapter 19 Digital Trade, https://ustr.gov/trade-agreements/free-trade-agreements/united-states -mexico-canada-agreement/agreement-between (2023년 10월 5일 최종접속)

는 새로운 디지털통상의 분야들이 포함되었다. 이는 형식적으로 디지털무역을 다루는 독립된 협정이라는 점 외에 새로운 디지털무역의 범위를 포함하여 기본 체계를 강화했다는 특징을 갖는다.[45]

결국 미국은 디지털무역에 대한 개념과 범위를 설정하는 데 있어 자국의 소비자들과 기업들에게 영향을 미칠 수 있는 새로운 무역장벽을 제거하는 데 보다 관심을 두고 접근하는 모습을 보여주고 있다.[46] 이러한 미국의 접근방향은 소위 '경쟁적 자유화'의 입장에서 디지털무역에 대한 방향성을 갖게 된다.[47] 이는 데이터의 국경 간 이전의 문제나 데이터 저장시설의 현지화 요건(localization requirement), 사이버 안보 등 다양한 측면을 고려하여 디지털통상정책에서 시장주도적인 분야별 접근방식을 취하고 있고, 자국 이익을 극대화시킬 수 있는 디지털협정의 네트워크를 추구하고 있는 것으로 평가된다.

(2) EU

미국이 디지털무역의 개념과 범위에 대해 자국의 경쟁력에 기반을 둔 전략적 차원에서 접근하고 있는 데 반해,[48] 유럽연합(European Union: EU)은 그 자체의 내부적 또는 구조적 제약으로 미국과는 다른 입장을 보여주고 있다. 즉, EU는 소위 '제한적 자유화'의 관점에서 디지털무역을 바라보고 있으며, 대내적으로는 디지털시장의 단일화와 육성을 통해 협소한 역내 시장상황을 극복하기 위해 노력하고, 대외적으로는 상대적으로 뒤쳐진 경쟁력으로 인해 디지털무역의 자유화에 소극적인 모습을 나타낸다.[49]

---

45   권현호 · 이주형 · 김민정 · 곽동철, 앞의 주 43) 47면 참조.

46   박노형 · 정명현, "디지털통상과 국제법의 발전", 「국제법학회논총」 제63권 제4호(통권 제151호), 2018년, 198~201면 참조.

47   예를 들어 2019년 미 무역대표(USTR)는 "미국은 디지털 교역분야에서 최고의 경쟁력을 지니고 있으므로 미국의무역정책은 이와 같은 사실을 반영해야 한다"고 명시적으로 언급하고 있다. USTR, 2019 Trade Policy Agenda and 2018 Annual Report of the President of the United States on the Trade Agreements Program, March 2019, p. 13.

48   미국의 전략적 FTA를 통한 디지털무역의 자유화를 위한 노력은 디지털제품의 정의, 전자적 전송에 대한 무관세, 서비스의 전자적 공급, 디지털제품에 대한 비차별대우 의무 등 다양한 형태로 나타난다. 이에 대한 보다 자세한 논의는 권현호, "디지털콘텐츠 무역에 대한 통상법적 논의의 성과와 한계", 「국제법평론」 통권 제34호, 66~73면 참조.

49   예를 들어 EU의 일반데이터보호규칙(General Data Protection Regulation: GDPR)은 개인정보보호를 위한 법령으로, 정보주체의 권리와 기업의 책임성 강화, 개인정보의 EU 역외이전 요건의 명확화 등을

한편, EU는 전통적으로 전자상거래를 서비스의 일종으로 파악하고 다른 역외국가와의 FTA에서 이를 독립적인 장(chapter)으로 다루지 않는다. 또한 EU는 기본적으로 일반적인 전자상거래 쟁점들에 대해 우호적인 입장을 나타내지만, 전자적으로 이루어질 수 있는 콘텐츠 분야에서는 문화 및 서비스로서의 예외를 주장하기도 한다.[50] 그럼에도 불구하고 EU는 전자적으로 전송되는 실체에 관세를 부과하지 않는 관행을 지지하고, 소비자 및 개인정보보호를 전제로 데이터의 국외 이전에서도 자유화를 찬성하는 듯 디지털무역의 자유화에 활발히 참여하고 있다.[51] 이러한 측면에서 EU가 역외 국가와 체결한 주요 무역협정들을 통해 EU의 디지털무역에 대한 개념과 접근 방향을 살펴보면 다음과 같다.

EU가 다른 역외 국가와 맺은 디지털무역 관련 협정들의 특징은 몇 가지 서로 다른 시기로 구분이 가능하다. 우선 초기 단계는 대략 2000년대 이전으로 이 시기에 체결된 협정들에서 EU는 전자상거래를 직접 다루기보다는 관련 정보의 인프라 및 통신에 대한 규정들을 도입하고 규제분야에 대한 협력을 천명하는 데 그치고 있다. 한편, EU가 본격적으로 전자상거래 관련 규정을 직접 도입한 것은 2008년 발효된 'EU-CARIFORUM 경제동반자협정'에서 비롯된다.[52] 그리고 2017년 이후 발효된 EU-싱가포르협정, 캐나다, 베트남, 일본, 멕시코, 영국과의 무역협정에서는 보다 발전된 형태의 디지털무역규범이 도입되기 시작하였다. 특히 그동안 디지털무역의 개념과 범위에 대해 침묵하고 있던 EU의 협정들이 이 시기에 이르러 보다 구체적인 규정들이 나타나기 시작하였다. 예를 들어, EU-일본 및 EU-메르코수르 무역협정의 경우 동 협정의 적용범위, 즉 디지털무역의 범위에 대해 '전자적 방법에 의한 무

주요 내용으로 한다. 동 규칙은 원래 역내 단일시장 육성을 위한 장치였으나 EU와 교역하는 외국 기업에도 동 규칙이 적용되어 대외적으로는 디지털무역의 규제요소로서의 성격도 갖게 되었다. 권현호·이주형·김민정·곽동철, 앞의 주 43) 79면 참조.

50 권현호, 앞의 주 48), 73~75면 참조.

51 박영훈, 「글로벌 디지털 통상규범 논의 동향 및 주요국 입장」, Global Market Report 20-003, KOTRA, 2020년, 10면 참조.

52 원래 2003년에 EU와 칠레가 맺은 협력협정에서 전자상거래 규정이 처음 등장하였다. 그러나 동 협정의 내용은 단순한 규제 협력의 필요성에 대한 추상적 언급에 그쳤고, 본격적인 전자상거래 쟁점들에 대한 규율은 EU-CARIFORUM 경제동반자협정에서 독립적인 제6장(전자상거래)을 체결하면서 전자서명 및 인증, 중개서비스제공자의 정보이전 및 저장 관련 책임, 온라인 소비자 보호 등 관련 쟁점들을 구체적으로 열거하고 있다.

역'(trade by means)에 영향을 미치는 조치라고 규정한 반면, EU-영국 무역협력협정은 '전자적 방법에 의해 가능할 수 있는 무역'(trade enabled by electronic means)에 영향을 미치는 조치를 적용 범위로 명시하였다. 특히 후자와 같은 디지털무역의 적용 범위에 대한 규정은 직접적으로 전자적 수단을 사용하는 무역뿐만 아니라 전자적 방법에 의하여 간접적으로 가능해지는 무역도 모두 포함될 수 있다는 해석이 가능하므로 보다 넓은 범위로 디지털무역이 확대되는 특징을 갖는다.[53]

결국, EU가 바라보는 디지털무역의 개념과 범위에 대한 입장은 과거 전자상거래를 서비스의 공급으로 파악하고 이를 기존의 무역규범 속에서 적용하려는 것에서, 디지털무역을 서비스무역 및 투자에 대한 장(chapter)과는 별도의 독립적인 장(chapter)으로 배치함으로써 과거와는 달라진 시각을 나타내고 있다.[54]

(3) 기타

디지털무역의 개념 요소들을 정의하고, 이에 대한 각종 쟁점들을 규율하며 범위를 설정하기 위한 국가들의 노력은 새로운 국제사회의 합의를 이끌어 내었다. 이러한 합의의 중요한 유형으로 2020년 6월 싱가포르와 칠레 및 뉴질랜드 간 체결된 '디지털경제동반자협정'(Digital Economy Partnership Agreement: DEPA)을 들 수 있다.[55] 동 협정은 디지털규범이라는 측면에서는 미국의 시각을 반영한 포괄적·점진적 환태평양 경제동반자협정(Comprehensive and Progressive Agreement for Trans-Pacific Partnership: CPTPP)의 전자상거래 장(chapter)과 유사하다. 그러나 동 협정은 그동안의 디지털무역에 대한 규범형성의 발전과정을 통해 나타난 다양한 쟁점들은 몇 가지 모듈(module)로 구분하고,[56] 그 속에서 세부적인 조항들을 두는 방식으로 디지털무역의 대상과 범위를 설정하고 있다. 특히, DEPA는 기존 규범들에 공통적으로 나타

---

53 이상의 논의에 대한 보다 자세한 내용은 이주형, "EU 디지털 무역규범의 변화와 시사점", 「홍익법학」 제22권 제3호, 2021년, 215~219면 참조.

54 앞의 주, 224~225면 참조.

55 DEPA는 디지털통상규범의 정립과 협력 강화를 위하여 싱가포르, 칠레, 뉴질랜드 등 3국이 체결한 협정으로 2020년 6월 서명되었고, 동년 12월 발효되었다. 우리나라는 2021년 9월 DEPA 가입을 공식 신청하였고, 협상을 거쳐 2023년 6월 가입협상의 타결을 선언하였다.

56 대표적으로 DEPA는 모듈2 '사업 및 무역 원활화', 모듈3 '디지털제품 및 관련 쟁점에 대한 대우', 모듈4 '데이터 이슈', 모듈6 '기업 및 소비자 신뢰', 모듈8 '새로운 트렌드와 기술' 등 총 16개 모듈로 디지털무역과 관련된 전반적인 쟁점들을 다루고 있다.

나는 통상규범들에 더하여 새로운 디지털기술에 대한 문제와, 국가들 사이의 디지털
무역원활화에 대한 협력 부분에도 많은 규정을 두었다.[57]

또한 호주와 싱가포르 간에 체결된 디지털경제협정(Australia-Singapore Digital
Economy Agreement: ASDEA) 역시 앞선 DEPA와 마찬가지로 디지털무역을 포함하
는 디지털경제 전반에 대한 양자협정으로 체결되었다.[58] 동 협정은 디지털무역과 관
련된 최신 동향을 반영하여 CPTPP에서 데이터 이동의 자유화와 컴퓨터 설비 현지화
조항에서 제외되었던 금융서비스 분야를 포함시켰고, 소스코드에 대한 내용을 강화
한 것이 특징이다.[59]

이처럼 양자 및 지역 차원에서 이루어지는 디지털무역에 대한 접근방식은 형식
상으로는 FTA의 전자상거래 장(chapter) 또는 조항에서 시작하여 이제는 독립된 디
지털무역협정에 이르기까지 발전하고 있다. 또한 내용의 측면에서도 전자상거래 원
활화 등 협력 수준에서 데이터의 이전, 개인정보의 보호, 온라인소비자보호, 컴퓨터
설비의 현지화, 소스코드 문제 등 무역자유화를 위한 필수 논의를 거쳐, 이제는 인공
지능과 핀테크(FinTech) 등 디지털경제 전반으로 그 범위를 확장해 나가고 있다.

마지막으로 디지털무역 또는 디지털통상에 대한 중국의 입장은 다음과 같다. 중
국은 기본적으로 전자상거래 및 디지털무역 자체에 대한 국제사회의 논의와 큰 틀
을 공유하고 있다. 따라서 중국은 다양한 법규정과 정책들로 디지털통상의 규제 또
는 활성화에 관한 내용들을 마련하고 있다.[60] 그러나 중국의 디지털무역에 대한 시각
은 '국가의 개입' 또는 '국가 규제권한의 확대'라는 특징을 나타낸다. 예를 들어 중국
은 2016년 11월 '사이버 안전법'을 제정하여 개인정보나 중요 데이터에 대한 로컬서
버 저장을 의무화하였고, 이는 데이터의 국경 간 이전 등과 같은 디지털무역의 중요
대상을 무력화할 수 있는 근거가 될 수 있다.[61] 이러한 중국의 디지털무역에 대한 입
장은 역내포괄적경제동반자협정(Regional Comprehensive Economic Partnership:

57　예를 들어, DEPA는 디지털 개인 식별의 문제(제7.1조), 핀테크(제8.1조), 인공지능(제8.2조) 등 새로운 디
　　지털환경에 따른 문제들과, 전자송장(제2.5조) 및 특송 운송의 문제(제2.6조) 등 무역원활화와 협력에
　　관한 조항들을 두고 있다.

58　ASDEA는 2020년 3월 체결되었고, 동년 12월 발효하였다.

59　ASDEA, 부속서A, 제23조~제25조, 제28조 등 참조.

60　이하의 내용은 박노형 · 정명현, 앞의 주 46) 203~205면 참조.

61　앞의 주 204면.

RCEP) 제12장 전자상거래 장(chapter)에서 컴퓨터 설비의 위치나 전자적 수단에 의한 정보의 국경 간 이전 조항 등에서도 찾을 수 있다.[62] 이러한 측면을 살펴보면 결국 중국이 이해하는 디지털무역의 개념요소에는 국가의 규제권한이라는 부분이 보다 강조된다고 할 수 있다.

4. 결론

지금까지 디지털통상 또는 디지털무역의 개념요소와 범위 등에 대하여 주요 국제기구 및 국가들의 시각을 검토하였다. 정리하면 디지털무역의 정의에 대해서는 국제적으로 합의된 내용이 없으며, 그 범위에서는 개별 국가의 입장에 따라 다양한 개념 요소들이 포함되거나 제외되기도 한다. 또한 하나의 국가 내에서도, 디지털무역에 참여하는 경제주체 사이에서도 디지털무역에 대한 시각은 다양하게 제기될 수 있다. 따라서 "디지털통상이란 무엇인가?"라는 질문에 대한 정답은 아직까지 존재하지 않는다고 평가할 수 있다. 다만, 앞서 검토한 디지털무역을 정의하는 요소들과 다양한 주체들의 공통된 견해를 바탕으로 정리하면 다음과 같이 요약될 수 있다.

우선 디지털무역의 대상은 온라인으로 주문이 이루어지는 물리적인 상품이나 서비스를 포함한다. 이는 전통적 의미에서의 전자상거래의 범위에 포함되는 것으로 디지털무역 발전의 1단계에 해당한다. 또한 디지털무역은 디지털화가 가능한 이러한 상품, 즉 소위 '디지털제품'이나 서비스의 전자적 전송을 대상으로 한다. 이는 디지털무역의 2단계 개념 요소로 파악될 수 있다. 나아가 경제적 가치를 포함하는 모든 데이터, 즉 개인정보를 포함하여 디지털무역의 대상 그 자체가 되는 데이터의 흐름, 이것이 현 단계에서 실질적으로 고려되는 디지털무역 대상이 된다. 이러한 개념은 디지털무역의 3단계 발전을 이끌고 있는 요소가 된다. 한편, 디지털무역을 정의하는 또 다른 공통 요소로 '디지털 네트워크'를 들 수 있다. 이는 디지털무역의 '수단'에 대한 개념으로 그 대상이 무엇이든 디지털화된 방법을 통해 이루어진다는 것이다. 결국, 디지털무역 또는 디지털통상이란 디지털 네트워크와 이를 이용하는 다양한 방법에 의

---

62   RCEP 제12.14조 및 제12.15조 참조.

하여 이루어지는 상품, 서비스 및 데이터 등의 교역과 이와 관련된 경제주체 사이의 국경을 넘는 활동으로 이해될 수 있다. 이를 그림으로 표현하면 아래와 같다.

〈그림 1-1〉 디지털무역의 영역

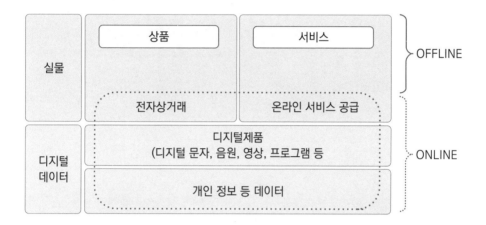

 Notes & Questions

1. 디지털무역 또는 디지털통상을 정의할 수 있는 개념 요소들로는 어떤 것들이 있는지 생각해보자.
2. 디지털무역의 발전 단계를 조사해보고, 각각의 단계마다 특징되는 디지털무역의 요소들로는 어떤 것들이 있는지 찾아보자.
3. 디지털무역을 바라보는 미국과 EU, 그리고 중국의 시각이 차이가 나는 지점이 어디이며, 그 구체적 내용은 어떻게 차이를 나타내는지 조사해보자.

제2장

디지털통상규범의 발전 및 현황

이주형

1. 서론

바이든 행정부가 제시한 인도·태평양 전략은 미국 외교 안보 정책의 최우선 순위로 인도·태평양 지역 내 협력을 강조한다. 동 전략의 일환인 '인도·태평양경제 프레임워크(Indian-Pacific Economic Framework: IPEF)'는 중국 중심의 '역내 포괄적 동반자 협정(Regional Comprehensive Economic Partnership: RCEP)'을 견제하고 이 지역 내 미국의 주도권을 공고히 하고자 하는 무역협상이다. 미국이 '포괄적·점진적 환태평양경제동반자협정(Comprehensive and Progressive Agreement for Trans-Pacific Partnership: CPTPP)'에서 탈퇴한 지 5년여 만에 등장한 인도·태평양 경제 프레임워크는 세계에서 가장 역동적인 아태 경제 지역 내 규칙과 규범을 재편할 수 있는 잠재력을 가지고 다양한 이슈에 대한 협상을 진행하고 있는데, 필라 1(무역) 내 주제 중 하나인 디지털통상은 환경, 노동과 함께 동 협상의 가장 핵심 의제로 자리매김하고 있다.

미국은 인도·태평양 지역뿐 아니라 대서양 건너편 EU와도 디지털 기술에 관한 협력체제를 구축하고 있다. 이 체제가 바로 2021.9월 민주적 가치를 기반으로 무역 및 기술 관련 협력을 위해 설립한 대서양 횡단 포럼인 '미국 및 EU 간 무역기술위원회(Trade and Technology Council: TTC)'이다. 미국은 동 위원회를 통해 EU와 함께 민주주의, 자유 및 인권에 대한 공동의 약속을 하는 한편, 글로벌 무역 및 기술 문제를 해결하는 데 중점을 두고 있다. 나아가 무역과 투자, 기술 및 산업 리더십을 강화하고, 새로운 기술과 인프라를 촉진하며, 공유된 민주적 가치를 기반으로 호환 가능한 표준 및 규정을 촉진한다.[1] 이뿐만이 아니다. 2023.8월 미국 바이든 대통령은 '미국과 대만 간 21세기 무역 이니셔티브 이행법안(H.R. 4004)'[2]에 서명하였다. 동 이행법안은 세관 행정·무역 원활화, 서비스 국내규제, 반부패, 중소기업 등 5개 의제 및 향후 협상 대상인 7대 의제로 노동, 환경, 농업, 표준, 국영기업, 비시장 경제와 관행을 포함한다. 그런데 동 이행법안 역시 '디지털통상'을 의제로 포함하고 있다.

한편, 2023.9월 한국 정부는 디지털 환경에서의 자유와 권리 보장, 공정한 접근 과 기회의 균등, 안전과 신뢰의 확보, 디지털 혁신의 촉진, 인류 후생의 증진이라는 5 대 기본원칙을 기반으로 전문과 6장, 28개 조로 구성된 '디지털 권리장전'을 발표했 다.[3] 이에 따르면, 한국 정부는 디지털 권리장전을 기반으로 디지털 심화 시대의 문제 점을 해소하기 위하여 구체적인 법률 및 제도를 구축할 예정이다. 나아가, AI 및 디지 털통상규범 거버넌스의 국제적 논의에 적극적으로 참여하고자 한다. 이와 같이 미국, EU, 한국을 비롯한 전 세계 국가들은 앞다투어 디지털에 대한 국내 규범 구축은 물론 국제적 디지털통상규범의 논의에 뛰어들고 있다.

이와 같이 디지털통상규범을 수립하자는 논의가 등장한 것은 결코 최근의 일이 아니다. 디지털통상은 WTO 탄생 전후로 이미 중요한 무역 이슈 중 하나로 취급되 어 왔다. 그 대표적인 예가 1997년 체결된 정보기술협정(ITA)이다. 이는 디지털 기술 이 활용된 주요 정보기술제품에 대한 관세철폐를 통해 디지털 관련 제품에 대한 국제 교역을 활성화하고자 하는 목적을 이루기 위하여 체결되었다. 그 이후 정보기술협정

---

1   TTC의 우선순위에는 기술 표준, 신뢰할 수 있는 인공 지능, 개방적이고 신뢰할 수 있으며 안전한 인터 넷을 장려하고 허위 정보, 외국 정보 조작 및 간섭에 대응하는 방안을 포함한다. 이와 같은 TTC의 업무 는 10개의 개별 실무 그룹을 통해 진행하게 된다. 실무 그룹은 정치적 결정을 토대로 특정 결과물을 창 출하고 기술 작업을 조정하며 이를 위원회에 보고하게 된다. 10개의 실무 그룹은 다음과 같다. 1) 기술 표준, 2) 기후와 청정 기술, 3) 안전한 공급망, 4) ICT 보안과 경쟁력, 5) 데이터 거버넌스 및 기술 플랫폼, 6) 보안과 인권을 위협하는 기술 오용, 7) 이중용도 품목 수출 통제 협력, 8) 투자심사 협력, 9) 중소기업 의 디지털 기술 접근 및 활용 촉진, 10) 글로벌 무역 과제.

2   The White House press release, "Statement from President Joe Biden on H.R. 4004, the United States-Taiwan Initiative on 21st-Century Trade First Agreement Implementation Act", August 7, 2023, https://www.whitehouse.gov/briefing-room/statements-releases/2023/08/07/statement-from-president-joe-biden-on-h-r-4004-the-united-states-taiwan-initiative-on-21st-century-trade-first-agreement-implementation-act/ (2023.9.29. 최종방문).

3   과학기술정보통신부 보도자료, "대한민국이 새로운 디지털 규범질서를 전 세계에 제시합니다", 2023.9.25., https://www.msit.go.kr/bbs/view.do?sCode=&mId=113&mPid=238&pageIndex=2&bbsSeqNo=94&nttSeqNo=3183520&searchOpt=ALL&searchTxt= (2023.9.29. 최종방문).

은 협정 적용 대상 물품의 확대를 통해 컴퓨터 등 첨단제품에 대한 관세를 추가로 폐지하고 범세계적인 기술 발전을 도모했다. 다만, 이 협정에는 전기·전자제품 등 유형 재화만을 대상으로 하고 무형물인 디지털제품을 다루는 것이 불가능하다는 한계가 존재했다. 뿐만 아니라 1998.9월 WTO 일반이사회는 'WTO 전자상거래에 관한 작업 프로그램'을 채택하고, 이를 통해 개략적이나마 '전자상거래를 위한 인프라 개발에 관련된 이슈'를 논의하면서 전자상거래에 관한 국제규범 수립을 추진했지만, 이 역시 난관에 봉착했다.

2. 디지털통상규범의 발전

〈표 2-1〉 디지털통상규범 단계별 발전 현황[4]

단계	태동기	발전기	전환기	진화기
대표 협정	• 뉴질랜드-싱가포르 FTA • 일본-싱가포르 EPA • 미-요르단 FTA	• 호주-싱가포르, 미-칠레, 한-미 FTA 등 미국, 싱가포르, 일본, 한국 등이 체결한 주요 FTA	• CPTPP[5] • USMCA • 미-일 디지털무역협정	• DEPA • 호주-싱가포르 디지털경제협정 • 영국-싱가포르 디지털경제협정 • 한국-싱가포르 디지털동반자협정
특징	• 2000년 초 • 1~2개의 조문 • 별도의 전자상거래 chapter가 새로 생성되는 시기	• 2000년대 초반부터 2015년 CPTPP 전까지 • 전자상거래에 관한 별도의 chapter • 대부분 FTA에서 도입 • 주로 '전자상거래'라는 용어 사용	• 2015년 CPTPP 이후 • 미국 주도로 강력한 디지털무역규범 확대 • 독자적 디지털통상협정 등장 • 전자상거래 대신 '디지털 무역'이라는 용어 사용	• 형식상 모듈형 협정 등장 • 최신 디지털기술을 반영한 협력규정 등장

---

4 이주형, "한-칠레 FTA를 넘어 한-싱 디지털동반자협정으로", 산업통상자원부, 사례로 손쉽게 이해하는 디지털통상의 기초, 2021, p.29 이하 참고.

5 미국이 주도하여 타결시킨 것이 TPP로 향후 미국이 탈퇴하며 CPTPP로 명칭이 수정되었으나 본고에서는 편의상 CPTPP로 통칭한다.

관련
조항
	• 종이 없는 무역	• 전자적 전송에 관한
		  무관세화
		• 온라인 소비자 보호
		• 전자인증 및 전자서명
		• 국내적 전자거래 프
		  레임워크
		• 스팸메일
			• 데이터의 국경 간
			  이동
			• 컴퓨터 설비 위치
			• 소스코드
			• 사이버 보안
				• 인공지능
				• 데이터 혁신
				• 경쟁정책
				• 디지털 포용
				• 핀테크
				• 전자결제

앞서 살펴본 바와 같이 정보기술협정(ITA)의 확대에도 불구하고 디지털 기술을 이용한 유형물에 국한된다는 한계가 분명했고, WTO 차원의 디지털통상규범 수립을 위한 논의가 개시되었음에도 불구하고 계속 지연되자, 미국 및 싱가포르 등 몇몇 국가를 중심으로 양자 차원에서 디지털통상규범을 수립하고자 하는 논의가 본격화되었다. 특히 자유무역협정(Free Trade Agreement: FTA)의 세계적 확산과 함께, 국제법적으로 구속력 있는 조약인 FTA가 급속도로 확대되었는데, FTA에 '전자상거래' 관련 조항이 포함되기 시작했다. '전자상거래'에 관한 조항을 포함하는 최초의 FTA가 무엇인지에 대해 다소 논란이 있기는 하나, 대체로 2001년 뉴질랜드-싱가포르 FTA에서 도입한 '종이 없는 무역' 조항을 FTA에서 도입한 최초의 디지털통상규범으로 보고 있다. 비록 시작은 이와 같이 단 하나의 조항으로 출발하였지만, 점차 시일이 지나면서 '전자상거래'에 관한 다양한 조항들이 포함되기 시작했고 추후에는 이를 하나로 묶은 장(Chapter)의 형태로 진화하였다.

FTA에서 '전자상거래'의 장 형태가 도입된 것은 2004년 호주-싱가포르 FTA가 최초이다. 2004년 호주-싱가포르 FTA는 제14장(전자상거래)이라는 별도의 장을 두고 전자상거래에 관한 다양한 규정을 도입했다. 특히, 동 협정에서는 협정 전체에 대한 서문과는 별도로 '전자상거래의 장'만을 위한 별도의 서문(preamble)을 두고 '양국은 전자상거래가 제공하는 경제성장 및 기회, 전자상거래의 사용 및 발전에 장애물제거의 중요성 및 관련 WTO 규범의 적용가능성을 인정한다'는 전자상거래 규범의 설립 목적을 명시하고 있어 시사하는 바가 크다.[6] 그 이후 호주-싱가포르 FTA는 수차

---

6   Preamble
     The Parties recognise the <u>economic growth and opportunities provided by electronic commerce, the</u> <u>importance of avoiding barriers to its use and development,</u> and the applicability of relevant WTO rules.
     http://www.austlii.edu.au/au/other/dfat/treaties/2003/16.html#art14 (2023.8.5. 최종방문).

례 개정되면서, 그 안에 포함된 '전자상거래'의 장도 개정을 거듭하였고, 최근에는 가장 진화된 형태인 '호주-싱가포르 디지털경제협정'으로 변신하였음을 참고할 필요가 있다.[7] 이렇듯 미국, 싱가포르, 일본, 한국, EU, 호주, 뉴질랜드 등의 국가뿐 아니라 중국 역시 자국이 체결하는 FTA 계기에 디지털통상규범을 조금씩 추가하기 시작했다. 디지털 기술의 발달과 인터넷의 폭발적인 확대로 인하여 전자상거래는 FTA의 필수 규정으로 자리매김했는데, 2014년부터 2016년까지 발효된 지역무역협정의 60% 이상이 전자상거래 규정을 포함[8]하는 점은 이를 뒷받침한다.

우선, 미국의 사례를 살펴보기로 하자. 미국은 초기의 FTA부터 전자상거래 규정을 적극 반영하였다. 특히 전자인증 및 전자서명, 온라인 소비자 보호, 개인정보보호 등의 조항을 꾸준히 도입했다. 그런데 이 중에서도 특히 미국이 가장 관심을 기울이고 반드시 포함시키고자 노력했던 조항은 바로 디지털 제품에 대한 규정으로 평가된다. 미국은 '디지털 제품'을 '전달매체에 고정되는지 또는 전자적으로 전송되는지 여부에 관계없이 디지털 방식으로 부호화되고 상업적 판매 또는 배포를 목적으로 생산된 컴퓨터 프로그램, 문자열, 동영상, 이미지, 녹음물 및 그 밖의 제품[9]으로 정의하고, 디지털 제품의 무관세 의무 및 디지털 제품의 비차별 대우 의무를 규정하는 방식을 선호한다. 이는 디지털통상을 무형물인 서비스보다는 유형물인 상품과 같이 개념화함으로써, 무관세 및 비차별 대우라는 상품무역상 의무와 유사하게 강력한 수준의 의무를 보다 원활하게 도입하고자 하는 의도를 가지고 있다고도 평가할 수 있다.

물론 미국도 처음부터 디지털 제품에 대한 무관세 및 비차별 대우를 '의무조항'으로 명시한 것은 아니다. 미-요르단 FTA에서는 디지털 제품이라는 별도의 개념 정의

---

7   동 협정은 2019.10.12. 협상 개시되어 2020.12.9. 발효하였다. 동 협정은 호주-싱가포르 FTA 제14장(전자상거래)을 새로운 제14장(디지털경제)으로 대체하는 일종의 개정의정서의 형태를 띄고 있다. 동 디지털경제협정 체결 계기 호주와 싱가포르 양국은 총 8개의 MOU를 함께 체결함으로써 양국 간 실질적 협력 채널을 수립하고 이를 통해 이행하고자 하는 구체적 협력 사항을 합의한 바 있다. 이와 같은 MOU에는 인공지능 분야 협력 MOU, 전자송장 협력 MOU, 스팸메일 방지를 위한 법률 집행 관련 협력 MOU, 디지털 신원 관련 협력 MOU, 개인정보보호 관련 협력 MOU, 데이터 혁신 관련 MOU, 전자인증 협력 MOU, 무역 원활화 MOU 등 총 8개가 포함된다.

8   WTO, "Provisions on Electronic Commerce in Regional Trade Agreement", World Trade Organization Economic Research and Statistics Division, 2017, p.6.

9   동 정의는 한미 FTA 제15.9조상 정의이다. 미국이 체결하는 FTA마다 디지털제품의 정의가 약간씩 변화되기도 하지만 대부분의 조항에서는 이와 유사한 정의를 채택하고 있다.

없이 전자적 전송물에 대한 무관세 대우를 규정하였는데 의무조항 대신 단순한 노력 조항[10]으로 구성하는 등 비교적 낮은 수준에 머물렀다. 그러나 그 이후 체결한 대부분의 FTA[11]에서는 모두 '디지털 제품'에 대하여 정의규정을 두는 한편, 이에 대한 관세부과 금지를 법적 의무로 규정하였다.

'디지털 제품에 대한 비차별 대우원칙' 또한 초기 FTA인 미-요르단 FTA를 제외하고는 대부분의 FTA에서 모두 포함하고 있다.[12] 상품무역협정이나 서비스무역협정에서 '공정한 경쟁의 장' 조성을 위해 필수적으로 도입되고 있는 비차별 대우원칙을 디지털통상규범에도 도입함으로써, 디지털 시장 내의 미국 기업의 경쟁력을 유지하고 전 세계로 당해 경쟁력을 확대하기 위한 기반으로 삼고 있다.

한국이 최초로 체결한 FTA는 한-칠레 FTA이다. 한국은 이를 계기로 본격적으로 FTA 네트워크를 확대하며 점차 전자상거래 규정을 도입하기 시작하였다. 한국이 체결한 FTA 중 최초 FTA인 한-칠레 FTA, 한-EFTA, 한-아세안 FTA, 한-인도 FTA, 한-뉴질랜드 FTA, 한-인도네시아 FTA, 한-캄보디아 FTA의 경우에는 전자상거래에 대한 독립적인 장을 포함하고 있지 아니하다.[13] 그러나 이들을 제외한 다른 모든 FTA에서는 전자상거래를 다루는 별도의 장을 두고 있다. 한-EU FTA는 한국이 체결한 여타 FTA와는 달리 전자상거래를 다루는 독립적인 장을 두지 않고 제7장(서비스 무역, 설립 및 전자상거래) 내에 2개의 조항을 추가하는 방식을 택하였다. 물론, 한-EU FTA의 경우 '전자상거래에 대한 독립적인 장'은 부재하지만, 서비스 무역의 장 내의 '부' 중 하나로 삽입하는 형태로 전자상거래 조항을 도입함으로써, 전자상거래 규정만을 위한 별도의 구분을 한 점에서는 전자상거래에 대한 별도의 장을 가지고 있는 여타 FTA와 유사하다.

10　미-요르단 FTA 제7조.

11　그 이외에도 미-칠레 FTA 제15.3조, 미-싱가포르 FTA 제14.3조, 미-호주 FTA 제16.3조, 미-모로코 FTA 제14.3조, 미-바레안 FTA 제13.3조, 미-오만 FTA, 미-페루 FTA 제15.3조, 한-미 FTA, 미-콜롬비아 FTA, 미-파나마 FTA 등에 관련 조항이 포함되어 있다.

12　그 이외에도 미-싱 FTA 제14.3조, 미-칠레 FTA 제15.4조, 미-호주 FTA 제16.4조, 미-모로코 FTA 제41.3조, 미-바레인 FTA 제13.3조, 미-페루 FTA 제15.3조 등에 포함되어 있다.

13　다만, 한국이 체결한 RCEP에는 ASEAN 10개국 및 뉴질랜드가 포함되어 있는데, RCEP은 전자상거래의 장을 규율하고 있다. 나아가 2023.6.8. 한국은 DEPA에 가입함으로써, 당해 협정의 원 가입국인 칠레 및 뉴질랜드와의 디지털 통상규범을 타결시켰다. 이로써 한-칠레 FTA, 한-아세안 FTA 및 한-뉴질랜드 FTA상 전자상거래의 장이 없었던 문제점을 해결하게 된 것으로 평가된다.

한국 최초로 전자상거래의 장을 포함한 한-싱가포르 FTA는 한국이 체결한 두 번째 FTA이다. 여기에서는 디지털 제품을 별도로 개념 정의하는 한편, 디지털 제품에 대한 무관세 의무 및 디지털 제품에 대한 비차별 대우 의무를 규정하는 미국의 방식을 그대로 답습하였다. 다만, 한-싱가포르 FTA는 디지털 제품에 대한 무관세 조항에도 불구하고 교환각서를 통해 추후 WTO 각료회의 결정으로 무관세 관행 유지에 새로운 변화가 있는 경우 이를 다시 검토할 수 있는 여지를 남겨두었다. 즉, 한-싱가포르 FTA를 체결할 때까지는 한국과 싱가포르 모두 전자적 전송에 대한 무관세를 전면 의무화하는 것에 조심스러운 입장이었던 것으로 평가된다.

전자적 전송의 무관세 전면 의무화에 대해 유보적이었던 한-싱가포르 FTA와는 달리 한-EU FTA의 경우 '전자적 방법에 의한 전송에 관세를 부과하지 않기로 합의한다(agree to)'라는 보다 적극적인 문구를 선택하였다. 비록 무관세 부과 '의무(shall)'의 문구의 수준까지는 도달하지 아니하였지만 '합의한다(agree to)'는 문구를 채택하고 이에 대해 유보문구를 추가하는 의정서를 체결하지 않았다는 점에서 과거보다 진전된 입장으로 보인다. 다만 한-EU FTA의 디지털통상규범은 전자인증서비스 촉진, 소비자 보호, 스팸메일 및 양국의 국내법령 등에 관하여 대화 채널을 통한 포괄적 협력을 한다는 조항을 추가함으로써 총 2개 조항에 머물렀다. 이와 같은 2개의 조항으로는 양국 간 디지털통상을 규율하기 충분하지 않다는 지적에 따라, 2023.6월 한국은 한-EU 디지털통상협정을 체결하기 위한 공청회를 개최하고 양국 간의 디지털 규범을 본격적으로 현대화하기 위한 작업을 개시하고자 준비 중이다.[14]

한국은 미국, 싱가포르, 일본, 호주 등 디지털통상규범에 대한 관심이 높은 여타 국가들과 마찬가지로, 전자적 전송에 대한 무관세, 비차별 대우, 전자상거래 프레임워크, 전자서명 및 전자인증, 온라인소비자 보호 및 개인정보보호 등의 조항을 중심으로 규범을 수립하여 왔다. 이 중에서도 주목해야 할 것이 바로 '데이터의 국경 간 이동' 관련 조항에 대한 한국의 태도 변화이다. 한국은 초기의 FTA 내 전자상거래의 장에서는 데이터에 대한 내용을 다루지 않았다. 한-페루 FTA에서 처음으로 '전자상거

---

14   산업통상자원부 보도자료, "한-유럽연합 디지털 통상협정 관련 공청회 개최 안내", 2023.6.13., https://www.motie.go.kr/motie/ne/presse/press2/bbs/bbsView.do?bbs_seq_n=167356&bbs_cd_n=81&currentPage=11&search_key_n=title_v&cate_n=&dept_v=&search_val_v=%EB%94%94%EC%A7%80%ED%84%B8 (2023.8.5. 최종방문).

래를 위한 역동적인 환경을 조성하는 데 필수적인 국경 간 정보의 흐름 유지'를 노력해야 한다는 조항을 도입하며 데이터의 국경 간 이동을 국제협력이 한 분야[15]로 간주하는 수준에 그쳤다. 그러다가 한-미 FTA에서 비록 비구속적인 노력조항의 형태이긴 하지만 국경 간 정보 이동 관련 내용을 다루는 규정[16]을 처음으로 도입하였다.[17] 그 이후 체결된 FTA에서도 계속적으로 데이터의 국경 간 이동에 대하여 전혀 다루지 않다가 RCEP에서 처음으로 구속적 형태의 국경 간 정보 이동 조항을 도입하였다. RCEP 제12.15조는 우선 1항에서 '각국이 전자적 수단에 의한 정보의 이전에 대한 규제 권한을 가지고 있다'는 점을 확인하고 있다. 나아가 2항에서는 '전자적 수단에 의한 정보의 국경 간 이전이 적용대상인의 사업 수행을 위한 경우 금지할 수 없다'고 규정함으로써, 데이터의 국경 간 이동을 허용하는 내용을 구속적 형태의 조항으로 도입하였다. 다만, 미국이 체결한 FTA 내 데이터의 국경 간 이동 조항이 데이터의 국경 간 이동 허용의무에 대한 국가의 '금지 또는 제한'을 모두 허용하지 않는 것과는 달리, '금지'를 허용하지 않는다고 규정함으로써 미국보다는 다소 약화된 태도를 보여준다. 또한, 3항에서는 데이터의 국경 간 이동의 원칙적 허용에도 불구하고, 정당한 공공정책 목표 달성을 위한 경우 정보의 국경 간 이동 허용의무로부터 예외 인정이 가능함을 규정하고 있다. 다만, 미국의 국경 간 데이터 이동 조항과는 달리, 정보의 국경 간 이동 조항에 적시된 '예외' 문구에 '당사국이 간주하는(it considers)'이라는 문구를 명시함으로써 '정당한 공공정책 목표를 달성하기 위하여 당사국이 필요하다고 간주하는 조치(that it considers necessary to achieve a legitimate public policy objective)'를 취할 경우에는 정보이전 제한을 가능하도록 규정한다. 이렇듯 RCEP은 국경 간 정보 이동에 대하여 이동하지 못하도록 규제가 필요한지를 판단하는 주체를 '당해 규제조치를 시행하고자 하는 국가'라고 표시함으로써 우려를 자아낸다. 왜냐하면 정보의 국경 간 이동에 대하여 이동 제한 내지 금지조치를 시행하고자 하는 국가가 스스로 규제의 필요성을 판단하도록 할 경우 예외조항의 남용으로 이어질 수 있기 때문이다. 더욱이, RCEP은 '국가의 필수안보 보호를 위해 필요하다고 당해 국가가 간주하

---

15   한-페루 FTA 제14.9조.

16   한-미 FTA 제15.8조.

17   한미 FTA는 데이터의 국경 간 이동에 불필요한 장벽을 부과하지 않도록 하는 노력규정 형태를 도입한 것이 특징이다.

는 조치(any measure that it considers necessary for the protection of its essential security interests)'[18]의 경우 분쟁해결 절차 대상에서 명시적으로 제외함으로써, 국가 안보를 이유로 한 이동금지의 경우 문제가 있어도 다툴 여지조차 차단한다.

　　EU는 디지털통상규범 수립에 적극적이었던 미국이나 싱가포르와 비교할 때 전자상거래 관련 조항에 대하여 다소 소극적이었던 것으로 보인다. EU가 '전자상거래' 관련 조항을 도입한 것은 2003년 발효된 'EU-칠레 협력협정'인데, 그 내용이 전자상거래 관련 규제 협력 필요성의 언급에 머물렀다. 그러다가 2008년 'EU-CARIFO-RUM 경제동반자협정)'은 제6장(전자상거래)을 도입하고 전자서명 인증, 중개서비스 제공자(intermediary service provider)의 정보이전 및 저장 관련 책임 문제, 스팸메일, 온라인 소비자 보호 이슈 등 협력이 필요한 이슈를 나열하면서 좀 더 구체화된 조항들을 포함하기 시작했다.[19] EU가 캐나다와 체결한 CETA(EU-Canada Comprehensive Economic and Trade Agreement: CETA)[20]에서는 보다 풍부한 내용의 전자상거래 조항을 도입하였다. 전자상거래의 장에 대한 목적과 범위,[21] 다른 장과의 관계,[22] 전자적 전송에 대한 무관세 조항,[23] 대화 채널을 통한 협력 조항[24] 등을 포함하였다.

　　EU-베트남 FTA에서는 의무규정의 형태로 포함된 전자적 전송에 대한 무관세 원칙[25]외에 '전자상거래 관련 규제 협력(regulatory cooperation on electronic commerce)'[26]조항을 포함하였다. EU-싱가포르 FTA는 전자적 전송에 관한 무관세 원칙[27]

18　RCEP 제12.15조 제3항.

19　이주형, "EU 디지털 무역규범의 변화와 시사점, 국가의 규제권한을 중심으로", 홍익법학 제22권 제3호, 2021, p. 216.

20　CETA는 2016.10.30. 서명되고 2017.9월 잠정 발효되었다.

21　CETA 제16.2조, 즉, CETA는 전자상거래 관련 규정이 타 장과 비교 시 일반법적인 위치에 있음을 명확히 하였다.

22　CETA 제16.7조.

23　CETA 제16.3조.

24　CETA 제16.6조.

25　EU-베트남 FTA 제8.51조.

26　EU-베트남 FTA 제8.52조.

27　EU-싱가포르 FTA 제8.58조.

뿐만이 아니라 전자서명,[28] 전자상거래에 관한 규제 협력규정[29]을 도입하였다. 또한, '전자적 방법에 의한 서비스 공급 관련 조치'의 경우 '서비스의 장의 의무 및 예외에 해당됨'을 확인하는 조항을 두고 있다.[30] EU-싱가포르 FTA에서 가장 주목하여야 할 부분은 바로 국경 간 데이터 이동에 대하여 최초로 언급하기 시작하였다는 점이다. 비록 법적 구속력은 부재하였고 단순히 국경 간 데이터 이동의 중요성을 확인하는 모양이지만, 제8.57조(목적)에서 '인터넷상 정보의 자유로운 흐름'의 중요성을 언급했다.[31]

EU-일본 EPA[32]는 EU가 체결한 디지털통상규범 중 상당히 발전된 내용을 보여준다. 목적 및 일반 조항에서는 경제발전에 기여하고, 다양한 분야에서의 무역의 기회를 증진시키며, 전자상거래의 사용 및 개발을 용이하게 한다는 점에서 전자상거래가 매우 중요함을 확인한다. 나아가 전자상거래를 이용하고자 할 경우 믿음과 신뢰 있는 환경을 촉진하는 것에 이바지하여야 한다는 점을 제시한다.[33] 나아가 기술 중립성(technical neutrality)의 중요성을 확인하는 내용을 도입하였다.[34] 특히 과거 EU가 체결한 FTA에서는 발견할 수 없었던 소스코드를 비롯하여, 국내규제, 사전승인금지 원칙, 전자적 방법에 의한 계약 결정, 전자 인증 및 전자서명, 스팸메일 규정 등을 전부 포괄하고 있다.

이제까지의 EU가 체결한 디지털통상규범은 '전자상거래(E-commerce)'라는 명칭의 분류를 통해 구성되었지만, EU-멕시코 FTA는 최초로 '디지털통상(digital

---

28 EU-싱가포르 FTA 제8.60조.

29 EU-싱가포르 FTA 제8.61조.

30 사실 동 조항이 부재한다 하더라도 CETA를 제외한 EU가 체결한 지역무역협정의 경우 모두 전자상거래 조항을 서비스의 장의 일부로 포함시켰으므로 서비스 장의 의무 및 예외, 유보사항 등이 그대로 적용되는 것이 당연한 해석으로 사료된다.

31 3. The Parties recognise the importance of the free flow of information on the internet, while agreeing that this should not impair the rights of intellectual property owners given the importance of protecting intellectual property rights on the internet.

32 EU-일본 EPA는 EU가 체결한 무역협정 중 가장 거대 파트너와의 결합으로 전 세계 GDP의 약 30%를 차지하며, 양측 모두 디지털무역이나 전자상거래에서는 세계 수위를 차지하는 위치에 있으므로 그 합의 내용이 주목을 받은 바 있다.

33 EU-일본 EPA 제8.70조
Objective and general provisions
2. The objective of this Section is to contribute to creating an environment of trust and confidence in the use of electronic commerce and to promote electronic commerce between the Parties.

34 EU-일본 EPA 제8.70조 3항.

trade)'이라는 명칭의 분류를 사용한 것이 특징이다. 나아가 EU가 체결한 FTA 중 최초로 '개방적인 인터넷 접근(Open Internet Access)' 조항을 도입하였다.

중국이 자국의 FTA에서 처음으로 전자상거래를 언급[35]한 것은 중-뉴질랜드 FTA이다. 비록 기술무역장벽의 장 및 관련 부속서 내에서 전자상거래를 언급하는 정도에 그쳤지만 이를 계기로 중국은 그 이후 체결하는 FTA에서 전자상거래 조항을 도입하게 된다. 그 대표적인 예가 한국 및 호주와의 FTA이다. 2015.12월 발효된 한-중 FTA는 총 9개의 조항을 두고 있다. 동일한 시기에 발효된 중-호주 FTA는 이보다 확대된 총 11개의 조항을 두고, 전자상거래 촉진뿐 아니라 전자상거래 이용 및 발전장벽을 제거하는 한편, 다른 형태의 무역보다 전자상거래가 제한적이면 안된다는 목표를 제시한다. 비록 의무조항이 아닌 노력[36]의 문구를 차용하고 있음에도 불구하고 한-중 FTA보다 무역장벽 제거의 중요성을 더욱 강조하는 것이 특징이라고 할 수 있다.

중국이 전자상거래 관련 조항을 도입하면서 가장 민감하게 대응했던 주제는 바로 전자적 전송에 부과되는 관세 문제이다. 중국은 WTO 차원에서 전자적 전송에 대한 무관세에 대한 관행이 수정될 경우 자국 내로 반입되는 디지털 제품에 대한 관세 부과의 권한을 확보하기 위하여 양자 차원의 FTA에서도 이를 해결하기 위한 문구를 반영하고자 하였다. 그 대표적인 예가 한-중 FTA이다. 중국은 전자적 전송물의 무관세화 규정의 경우, 'shall'이라는 의무를 의미하는 문구 대신 'will'이라는 단어[37]를 통해 법적 의무를 부여하는 것을 경계하였다. 나아가 각국이 무관세화 관행을 변경할 권한이 있다는 문구를 '각주'에 추가하였다. 다만, 중-호주 FTA에 따르면, 비록 향후 WTO 전자상거래 작업 프로그램 논의에 따라 전자적 전송물의 무관세화 관행에 대해 각국이 변경할 권한을 보장한다고 규율하는 점은 동일하다 하더라도 적어도 현재의 무

---

35 권현호 (2010), "한-중 FTA 논의와 IT 서비스 무역의 통상법적 쟁점", 국제경제법연구 8(1), 이에 따르면 중국의 초기 FTA 추진 방향은 상품무역과 제한된 분야에서의 투자만을 다루고 있었다. 그러나, 그 이후인 뉴질랜드와의 FTA에 이르러서야 지역무역협정을 총 18개 장(Chapter)로 구성하고 SPS, TBT, 지식재산권, 서비스 등 다양한 분야를 포괄하도록 하였다. 이에도 불구하고, 관련 전자상거래 조항은 대부분의 내용이 실질적인 개방보다는 협력조항에 불과하다는 한계를 지녔다.

36 ARTICLE 12.1: PURPOSE AND OBJECTIVE
3. The Parties shall endeavour to ensure that bilateral trade through electronic commerce is no more restricted than other forms of trade.

37 한중 FTA 제13.3조 및 각주 3 참고.

관세화 관행만큼은 명백한 의무조항으로 규정한 것이 한-중 FTA와의 차이점이다.[38]

한편, 중국이 체결한 FTA상 전자상거래 조항의 가장 큰 문제점은 전자상거래 조항을 둘러싼 다툼이 발생하는 경우 FTA 내의 분쟁해결 절차를 이용할 수 없도록 철저히 배제하고 있다는 점이다.

중국은 RCEP을 통하여 디지털통상규범의 획기적인 전환점을 맞았다. RCEP은 역내 전자상거래 촉진을 위해 전자적 무역 행정문서를 수용하고, 전자인증 및 전자서명의 법적 효력을 인정하도록 규정하는 한편, 소비자 중심의 안정적인 전자상거래 환경을 도모하기 위한 온라인 소비자 보호, 개인정보 보호, 스팸메시지 방지 등 규정을 포함하였다. 또한, 앞서 살펴본 바와 같이 비록 정당한 공공정책 목적 및 안보이익이 있는 경우 정부의 규제 조치를 보다 강력하게 확보하기는 하였지만 중국이 체결한 FTA 최초로 정보의 국경 간 이동을 허용해야 하는 의무조항을 도입하였다는 점이 주목할 만하다. RCEP은 중국이 체결한 여타 FTA와 마찬가지로 전자상거래 조항을 둘러싼 다툼이 발생하는 경우 FTA 내의 분쟁해결 절차를 이용할 수 없도록 하고 있다.[39] 다만, 중국이 체결한 여타 FTA와는 달리 적어도 전자상거래 관련 조항의 해석 및 적용에 관하여 이견이 발생하는 경우, 협의를 통해 상호 만족스러운 해결에 도달하기 위하여 모든 노력을 다할 의무를 포함한다. 나아가 협의로 해결되지 아니하는 경우 제18.3조(역내포괄적경제동반자협정 공동위원회의 기능)에 따라 역내포괄적경제동반자협정 공동위원회에 사안을 회부하여 해결할 수 있는 방안도 추가한다. 더욱이 RCEP은 분쟁해결 절차의 미래 이용가능성을 일부 열어두고 있다. 향후 RCEP 회원국 간 제20.8조(일반 검토)에 따라 전자상거래의 장에 대한 제19장(분쟁해결)의 적용을 검토하여 적용에 합의한 경우에는 전자상거래 조항에 대한 다툼 시 분쟁해결절차를 이용할 수 있을 것이다.

---

38 중-호주 FTA 제12.3조.
39 RCEP 제12.17조.

3. 디지털통상규범의 최근 현황

앞선 표에서 살펴볼 수 있듯이 CPTPP는 디지털통상규범의 발전기를 전환기로 변화시키는 중요한 이정표의 역할을 한다. CPTPP는 발전기에도 포함하였던 국내규제 프레임워크,[40] 개인정보 보호,[41] 스팸메일[42] 등의 조항을 계승하였다. 나아가 발전기에는 존재하지 않았던 새로운 조항을 도입하였는데 그 대표적인 예가 인터넷 방문료,[43] 컴퓨터 설비 위치,[44] 원시 코드[45] 및 분쟁 해결[46] 관련 조항이다. CPTPP 이후 등장한 USMCA는 2015년 TPA에서 제시되었던 협상 목표인 비차별 대우원칙, 데이터의 자유로운 국경 간 이동, 전자적 전송물에 대한 무관세 관행 보장, 국내규제의 적절성 관련 규정 등을 모두 포함하며 CPTPP의 디지털통상규범 중 일부는 그대로 계승하고 일부는 보다 강화하는 방식으로 도입하였다. 나아가 USMCA는 CPTPP에는 존재하지 않았던 새로운 조항까지 포섭하였는데 그 대표적인 예가 공공 데이터(open government data)[47]와 인터렉티브 컴퓨터 서비스(interactive computer services)[48] 조항이다.

CPTPP 및 USMCA 이후에는 미국-일본 디지털무역협정, 한-싱가포르 디지털동반자 협정, 싱가포르-호주 디지털경제협정, 싱가포르-영국 디지털경제협정, DEPA 등 실로 다양한 형태와 조항을 포함하는 최신 디지털통상규범이 등장하면서 진화기를 맞이한다. 아래에서는 이 중에서도 여전히 지속되고 있는 WTO 차원의 협상을 비롯, 개도국 간 체결된 대표적인 디지털통상규범인 아세안 전자상거래 협정, 그리고 모듈 방식이라는 획기적인 형태를 도입한 DEPA에 대하여 살펴보고자 한다.

---

40 TPP 제14.5조.
41 TPP 제14.8조.
42 TPP 제14.14조.
43 TPP 제14.12조.
44 TPP 제14.13조.
45 TPP 제14.17조.
46 TPP 제14.18조.
47 USMCA 제19.18조.
48 USMCA 제19.17조.

(1) WTO 복수국 간 전자상거래협정 협상

1995년 WTO가 출범하였음에도 불구하고 디지털통상에 대한 규범이 부재하자 디지털통상규범에 대한 본격적 논의를 위하여 1998.5월 WTO 제2차 각료회의는 '국제 전자상거래에 대한 선언문(Declaration on Global Electronic Commerce)'을 정식으로 채택했다. 동 선언문을 통하여 WTO 회원국들은 전자적 전송물에 대한 무관세 관행을 유지할 것임을 천명하고, 향후에도 이와 같은 관행을 계속 유지할지 여부는 향후 작업 계획의 논의 경과에 따르기로 약속한 바 있다.[49] 그러나, 디지털 교역의 대상물을 상품에 분류할지 서비스에 분류할지와 같이 첨예한 이슈에 대해서는 전혀 합의에 이르지 못했다.

1998.9월 WTO 일반이사회는 'WTO 전자상거래에 관한 작업 프로그램'을 채택하고, 이를 통해 개략적이나마 전자상거래에 대한 '정의'를 설정하는 한편, '전자상거래를 위한 인프라 개발에 관련된 이슈'에 대하여 협의하기 시작하였다. 이에 따라, 상품무역이사회, 서비스무역이사회, 지식재산권이사회 및 무역개발위원회[50]별로 각각의 전자상거래 관련 주제를 협의하였지만 구체적인 합의물을 도출하는 것에 실패하였다. 그 이후인 제11차 WTO 각료회의에서 WTO 회원국들은 'WTO 전자상거래에 관한 작업 프로그램'에 따라 작업을 지속하는 것에 합의하고, 국제 전자상거래의 중요성과 포괄적인 무역 및 개발을 위해 창출되는 기회를 재확인한다는 공동선언을 발표하였지만, 전자상거래 관련 구체적 규범 합의는 계속 미루어져 왔다. 한편, 나이로비 각료회의 이후 MIKTA[51] 및 '개발을 위한 전자상거래 프렌즈 그룹(Friends of E-commerce for Development, FEDs)'[52] 등 신규 그룹을 통해 전자상거래 관련 새로운 규범

---

49   대외경제정책연구원(KIEP), "WTO 전자상거래 논의 동향 및 시사점", 2018, p.5, 동 자료에 따르면 2001년 도하, 2005년 홍콩, 2009년 제네바, 2011년 제네바, 2013년 발리, 2015년 나이로비, 2017년 부에노스 아이레스 각료회의 시 모두 전자적 전송물에 대한 무관세 관행에는 합의한 바 있다고 한다.

50   특히 무역개발위원회에서는 전자상거래가 개도국과 중소기업의 무역 및 경제에 미치는 영향에 대하여 논의하고, 개도국 참여 확대를 위한 방안, 다자무역체제에서 개도국 통합을 위한 정보기술의 활용 및 전자상거래가 개도국의 상품 유통을 위한 전통적 수단에 미치는 영향 등을 논의한 바 있다.

51   외교부 홈페이지, Mikta란 멕시코, 인도네시아, 한국, 터키, 호주 5개 중견국으로 구성된 지역 간 초지역적인(cross-regional) 협의체이다. 한국 정부의 중견국 외교 추진을 위한 핵심 기제 중 하나인 Mikta는 2013년 9월 유엔총회 계기에 제1차 외교장관 회의를 개최하면서 공식 출범하였고 국제사회의 주요 이슈를 중심으로 자유롭게 의견을 교환하는 비공식 협력체로 활동하고 있다.

52   아르헨티나, 코스타리카, 케냐, 나이지리아, 파키스탄 및 스리랑카 등 개도국으로 구성된 전자상거래 관련 이슈를 다루고자 하는 모임이다.

에 대한 협의 채널이 활성화되었다. 이 과정에서 다자 차원의 전자상거래 규범 수립에 관심이 많았던 미국, EU, 일본 및 브라질 등 많은 국가들을 중심으로 다양한 제안서가 제출되면서 WTO 차원의 전자상거래 협상의 기초를 마련하였다.

드디어 2019년 세계경제포럼 계기 비공식 장관회의에서 75개국이 WTO 차원에서의 전자상거래에 관한 협상을 시작한다고 발표하였다. 같은 해, 일본, 호주 및 싱가포르는 당해 협상의 공동의장으로 나서면서 총 77개 국가[53]가 참여한 복수국 간 협정인 WTO 전자상거래 협상을 본격화하였다. 공식적으로 출범한 WTO 전자상거래 협상에서는 전자상거래를 촉진하기 위한 다양한 대응책, 소비자 보호 및 개인정보 보호, 투명성, 비차별 의무 및 책임 등 실로 다양한 이슈가 협상 테이블에 올라왔다.[54] 2023.2월 현재 협상 참가국은 90여 개 회원국에 달한다.

(2) 아세안 전자상거래협정

아세안 전자상거래협정은 DEPA 및 미-일 디지털무역협정과 유사하게 독립적인 별도의 조약 형태로 디지털경제에 특화된 협정이다. 아세안 국가 간 디지털무역 주요 규범 정립 및 협력 강화를 위하여 국제법적으로 구속력 있는 조약의 형식으로 채택된 동 협정은 2019.1.22. 서명되고 2021.12.3. 발효하였다.

동 협정은 전부 개도국으로 구성된 아세안 10개국임에도 불구하고 전자상거래에 대한 독자적인 협정을 체결하였을 뿐만 아니라, 기존 아세안 국가들이 소극적이었던 국경 간 정보이전 관련 규정, 컴퓨팅 설비 위치 등의 규정을 포함하였다는 점에서 시사하는 바가 크다.

다만, 다양한 최신 규정들이 포함되었음에도 불구하고, 아세안 10개국이 가입한 RCEP 내의 국경 간 정보 이동 조항보다 훨씬 낮은 수준을 지니는 등 한계가 지적된다.

---

53 WTO 사무총장 로베르토 아제베도, 연설문, WTO (2019.5.23.), https://www.wto.org/english/news_e/spra_e/spra264_e.htm (2023.8.5. 최종방문)., 동 연설문에 따르면 전 세계 무역의 90%를 대변하는 총 77개 국가가 WTO 전자상거래 협상 개시에 참여하였다고 한다.

54 한국 역시 제204차 대외경제장관회의를 통하여 동 협상에 공식적으로 참여하고 제안서를 제출하는 한편, 현재 국회에 계류 중인 신용정보법 등 데이터 경제 활성화를 위한 입법 추진을 병행하고, WTO 전자상거래 협상을 우리 기업이 디지털무역을 선도하는 계기로 삼겠다고 공표한 바 있다.

(3) 디지털경제동반자협정(DEPA: Digital Economy Partnership Agreement)

2023.6월 한국은 DEPA 가입협상의 실질적 타결을 선언하였다. 이로써 DEPA의 원 가입국인 싱가포르, 뉴질랜드, 칠레에 이어 한국이 가입국이 된 것이다. DEPA는 싱가포르 및 뉴질랜드는 2021.1.7. 발효하였고, 칠레의 경우에는 2021.11.23. 발효하였는데, 한국도 발효를 위한 국내절차를 서두를 것으로 기대된다. 그 이외에도 중국 및 캐나다가 2022.8월경 가입절차를 개시하였을 뿐 아니라, 2022.12월에는 코스타리카가, 2023.5월에는 페루가 가입의사를 표명한 바 있어 가입국이 보다 확대될 것으로 예상된다.

DEPA는 내용적 측면뿐 아니라 형식적 측면에서도 과거의 디지털통상규범과는 확연하게 다른 특징을 가지고 있다. 물론 DEPA 역시 여타 디지털통상규범과 같이 국제법적으로 구속력 있는 국제조약의 형식을 가지고 있다. 그러나 최근 등장하는 '디지털경제협정'이나 '디지털동반자협정'이 기존 FTA 전자상거래의 장(chapter)을 개정하거나 대체하는 일종의 개정의정서 형식인 것과는 달리, DEPA는 미-일 디지털무역협정과 유사하게 독립적인 별도의 형태를 띄고 있다.

특히 DEPA는 '모듈'이라는 형식을 통해 파격적인 변신을 꾀했다는 점에서 주목할 필요가 있다. 소위 모듈 접근법(modular approach)이란 주제별로 카테고리를 설정하고 각 카테고리별로 관련되는 조항이 포함되도록 하는 방식이다.

DEPA는 여타 디지털통상규범에서 일반적으로 포함하는 '종이 없는 무역', '개인정보 보호', '온라인 소비자보호' 조항도 포함하였지만, '디지털 신원', '데이터 혁신', '인공지능', '디지털 포용', '경쟁정책 관련 협력' 등의 조항을 처음으로 포함하였다는 점에서 내용적 측면에서도 시사점이 많은 협정이다. 참고로 한국이 DEP에 가입하면서 디지털경제동반자협정 의정서를 통해 9개 조항으로 구성되는 의정서를 추가한 바 있다.

4. 결론

WTO 차원에서의 디지털통상규범 수립 지연에 따른 FTA하의 디지털통상규범의 확대는 실로 놀라운 발전을 가져왔다. 더욱이 최근에는 양자 차원의 디지털통상규범 뿐 아니라, WTO 차원에서도 2019년 출범한 WTO 복수국 간 전자상거래 협상이 지속적으로 추진 중이다. 나아가 디지털통상규범은 내용적 측면에서의 확대뿐 아니라 DEPA에서 발견되는 바와 같이 형식적 측면에서의 혁신도 가져오고 있다는 점에서 향후에는 보다 풍부하게 발전할 수 있을 것으로 기대된다. 디지털통상규범의 구체적인 발전과정과 내용의 변화에 대해서는 다음 장부터 보다 상세하게 다루게 될 것이다.

Notes & Questions

1. 각국이 디지털통상규범을 수립할 때 자국이 체결하는 FTA를 적극적으로 이용한 이유는 무엇인지 생각해보자.
2. 디지털통상규범의 확대 과정에서 가장 눈에 띄는 변화가 보이는 조항은 무엇인지 생각해보자.
3. 미국, EU, 중국 및 한국이 체결한 디지털통상규범의 특징과 디지털통상에 대한 접근방식이 어떠한 차이를 나타내는지를 각국의 FTA 내 디지털통상규범의 발전과정과 연결하여 설명해보자.

PART 02

디지털통상의 경제적 · 실증적 이해

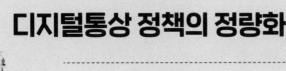

제3장

디지털통상 정책의 정량화

노재연

코로나19를 전후하여 전 세계적으로 디지털무역이 확대됨에 따라 이에 상응하는 정책적 대응이 이루어지고 있다. 이러한 정책적 대응은 디지털 거래를 촉진하거나 개인정보 보호, 국가 안보 관련 문제를 해결하는 것을 목적으로, 국내법을 이용한 일방적(unilateral) 정책(예: 사이버 보안법)과 국제 조약 형태의 양자 또는 다자적(bilateral or multilateral) 협정(예: 디지털통상 협정) 형태로 이루어지고 있다. 이러한 디지털통상에 관한 국가별 정책의 중요성을 감안할 때 디지털통상에 대한 정책 효과는 실증적으로 충분히 연구되지 않고 있다. 그 주된 이유 중 하나는 디지털통상 관련 데이터가 아직 잘 구축되어 있지 않기 때문이다. 디지털통상 정책 관련 데이터 구축이 어려운 이유는, 첫째, 디지털무역 정책 정보는 방대한 양의 각국의 관련 국내 정책과 무역협정에 대한 집중적인 분석이 필요하기 때문이며, 둘째, 디지털 거래에 대한 합의된 정의가 없어 디지털무역 데이터를 구축하기가 어렵기 때문이다(Suh·Roh 2023).[1] 그러나 최근 디지털통상 관련 데이터 구축에 대한 상당한 노력의 결과로 각국의 국내 정책과 양자 또는 다자간 디지털통상 관련 협정에 대한 데이터가 공개되고 있다. 따라서 이 장에서는 실증적 연구에 이용할 수 있는 디지털통상 관련 정책(Policy) 혹은 기반 시설(Infrastructure) 데이터의 종류와 특징을 학습하는 것으로 목표로 한다.

---

[1] Suh, Jeongmeen, and Roh, Jaeyoun(2023) "The effects of digital trade policies on digital trade." The World Economy, 46(89), pp. 2383-2407.

1. 디지털통상 협정

디지털통상 협정 관련 데이터베이스는 Trade Agreements Provision on Electronic E-commerce and DATA(이하 'TAPED')와 E-commerce Analysis가 대표적이다. TAPED는 협정별로 각 규정이 협정문에 포함되었는지를 수치화하여 데이터가 Excel 파일로 제공되는 형식이라면, E-commerce Analysis는 국가별로 여러 가지 이슈별 관련 규정을 포함하고 있는 협정의 협정문 내용을 제공하여 준다. 디지털통상 규정별 포함 여부와 강도를 수치화한 정보를 실증분석 등에 이용하기에는 전자가 유용하며, 특정 조항 포함 여부 및 협정문에 명시된 내용을 협정별로 상호 비교하기에는 후자가 적합하다.

(1) TAPED[2]

TAPED는 2000년 이후 체결된 384개 무역협정[3]의 디지털통상 관련 광범위한 내용을 다루고 있다. 디지털통상 관련 조항에서 명시적으로 언급한 전자상거래, 디지털무역, 데이터 보호 및 데이터 흐름 등뿐만 아니라 지식재산권, 비차별, 일반적 및 특정 예외 조항 외에, 통신, 금융, 컴퓨터 및 관련 서비스와 같은 주요 서비스 부문의 시장 접근 약속 등 디지털무역 조건에 영향을 미칠 수 있는 모든 조항을 디지털통상 조항으로 취급하여 포괄적으로 다루고 있다. 이러한 조항은 전자상거래 또는 디지털통상에 특화된 장(Chapter) 외에 다른 조약에서 언급된 디지털통상 관련 내용까지 포함하고 있다. 총 116개의 서로 다른 항목으로 구성되어 있으며, 협정에 대한 기본 정보[4]와 함께, (1) 전자 상거래(E-commerce/Digital trade), (2) 데이터 전용 조항(Data-dedicated provisions), (3) 새로운 데이터 경제 이슈(New data economy issues), (4) 앞서 언급된 항목의 범 분야 이슈(cross-cutting issues), (5) 지식재산권(Intellectual property) 등 5가지 영역으로 구분하여 정보를 제공하고 있다.

TAPED는 여러 가지 특징이 있는데, 첫째, 모든 코드화된 조항의 규범 정도에 대

---

2   TAPED 홈페이지: https://www.unilu.ch/en/faculties/faculty-of-law/professorships/burri-mira/
    research/taped/

3   2022년 11월 30일 공개된 자료 기준이다.

4   협정유형, 참여국 정보(국가명, 발전단계, 지역, 언어 등), 체결 혹은 발효일, WTO 통지 여부 등

한 평가를 포함하고 있는데, 가령 관련 조항이 없는 경우 0(no)으로 표기하고 규범 수준에 따라 1(yes-soft) 혹은 2(yes-hard)로 구분하여 표기하고 있다. 둘째, Excel 데이터 파일에는 코딩의 근거가 되는 조항의 출처가 메모 형태로 제공되고 있어, 코딩 근거가 되는 협정문의 내용을 확인할 수 있다. 셋째, 전자상거래 혹은 디지털통상 장(Chapter)의 조항 개수 및 협정문 단어 수[5] 등의 정보를 제공하고 있어, 협정별 합의 정도(depth of integration)를 평가하는 데 활용할 수 있다. 이를 활용한 연구로써, Suh · Roh(2023)은 양국 간 디지털통상 협정 체결 여부가 디지털 교역에 미치는 영향을 실증적으로 분석하면서, 디지털통상 협정 관련 변수를 ① 조항의 포함 여부('provision'), ② 개별 장 존재 여부('chapter'), ③ 조항의 수('No. of articles'), ④ 협정문 단어의 수('No. of words')로 구분하여 분석하였다. 마지막으로, (1) 전자상거래 분야의 경우, 협정의 유형을 미국, EU, 기타 유형으로 구분하고 있다.[6] 이러한 구분은 미국과 EU의 디지털통상 규범 모델을 분석하는 데 유용할 수 있으나, 그 구분의 근거가 명확하지 않아 사용에 유의할 필요가 있다.[7] 가령, 미국이 체결한 협정의 경우에도 미국 유형으로 분류되지 않은 경우가 있다.[8]

(2) E-commerce Analysis[9]

E-commerce Analysis는 94개국이 체결한 64개 협정의 전자상거래 관련 정보를 제공하고 있다. 항목별,[10] 국가별, 지역별로 선별하여 해당 협정의 관련 협정문 내용을 확인할 수 있다. 항목별로 가장 많은 협정이 포함하고 이슈는 목적과 범위(59개 협

5　TAPED 1.15.1 [ec_number_articles] & 1.15.2 [ec_number_words]

6　TAPED 1.16.1 [ec_US_model] & 1.16.2 [ec_EU_model], 1.16.3 [ec_other_model]

7　이 항목은 2020년까지 모든 협정에서 코딩되었으나, 그 이후에는 새로운 PTA와 DEA, 그리고 새로운 EU PTA가 다양한 측면에서 수렴하고 모델이 명확하지 않아 중단되었다(Burri and Kugler 2022).

8　예를 들면 US-Vietnam FTA 및 US-Korea FTA는 미국 유형으로 분류되지 않았다.

9　E-Commerce Analysis 홈페이지: https://tom-walker.shinyapps.io/e-commerce_app/

10　① Access to and use of Internet, ② Consultations & Dispute Settlement, ③ Consumer Protection, ④ Cooperation, ⑤ Cross-Border Transfer of Information by Electronic Means, ⑥ Definitions, ⑦ Domestic Regulatory Framework, ⑧ Electronic Authentication and Signatures, ⑨ Electronic Supply of Services, ⑩ Inconsistency with Other Chapters, ⑪ Intermediaries, ⑫ Paperless Trading, ⑬ Personal Information Protection, ⑭ Purpose and Scope, ⑮ Software Source Code, ⑯ Transparency, ⑰ Treatment of Digital Products, ⑱ Treatment of Investors/Companies, ⑲ Unsolicited Commercial Electronics Messages, ⑳ Use and Location of Computing Facilities 등 20개 항목으로 구성되어 있다.

정, 92%), **정의**(51개 협정, 80%), **협력**(35개 협정, 55%), **소비자 보호**(34개 협정, 53%), **종이 없는 무역**(33개 협정, 52%), **개인 정보 보호**(31개 협정, 48%) 순이다.

(예시) **항목별 검색 – Access to and use of Internet**

	tota_name	tota_year	article_names	tota_region	article_text	category	subcategory
1	Australia-Singapore 2016.pdf	2016	Principles on Access to and Use of the Internet for Electronic Commerce	Oceania; East Asia	Subject to applicable policies, laws and regulations, the Parties recognise the benefits of consumers in their territories having the ability to: (a) access and use services and applications of a consumer's choice available on the Internet, subject to reasonable network management; *7 (b) connect the end-user devices of a consumer's choice to the Internet, provided that such devices do not harm the network; and (c) access information on the network management practices of a consumer's Internet access service supplier. 7 The Parties recognise that an Internet access service supplier that offers its subscribers certain content on an exclusive basis would not be acting contrary to this principle.	Access to and use of Internet	Consumers Should Be Able To Access Or Use Services Or Digital Products of Their Choice;
2	Australia-Singapore 2016.pdf	2016	Internet Interconnection Charge Sharing	Oceania; East Asia	The Parties recognise that a supplier seeking international Internet connection should be able to negotiate with suppliers of the other Party on a commercial basis. These negotiations may include negotiations regarding compensation for the establishment, operation and maintenance of facilities of the respective suppliers.	Access to and use of Internet	Ensure Competition Between Internet Service Providers;
3	CPTPP 2018.pdf	2018	Principles on Access to and Use of the Internet for Electronic Commerce	South America; North America; Oceania	Subject to applicable policies, laws and regulations, the Parties recognise the benefits of consumers in their territories having the ability to: (a) access and use services and applications of a consumer's choice available on the Internet, subject to reasonable network management; *7 (b) connect the end-user devices of a consumer's choice to the Internet, provided that such devices do not harm the network; and (c) access information on the network management practices of a consumer's Internet access service supplier.	Access to and use of Internet	Consumers Should Be Able To Access Or Use Services Or Digital Products of Their Choice;
4	CPTPP 2018.pdf	2018	Internet Interconnection Charge Sharing	South America; North America; Oceania	The Parties recognise that a supplier seeking international Internet connection should be able to negotiate with suppliers of another Party on a commercial basis. These negotiations may include negotiations regarding compensation for the establishment, operation and maintenance of facilities of the respective suppliers.	Access to and use of Internet	Ensure Competition Between Internet Service Providers;
5	Korea, Republic of - US	2007	Principles On Access To And Use Of The Internet For Electronic Commerce	East Asia; North America	To support the development and growth of electronic commerce, each Party recognizes that consumers in its territory should be able to: (a) access and use services and digital products of their choice, unless prohibited by the Party's law; (b) run applications and services of their choice, subject to the needs of law enforcement; (c) connect their choice of devices to the Internet, provided that such devices do not harm the network and are not prohibited by the Party's law; and (d) have the benefit of competition among network providers, application and service providers, and content providers	Access to and use of Internet	Ensure Competition Between Internet Service Providers;Consumers Should Be Able To Access Or Use Services Or Digital Products of Their Choice;
6	Trans-Pacific Partnership	2016	Principles On Access To And Use Of The Internet For Electronic Commerce	East Asia; North America; South America	Subject to applicable policies, laws and regulations, the Parties recognise the benefits of consumers in their territories having the ability to: (a) access and use services and applications of a consumer's choice available on the Internet, subject to reasonable network 7 management; (b) connect the end-user devices of a consumer's choice to the Internet, provided that such devices do not harm the network; and (c) access information on the network management practices of a consumer's Internet access service supplier.	Access to and use of Internet	Consumers Should Be Able To Access Or Use Services Or Digital Products of Their Choice;
7	Trans-Pacific Partnership	2016	Internet Interconnection Charge Sharing	East Asia; North America; South America	The Parties recognise that a supplier seeking international Internet connection should be able to negotiate with suppliers of another Party on a commercial basis. These negotiations may include negotiations regarding compensation for the establishment, operation and maintenance of facilities of the respective suppliers.	Access to and use of Internet	Ensure Competition Between Internet Service Providers;
8	USMCA 2018.pdf	2018	Principles on Access to and Use of the Internet for Digital Trade	North America	The Parties recognize that it is beneficial for consumers in their territories to be able to: (a) access and use services and applications of a consumer's choice available on the internet, subject to reasonable network management; (b) connect the end-user devices of a consumer's choice to the Internet, provided that such devices do not harm the network; and (c) access information on the network management practices of a consumer's Internet access service supplier	Access to and use of Internet	Consumers Should Be Able To Access Or Use Services Or Digital Products of Their Choice;

또한 검색된 협정에 대하여 ① 히트맵(문서 유사성), ② 지역성(국가별 빈도), ③ 범주(연도별 범주별 빈도), ④ 하위 범주(연도별 하위 범주별 빈도) 등에 대한 정보를 시각화하여 제공해 준다.

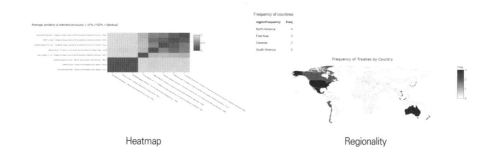

Heatmap   Regionality

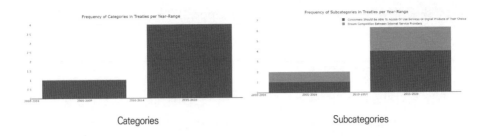

Categories　　　　　　　　　　　Subcategories

2. 디지털통상 정책

　　여기에서는 국가별 디지털통상 정책 도입 내용과 현황 정보를 공유해주는 데이터베이스들을 소개하고자 한다. 먼저, Digital Trade Estimate Project에서는 국가별 국내 정책들을 소개하고 이를 바탕으로 국가별 디지털통상 제한 지수를 발표한다. 이와 유사하게 OECD에서도 디지털 서비스 무역 제한 지수를 발표하고 있다. 이러한 디지털무역 제한 지수는 국가별로 디지털무역 제한적인 정책 시행 정도를 정량화한 자료로 유용하다. 가령, Suh · Roh(2023)은 OECD 무역 제한 지수를 이용하여 디지털무역 장벽으로 인식된 국내 규제는 사실상 디지털무역을 저해하고 있으며, 특히 수출국보다 수입국에서 규제를 시행할 때 그 부정적 효과가 더 크게 나타남을 보여주었다. 또한, USTR NTE 보고서와 Digital Policy Alert는 국가별로 새롭게 도입하거나 운영 중인 디지털통상 관련 정책들에 대해 자세히 설명하고 있다. 특히 Digital Policy Alert는 국가별로 디지털통상 관련 규제나 이벤트 숫자 정보를 제공하고 있어, 정량화된 자료를 이용하여 현황을 시각화하는 데 유용하게 사용할 수 있다.

(1) Digital Trade Estimate Project[11]

　　유럽국제정치경제센테(European Centre for International Political Economy, 'ECIPE')[12]는 디지털통상 관련하여 Digital Trade Estimates(이하 'DTE') Projects 프

11　DTE 홈페이지: https://ecipe.org/dte/

12　ECIPE는 ① Digital Trade Estimates Project, ② UK Trade Policy Project, ③ New Globalization, ④ EU-Mercosur Project, ⑤ Five Freedoms Project, ⑥ Korea Project, ⑦ Trade and IP Project 등의 프로그램을 운영 중이다.

로그램을 운영 중이며, DTE database, DTE report, DTE index 등의 정보를 제공하고 있다.

1) DTE Database

DTE는 디지털통상 정책에 특화된 포괄적인 데이터베이스로서, 4개 항목에 대해 13개 이슈로 분류되는 전 세계 64개 국가들의 디지털통상 관련 국내 조치를 설명하고 있다.

(예시) 미국 정책

Fiscal restrictions	Tariffs and trade defense, taxation and subsidies, public procurement
Establishment restrictions	Foreign investment, IPR, competition policy, business mobility
Restrictions on data	Data policies, intermediary liability, content access
Trading restrictions	Quantitative trade restrictions, standards, online sames and transactions

2) ECIPE 디지털무역 제한 지수(Digital Trade Restrictiveness Index, 'ECIPE DTRI')

ECIPE DTRI는 DTE 데이터베이스 정보를 바탕으로 64개국의 디지털통상 관련 국내 정책의 무역 제한 정도를 지수화한 것이다. 전체 DTE 지수는 4개 항목에 대한 평균으로 작성되며, 지수는 0(완전 개방)과 1(사실상 폐쇄) 사이의 값으로 값이 증가할수록 더 강도 높은 디지털 거래 제한을 의미한다. 지수를 활용하여 해당 국가의 전반적인 디지털통상 환경 및 개방 정도를 파악하고, 각 정책 영역에서 국가 순위를 쉽게 시각화할 수 있다. 다만, 지수 정보는 데이터 파일로 제공되는 것은 아니며, ECIPE에서 발간한 DTE Report(2018)[13]에서 확인할 수 있다. 곽동철·최재원(2018)[14]은 동 자료를 활용하여 한국의 디지털무역 정책의 개방 정도를 항목별로 다른 국가와 비교·분석하였다.

(2) OECD 디지털 서비스 무역 제한 지수(Digital Service Trade Restrictiveness Index, 'OECD DSTRI')[15]

OECD DSTRI는 전자적인 네트워크를 사용하여 서비스를 제공하는 기업 활동을 제한하거나 완전히 금지하는 장벽의 정도를 지수화하였다. OECD DSTRI는 2014년부터 2022년까지의 85개[16] 국가·연도별 전자적으로 제공되는 서비스 교역 제한 지수를 제공하고 있다. 척도는 0과 1 사이의 값으로서, 0은 디지털 거래를 위한 개방된 규제 환경을 나타내고 1은 완전히 폐쇄된 체제를 나타낸다.[17] 평가 항목은 1) 인프라 및 연결성(infrstructure and connectivity), 2) 전자거래(electronic transactions), 3)

---

13 https://ecipe.org/dte/dte-report/

14 곽동철·최재원(2018), "디지털무역제한지수(DTRI)의 발표와 우리의 디지털무역정책에 대한 평가", KITA 통상 리포트 14.

15 OECD DSTRI 홈페이지: https://goingdigital.oecd.org/en/indicator/73
OECD.STAT: https://stats.oecd.org/Index.aspx?DataSetCode=STRI_DIGITAL

16 OECD, Argentina, Colombia, Costa Rica, Brazil, China, India, Indonesia, Russia, Saudi Arabia, South Africa, Thailand, Singapore, Vietnam, Malaysia, Kazakhstan, Bolivia, Dominican Republic, Ecuador, Guatemala, Paraguay, Uruguay, Brunei Darussalam, Cambodia, Lao PDR, Nepal, Pakistan, Vanuatu, Cameroon; Ethiopia; Eswatini; Gambia (the); Kenya; Mali; Lesotho; Madagascar; Rwanda; Senegal; Seychelles; Uganda; Zambia; Zimbabwe

17 Digital STRI regulatory database의 STRI Measure에서 index의 근거가 되는 조치를 확인할 수 있다. https://qdd.oecd.org/subject.aspx?Subject=STRI_DIGITAL

전자 결제 시스템(e-payment systems), 4) 지식재산권(intellectual property rights), 5) 디지털 지원 서비스 무역에 대한 기타 장벽(other barriers to trade in digitall enabled services) 등 5가지로 구성된다.

인프라 및 연결성	통신 인프라의 상호 연결과 관련된 제한 조치 및 연결성에 영향을 미치는 제한 조치(예: 데이터 현지화)
전자거래	비거주 기업에 차별적으로 전자거래에 영향을 미치는 조치(예: 라이선스 발급, 온라인 과세 등록 및 신고, 전자계약에 관한 국제적 규칙에 이탈한 차별적 조치 등)
전자 결제 시스템	전자 수단을 통한 지불에 영향을 미치는 조치(예: 인터넷 뱅킹 제한)
지식재산권	상표, 저작권 및 관련 권리의 보호 및 시행과 관련된 국내 조치
기타	다른 항목에 속하지 않는 기타 조치들(예: 다운로드 및 스트리밍 제한, 온라인 광고 제한, 상업적 거주 등)

(예시)　OECD 디지털 서비스 무역 제한 지수

출처: OECD STAT 홈페이지[18]

18　https://stats.oecd.org/Index.aspx?DataSetCode=STRI_DIGITAL (2023.07.13. 최종방문)

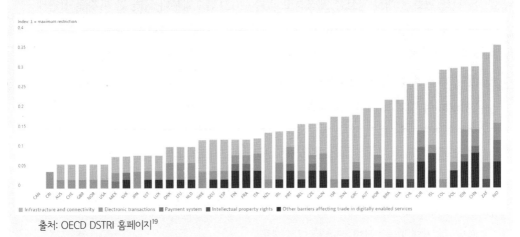

(예시) **2022년 국가별 디지털무역 제한 지수 비교**

아래 그림은 2022년 국가별 디지털무역 제한 지수를 비교한 그래프이다. 모두 0.5 이하의 값을 나타내고 있으며, 캐나다, 코스타리카, 호주, 칠레, 독일, 노르웨이 등은 가장 개방된 규제를 하고 있는 반면, 인도, 남아프리카 공화국, 중국, 인도네시아, 폴란드 등은 강한 강한 규제를 하고 있다. 제한 지숫값을 구성하는 항목 중에 인프라 및 연결성이 차지하는 비중이 대체로 높다.

출처: OECD DSTRI 홈페이지[19]

(3) USTR 국별무역장벽보고서(National Trade Estimate Report)[20]

미국 무역대표부(USTR)는 1985년부터 매년 NTE(National Trade Estimate) report를 발행하고 있다. NTE report는 미국 상품 무역의 99%와 미국 서비스 무역의 66%를 차지하는 64개 이상의 국가에 대한 대외 무역 장벽을 설명하고 있다. 특히, ① 수입 정책, ② 무역에 대한 기술적 장벽, ③ 위생 및 식물 위생 조치, ④ 정부 조달, ⑤ 지식재산권 보호, ⑥ 서비스 장벽, ⑦ 디지털무역 및 전자 상거래에 대한 장벽, ⑧ 투자, ⑨ 보조금, 특히 수출보조금, ⑩ 경쟁, ⑪ 국유기업, ⑫ 노동, ⑬ 환경 등의 분야에 새롭게 도입되거나 운영 중인 비관세 조치를 설명하고 있다. 이 중에서 디지털통상 관련 비관세 조치들도 소개되고 있는데, 디지털통상과 관련하여 국가마다 빈번하게 사용되고 있는 주요 정책은 데이터 현지화(Data localization), 상업적 주재(local or

---

19   https://goingdigital.oecd.org/en/indicator/73 (2023.07.13. 최종방문)

20   USTR NTE report:https://ustr.gov/about-us/policy-offices/press-office/press-releases/2023/march/ustr-releases-2023-national-trade-estimate-report-foreign-trade-barriers

commercial presence) 요구 등이다.

(4) 디지털 정책 알림(Digital Policy Alert)[21]

디지털 정책 알림(Digital Policy Alert)은 국경 간 디지털 상거래에 영향을 미치는 정책 변화에 대한 정보를 제공하고 있다. 2021년 1월부터 국가 간 디지털 상거래에 영향을 미치는 정책 변경에 대한 검색 가능한 기록을 구축하기 시작하여, 2021년 4월 15일부터 G20 회원국의 정책 변경에 대한 조기 경보 시스템을 운영하기 시작하였다. 디지털 정책 알림(Digital Policy Alert)은 ① Activity Tracker, ② Aggregate Dynamics, ③ Current Threads, ④ Analysis, ⑤ Explore in Detail 등 5가지 항목으로 정보를 제공하고 있다. Aggregate Dynamics에서는 디지털통상 관련 정책 변화 현황을 국가별 누적, 국가 · 연도별, 국가 · 이슈별로 제공하며, Analysis에서는 국가별로 심층 분석한 디지털통상 관련 정책 정보를 제공하고 있다.

(예시) 7,222건의 이벤트로 인해 3,964 정책 및 규정이 변경됨:

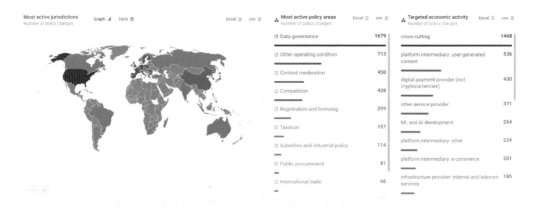

---

21   Digital Policy Alert 홈페이지: https://digitalpolicyalert.org/

3. 디지털통상 인프라

여기에서는 디지털통상 관련 인프라 데이터를 제공하는 데이터베이스를 소개하고자 한다. 관련 데이터베이스는 ITU World Telecommunication/ICT Indicators 와 World Bank Indicators 등이 있으며, ITU(International Telecommunication Union)에서 제공하는 데이터 종류는 더욱 방대하지만, 전체 데이터는 유료로 제공하고 있어 무료로 이용가능한 데이터에 제한이 있다.

(1) ITU 세계 통신/ICT 지수 데이터베이스(World Telecommunication ICT Indicators Database)[22]

ITU 세계 통신/ICT 지수 데이터베이스(World Telecommunication ICT Indicators Database)에는 200여 국가에 대한 1960년, 1965년, 1970년 및 1975년부터 2021년까지의 통신/ICT 관련 시계열 데이터를 제공하고 있다. 제공되는 데이터의 종류는 연결(Connectivity), 경제성(Affordability), 거버넌스(Governance), 시장(Markets), 지속가능성(Sustainability), 신뢰(Trust) 등의 대분류에 분류되는 179개 항목[23]이며, 각 국가가 ITU에 직접 제출한 데이터를 국가별로 제공하고 있다. 다만 유료로 제공되고 있어 이용에 제한이 있으나, 'ITU Data Hub'에서 무료 공개 데이터를 이용할 수 있다. 예를 들어 'Data query'에서 176여 항목에 대한 1990년에서 2023년까지의 236개국,[24] 6개 지역,[25] 3개 그룹[26]별 데이터를 Excel 파일 형식으로 다운받을 수 있다.

22　ITU 데이터베이스 홈페이지: https://www.itu.int/en/ITU-D/Statistics/Pages/publications/wtid.aspx

23　list of indicators: chrome-extension://efaidnbmnnnibpcajpcglclefindmkaj/https://www.itu.int/en/ITU-D/Statistics/Documents/publications/wtid/WTID2022_ListOfIndicators_DecemberEdition.pdf

24　list of economies: chrome-extension://efaidnbmnnnibpcajpcglclefindmkaj/https://www.itu.int/en/ITU-D/Statistics/Documents/publications/wtid/WTID2022_ListOfEconomies_DecemberEdition.pdf

25　Africa, Arab States, Asia & Pacific, CIS, Europe, The Americas 등

26　Land Locked Developing Countries, Least Developed Countries, Small Island Developing states 등

(예시) DataHub[27] - Data query

Economy	'11	2012	2013	2014	2015	2016	2017	2018	2019	2020	2021
Kazakhstan	%	62%	63%	66%	71%	75%	76%	79%	82%	86%	91%
Kenya	3%	11%	13%	17%	17%	17%	18%	20%	23%	26%	29%
Kiribati	%	11%	12%	12%	15%	19%	25%	33%	43%	45%	54%
Korea (Rep. of)	%	84%	85%	88%	90%	93%	95%	96%	96%	97%	98%
Kosovo	-	-	-	-	-	-	84%	89%	-	-	-
Kuwait	%	70%	75%	79%	82%	86%	98%	100%	100%	99%	100%
Kyrgyzstan	%	20%	23%	28%	30%	41%	51%	57%	64%	72%	78%
Lao P.D.R.	7%	11%	13%	14%	18%	22%	26%	36%	47%	54%	62%

(2) 세계은행 지표(World Bank Indicators)[28]

세계은행 지표 데이터베이스의 '인프라(Infrastructure)' 항목에서 디지털통상 관련하여 이동전화 가입(Mobile cellular subscriptions), 인터넷 사용자(Individuals using the Internet, % of population), 브로드밴드 가입(Fixed broadband subscriptions), 인터넷 서버(Secure Internet servers) 등에 대한 데이터를 Excel, CSV 형태의 파일로 다운받을 수 있다.

Mobile cellular subscriptions	1980년~2021년, 266개 국가 정보 제공
Individuals using the Internet	1990년~2021년, 266개 국가 정보 제공
Fixed broadband subscriptions	1998년~2021년, 266개 국가 정보 제공
Secure Internet servers	2010년~2020년, 266개 국가 정보 제공

---

27 https://datahub.itu.int/

28 World Bank Indicator 홈페이지: https://data.worldbank.org/indicator

Notes & Questions

1. TAPED를 이용하여 연도별 디지털통상 협정의 도입현황을 그래프로 그려 보자.
2. 2018년 ECIPE DTRI와 OECD DSTRI 데이터를 이용하여 국가별 두 지수의 상관관계를 구하여, 결과를 바탕으로 두 지수를 서로 비교 분석해보자.
3. ITU World Telecommunication/ICT Indicators Database와 World Bank Indicator에서 Excel 파일로 데이터를 다운받아 국가 간 데이터를 비교해 보자.

제 4 장

디지털무역 규모의 측정

곽동철

1. 배경

    코로나 팬데믹을 계기로 급속히 성장한 디지털무역은 향후에도 디지털기술이 지속적으로 발달하고 새로운 비즈니스 모델이 등장함에 따라 전 세계적으로 더욱 확산될 것으로 예상된다. 이와 동시에 WTO 복수국 간 전자상거래 협상, 양자·지역무역협정, 디지털경제협정 등 국제협상에서 디지털무역정책에 대한 논의도 다양하게 전개될 것으로 보인다. 그러나 현재 다양한 경로로 진행 중인 디지털무역정책에 관한 논의들은 기타 무역 분야에 비해 상대적으로 빈약한 실증적 근거에 기반하고 있다. 가령 상품 및 서비스의 경우 정책입안자는 체계적이고 국제적으로 통일된 무역통계와 국민계정을 기반으로 비교우위 산업의 수출을 키우고 비교열위 산업을 보호하는 무역정책을 수립할 수 있다. 반면 디지털무역은 아직까지 체계적인 통계가 갖춰지지 않아 디지털무역의 장단기 경제적 효용이라든지 디지털전환 및 관련 정책의 파급경로나 경제적 영향에 대한 과학적 분석을 진행하기 어려운 상황이다.

    디지털무역의 전 세계적 흐름을 일관적이고 상호비교가능한 방식으로 계량화하는 시도는 다양한 무역정책의 실증적 근거를 제공한다는 측면에서 그리고 국내 규제의 변화가 디지털무역에 미치는 영향을 분석하는 데 유용한 자료를 제공한다는 측면에서 중요한 의미를 갖는다. 이번 장에서는 디지털무역의 규모를 측정하기 위한 시도들을 소개한다. 다음 절에서는 디지털무역과 관련된 여러 기존 통계를 소개하고 이들의 한계에 대해 살펴본다. 이어지는 절에서는 국제적인 차원에서 디지털무역의 규모를 측정하기 위해 본격적으로 진행되고 있는 세계무역기구(WTO), 경제협력개발기구(OECD), 국제통화기금(IMF)의 공동연구를 소개한다.

2. 디지털무역 관련 주요 통계

(1) 전자상거래

1) 글로벌 전자상거래 현황

유엔무역개발기구(UNCTAD)는 전 세계 10대 상품무역 수출국의 B2C 전체 매출액을 토대로 국경 간 B2C 온라인 판매 규모를 유추하는 방식으로 디지털무역의 일부분인 전자상거래 무역 규모를 추정하였다.[1] 〈표 4-1〉에서 확인할 수 있듯이 UNCTAD에 따르면 2019년 전 세계 국경 간 전자상거래 수출 규모는 4,400억 달러에 달해 전년 대비 9% 성장한 것으로 나타났다. 국경 간 거래에서 발생한 매출은 전체 B2C 전자상거래 매출의 9%를 차지하는 것으로 추정된다.

〈표 4-1〉 2019년 전 세계 10대 상품무역 수출국의 국경 간 B2C 전자상거래 판매 현황

순위	국가	국경 간 전자상거래 (십억 달러)	수출 중 국경 간 전자상거래 비중(%)	전체 전자상거래 중 국경 간 전자상거래 비중(%)
1	중국	105	4.2	6.8
2	미국	90	5.5	7.1
3	영국	38	8.2	15.2
4	홍콩	35	6.2	94.3
5	일본	23	3.3	13.2
6	독일	16	1.1	14.7
7	프랑스	12	2.2	10.6
8	한국	5	0.9	4.4
9	이탈리아	5	0.9	13.9
10	네덜란드	1	0.2	4.3
소계		332	3.4	9.0
세계 전체		440	2.3	9.0

출처: UNCTAD (2020, p. 6).

---

[1] UNCTAD, 'Estimates of Global E-Commerce 2019 and Preliminary Assessment of COVID-19 Impact on Online Retail 2020', 2020. p. 7.

또한 UNCTAD는 2019년 한 해 동안 전 세계에서 약 15억 명이 온라인 구매를 경험한 것으로 추산하였다. 이는 전년 대비 7%가량 증가한 수치이다. 대부분의 온라인 소비자는 자국 업체에서 상품을 구매하였지만, 전체 온라인 소비자 중 약 1/4인 3억 6천만 명은 해외 업체에서 상품을 구입한 것으로 나타났다. 아래 〈그림 4-1〉에서 '국경 간(Cross-border)'으로 표시된 부분을 통해 이를 확인할 수 있다. 전자상거래를 통해 해외 상품을 구매하는 경향은 지속적으로 증가하고 있으며 전체 온라인 소비자 중 국경 간 전자상거래 소비자[2]의 비중은 2017년 20%에서 2019년 25%로 확대되었다.

〈그림 4-1〉 글로벌 온라인 소비자 추이(단위: 십억 명)

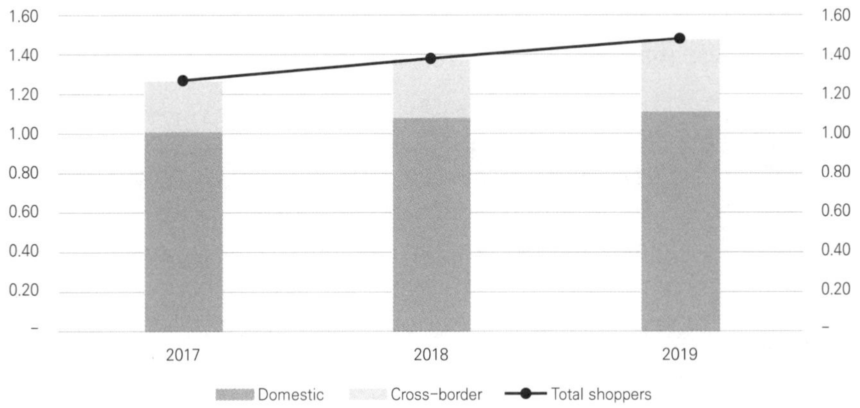

출처: UNCTAD (2020, p. 6).

2) 한국의 국경 간 전자상거래 현황

한국의 통계청은 국경 간 전자적으로 주문되어 물리적으로 배송된 재화의 거래를 무역통계 기준에 따라 작성하여 '온라인 해외 직접 판매 및 구매' 규모를 체계적으로 집계한다. 물리적으로 배송된 재화만을 대상으로 하기 때문에 여행 및 교통서비스, 문화 및 레저서비스 등 각종 서비스는 동 통계에서 제외된다. 온라인 해외 직접 판매는 국내외에 쇼핑몰이 없는 국내 사업체가 해외 쇼핑몰에 입점해 해외로 상품을 판매한 실적(관세청 전자상거래 수출신고 자료)을 집계하여 작성된다. 온라인 해외 직접

---

2   국경 간 전자상거래 소비자란 외국 웹사이트를 통해 상품을 구매하는 소비자를 의미한다. 해외 온라인쇼핑몰에서 전자적으로 주문이 이루어지지만, 실제 상품은 해외에서 소비자가 거주하는 국가로 배송된다.

구매는 행정자료인 관세청 전자상거래 수입통관 자료(간이 및 일반 신고, 목록통관)를 활용하여 국가(대륙)별, 상품군별로 작성된다.

2014년부터 이러한 방식에 따라 집계된 한국의 국경 간 전자상거래 규모 추이가 〈표 4-2〉와 〈그림 4-2〉에 나타나 있으며 최근 들어 교역 규모가 크게 증가하였음을 알 수 있다. 특히 코로나19를 계기로 전 세계적으로 온라인 거래가 활성화되면서 2020년 온라인 판매와 구매를 합한 한국의 국경 간 온라인 거래 규모는 10조 원 이상으로 역대 최고를 기록하였다. 2019년 이후 해외 직접 판매 규모는 지속적으로 감소하는 추세이지만 오히려 해외 직접 구매는 2021년 크게 성장하여 역대 최대인 5조 원을 돌파하였다.

〈표 4-2〉 한국의 국경 간 전자상거래 규모 추이(단위: 백만 원)

	2015	2016	2018	2018	2019	2020	2021
온라인 해외판매 (A)	1,259,874	2,293,380	2,950,907	3,626,523	6,004,608	6,003,447	4,391,540
온라인 해외구매 (B)	1,701,384	1,907,882	2,243,583	2,971,702	3,636,049	4,067,719	5,115,211
국경 간 전자상거래 (A+B)	2,961,258	4,204,262	5,194,490	6,598,225	9,640,657	10,071,166	9,506,751

출처: 산업통상자원부(2023)

〈그림 4-2〉 한국의 국경 간 전자상거래 규모 추이(단위: 백만 원)

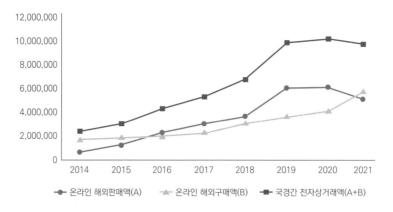

출처: 산업통상자원부(2023)

기존 상품 및 서비스무역의 추이와 비교하면 국경 간 전자상거래의 눈부신 성장세를 확인할 수 있다. 〈그림 4-3〉은 2014년을 기준으로 2021년까지 한국의 상품무역, 서비스무역, 국경 간 전자상거래의 규모를 비교하여 보여준다. 2014년 이후 기존 상품과 서비스의 대세계 무역이 정체상태를 벗어나지 못하고 있는 반면 2021년 전자상거래 무역 규모는 2014년에 비해 약 4배 이상 성장하였다.

〈그림 4-3〉 한국의 무역 추이(2014=100)

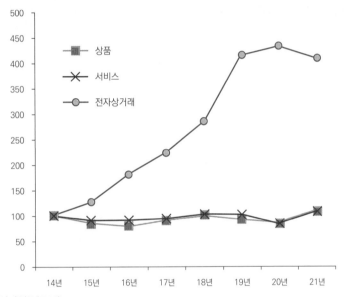

출처: 산업통상자원부(2023)

〈표 4-3〉은 2021년 기준 한국의 전자상거래 주요 상대국을 보여준다. 온라인 해외 직접 판매 및 구매 현황을 분석해보면 한국의 온라인 거래가 소수 국가에 집중되어 있음을 알 수 있다. 온라인 해외 직접 판매의 경우 중국, 미국, 일본이 차지하는 비중이 90% 이상에 달하며 온라인 해외 직접 구매의 경우 미국, 중국, EU가 차지하는 비중도 90%에 육박한다.

〈표 4-3〉 2021년 국가별 한국의 온라인 해외 직접 판매 및 구매 현황(단위: 백만 원, %)

온라인 해외 직접 판매		온라인 해외 직접 구매	
국가(대륙)	금액(비중)	국가(대륙)	금액(비중)
합계	4,391,540(100.0)	합계	5,115,211(100.0)
중국	3,587,568(81.7)	미국	2,070,717(40.5)
일본	280,617(6.4)	중국	1,336,239(26.1)
미국	279,592(6.4)	EU	1,138,352(22.3)
기타	243,796(5.5)	기타	570,907(11.1)

출처: 산업통상자원부(2023)

(2) 디지털제품

디지털기술과 인터넷이 본격적으로 상용화되기 이전에는 문서, 음악, 드라마, 영화, 소프트웨어, 게임 등의 콘텐츠는 책, 비디오테이프, 카세트테이프, CD, DVD와 같은 물리적인 매체에 체화되어 교역될 수밖에 없었다. 그러나 디지털기술이 발전함에 따라 더 이상 콘텐츠 교역에 있어 물리적인 매체가 필요치 않게 되었다. 해외에서 제작 · 생산된 콘텐츠가 디지털화되어 전자적으로 전송되면 국내 소비자는 각종 디지털기기를 사용하여 다운로드(download)나 스트리밍(streaming)의 방식으로 편하게 해외 콘텐츠를 소비할 수 있기 때문이다. 문제는 이러한 디지털제품 또는 전자적 무체물이 통관과정을 거치지 않고 온라인상에서 거래되기 때문에 전통적인 무역통계에 집계되지 않는다는 점이다. 디지털제품의 국경 간 무역을 고려하지 않고 콘텐츠를 포함하는 물리적 매체의 글로벌 무역 규모가 점차 감소한다는 통계적 사실에만 집중한다면 잘못된 무역 · 산업정책으로 이어질 수 있다.

디지털제품의 글로벌 무역 규모를 추정하려는 시도는 Banga(2019)에 의해 최초로 이루어졌다. 동 연구는 기존 관세품목분류 체계 내에서 디지털화가 가능한 품목[3] 중 전자적으로 전송이 가능한 품목을 디지털제품으로 분류하였다. 이어 과거 수입증가율을 토대로 추정한 디지털화가 가능한 물리적 상품의 수입 추정치(〈그림 4-4〉에서 'Estimated Imports of Digitizable Products using Average Annual Growth Rate of 1998-2010'으로 표시된 부분)와 실제 상품의 수입치(〈그림 4-4〉에서 'Physical Imports

---

3 사진필름, 영화필름, 인쇄물, 음악, 미디어, 소프트웨어, 비디오게임 등이 이에 해당한다.

of Digitizable Products'로 표시된 부분) 간 차이를 온라인으로 수입된 디지털제품의
규모(〈그림 4-4〉에서 'Estimated ET'로 표시된 부분)로 파악하였다. 물리적 매체에 체화
되어 오프라인 방식으로 수입되던 해외 콘텐츠가 기술 발전에 따라 무역장벽이 낮은
온라인에서 전자적으로 수입되는 방식으로 변화했다는 점에 착안한 것이다. 이러한
간접적인 방식으로 추정한 결과 2017년 디지털제품의 글로벌 수입 규모는 약 1,390
억 달러에 달하고 이는 디지털화가 가능한 상품의 전체 글로벌 수입 중 55%에 해당
하는 것으로 나타났다.[4]

〈그림 4-4〉   디지털화 가능한 물리적 상품의 수입액과 디지털제품의 수입액 추정(단위: 십억 달러)

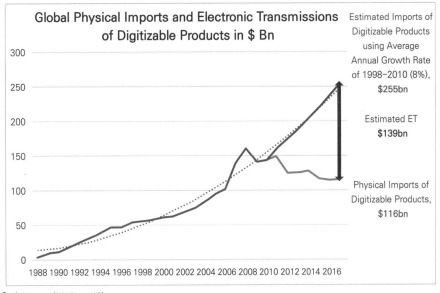

출처: Banga (2019, p. 12).

한국을 대상으로 디지털제품의 수입 규모를 추정하려는 유사한 연구는 곽동철
(2022)에 의해 이루어졌다. Banga(2019)의 방법론을 바탕으로 디지털화가 가능한 상
품에 대한 보다 세부적인 무역통계를 활용한 동 연구에 따르면 2019년 한 해 한국의

---

4   Banga, 'Growing Trade in Electronic Trnasmissions: Implications for the South', UNCTAD Research
    Paper No. 29, 2019, p. 11.

디지털제품 수입 규모는 약 3억 3천만 달러로 추산되었다.[5]

(3) 디지털서비스

WTO에 따르면 디지털 전송에 의한 서비스[6]의 전 세계 수출 규모(〈그림 4-5〉에서 'Digitally delivered services exports'로 표시된 부분)는 2005년 이후 연간 8.1% 성장하여 2022년에는 3조 8,200억 달러를 기록하였으며 이는 2005년 대비 4배 가까이 증가한 수치이다.[7] 동 기간 상품 수출(〈그림 4-5〉에서 'Goods exports'로 표시된 부분)과 기타 서비스 수출(〈그림 4-5〉에서 'Other services exports'로 표시된 부분)이 각각 5.6%, 4.2% 증가하는 데 그친 점에 비하면 디지털 전송에 의한 서비스 수출의 성장세가 괄목하다는 사실을 알 수 있다.

〈그림 4-5〉 전 세계 디지털 전송에 의한 서비스 수출 추이(2005=100)

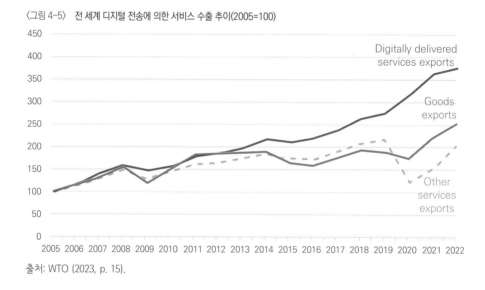

출처: WTO (2023, p. 15).

지역별로 살펴보면 유럽이 전체 디지털 전송에 의한 서비스 수출의 절반 이상을 차지하지만 최근 유로화와 파운드화의 약세로 수출이 정체된 상황이다(〈그림 4-6〉에

---

5 곽동철, '디지털 시대의 통상정책에 대한 연구: 전자적 전송에 대한 무관세 모라토리엄을 중심으로', 국제통상연구 제27권 2호, 2020, p. 13.

6 WTO는 디지털 전송에 의한 서비스를 컴퓨터 네트워크와 디지털 중개 플랫폼을 통한 국경 간 서비스 무역으로 정의한다.

7 WTO, 'Global Trade Outlook and Statistics', 2023, p. 15.

서 'Europe'으로 표시된 부분 참고). 반면 아시아의 수출(〈그림 4-6〉에서 'Asia'로 표시된 부분)은 기타 지역(〈그림 4-6〉에서 'Rest of the world'로 표시된 부분)보다 빠르게 증가하여 2022년 기준 아시아의 디지털서비스 수출 규모는 전체 수출의 25%에 달하는 것으로 나타났다.

〈그림 4-6〉　**유럽과 아시아의 디지털 전송에 의한 서비스 수출 추이(2015=100)**

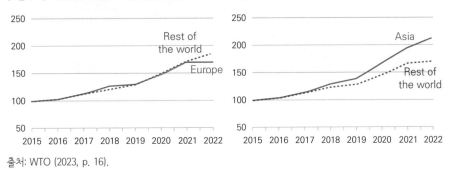

출처: WTO (2023, p. 16).

　　미국 상무부의 경제분석국(U.S. Bureau of Economic Analysis, BEA)이 발표하는 ICT 서비스와 잠재적인 ICT 기반 서비스 통계를 통해 좀 더 상세하게 디지털무역 강국인 미국의 디지털서비스 수출입 규모를 살펴볼 수 있다.[8]

　　〈그림 4-7〉은 2020년과 2021년 미국의 대세계 ICT 서비스(〈그림 4-7〉에서 'ICT services'로 표시된 부분)와 잠재적인 ICT 기반 서비스(〈그림 4-7〉에서 'Potentially ICT-enabled services'로 표시된 부분) 무역 규모를 보여준다. 2021년 미국의 대세계 ICT 서비스 수출과 수입은 각각 894억 달러와 512억 달러에 달하였고 383억 달러의 흑자를 기록하였다. 같은 기간 ICT 서비스와 기타 잠재적인 ICT 기반 서비스(〈그림 4-7〉에서 'Other potentially ICT-enabled services'로 표시된 부분)를 포함한 미국의 대세계 잠재적 ICT 기반 서비스 수출과 수입은 각각 5,944억 달러와 3,321억 달러에 달하였고 2,623억 달러의 흑자를 기록하였다. 미국이 잠재적 ICT 기반 서비스 분야에서 상당한 강점을 지닌다는 사실을 확인할 수 있다.

8　ICT 서비스란 정보 처리와 교환을 원활히 해주는 서비스를 의미하며, 잠재적 ICT 기반 서비스란 서비스 유형을 막론하고 ICT 네트워크를 통해 원격으로 전송될 수 있는 모든 서비스를 의미한다.

〈그림 4-7〉 미국의 ICT 기반 서비스 및 잠재적 ICT 기반 서비스의 무역 추이(단위: 십억 달러)

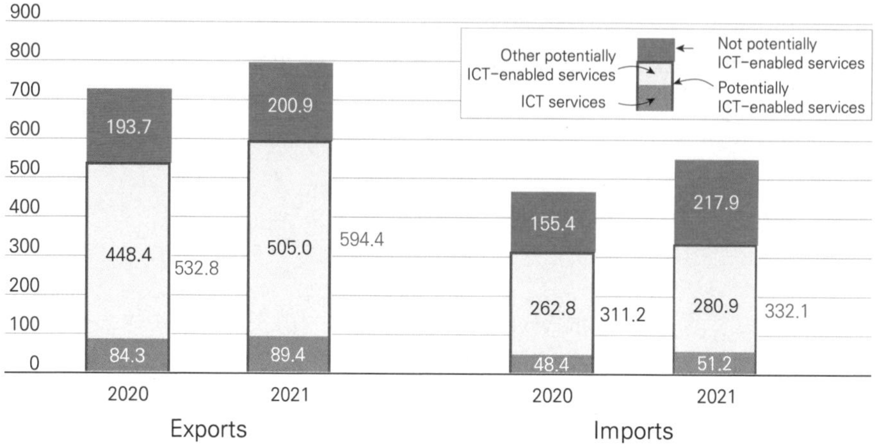

출처: BEA (2022, p. 9).

　　BEA의 통계자료는 또한 주요 무역상대국별 미국의 잠재적 ICT 기반 서비스의 무역 규모도 보여준다. 〈그림 4-8〉에 나타난 것처럼 2021년 미국의 최대 무역상대국은 영국(〈그림 4-8〉에서 'United Kingdom'으로 표시된 부분)이었으며 영국으로부터의 수입 규모도 다른 국가를 압도하였다. 반면 아일랜드는 3년 연속 미국의 최대 수출대상국이었다. 2020년과 2021년 사이 대아일랜드와 대영국 수출이 가장 큰 폭으로 증가하였으며 수입 측면에서는 대영국, 대아일랜드, 대중국 수입이 가장 크게 증가하였다.

〈그림 4-8〉 주요 무역상대국별 미국의 잠재적 ICT 기반 서비스의 무역 규모(단위: 10억 달러, 2020년~2021년 기준)

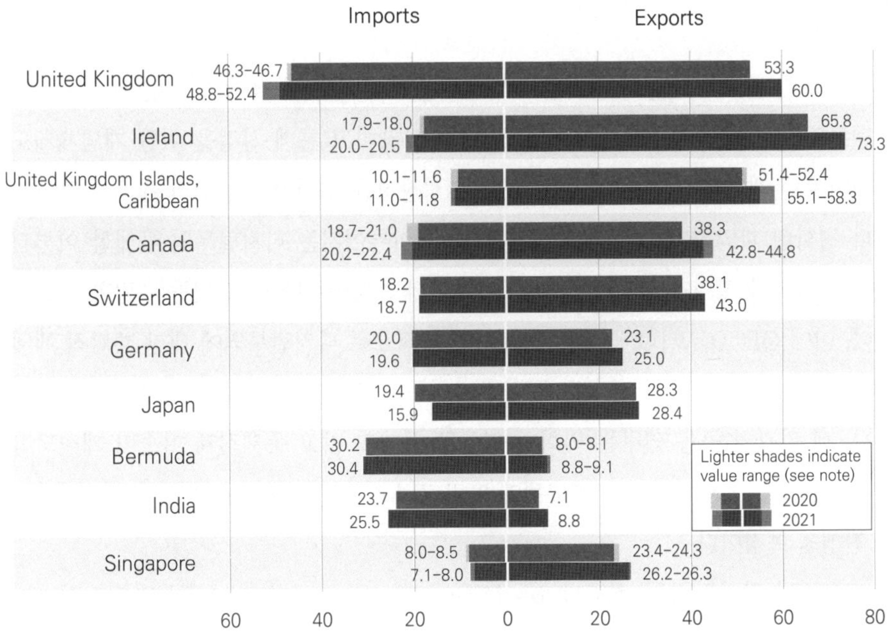

출처: BEC (2022, p. 11).

(4) 기존 통계의 한계점

디지털무역과 관련된 다양한 통계가 국제기구 및 개별 국가에서 발표되고 있지만 체계적인 상품무역통계와 비교하여 여러모로 부족한 점이 많다. 상품무역통계는 국제적으로 통일된 기준에 따라 품목이 세분화되고 일관된 집계 원칙이 적용되어 구체적인 무역의 흐름과 규모를 국가 간에 비교가능하다. 그러나 앞서 본 바와 같이 현재 이용 가능한 통계는 온라인쇼핑, 디지털제품, 디지털서비스 등과 같이 디지털무역의 제한된 요소만을 다룰 뿐이며 아직까지 체계적이고 포괄적이며 공신력 갖춘 디지털무역 국제 통계는 개발되지 않았다. 관련 통계 개발을 위한 전문적인 연구도 걸음마 단계에 불과하다. 다행히 WTO, OECD, IMF는 최근 공동 연구를 통해 디지털무역의 개념적 체계를 정립하고 통계작성을 위한 가이드라인을 개발하기 시작했다. 향후 가이드라인이 구체화되어 공식적인 통계작성 과정에 반영된다면 디지털무역의 전 세계적 양상을 보다 명확히 이해할 수 있을 것으로 기대된다.

3. 디지털무역 국제 통계 개발을 위한 OECD-WTO-IMF의 공동 연구

(1) 배경

국가 간 비교가 가능한 디지털무역 통계를 확보하는 데 있어 가장 큰 장애물은 디지털무역에 대해 국제적으로 합의된 정의가 부재하고 통계 산정을 위한 개념체계도 아직까지 존재하지 않는다는 점이다. 빠르게 성장하는 디지털무역의 전 세계적 양상을 보다 명확히 파악하기 위해서는 국경을 넘어 이루어지는 디지털무역에 대한 이론적이고 추상적인 정의가 아닌 포괄적이고도 실제 측정이 가능한 정의를 수립할 필요가 있다. 이에 OECD, WTO, IMF는 통계적인 목적으로 디지털무역에 대한 개념적 체계를 수립하여 기존 국민계정의 체계 내에서 이를 측정하기 위한 공동 연구를 진행하고 있다. 세 기관의 공동 연구는 일회성 연구로 끝나지 않고 통계집계 기술이 개선되고 디지털무역에 대한 이해도가 제고됨에 따라 지속적으로 연구내용이 개정되는 방식으로 진행될 예정이다.

2020년 발간된 'Handbook on Measuring Digital Trade(이하 핸드북)'[9]는 이 공동 연구의 첫 번째 결과물로 디지털무역 통계를 작성하는 과정에서 각국의 통계기관이 공통적으로 고려해야 할 중요한 개념적 모형을 제공한다. 이하에서는 핸드북에 나타난 디지털무역의 정의, 개념적 모형과 통계 관점에서 바라본 디지털무역의 주요 구성요소에 대해 살펴본다.

(2) 정의

통계작성의 목적에서 디지털무역은 거래 대상(제품)의 성질에 기반하여 정의되기보다 '거래의 성질(nature of the transaction)'에 기반하여 정의될 필요가 있다. 이에 핸드북은 디지털무역을 "디지털로 주문되는 그리고/또는 디지털로 전송되는 무역(trade that is digitally ordered and/or digitally delivered)"으로 정의한다.[10] 핸드북은 그 외에 디지털경제에서 차지하는 막대한 비중과 그 자체로 야기하는 여러 가지 통계적 쟁점을 고려하여 '디지털 중개 플랫폼(digital intermediation platform, 이하

---

9   OECD-WTO-IMF, 'Handbook on Measuring Digital Trade', Version 1, 2020.

10   OECD-WTO-IMF, 'Handbook on Measuring Digital Trade', Version 1, 2020, p. 32.

플랫폼)'도 중요한 디지털무역의 요소로 포함한다.

(3) 개념적 모형

상기에서 언급한 대로 거래의 성질, 즉 디지털로 주문되는지 그리고/또는 디지털로 전송되는지가 디지털무역을 정의하는 가장 중요한 요소이다. 그러나 무역정책의 목적에서는 교역의 대상인 '제품(product)'도 개념적 모형에 포함되어야 하고 디지털무역을 직간접적으로 수행하는 디지털무역의 '참여자(actor)'도 모형에 포함되어야 한다. 〈그림 4-9〉는 이러한 요소를 고려한 디지털무역의 개념적 모형을 도식화하여 보여준다.

〈그림 4-9〉 디지털무역의 개념적 모형

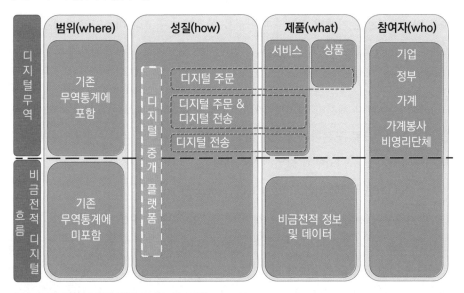

출처: OECD-WTO-IMF(2020)를 토대로 저자 작성.

1) 범위(where)

핸드북의 개념적 모형은 디지털로 주문되거나 디지털로 전송되는 상품 및 서비스의 국제무역, 즉 디지털무역에 대한 새로운 시각을 제시하기 위해 고안되었다. 따라서 디지털무역은 기존 무역통계에 포함된 상품과 서비스의 국경 간 거래를 주요 범위로 포함한다. 그러나 상품 및 서비스의 판매 · 구매가 디지털무역의 전부는 아니며 오히려 최근에는 전통적인 상품이나 서비스 무역통계에 포함되지 않는 비금전적 거래정보에 대한 중요성이 커지는 상황이다. 이러한 현실을 반영하여 핸드북은 '비금전적 정보 및 데이터(non-monetary information and data)'도 디지털무역의 개념적 모형에 포함하였다. 페이스북, 인스타그램, 트위터 등 전 세계적으로 유행하는 소셜미디어 플랫폼 기업이 소셜미디어 서비스를 무료로 제공하고 이용자에게서 데이터를 획득하는 경우에는 금전적인 거래가 이루어지지 않고 기존의 국내총생산(GDP)이나 무역통계에 반영되지 않기 때문이다. 아직까지 비금전적 정보 및 데이터의 국제적 흐름을 국민계정 측면에서 파악하는 이론적 · 기술적 방법론은 개발되지 않았다. 향후 이론과 측정 관행이 발전됨에 따라 개선될 여지가 큰 분야이지만 핸드북의 논의는 기존 통계로 추정이 가능한, 즉 금전적 거래가 수반된 디지털무역을 중심으로 이루어진다. 물론 비금전적으로 거래된 정보나 데이터를 활용하여 광고 서비스와 같은 유료 서비스가 디지털 형식으로 국가 간 거래되는 경우에는 일반적인 디지털무역에 포함된다.

2) 성질(how)

개념적 모형이 제시한 디지털무역의 여러 차원 중 전통적인 무역과 디지털무역을 가장 특징적으로 구분하는 요소가 바로 거래의 성질이다. 국제무역이 어떤 방식으로 이루어지는지, 즉 'how'와 관련된 부분이다.

가. 디지털 주문에 의한 무역(digitally-ordered trade)

디지털무역의 성질을 구성하는 첫 번째 요소는 '디지털 주문에 의한(digitally-ordered)' 상품 및 서비스의 거래이다. 디지털 주문은 개념적으로 어느 정도 정의가 확립되었고 거래 규모를 측정하기 위한 수단도 오랜 기간 발전되어 온 기존의 전자상거래(e-commerce)와 유사한 개념으로 이해할 수 있다. 핸드북도 OECD가 이미 수립한 전자상거래의 정의를 받아들여 디지털 주문에 의한 무역을 "주문 수취 및 발주를 목적으로 특별하게 고안된 수단을 사용하여 컴퓨터 네트워크상에서 이루어지는 상품 또는 서비스의 국제적 판매 또는 구입(the international sale or purchase of a good or service, conducted over computer networks by methods specifically designed for the purpose of receiving or placing orders)"으로 정의한다.[11] 인터넷이나 전자자료교환시스템(electronic data interchange, 이하 EDI)을 통해 이루어지는 주문이 이에 포함되지만, 결제나 최종적인 배송이 반드시 온라인으로 이루어져야 할 필요는 없다. 그러나 전화나 팩스, 개별 이메일을 통한 주문과 같이 컴퓨터 네트워크상에서 이루어지는 주문이 아닌 경우 이에 해당하지 않는다.

나. 디지털 전송에 의한 무역(digitally-delivered trade)

두 번째 요소는 '디지털 전송에 의한(digitally-delivered)' 거래이다. 디지털 전송에 의한 무역이라는 개념은 UNCTAD가 주도하는 'ICT 서비스 및 ICT 기반 서비스 무역 측정을 위한 작업그룹(Task Group on Measuring Trade in ICT and ICT-enabled Services, 이하 TGServ)'의 연구에 기반한다. 동 연구에서 TGServ는 ICT 서비스를 "정보의 처리와 교환 기능을 가능케 하거나 이를 실행하기 위해 고안된(intended to enable and/or fulfil the function of information processing and communication)" 서비스 활동으로 정의하였다.[12] 이러한 서비스의 무역 규모는 확장서비스분류체계(Extended Balance of Payments Services, 이하 EBOPS) 2010 분류를 활용한 서비스 무역통계에서 찾아볼 수 있다. EBOPS 2010의 통신 서비스(telecommunications services), 컴퓨터 서비스(computer services), 컴퓨터 소프트웨어 재생산 그리고/또는 배포 라이센스(licenses to reproduce and/or distribute computer software)가 이에 해당한다.

한편 ICT 기반 서비스는 "ICT 네트워크상에서 원격으로 전송되는 서비스 제품(services products delivered remotely over ICT networks)"으로 정의되며 "전자적으로 특정되고 실행되고 전송되고 평가되고 소비될 수 있는(that can be specified, performed, delivered, evaluated and consumed electronically)" 활동을 포함한다.[13] 따라서 ICT 기반 서비스 무역은 GATS가 정의하는 공급유형 1(국경 간 공급)의 형식으로 ICT 네트워크상에서 원격으로 이루어지는 모든 서비스 거래를 의미한다고 볼

---

11 OECD-WTO-IMF, 'Handbook on Measuring Digital Trade', Version 1, 2020, p. 34.

12 UNCTAD, 'International Trade in ICT Services and ICT-Enabled Services', UNCTAD Technical Notes on ICT for Development, No. 3, 2015, p. 5.

13 UNCTAD, 'International Trade in ICT Services and ICT-Enabled Services', UNCTAD Technical Notes on ICT for Development, No. 3, 2015, p. 9.

수 있다. 다만 국제우편을 통해 이루어지는 서비스와 같이 물리적 매체의 이동이 수반되는 서비스 거래는 제외된다. 모든 ICT 기반 서비스는 GATS 공급유형 1의 형태(즉 원격으로)로 거래되지만, 공급유형 1에 해당하는 모든 서비스가 ICT 기반 서비스인 것은 아니라는 사실에 유념할 필요가 있다.

국내적으로 서비스 무역통계를 작성하는 국가들은 일반적으로 거래되는 서비스의 유형에 따라 무역통계를 집계하지, 서비스가 어떤 방식으로 소비자에게 전달되었는지에 관해서는 관심을 두지 않는다. 이에 UNCTAD는 ICT 기반 서비스보다 범위가 넓은 '잠재적 ICT 기반 서비스(potentially ICT-enabled services)'라는 독자적인 분류를 개발하여 두 개념을 구분한다. ICT 기반 서비스가 공급유형 1의 형식으로 ICT 네트워크상에서 실제로 전송되는 서비스라고 한다면 잠재적 ICT 기반 서비스는 ICT 네트워크상에서 전송이 가능한 모든 서비스를 의미하기 때문에 〈표 4-4〉에서 보는 것처럼 잠재적 ICT 기반 서비스는 ICT 기반 서비스를 포함한다고 이해할 수 있다.

〈표 4-4〉 EBOPS 분류에 따른 잠재적 ICT 기반 서비스

분류	하위분류	EBOPS 2010 분류
ICT Services	1.1 Telecommunications	9.1 Telecommunications services
ICT Services	1.2 Computer services (including computer software)	8.3 Licenses to reproduce and/or distribute computer software 9.2.1 Computer services - Computer software 9.2.2 Computer services - Other computer services
Other Potentially ICT-Enabled Services	1.3 Sales and marketing services, not including trade and leasing services	10.2.2 Advertising; market research; and public opinion polling
Other Potentially ICT-Enabled Services	1.4 Information services	11.1.1 Audio-visual services 11.2.1 Health services 11.2.3 Heritage and recreational services 9.3.1 Information services - News agency services 9.3.2 Information services - Other information services

분류	하위분류	EBOPS 2010 분류
Other Potentially ICT-Enabled Services	1.5 Insurance and financial services	6.2 Reinsurance 6.3 Auxiliary insurance services 7.1 Financial services 7.2 Financial Intermediation Services Indirectly Measured (FISIM) 6.1.1 Direct insurance 6.4.1 Pension services 6.4.2 Standardized guarantee services
Other Potentially ICT-Enabled Services	1.6 Management, administration, and back office services	10.2.1.1 Legal services 10.2.1.2 Accounting; auditing; bookkeeping; and tax consulting services 10.2.1.3 Business and management consulting and public relations services 10.3.5 Other business services n.i.e.
Other Potentially ICT-Enabled Services	1.7 Licensing services	8.1 Franchises and trademarks licensing fees 8.2 Licenses for the use of outcomes of research and development 8.4.1 Licenses to reproduce and/or distribute audio-visual products 8.4.2 Licenses to reproduce and/or distribute other products
Other Potentially ICT-Enabled Services	1.8 Engineering, related technical services and R&D	10.1.1.1 Provision of customized and non-customized R&D services 10.1.1.2.1 Patents 10.1.1.2.2 Copyrights arising from research and development 10.1.1.2.3 Industrial processes and design 10.1.1.2.4 Other 10.1.2 Other research and development services 10.3.1.1 Architecture services 10.3.1.2 Engineering services 10.3.1.3 Scientific and other technical services 10.3.5 Other business services n.i.e.
Other Potentially ICT-Enabled Services	1.9 Education and training services	11.2.2 Education services

출처: Cambridge Econometrics (2020, p. 21-22).

핸드북은 ICT 기반 서비스 정의의 전송방식이 너무 광범위함을 지적하고 디지
털무역의 특성에 맞춰 디지털 전송에 의한 무역을 "거래를 위해 특별히 고안된 컴퓨
터 네트워크를 사용하여 전자적인 형식으로 원격 전송되는 모든 국제 거래(all inter-
national transactions that are delivered remotely in an electronic format, using
computer networks specifically designed for the purpose)"로 재정의하였다.[14] 디지
털 주문에 의한 무역과 마찬가지로 디지털 전송에 의한 무역도 인터넷(이동통신기기를
이용한 무선인터넷 포함)이나 EDI를 통해 공급되는 서비스를 포함하지만, 전화, 팩스
또는 개별 이메일을 통해 제공되는 서비스는 포함하지 않는다.

핸드북의 개념적 모형에 나타난 디지털 전송에 의한 거래가 UNCTAD가 제시한
잠재적 ICT 기반 서비스와 개념상 동일하지는 않다. 다만 서비스 무역통계를 분석한
기존 연구에 따르면 잠재적 ICT 기반 서비스 거래 대부분이 디지털 전송으로 이루어
지고 상당한 사례에서 디지털로 전송되는 거래 비중이 80% 가까이 차지하는 것으로
나타났다. 이에 핸드북은 잠재적으로 디지털 전송이 가능한 서비스의 무역 규모가 디
지털 전송에 의한 실제 서비스 무역을 대표할 만한 유의미한 지표가 될 수 있을 것으
로 본다.[15]

다. 디지털 중개 플랫폼을 이용한 무역(digital intermediation platform enabled trade)

디지털경제의 가장 중요한 특징 중 하나는 에어비앤비(AirBnB), 알리바바(Aliba-
ba), 아마존(Amazon), 부킹닷컴(Booking.com), 이베이(eBay), 우버(Uber), 텐센트
(Tencent)와 같이 상품 또는 서비스의 공급자와 소비자를 연결해주는 플랫폼 기업들
이 지배적인 역할을 한다는 것이다. 이러한 플랫폼 기업은 거의 대부분 디지털 주문
요소를 포함하며 대금 지급방식으로 전자결제를 사용한다.

플랫폼을 통해 이루어지는 대부분 거래는 디지털 형식으로 주문이 이루어지고
많은 경우 거래의 대상이 전자적으로 전송되기도 한다. 이미 개념적으로 정의된 디지
털 주문에 의한 무역 및 디지털 전송에 의한 무역과 중복되는 측면이 있음에도 불구
하고 핸드북이 디지털 중개 플랫폼을 독립적으로 다루는 이유는 무엇일까? 첫째는 플
랫폼이 경제에 미칠 엄청난 잠재적 영향력 때문이고 둘째는 디지털경제의 고유한 비

14　OECD-WTO-IMF, 'Handbook on Measuring Digital Trade', Version 1, 2020, p. 35.

15　OECD-WTO-IMF, 'Handbook on Measuring Digital Trade', Version 1, 2020, p. 94.

즈니스 모델인 플랫폼을 집중적으로 연구하여 빠른 시일 내에 효과적으로 디지털무역의 전 세계적 흐름을 파악할 수 있을 방법론을 개발하기 위함이다. 셋째는 플랫폼 관련 거래에서 야기되는 고유의 통계적인 어려움 때문이다. 특히 중개 서비스가 최종적으로 소비되는 국가 내에 플랫폼이 주재하지 않는 경우 발생하는 문제점은 기존의 통계작성 방식으로 해결할 수 없다.

플랫폼으로 분류되는 기업들이 활용하는 비즈니스 모델은 사업 분야에 따라 매우 다양하기 때문에 일률적으로 유형화할 수 없다. 다만 이러한 비즈니스 모델의 공통적인 특징으로 복수의 생산자와 복수의 구매자가 직접적으로 거래를 수행한다는 점, 플랫폼 자체는 거래되는 상품을 직접 소유하거나 서비스를 직접 제공하지 않는다는 점을 들 수 있다. 이에 핸드북은 유료 플랫폼과 무료 플랫폼을 구분하여 '유료 디지털 중개 플랫폼 서비스(fee-based digitally intermediated platform service)'를 "복수의 생산자와 복수의 구매자 간 거래를 가능케 하지만 중개 플랫폼은 판매(중개)되는 상품에 대한 경제적 소유권을 갖지 않고 서비스를 수행하지도 않는 유료 온라인 중개 서비스(online fee-based intermediation services that enable transactions between multiple buyers and multiple sellers, without intermediation platform taking economic ownership of the goods or rendering services that are being sold(intermediated))"로 정의한다.

〈그림 4-9〉에서 보는 것처럼 플랫폼은 비금전적 거래를 포함하기도 한다. 상당수 플랫폼 기업들은 명시적이든 암묵적이든 자사의 서비스를 이용한 금전적 대가를 요구하지 않으며 대신 광고나 데이터 서비스를 통해 수익을 창출한다. 대부분의 소셜미디어 플랫폼, 검색엔진, 지식공유 플랫폼, 무료음성통화 앱(app) 등이 이런 방식으로 수익을 창출하면서 최종 소비자에게는 서비스를 무료로 제공한다. 핸드북은 이러한 '무료 디지털 중개 플랫폼(free digital intermediation platform)'을 유료 디지털 중개 플랫폼 서비스와 구분하여 "복수의 최종 소비자에게 디지털 서비스를 제공하는 플랫폼으로서 서비스 이용대금을 최종 소비자에게 명시적으로 부과하는 대신 상품 및 서비스를 최종 소비자에게 판매하려는 자가 지불하는 광고나 데이터 수익을 통해 운영되는 것(platforms providing digital services to multiple end-users that are financed through advertising and/or data revenues paid by units seeking to sell goods and services to end-users rather than charging end-users explicit fees for the digital services that they receive)"으로 정의한다.

3) 제품(what)

가. 상품

〈그림 4-9〉의 개념적 모형은 디지털무역의 대상을 전통적인 이분법에 따라 상품과 서비스로 구분한다. 고유의 형체가 있고 물리적인 특성을 가진 상품은 전자적으로 전송될 수 없기 때문에 개념적 모형에서 디지털무역에 포함된 상품은 디지털로 주문된 상품만을 의미한다. 다만 디지털로 주문된 상품과 디지털제품(digital product)이 엄연히 다르다는 사실에 유념해야 한다. 예를 들어 신발이라는 상품 자체는 온라인으로 주문이 가능하여 디지털 거래의 일부가 될 수는 있지만 신발 제조 과정에서 소프트웨어, 컴퓨터 서비스 등과 같이 디지털이라고 간주되는 생산요소가 상당 부분 투입되었다고 하여 이를 디지털제품이라 부를 수는 없다.

나. 서비스

또 다른 디지털무역의 대상인 서비스는 '디지털로 주문되는 서비스'와 '디지털로 전송되는 서비스'로 구분할 수 있다. 이 두 요소는 개념적으로는 명확히 구분되지만 실제로는 중첩되어 나타나는 경우가 대부분이다. 디지털로 주문된 서비스가 디지털화되어 구매자에게 전자적으로 전송되는 사례는 우리 주변에서 흔히 찾아볼 수 있다.

(가) 디지털로 주문되는 서비스

디지털로 주문되는 모든 서비스의 거래는 개념적 모형의 정의상 '디지털로 주문된 서비스'에 포함되어야 한다. 디지털로 주문된 서비스는 또다시 '디지털로 주문되었지만 디지털로 전송되지 않는 서비스'와 '디지털로 주문되고 동시에 디지털로 전송되는 서비스'로 나누어진다.

(나) 디지털로 전송되는 서비스

'디지털로 전송되는 서비스'는 UNCTAD에서 개발한 'ICT 기반 서비스'의 정의를 차용하기 때문에 둘 사이에는 상당한 유사성이 존재한다. 그러나 몇 가지 중요한 차이점에 주목할 필요가 있다.

우선 ICT 기반 서비스는 서비스 공급 시 컴퓨터 네트워크를 필요로 하지 않는 경우까지도 포함한다. 유선상으로 콜센터 직원이 제공하는 제품 사후관리 서비스 또는 팩스나 개별 이메일로 진행되는 전문 상담 서비스 등이 이에 해당한다. 반면 핸드북이 강조하는 국제무역의 '디지털' 측면이란 컴퓨터 네트워크를 통하여 거래가 이루어지는 경우를 의미한다. 따라서 디지털로 전송되는 서비스는 컴퓨터 네트워크를 통해 서비스가 전송되는 경우만을 의미하고 팩스나 개별 이메일을 통해 이루어지는 거래는 이에 해당하지 않는다.

디지털 중개 플랫폼을 통해 제공되는 서비스를 바라보는 시각에도 차이가 나타난다. 소셜 네트워크 서비스나 검색 서비스와 같이 이용자의 데이터를 대가로 플랫폼이 무료로 제공하는 서비스는 비금전적 거래이기 때문에 ICT 기반 서비스에서는 다루어지지 않고 공식적인 서비스 무역통계에도 집계되지 않는다. 그러나 핸드북은 플랫폼의 중요도를 고려하여 이를 디지털로 전송되는 서비스에 포함한다.

(다) 상품 및 서비스 통계에 집계되지 않는 정보와 데이터의 교환

온라인 광고 기반의 비즈니스 모델이 증가함에 따라 데이터의 수집과 활용이 더욱 중요해지고 있다. 그러나 일반적으로 이러한 비즈니스 모델에서 활용되는 데이터는 금전적인 대가 없이 제공되기 때문에 상당수의 데이터 거래는 공식적인 통계로 집계되지 않는다. 그렇다고 정보와 데이터의 국제적 교환을 전적으로 무시하고 공식적인 상품 및 서비스 통계만으로 디지털무역의 규모를 온전히 추정할 수는 없다. 데이터 거래 자체는 비금전적으로 이루어질 수 있지만 이러한 무료 데이터로 파생되는 경제적 이익은 결코 작지 않기 때문이다. 일례로 페이스북이나 구글 등은 이용자에게 무료 서비스를 제공하는 대가로 이용자의 데이터를 확보하고 이를 토대로 타겟형 광고를 제작하여 막대한 수익을 창출한다. 이러한 경우 국경을 넘어 유료로 거래되는 온라인 광고 서비스는 무역통계에 집계되는 반면 온라인 광고 서비스의 기반이 되는 데이터의 이동이나 검색엔진과 같은 무료 서비스의 가치 등은 공식적 무역통계에 집계되지 않는 문제점이 발생한다. 무역정책과 소비자후생의 측면에서는 이러한 데이터의 국제적인 이동 규모와 잠재적인 가치를 파악할 필요성이 더욱 크다고 할 수 있다.

플랫폼 기업이 수집하고 활용하는 이용자의 데이터뿐만 아니라 다국적 기업 내부에서 이루어지는 데이터 교환도 공식적인 통계로 집계되지 않는다. 무료로 제공되는 오픈소스(open-source)나 무료 소프트웨어와 같은 공공재도 디지털무역의 일부

를 구성하지만 공식적으로 집계되지 않아 현재로서는 그 규모를 파악하기 어렵고 국가 간 비교도 어렵다는 문제점을 안고 있다. 핸드북은 이처럼 공식적인 통계에 집계되지 않는 정보와 데이터의 교환도 디지털무역의 개념적 모형에 포함하고 향후 이를 추정할 수 있는 기술이나 수단을 개발하고자 한다.

4) 참여자(who)

디지털기술의 발달이 경제 및 무역에 미친 가장 큰 영향 중 하나는 일반 소비자(가계)가 상품과 서비스의 최종 소비자이자 동시에 서비스 공급자로 활동하게 되었다는 점이다.[16] 온라인 상거래의 활성화로 수출 문턱이 낮아져 스타트업 또는 중소기업 입장에서는 해외시장에 진출할 수 있는 가능성이 더욱 확대되었다. 국제무역의 활성화 측면에서는 바람직한 현상이지만 기업 활동을 중심으로 무역통계를 측정하는 전통적인 입장에서는 더욱 어려운 문제에 직면할 수밖에 없다. 가령, 일반 가계들이 해외 플랫폼을 매개로 상호 간에 상업적 거래를 진행하는 경우에는 기업 활동을 중심으로 한 기존 무역통계로는 파악이 불가능하다. 통계집계의 대상에 가계를 추가해야 할 필요성이 커진 것이다.

이러한 디지털무역의 특성을 감안하여 핸드북은 디지털무역의 참여자에 기업, 정부, 가계, 가계 봉사 비영리단체(non-profit institutions serving households)를 포함시켜 개념적 모형을 구성하였다. 향후 이들 디지털무역의 주체들이 참여하는 일반적 거래와 무역 측면의 활동을 연계하는 보완작업이 이루어지면 디지털무역의 구체적인 규모와 무역의 흐름 등이 더욱 상세히 밝혀질 것으로 기대된다.

4. 평가 및 전망

WTO, OECD, IMF가 강조하였듯이 핸드북은 완결된 문서가 아닌 향후 기술의 발전과 각국의 관행에 따라 얼마든지 추가, 수정, 삭제가 가능한 "진화하는 문서(living document)"이다. 이번 장에서 소개한 핸드북은 공동 연구의 첫 번째 결과물

---

16 숙박업체로 공식 등록하지 않은 일반 가정이 디지털 중개 플랫폼인 에어비앤비를 통해 외국인 관광객에게 숙박 서비스를 제공하는 경우가 대표적이다.

이었지만 언제든 새로운 연구 결과가 반영되어 두 번째, 세 번째 문서가 발표될 수 있다.[17] 핸드북의 가이드라인에 맞춰 국제적으로 통용되는 디지털무역 통계가 완성된다면 학계, 산업계, 정책당국에 큰 도움이 될 것으로 보인다. 다만 체계적인 디지털무역 통계가 완성되기 전까지 우리는 고장 난 나침반에 의지해 온라인 세상을 항해할 수밖에 없다.

Notes & Questions

1. 본문에서 제시된 자료 이외에 기타 공신력 있는 기관에서 발표한 디지털무역 관련 통계는 어떠한 것들이 있는가?
2. 상품무역통계와 같이 정교하고 전 세계적으로 통일된 방식으로 디지털무역을 측정하기가 어려운 이유는 무엇인가?
3. 디지털무역의 개념적 모형에서 디지털 중개 플랫폼을 독립적으로 다루는 이유는 무엇인가?
4. 기존 무역통계로는 집계되지 않던 비금전적 정보 및 데이터가 디지털무역에서 중요하게 다루어지는 이유는 무엇인가?

---

17   본 장의 내용을 집필하는 중 핸드북의 두 번째 개정판이 발표되었다. 두 번째 개정판에 대해서는 https://www.oecd.org/sdd/its/Handbook-on-Measuring-Digital-Trade.htm 참조.

참고문헌

곽동철. '디지털 시대의 통상정책에 대한 연구: 전자적 전송에 대한 무관세 모라토리움을 중심으로'. 국제통상연구 제27권 2호. 2020.

산업통상자원부 · 산업연구원 · KTNET. '디지털 통상 통계 참고 자료집'. 2023.

Banga, R. 'Growing Trade in Electronic Transmissions: Implications for the South'. UNCTAD Research Paper No. 29. 2019.

BEA. 'U.S. International Services: Trade in Services in 2021 and Services Supplied Through Affiliates in 2002'. Survey of Current Business Vol. 102, No. 10. 2022.

Cambridge Econometrics. 'Understanding and Measuring Cross-Border Digital Trade'. Final Research Report. 2020.

OECD-WTO-IMF. 'Handbook on Measuring Digital Trade'. Version 1. 2020.

OECD-WTO-IMF-UN. 'Handbook on Measuring Digital Trade'. Second Edition. 2023.

UNCTAD. 'International Trade in ICT Services and ICT-Enabled Services'. UNCTAD Technical Notes on ICT for Development. No. 3. 2015.

UNCTAD. 'Estimates of Global E-Commerce 2019 and Preliminary Assessment of COVID-19 Impact on Online Retail 2020'. 2020.

WTO. 'Global Trade Outlook and Statistics'. 2023.

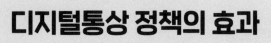

제 5 장

디지털통상 정책의 효과

서정민

　통상정책의 효과 측정은 목적과 관점에 따라 다양한 접근들이 가능하지만, 가장 기본적인 출발점은 어떤 통상정책을 도입하면 무역이 얼마나 늘어나거나 줄어드는지를 측정하는 데서부터라 할 수 있다. 앞 장의 개념들로 표현하자면, 통상정책의 효과란 통상정책 도입이 무역 흐름에 미치는 크기라 할 수 있다. 가령, 상품무역의 경우 관세 인하라는 통상정책이 관련 품목의 교역량을 얼마나 증가시키는지, 서비스무역의 경우 서비스 시장 개방정책이 해당 서비스 부문의 교역액을 얼마나 얼마나 증가시키는지 등이 이에 해당한다. 본 장에서는 앞서 살펴본 대표적 디지털통상 정책인 디지털무역협정 체결과 디지털무역장벽이 디지털무역 흐름에 미치는 영향을 측정하는 계량 경제학적 방법을 살펴본다.

　통상정책의 효과를 측정하기 위해서는 우선 일반적으로 국가 간 무역 흐름에 영향을 주는 기본적인 환경이 무엇인지 파악한 뒤, 비로소 그러한 환경하에서 특정 정책이 도입되면 무역이 어떻게 변화하는지 확인할 수 있다. 이러한 일반적 국제무역환경이 어떻게 구성되는지에 대해서는 다양한 이론이 있을 수 있으나, 본 장에서는 가장 널리 사용되는 계량 분석모형인 중력모형(Gravity Model)을 소개한다. 이하에서는, 먼저 중력모형의 기본적인 개념과 이론적 배경을 설명한 뒤, 이를 디지털통상의 맥락에서 어떻게 적용할 수 있는지, 적용 결과는 무엇이며 어떻게 해석할 수 있는지를 살펴본다.

1. 분석모형: 중력무역모형

(1) 기초개념

중력모형은 물리학의 중력 법칙을 국제무역의 맥락에서 재해석한 계량 분석모형
이다. 즉, 두 개의 물체 간 서로 작용하는 힘은 두 물체의 질량에 비례하고 두 물체 간
거리에는 반비례한다는 것이 중력법칙이라고 할 때, 무역에서의 중력모형은 두 국가
간의 교역량은 두 국가의 경제적 크기에 비례하고 두 국가 간 거리에는 반비례한다는
이론이라 할 수 있다. 이를 조금 더 구체적으로 설명하면, "동일한 조건에서" 자국의
경제 규모가 클수록 혹은 상대국의 경제 규모가 클수록 국제무역이 활발할 가능성이
크고, 먼 거리에 있는 국가보다는 가까운 거리에 있는 국가와 교역을 더 많이 할 가능
성이 크다는 것이다. 이를 수학적으로 표현하면 아래 식(1)과 같다.

$$X_{ijt} = \frac{Y_{it} \times Y_{jt}}{D_{ij}} \qquad (1)$$

X_{ijt}: 국가 i에서 국가 j로의 기간 t의 수출액(Export value)
Y_{it} (Y_{jt}): 국가 i (j)의 기간 t의 경제 규모
D_{ij}: 국가 i와 국가 j 간 거리(Distance)

중력모형이 묘사하는 일반적인 국제무역환경이란 양국 간의 교역을 설명하기 위
해서는 각국의 경제 규모와 양국 간 거리라는 요소가 기본이므로, 국제무역에 영향을
주는 다른 요소, 가령 정책 요소의 효과를 측정하기 위해서는 이러한 기본요소에 의
한 영향을 감안하면서 이루어져야 한다는 것이다.

다음으로 식(1)에서 각 변수의 의미를 하나씩 자세히 살펴보자. 먼저, 설명
의 대상인 좌변의 종속변수 양국 간 수출액(X_{ijt})이다. 중력모형은 기본적으로 양
국 간 "교역(trade)"을 결정하는 요인들이 무엇인지에 관한 것이므로, 반드시 수출
이 아니라 수입 혹은 수출과 수입의 합 등 설명의 대상을 무엇으로 하는지가 이슈
가 된다. 중력모형 초기 연구들은 이들이 혼재되어 사용되었으나, 후술하는 An-
derson and van Wincoop(2003)의 중력모형의 이론적 근거 확립 이후에는 일반

적으로 수출입의 합이 아닌 수출 혹은 수입과 같이 일방향 교역을 좌변의 종속변수로 사용하는 것이 타당한 것으로 받아들여지고 있다. 기간 변수(t)는 연도(year)를 사용하는 것이 일반적이나, 다른 변수들과의 일치성만 유지된다면 다른 기간 변수도 무관하다. 다음으로 경제 규모(Y_{it})는 해당 국가의 GDP를 사용하는 것이 일반적이나, 경우에 따라 인구 규모 혹은 1인당 GDP 변수 등을 사용하기도 한다. 마지막으로 양국 간 거리(D_{ij})는 양국 간 물리적 거리, 특히 양국 수도(capital) 간 거리정보를 사용하는 것이 일반적이며, 이는 시간에 따라 일정한 경우가 대부분이란 점에서 기간 변수(t)에 의존하지 않는 것으로 표현하는 경우가 대부분이다.[1] 이들 변수 중 가장 주목할 것은 거리변수이다. 양국 간의 거리를 물리적 거리 개념에 국한하지 않고 무역 비용(trade costs)과 관련한 모든 변수를 포함하는 개념으로 이해하면, 중력모형은 매우 풍부한 설명 틀로 확장 가능하다. 즉, 양국 간 무역 과정에 발생하는 비용을 양국 간 물리적 거리, 문화적 거리, 종교적 거리, 역사적 거리, 그리고 정책적 거리 등으로 분해한 뒤, 각 요소가 무역 흐름에 얼마나 영향을 미치는지 설명할 수 있다. 실제로 문화적 거리는 양국 간 공통언어 사용 여부, 종교적 거리는 양국 간 주 종교 유사 여부, 역사적 거리는 과거 식민-지배 관계 여부 등의 변수들이 사용되고 있으며, 정책적 거리는 관세율, FTA 체결 여부 등의 통상정책 변수들이 사용되어 통상정책 효과 측정에 활용되고 있다.

(2) 이론적 근거와 계량 분석모형

1) 이론적 근거와 다자적 무역 저항(Multilateral Trade Resistance)

전술한 바와 같이 중력모형은 국제무역을 결정짓는 요인들이 무엇인지 혹은 각 요인들이 국제무역에 미치는 영향을 측정하기 위해서는 어떠한 다른 요인들이 함께 고려해야 하는지 등을 설명하는 데 매우 유용한 접근방식이다. 하지만, 동 모형은 어떤 이론적 근거에 바탕을 두었다기보다는 경험적 관찰이나 직관성에 호소하는 임시 변통적(ad hoc) 설명이라는 비판을 받아왔을 뿐 아니라, 이론적 근거 부족으로 구체적으로 어떠한 변수들이 왜 사용되어야 하는지 혹은 사용되지 말아야 하는지에 대한 기준이 모호한 상태로 연구자마다 각기 다른 변수들이 혼재되어 사용되어 왔다.

---

1   중력변수 관련 데이터는 http://www.cepii.fr/cepii/en/bdd_modele/bdd_modele.asp에서 얻을 수 있다.

　　Anderson and van Wincoop(2003)의 연구는 이러한 중력모형이 경제학 이론을 통해 어떻게 구성될 수 있는지에 대한 이론적 근거를 제시하였을 뿐 아니라, 이론적 증명과정에서 그간의 중력모형 연구에서 간과하고 있는 중요한 측면이 있었음을 밝혀냈다.[2] 가령, 기존의 직관적 중력모형으로 설명하지 못하는 대표적인 예가 통상정책의 무역전환효과(trade diversion effect)를 들 수 있다. A 국이 B 국과 FTA를 체결하면 양국 간 무역 비용이 감소해 양국 간 교역이 증가하는 반면, B 국에 수출하던 C 국은 A 국에 비해 상대적으로 무역 비용이 높아지는 것이 되어, B 국과 C 국 간의 교역은 B 국과 A 국 간의 교역으로 '전환'되어 감소하게 될 수 있다. 이때 FTA 체결로 A 국과 B 국 간 교역이 증가하다는 양자적 관계는 직관적 중력모형으로도 설명이 가능하지만, B 국과 C 국 간 교역이라는 제3국과의 관계는 설명할 수 없다는 한계가 있다. 다른 예로, 동일한 경제 규모와 거리를 가지는 두 국가 쌍이라도 주변국들이 어떠한지에 따라 각 쌍 간 교역 규모는 다를 수 있다. 가령, 벨기에와 네덜란드와 같이 다수의 중대형 경제 규모 국가들로 둘러싸여 있는 국가 쌍은 호주와 뉴질랜드와 같이 바다 혹은 키르기스탄과 타지키스탄과 같이 사막으로 둘러싸여 있는 고립된 국가 쌍에 비해 양국 간 교역 비중이 적을 수 있다.

　　이를 설명하기 위해서는 양국 간 교역이 양국 간 무역 비용뿐 아니라 해당 각국의 다른 교역상대국들과의 무역 비용이라는 상대적 무역 비용이 고려되어야 한다는 것을 Anderson and van Wincoop(2003)이 이론적 도출 과정에서 발견하면서, 이를 '다자적 무역 저항(MTR: multilateral trade resistance)'이라 명명하였다. 이러한 다자적 무역 저항은 한 국가가 수입할 때 모든 교역상대국이 그 국가에 대해 직면하게 되는 평균적인 무역 비용(내부적 다자적 저항)과 그 국가가 수출할 때 모든 교역상대국에 대해 직면하게 되는 평균적인 무역 비용으로 구분할 수 있고, 각각을 내부적/외부적(internal/external) 다자적 무역 저항이라 한다.

2) 계량 분석모형과 고정 효과 접근법

　　다자적 무역 저항을 계량모형에서 어떻게 고려하는지는 여러 방법이 있지만, 엄

2　경제학 이론을 통해 구성하였다는 의미는 경제학에서 널리 받아들여지는 방식대로 효용을 극대화하고자 하는 소비자와 이윤을 극대화하고 하는 생산자가 얼마를 수입하고 수출할지 선택의 결과로서의 균형이 중력모형의 형태임을 보였다는 것이다. 상세한 이론구성 및 증명과정은 p11. Shepherd, Ben. "The gravity model of international trade: A user guide (An updated version)." (2016)에 잘 정리되어 있다.

밀하게는 각국의 다른 각국과의 무역 비용에 대한 정보가 요구된다는 점에서 현실적으로 구현하는 데 한계가 있다. 다행히 이를 손쉽게 해결하는 방법으로 더미(dummy)변수항[3]을 이용하는 고정 효과 접근법(fixed effect approach)이 있으며 가장 보편적으로 사용되고 있다. 예를 들어, 2022년 한국에 해당할 때 1, 그렇지 않을 때는 0을 주는 국가-연도 더미변수는 2022년 한국에서 있었던 모든 변수, 가령 해당 연도의 인구, GDP, 기준금리는 물론, 대통령 선거, 코로나 방역 정책 등 모든 2022년 한국에 관한 변수들을 포괄적으로 나타내는 역할을 한다.[4] 주목할 점은 여기에는 다른 국가들이 한국 시장에 수출할 때 겪게 되는 다자적 무역 저항 또한 포함된다는 것이다. 아울러, 이 경우 직관적 중력모형에서 중시하였던 국가별 경제규모에 관한 별도의 자료도 불필요한데, 앞서 언급한 바와 같이 2022년 한국의 GDP, 인구, 1인당 GDP 모두 이미 국가-연도 더미에 포함되어 있기 때문이다.

지금까지의 논의를 바탕으로 양국 간 교역 흐름에 미치는 요인들의 효과를 측정하기 위한 계량식은 다음 식(2)와 같이 표현할 수 있다.

$$X_{ijt} = I_{it} + I_{jt} + \beta_1 Gravity_{ij} + \beta_2 TradeCost_{ijt} + \varepsilon_{ijt} \qquad (2)$$

두 국가 i와 j간 t년도 무역 규모는 (국가-연도 더미변수로 나타낸) 해당 연도 두 국가의 모든 고유한 요인들(I_{it}, I_{jt})과 물리적 거리, 공통언어 사용 여부 등 소위 전통적 중력 요소들로 불리는 양국 간 시간에 따라 불변인 요인들($Gravity_{ij}$), 우리의 주 관심사인 통상정책을 포함한 무역 비용에 영향을 주는 요인들($TradeCost_{ijt}$), 마지막으로 우연적 요인들(ε_{ijt})에 의해 결정되는 것으로 표현할 수 있다. 고정 효과 접근법을 사용할 경우 한 가지 유의해야 할 점은, 무역 비용에 영향을 주는 정책 중에서 양국 간 FTA 체결과 같이 양자적(bilateral) 관계에 해당하는 정책이 아니라 한국의 경쟁법률 개정과 같이, 한 국가에 국한된(unilateral) 정책은 이미 국가-연도 더미변수에 포함되어 따로 그 효과를 추정하기는 어렵다는 것이다. 대안적으로 일국의 일방적 정책의 효과를 고려하기 위해서는 어떻게 해야 하는지는 후술하기로 한다.

---

3   더미변수란 어떤 카테고리에 해당하면 1의 값을, 해당하지 않으면 0의 값을 가지는 지표함수(indicator function)를 의미하며, 주로 indicator의 첫 글자를 따서 I 로 표기한다.

4   주의할 점은, 이때 한국에 관한 변수 중에는 한국과 다른 국가 간 양자적 관계 혹은 한국을 포함한 세계적 사건 등은 포함되지 않는 것으로 해석된다.

(3) 데이터 변환과 계량 분석 결과 해석

1) 데이터 변환과 회귀계수 해석 일반

본격적인 계량 분석을 위해 무역데이터를 준비할 때 주의해야 하는 몇 가지 이슈들이 있다. 대표적인 예가 교역액과 같은 연속형 변수를 그 값 자체로 사용할지 혹은 일정한 변형을 가할지이다.

우선 이론에 부합하는 중력모형을 사용하기 위해서는 금액 관련 변수들, 가령 교역액, GDP 등의 값은 실질(real)이 아닌 명목(nominal)값을 이용해야 한다. 주로 원자료에 있는 그대로의 값들이 이에 해당될 것이다. 이는 이론적으로 다자적 무역 저항을 구하는 단계에서 이미 가격변수(price index)가 포함되어 있어 데이터를 실질변수로 변환하게 되면 가격변수를 이중으로 나누어 주는 결과를 초래하기 때문이다.

다음으로 계량경제학 일반에 걸친 사항으로, 교역액과 같은 연속변수의 경우 로그 변환 값을 사용하는 경우가 일반적이다. 로그 변환을 하더라도 변수 간의 관계 자체에는 영향이 없을뿐더러 데이터를 정규화하고 편향을 줄여 분석을 용이하게 하기 때문이다. 뿐만 아니라, 계량 분석 결과에서 얻게 되는 회귀 계수값의 해석을 경제학에서 사용하는 탄력성(elasticity)으로 해석할 수 있게 되는 장점도 있다. 가령, 위 식 (1)에서 X_{ijt} 와 $TradeCost_{ijt}$ 가 모두 로그 변환을 한 값일 경우 "β_2의 값이 -0.02"라면, 이는 "Trade Cost가 1%로 증가할 때 양국 간 교역은 0.02(2%) 감소"하는 것으로 해석할 수 있게 된다. 중력모형 사용 시 주의할 것은 연속변수라고 무조건 로그 변환을 사용하는 것이 아니라 본인이 사용하는 회귀식의 의미를 잘 생각하고 사용해야 한다는 것이다. 이는 중력모형에서 최근 널리 사용되고 있는 PPML의 경우가 대표적이라 할 것이다.

2) 영(zero)의 무역 이슈와 PPML

영의 무역 이슈(Zero trade issue)는 교역액을 종속변수로 할 때 양국 간 교역액이 0인 경우에 발생하는 문제를 일컬으며, 중력모형 사용 시 이를 극복하기 위해 널리 사용되는 대표적인 회귀모형이 Santos Silva and Tenreyro(2006)이 제안한 PPML(Panel Poisson Pseudo Maximum Likelihood, 포아송 유사 최우 추정법)이다. 어떤 두 국가 간에 교역량이 0인 경우가 존재할 수 있으며, 특히 교역의 대상이 특정 산업이나 특정 품목인 경우에는 더욱 빈번하게 교역액 관측값이 0을 갖는 국가 쌍(country pair)이 존재할 수 있다. 앞서 언급한 이유로 연속변수인 교역액에 로그값을 취하게 될 경우 0의 로그가 정의되지 않아 일반적인 계량모형에서 해당 관측값이 삭제될 수 있으나, 경제학적으로 해당 국가 쌍 간에 0의 교역을 가지는 이유는 내생적인 이유에서 비롯될 수 있다는 점에서 이렇게 얻어진 회귀분석 결과는 왜곡된 것일 수 있다. 가령, 양국 간 교역액이 0인 이유가 수입국의 특정국에 대한 과도한 수입제한 조치 때문인데, 교역액이 0인 국가 쌍들은 모두 누락시킨 채 무역협정 체결 여부에 따른 경제적 효과를 분석한다면, 수입제한 조치를 취하고 있지 않은 국가 쌍들에 대한 경우만을 편향적으로 추정한 결과라는 문제가 있다.

중력모형에서 PPML을 이용할 경우 종속변수인 교역액은 로그 변환 값을 사용하는 대신 원자료라 할 수 있는 수준(level) 값을 사용하게 되어 로그 변환으로 인한 영의 관측값 누락 문제를 방지할 수 있다. 주의할 것은 이때 좌변의 값을 로그 변환 값을 사용하지 말아야 하며, 이에 따라 회귀계수 해석도 달라져야 한다는 점이다. 즉, 좌변(Y)은 수준 값을, 우변(X)은 로그 변환 값을 가짐에 따라, 계수값(β)는 X변수 1단위 변화가 'Y변수(trade flows) $(e^{\beta}-1)\%$ 변화'를 가져오는 것 해석되어야 한다.

2. 디지털무역 결정요인

디지털통상 정책의 효과를 추정하기 위해 대표적인 두 가지 디지털통상 정책인 디지털무역협정과 디지털무역장벽, 그리고 그 결과인 디지털무역 흐름에 대한 데이터를 구성해야 한다.

(1) 디지털무역 흐름(Digital Trade Flow)

앞선 4장에서 본 바와 같이 디지털무역 흐름을 측정하는 데는 다양한 방법들이 있지만, 디지털통상 정책의 효과를 추정하기 위해 필요한 디지털무역 흐름 데이터를 구성하기 위한 일반적으로 접근가능한(publicly accessible) 자료는 아직까지 제한된 범위에서만 가능한 상황이다. 특히 전자적으로 주문된(digitally ordered) 무역의 경우 아직까지 세계적으로 일관되게 수집된 자료가 부족한 편이지만, 다행히 전자적으로 전송된(digitally delivered) 무역의 경우 기존의 서비스무역 데이터를 기반으로 약간의 가공을 거치면 어느 정도 합리적인 수준의 자료를 확보할 수 있다.

　이러한 점에서 본 장에서는 양국 간 디지털무역 흐름을 디지털무역 비중이 높은 서비스 부문의 국경 간 무역(Mode 1)으로 정의하는 접근방법을 활용한 예를 살펴본다. 즉, 디지털서비스무역에 집중하는 방식인데, 기초자료는 양자 간 서비스무역 흐름은 OECD와 WTO가 공동 구축한 BaTiS(Balanced Trade in Services Statistics)에서, 각국의 서비스분야별 공급 모드별 무역 흐름은 WTO에서 구축한 TiSMOS(Trade in Services data by mode of supply)에서 구할 수 있다.[5] TiSMOS에서 각국의 모드1 무역의 비중을 구한 뒤, 그 비중을 BaTiS의 서비스교역량에 비례적으로 할당하여 양자 간 서비스분야별 국경 간 공급 규모를 계산할 수 있다. 이 중에서 국경 간 공급이 주로 전자적으로 전송되는 비중이 높은 것으로 알려진 대표 분야(ICT 서비스, 금융 서비스)를 디지털무역 흐름의 대리변수(proxy)로 간주함으로 간단한 디지털무역 흐름 데이터를 구성할 수 있다.

(2) 디지털무역 비용(Digital Trade Cost)

　디지털무역 비용 변수는 무역 과정에서 비용에 영향을 미치는 것으로 크게 전통적인 무역 비용인 중력변수, 디지털 특정 무역 비용을 증가시키는 정책요인인 디지털무역장벽, 그리고 디지털 특정 무역 비용을 완화시키는 정책요인인 디지털무역협정을 고려할 수 있다. 중력변수들에 대한 설명은 앞서 간략히 설명하였으므로 여기에서는 디지털무역과 특정하여 고려가 필요할 수 있는 중력변수인 양국 간 '디지털 거리'에 대해만 살펴보기로 하고, 디지털무역 관련 정책변수들에 집중하기로 한다.

1) 디지털무역장벽(Digital Trade Barriers)

　앞선 장에서 살펴본 바와 같이 각국의 국내 정책(domestic policy)이 디지털무역에 얼마나 부정적 영향을 미치는지에 대한 정도, 즉 디지털무역장벽 정도를 지표화하는 데이터들이 존재한다. 여기에서는 그중에서 OECD에서 개발한 디지털무역장벽 지표인 디지털서비스무역제한지수(Digital Service Trade Restrictiveness Index,

---

5　https://www.wto.org/english/res_e/statis_e/trade_datasets_e.htm

DSTRI)를 사용한다.

일반적으로 디지털무역장벽은 디지털무역 흐름에 부정적 영향을 줄 것이 기대된다. 이를 확인하기 위해 앞선 디지털무역 흐름 데이터와 DSTRI 데이터를 결합하여 둘 간의 상관관계를 살펴보기로 한다.

〈그림 5-1〉 디지털무역 흐름과 디지털무역장벽 간의 상관관계

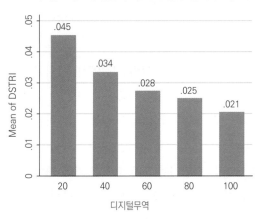 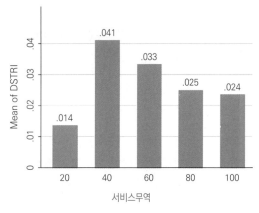

출처: Suh and Roh (2023)

〈그림 5-1〉은 디지털무역 흐름의 규모에 따라 국가들을 20%씩 구분하여 분위별 DSTRI의 평균값을 2019년 데이터 기준으로 나타낸 것이다. 좌측의 디지털무역의 경우에서는 하위 20%에서 상위 분위로 디지털무역 규모가 큰 국가들의 DSTRI 수준이 감소하는 것을 확인할 수 있다. 반면 우측은 서비스무역 규모를 기준으로 국가들을 분위별로 구분한 것인데, 이 경우 DSTRI와 서비스무역 규모와는 뚜렷한 상관관계를 찾을 수 없다. 이를 통해, 디지털무역장벽 수준이 낮은 국가들일수록 디지털무역 규모가 더 많은 관계가 존재한다는 것을 직관적으로 확인할 수 있다.

다자적 무역 저항을 통제하기 위해 국가-연도별 더미변수를 이용할 경우, 연도별로 변하는 각국의 변수들을 사용할 수 없다는 문제가 있다. 각국의 연도별 디지털무역장벽 수준인 DSTRI도 이에 해당된다. 이를 극복하기 위한 한 방법으로 디지털무역장벽을 개별 국가 변수가 아닌 국가 간 변수로 치환하여 고려할 수 있다. 즉, 두 국가 i국과 j국의 디지털무역장벽의 수준을 각국의 디지털무역장벽 수준의 곱으로 계산

하고, 이 변수 값이 클수록 양국 간 디지털무역은 높은 디지털무역장벽에 직면해 있는 것으로 해석할 수 있다. i국과 j국의 t년도 디지털무역장벽 정도를 각각 $DSTRI_{it}$, $DSTRI_{jt}$로 표기할 때, 양국 간 디지털무역장벽의 크기를 아래 식(3)과 같이 표현할 수 있다.

$$DSTRI_{ijt} = DSTRI_{it} \times DSTRI_{jt} \qquad (3)$$

2) 디지털 거리(Digital Distance)

중력모형의 분석틀에서 거리는 가장 근본적인 개념이다. 그러한 점에서, 디지털 무역에서는 디지털무역 특유의 거리가 존재하는가? 존재한다면, 어떻게 측정할 수 있나? 등은 매우 자연스러운 질문이라 할 수 있다. 무역에서 거리(distance)는 일반적으로 무역의 주체들 간의 물리적 거리를 의미한다. 가령, 국가가 주체인 경우 각국의 수도 간 거리 데이터가 변수로 이용된다. 무역 비용을 유발하는 모든 요소를 거리 개념으로 이해할 경우, 그러한 전통적 거리를 물리적 거리로, 양국 간 관세나 비관세장벽은 제도적 거리로, 공통언어 사용 여부는 역사적 혹은 문화적 거리 등으로 해석할 수 있을 것이다.

디지털무역 특유의 거리, 즉 "두 무역 주체가 디지털적으로 얼마나 멀거나 가까운지"에 대한 합의된 정의는 없지만, '글로벌 디지털 격차'(Guillén and Suárez, 2005)는 자연스럽게 고려할 수 있는 후보 개념이 될 수 있다. 가령, 물리적 접근 측면에서 이를 측정하기 위해 ITU(국제전기통신연합)에서 제공하는 디지털 인프라 변수인 "국가별 인터넷 사용 인구 비중(Internet)"을 사용하여 국가 i와 국가 j 간 인터넷 사용자 비중의 절대 차를 사용할 수 있을 것이다. 수식으로 표현하면, 아래 식(4)와 같다.

$$디지털\ 거리_{ijt} = \log|Internet_{it} - Internet_{jt}| \qquad (4)$$

아직 디지털 거리에 대한 이론적, 실증적 연구들이 사실상 전무한 상황이란 점에서 이러한 정의는 하나의 예시일 뿐이지만, 향후 디지털무역과 관련한 다양한 연구의 목적이나 맥락에 따라 보다 엄밀한 개념들이 개발될 것으로 기대된다.

(3) 디지털무역협정(Digital Trade Agreement)

디지털무역 비용을 감소하는 방향으로 영향을 미칠 것으로 기대되는 양자적 정책(bilateral policy)으로 디지털통상협정 데이터를 고려할 수 있다. 통상 협정의 경제적 효과분석에서는 전통적으로, 협정 체결을 한 후에 무역규모가 통계적으로 유의미하게 큰지에 초점을 맞추어 주로 관련 변수는 협정 체결 여부 데이터를 사용하는 방식이다. 이보다 조금 더 상세하게는 협정의 합의 정도(depth)에 관한 효과를 살펴보는 것으로, 주로 보다 자유화된 규범이라 여겨지는 영역에 대한 챕터(chapter)가 포함되는지 여부에 초점을 맞추는 방식이다. 디지털무역에 대해서도 유사한 방식으로 살펴보기 위해, 앞서 언급한 TAPED 데이터베이스를 사용한다.

디지털무역 흐름에 대한 관찰값이 있는 국가 중에서 TAPED상 디지털무역 관련 조항이 하나라도 포함되어 있는 협정을 체결한 국가와 그렇지 않은 국가를 구분하는 한편, 협정을 체결한 국가 중에서도 해당 조항이 디지털무역에 관한 규범을 독립된 장으로 포함하는 협정을 체결한 국가를 구분할 수 있다. 정의상 디지털무역 관련 규범을 독립적인 장으로 포함하는 협정은 디지털무역 관련 조항을 하나라도 포함하는 협정의 부분집합이며, 해석상 독립된 장을 포함하는 협정이 더욱 디지털통상과 관련한 보다 상세한 규범을 가진 협정으로 볼 수 있다.

아래 〈그림 3-2〉는 디지털무역협정을 체결한 국가 쌍(Provisions)과 그렇지 않은 국가 쌍(No DTA), 그리고 후자 중에서 독립된 장을 가진 협정을 체결한 국가 쌍(Chapters) 간의 2019년도 디지털무역의 평균 규모를 나타낸 것이다.

〈그림 5-2〉 디지털무역협정 수준별 디지털무역 규모

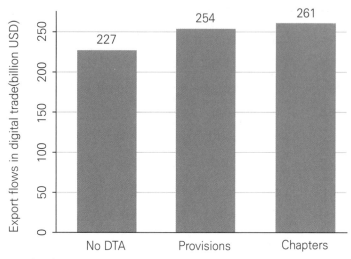

출처: Suh and Roh(2023)

　예상한 바와 같이, 디지털통상협정을 체결한 경우가 그렇지 않은 경우보다, 독립된 장으로 디지털통상 규범을 규정한 협정을 체결한 경우에 디지털무역 규모가 더 큰 것을 확인할 수 있다. 디지털통상협정의 깊이와 관련하여 독립된 장으로써의 규정 여부 외에 디지털통상 규범 관련 조항의 수(ec_num_art) 혹은 관련 규범의 글자수(ec_num_words) 등의 변수도 대안적으로 고려할 수 있다.

　디지털통상협정에는 다양한 관련 규범들을 포함하고 있으며, 개별적인 규범이 디지털무역에 미치는 효과가 연구의 관심사일 수 있다. 이 경우 TAPED에서 디지털통상협정들에 대한 다양한 조항별 포함 여부 및 정도에 관한 자료를 추출하여 계량분석에 주요 변수로 활용할 수 있다. 가령, 디지털무역 관련 비차별원칙 조항의 규정 여부가 디지털무역에 미치는 효과를 알아보기 위한다면, 비차별원칙 조항에 관한 규범을 규정한 협정을 체결한 국가들에 대한 통계를 추출하여 사용할 수 있다.

3. 효과 추정 결과의 해석

(1) 추정모형

이제 본격적인 효과 추정을 위해 위에서 살펴본 데이터들을 이용해 계량 추정식을 세운다. 연구자가 고려하고자 하는 상황에 따라 구체적인 식이나 데이터들이 조금씩 차이가 날 수 있겠으나 가장 기본적으로 생각해 볼 수 있는 식은 아래 식(5)와 같은 PPML 고정 효과 모형의 형태일 것이다.

$$X_{ijt} = \alpha + \beta_1 DTA_{ijt} + \beta_2 DSTRI_{ijt} + \beta_3 Gravity_{ij} + I_{it} + I_{jt} + \varepsilon_{ijt} \qquad (5)$$

좌변의 X_{ijt}는 국가 i와 j 간 t년도 무역액을, α는 Y절편을 나타내는 상수항(constant)을 나타내며, β들은 각각 주요 관심사인 디지털무역협정 관련 변수, 대표적 디지털무역의 무역 비용이라 할 수 있는 디지털무역장벽(DSTRI), 그리고 기타 양국 간 시간에 따라 변하지 않는 무역 비용에 영향을 미치는 일반적인 중력변수들(Gravity)에 대한 회귀계수들을 나타낸다. I_{it}와 I_{it}는 국가-연도 더미변수로 해당 연도 두 국가의 모든 고유한 요인들을 나타내며 ε_{ijt}는 우리가 알 수 없는 나머지 요인들을 나타낸다.

앞서 언급한 바와 같이 PPML 추정을 사용할 경우, 좌변은 수준 값을, 우변은 연속 변수의 경우 로그값을 취해주어야 하므로, DSTRI에는 명시적으로 로그값을 취한 것으로 표현하였다. 중력변수들의 경우 연속인 변수(가령, 양국 간 거리)에 대해서는 로그값을, 범주형 변수(가령, 동일 언어 사용 여부)에 대해서는 그대로의 값을 사용한다.

아래 〈표 5-1〉은 위 식에 대한 회귀분석 결과를 요약한 것으로, 디지털무역협정 변수로 양국 간 무역협정에 디지털무역 관련 조항 포함 여부(디지털무역 조항), 디지털무역에 관한 독립된 챕터 포함 여부(디지털무역 챕터), 디지털무역 관련 조항의 수(조항 수), 디지털무역 관련 조항들의 단어 수(단어 수) 등을 각각 고려하였으며, 중력변수 중에서는 양국 간 물리적 거리와 공통언어 사용 여부 변수를 동시에 고려한 경우이다.

<표 5-1> 디지털무역 변수와 디지털무역 흐름

	(A1)	(A2)	(A3)	(A4)
디지털무역 조항	0.418***			
디지털무역 챕터		0.437***		
조항 수			0.047***	
단어 수				0.0004***
디지털무역장벽	-10.128***	-9.908***	-10.550***	-10.449***
양국 간 거리	-0.552***	-0.548***	-0.558***	-0.542***
공통언어	0.175***	0.180***	0.173***	0.184***
국가-연도 고정효과	yes	yes	yes	yes
관측수	6,365	6,365	6,365	6,365
R^2	0.827	0.827	0.826	0.827

***: 99% 신뢰수준, 출처: Suh and Roh(2023).

(2) 결과의 해석

먼저 주요 관심사인 디지털무역협정이 디지털무역에 미치는 영향을 살펴본다. (A1)에서 (A4)열에서 모든 디지털무역협정 변수들(디지털무역 조항, 장, 조항 수, 단어 수 등)의 회귀계수가 양(+)의 부호를 가지며 통계적으로 유의미한 것을 확인할 수 있다. 이는 기본적으로 디지털무역협정을 체결하지 않았을 때보다 체결하였을 때 디지털 무역 흐름을 증가시킨다는 것으로 설명될 수 있다. 즉, 디지털무역장벽, 양국 간 거리, 공통언어라는 다른 결정요인들을 동시에 고려할 때 디지털무역협정의 디지털무역에 미치는 효과는 긍정적이라는 것을 의미한다. 이때 주의해야 할 것은 이러한 주장은 디지털무역협정(설명변수)과 디지털무역 흐름(종속변수) 간의 관계를 이해의 편의를 위해 인과관계로 표현되었으나, 보다 정확하게는 둘 사이에 양의 상관관계가 있는 것으로 해석하는 것이 더 엄밀한 해석이라는 점이다. 둘 간의 인과관계를 주장하기 위해서는 추가적인 계량 분석이 요구되는 사항이다. 주목할 점은, (A1)열의 '디지털무역 조항'의 계수값보다 (A2)열의 '디지털무역 챕터'의 계수값이 더 크다는 것이다. 이는 단순히 무역협정에 디지털무역 규범이 포함되는 경우보다는 디지털무역 규범을 더 광범위하게 규정하는 협정을 가지는 국가들 간에 디지털무역이 더 원활하다는 것으로 해석될 수 있다. 이러한 디지털 규범의 포괄성의 디지털무역에 미치는 영향은 (A3)열의 조항 수의 계수 및 (A4)열의 단어 수의 계수가 통계적으로 유의미한 양을 값을 가지는 것에서도 확인된다. 즉, 디지털무역 관련 조항 수가 많을수록, 해당 규범이 더 상세할수록 디지털무역 양이 유의미하게 증가하는 것을 알 수 있다.

다음으로 그 외에 양국 간 디지털무역에 영향을 미칠 것으로 생각하는 다른 결정 요인들의 효과는 살펴본다. 우선 예상했던 바와 같이 디지털무역장벽의 회귀계수는 (A1)부터 (A4) 모두에서 통계적으로 유의미한 음의 값을 가지는 것을 확인할 수 있다. 이는 디지털무역협정을 무엇으로 측정하던지 디지털무역장벽이 높을수록 디지털무역 흐름은 위축된다는 것으로 이해할 수 있다. 마지막으로 무역 일반에 걸쳐 영향을 주는 것으로 알려진 중력변수 중 대표적인 거리 변수와 공통언어 사용 여부에 관한 것이다. 양국 간 거리 계수들이 모두 유의미한 음의 값을 가지는 것에서, 디지털무역에 있어서도 물리적 거리는 부정적인 영향을 주는 것을 알 수 있다. 아울러, 양국 간 공통언어를 사용하는 국가들이 그렇지 않은 국가들에 비해 디지털무역도 더 많이 하는 것을 알 수 있다.

(3) 벤치마크를 통한 결과 확인

앞선 결과만으로도 디지털무역협정과 디지털무역 간 긍정적 상관관계를 확인할 수 있지만, 이는 디지털무역협정이 일반적인 무역협정에 비해 높은 수준의 규범을 규정하기 때문일 수도 있다. 즉, 수준 높은 무역협정이 체결되면 무역 일반에 긍정적 효과를 미치는데 디지털무역에 대한 효과도 이에 포함되었을 뿐이라는 주장이 있을 수 있다. 디지털무역협정이 특히 디지털무역에 더 효과적인지 확인하기 위해서는 여러 방법이 있겠으나, 그중 하나는 디지털무역협정이 (우리의 정의상 디지털무역을 포함하는) 서비스무역에 비해 디지털무역에 더 효과적인지를 확인하는 것이다.

아래 〈표 5-2〉는 (식5)와 동일한 계량 분석을 이용하되 종속변수를 디지털무역 흐름 데이터 대신 서비스무역 흐름 데이터를 사용할 때의 결과를 요약한 것이다.

〈표 5-2〉 디지털무역 변수와 서비스무역 흐름

	(B1)	(B2)	(B3)	(B4)
디지털무역 조항	0.414***			
디지털무역 챕터		0.409***		
조항 수			0.046***	
단어 수				0.0003***
디지털무역장벽	-1.272	-1.208	-1.526	-1.497
양국 간 거리	-0.543***	-0.543***	-0.549***	-0.541***
공통언어	0.574***	0.579***	0.578***	0.584***
국가-연도 고정효과	yes	yes	yes	yes
관측수	8,200	8,200	8,200	8,200
R^2	0.900	0.900	0.900	0.900

출처: Suh and Roh(2023).

　(B1)열부터 (B4)열의 디지털무역협정 관련 변수들의 계수값에서 알 수 있듯이, 디지털무역협정은 서비스무역에도 긍정적인 영향을 미친다는 것을 알 수 있다. 이러한 결과는 우리가 정의한 디지털무역은 서비스무역의 일부를 구성하기에 어쩌면 놀라운 일은 아니다. 여기서 주목해야 할 점은 〈표 5-2〉의 디지털무역협정 관련 변수들의 계수값들은 그에 대응되는 〈표 5-1〉의 계수값보다 모두 작다는 사실이다. 가령, 〈표 5-2〉의 (B2)열의 디지털무역 챕터 계수값은 0.409인데 비해, 〈표 5-1〉의 (A2)열의 디지털무역 챕터 계수값은 0.437이다. 이는 디지털무역협정이 일반적인 서비스무역 흐름에 비해 디지털무역 흐름에 더 직접적으로(targeted) 영향을 미치는 것으로 이해할 수 있다.

　유사하게 디지털무역장벽의 경우도 서비스무역 흐름보다는 디지털무역 흐름에 더 직접적인 영향을 미치는 것을 알 수 있다. 이는 〈표 5-1〉에서 디지털무역장벽이 통계적으로 유의미한 음의 값을 가졌던 데 비해, 〈표 5-2〉에서는 음의 값을 가지나 통계적 유의성은 상실되는 것에서 확인할 수 있다. 이상의 결과들은 우리가 사용한 디지털무역 흐름, 디지털무역협정, 디지털무역장벽 변수들이 디지털무역에 특화된 변수로의 유의미성을 강화시킨다 할 것이다.

　마지막으로 흥미로운 점은 양국 간 물리적 거리의 계수 크기가 서비스무역에 비해 디지털무역이 더 작은 값을 가진다는 것인데, 이는 디지털무역이 상대적으로 물리적 거리에서 자유롭다는 일반적인 인식에 부합되는 결과로 볼 수 있으며, 아울러 중력모형이라는 맥락에서 '디지털무역에서 거리란 무엇인가'라는 질문을 남기게 된다.

(4) 디지털 거리

이러한 질문에 답해 보기 위해 앞에서 정의한 식(4)의 디지털 거리 개념을 사용하면 어떠한 결과를 얻게 되는지 확인해 보기로 한다. 아래 〈표 5-3〉은 양국 간 물리적 거리와 디지털 거리를 각각(C1 열과 C2 열) 또 동시에(C3 열) 고려할 경우 중력모형 결과가 어떻게 달라지는지를 요약한 것이다. 참고로, (C1)열은 디지털 거리 개념을 사용하지 않은 벤치마크 경우로 앞선 〈표 5-1〉의 (A2)열과 동일하다.

〈표 5-3〉 디지털 거리와 디지털무역 흐름

	(C1)	(C2)	(C3)
디지털무역 챕터	0.437***	1.068***	0.480***
디지털무역장벽	-9.908***	-13.65***	-13.02***
양국 간 거리	-0.548***		-0.523***
디지털 거리		-0.0493**	-0.0653***
공통언어	0.180***	0.635***	0.291***
국가-연도 고정효과	yes	yes	yes
관측수	6,365	5,712	5,712
R^2	0.827	0.804	0.837

출처: Suh and Roh(2023).

(C2)열에서 보듯이 디지털 거리는 디지털무역 흐름에 부정적 영향을 주며 통계적으로 유의한 것으로 알 수 있으다. 이러한 특징은 (C3)열에서 보듯이 물리적 거리와 동시에 사용할 경우에도 이러한 경향은 유지된다. 더욱이, 디지털 거리를 동시에 고려할 경우, 물리적 거리가 미치는 부정적 영향은 감소되고 (-0.548에서 -0.523으로), 디지털무역협정의 긍정적 영향(0.437에서 0.480으로) 및 디지털무역장벽의 부정적 영향(-9.908에서 -13.02로)은 오히려 강화가 되는 것을 볼 수 있다.

이러한 결과가 디지털 특유한 것인지를 확인하기 위해, 앞선 방식과 유사하게 종속변수를 서비스무역 흐름으로 하였을 때는 어떠한 차이가 있는지를 살펴볼 수 있다.
아래 〈표 5-4〉는 서비스무역 흐름에 대해 디지털 거리가 어떠한 영향을 미치는지를
요약한 결과이다.

〈표 5-4〉 디지털 거리와 서비스무역 흐름

	(D1)	(D2)	(D3)
디지털무역 챕터	0.409***	1.026***	0.425***
디지털무역장벽	-1.208	-5.013***	-1.863
양국 간 거리	-0.543***		-0.549***
디지털 거리		-0.000986	-0.00759
공통언어	0.579***	0.920***	0.594***
국가-연도 고정효과	yes	yes	yes
관측수	8,200	7,374	7,374
R^2	0.9	0.847	0.898

출처: Suh and Roh(2023).

(D1)열은 디지털 거리 개념을 사용하지 않은 벤치마크 경우로 앞선 〈표 5-2〉의
(B2)열과 동일하다. (D2)열과 (D3)열에서 나타나듯이, 디지털무역 흐름의 경우와 달
리 서비스무역 흐름에 대해서는 디지털 거리가 유의미한 영향을 주지 못한다. 오히려
(D3)열에서 보듯이, 디지털 거리를 고려할 경우 물리적 거리가 서비스무역에 주는 부
정적 영향이 더 커지기까지 한다.

마지막으로, 디지털 거리를 생략할 경우 디지털무역 흐름이 서비스 무역 흐름보
다 지리적 거리의 영향을 더 많이 받지만(C1열과 D1열의 양국 간 거리 계수), 디지털 거
리를 고려할 경우 반대로 디지털무역 흐름이 서비스 무역 흐름보다 지리적 거리의 영
향을 덜 받는다는 점(C3열과 D3열의 양국 간 거리 계수)이 주목할 만하다.

(5) 인과관계

앞서 언급한 바와 같이, 지금까지의 결과들은 엄밀히 말해 디지털무역의 결정요
인들과 디지털무역 흐름 간의 상관관계를 확인한 것이며, 인과관계로 해석하기 위해
서는 추가적인 분석이 요구된다. 이를 위해서는 계량경제학에서 고려하는 다양한 내

생성(endogenity) 문제 해결을 위한 방법들이 사용될 수 있겠으나, 여기서는 무역협정의 효과분석과 관련한 핵심적인 내생성 이슈인 역인과성 문제(reverse causality)를 해결하는 가장 간단한 방법인 선행변수를 이용하는 방법을 살펴보기로 한다. 무역협정에서 역인과성 문제란 무역협정 체결이 양국 간 교역을 촉진하는 것이 아니라 오히려 교역량이 많은 두 국가 간에 무역협정이 체결되는 것을 의미하며, 양국 간 무역협정 체결변수와 무역량 간의 상관관계가 양이라는 사실은 인과관계가 역의 경우일 수도 있다는 점을 환기시키는 문제이다.

앞서 사용한 추정식이 이러한 역의 인과관계 문제가 있는지 검증하기 위해, 식(5)에 디지털무역협정 변수(DTA)의 시간 선행성(time precedence)을 포착하는 새로운 변수 DTA_{ijt+1}을 추가하여 다음 식(6)과 같이 DTA의 외생성을 평가할 수 있는 테스트를 구현할 수 있다(Wooldridge, 2010; Baier and Bergstrand, 2007).

$$X_{ijt} = \alpha + \beta_1 DTA_{ijt} + \beta_2 DTA_{ijt+1} + \beta_3 DSTRI_{ijt} + \gamma_{ij} + I_{it} + I_{jt} + \varepsilon_{ijt} \qquad (6)$$

이는 결과(effect)가 원인(cause)에 앞설 수는 없다는 논리 관계를 이용하여, 다음 연도($t+1$)에 양국 간 디지털무역협정이 체결되었는지 여부(DTA_{ijt+1})는 디지털무역 흐름에 영향을 미치지 못하므로 그 계수값(β_2)이 통계적으로 0과 다르지 않아야 한다는 접근이다. 아래 〈표 5-5〉는 식(6)의 계량식의 결과를 요약한 것이다.

〈표 5-5〉 디지털무역협정과 디지털무역 간 인과관계

	(E1)	(E2)	(E3)	(E4)
디지털무역 조항 (t)	0.375**			
디지털무역 조항 (t+1)	0.049			
디지털무역 챕터 (t)		0.394**		
디지털무역 챕터 (t+1)		0.051		
조항 수 (t)			0.039***	
조항 수 (t+1)			0.008	
단어 수 (t)				0.0004***
단어 수 (t+1)				-0.00003
디지털무역장벽	-10.896***	-10.666***	-11.419***	-11.245***
양국 간 거리	-0.546***	-0.542***	-0.555***	-0.538***

공통언어	0.193***	0.198***	0.188***	0.201***
국가-연도 고정효과	yes	yes	yes	yes
관측수	5,707	5,707	5,707	5,707
R^2	0.823	0.823	0.821	0.823

출처: Suh and Roh(2023).

　　각 열에서 확인되는 바와 같이, 디지털무역협정에 대한 선행변수를 포함하였을 경우 현행변수들(t)은 이전과 마찬가지로 통계적으로 유의한 디지털무역에 대한 긍정적 효과가 확인되는 반면, 선행변수들(t+1)은 모두 유의성이 발견되지 않는 것을 알 수 있다.

(6) 디지털무역협정 내 개별 조항의 효과

　　지금까지의 논의는 디지털무역협정의 존재 자체와 디지털무역 흐름 간의 관계를 살펴본 것이다. 최근 무역협정을 요소별로 정량적으로 분해하는 여러 작업들이 진행되고 있으며, 많은 경우 분해의 기준으로 조항별 특성에 초점을 맞추어 요소들을 범주화(classification)하는 추세이다. 디지털무역협정에 대한 요소별 분해의 대표적인 예가 앞선 장에서 살펴본 TAPED이다. 협정에 대한 요소별 분해에 대한 자료가 집적되면서, 자연스럽게 관심은 협정의 존재 자체의 효과에서 더 나아가 협정요소별 효과로 이동되고 있다. 즉, 디지털무역협정을 구성하는 다양한 조항들 중에서 어떠한 조항이 어떠한 효과를 가지고 있는지를 살펴보고자 하는 것이다. "무역협정을 어떻게 구성(design)하는 것이 어떠한 점에서, 얼마나 바람직한가"는 이론적으로도 실무적으로도 매우 근본적인 질문에 대해 정량적인 근거를 제시할 수 있다는 점에서 매우 중요하다. 이에 관한 연구들은 아직 초기 단계에 있다는 점을 감안하여 여기에서는 가장 기본적이라 할 수 있는 방법을 소개하는 것으로 대신한다.

　　특정 조항의 포함 여부를 설명변수로 사용하는 방법이다. 이 경우 특정 조항이 포함된 경우란 자동적으로 디지털통상협정이 체결된 경우에 해당함으로 특정 조항의 효과와 협정 자체의 존재에 따른 효과를 구분하기 어려울 수 있다. 이러한 점을 고려하여, 데이터의 범위를 디지털통상협정을 체결한 경우로 한정하고, 그중에서 특정 조항을 포함한 경우와 포함하지 않은 경우를 비교하는 접근을 고려할 수 있다. 주의할 점은 이 단계에서도 인과관계 분석을 위한 매우 다양한 방법들이 있으나 여기서는 기초적인 고려의 필요성을 확인한다는 점이다.

디지털통상협정의 많은 핵심 조항들이 있겠지만, 그중에서 통상규범의 가장 근본 조항이라고 할 수 있는 비차별원칙 조항이 디지털무역에 미치는 효과를 예시적으로 살펴보도록 한다. 아래 식(7)은 앞서 살펴본 식(5)와 거의 유사하다.

$$X_{ijt} = \alpha + \beta_1 ND_{ijt} + \beta_2 DSTRI_{ijt} + \beta_3 Gravity_{ij} + I_{it} + I_{jt} + \varepsilon_{ijt} \tag{7}$$

다만, 주요 설명변수로 양국 간 디지털무역협정 체결 여부인 DTA_{ijt} 대신 비차별원칙(Non-Discrimination) 조항 포함 여부인 ND_{ijt}를 사용하였다. 이에 맞춰 데이터는 분석 기간 중 디지털무역협정을 체결한 국가 쌍으로 한정하고, 그중 해당 조항이 있는지 여부 변수에 집중하였다. 따라서, 설명변수 ND_{ijt}에 대한 계수인 β_1는 디지털무역협정을 체결한 국가쌍들 중에서 비차별원칙 조항을 포함하는 쌍 간의 디지털무역이 이를 포함하지 않는 쌍에 비해 얼마나 많이 변화하는지에 대한 크기를 나타내는 것으로 해석된다.

비차별원칙 조항(ND) 포함 여부가 디지털무역에 미치는 영향을 식(7)을 이용하여 분석한 결과는 〈표 5-6〉에 요약된 바와 같다.

〈표 5-6〉 비차별원칙 조항이 디지털무역에 미치는 영향

	(F1)	(F2)	(F3)	(F4)
비차별원칙 조항(ND)	0.375***	0.219***	0.418***	0.426***
디지털무역장벽		-5.095**		
서비스무역장벽(컴퓨터)			-2.885	
서비스무역장벽(통신)				-1.178
양국 간 거리	-0.680***	-0.599***	-0.668***	-0.670***
국경인접 여부	0.046	0.024	0.015	0.012
공통언어	0.199***	0.274***	0.179**	0.182***
국가-연도 고정효과	yes	yes	yes	yes
관측수	74,559	7,068	7,704	7,704
R^2	0.858	0.882	0.875	0.875

출처: Suh, Lee, and Roh(2023).

모든 열에서 ND의 계수는 양(+)의 부호를 가지며 통계적으로 유의한 것을 확인할 수 있는데, 이는 디지털무역에 관한 비차별원칙 조항이 디지털통상협정에 포함되면 디지털무역을 촉진하는 데 도움이 된다는 것을 의미한다. (F2)열에서 디지털무역장벽 계수는 예상대로 통계적으로 유의미한 음의 부호를 가지며, 이는 디지털무역장벽이 기본적으로 디지털무역 흐름을 저해한다는 것을 재확인하여준다. (F3)열과 (F4)열에서는 이와 같은 효과가 디지털무역장벽과 어느 정도 관련은 있지만 디지털무역 특정성은 떨어지는 무역장벽인 컴퓨터 서비스(F3) 및 통신 서비스(F4) 관련 무역장벽 변수를 사용한 경우를 살펴본 것이다. 두 변수의 계수 부호는 음수이지만 통계적으로 유의성은 확인할 수 없다. 이는 DSTRI가 일반적인 STRI 측정에 비해 디지털무역에 더 초점을 맞춘 지표라는 것을 의미할 수 있다.

4. 결론

마지막으로, 개별 조항별 효과분석과 관련하여 더 생각해 볼 점들과 관련 연구를 간략히 소개하고 본 장을 마무리하기로 한다. 특정한 협정 요소 변수 하나를 앞선 협정 체결 여부 변수 대신 사용하여 효과를 추정하는 방식이 효과 추정을 위해 가장 기본적으로 해 볼 수 있는 방법이지만, 주의할 것은 일반적으로 협정에 포함된 여러 조항 중에서 어떠한 조항은 다른 조항과 함께 규정된다는 것이다. 가령, 사실 A 조항은 B 조항과 주로 같이 포함되는데, 디지털무역 효과는 A 조항 때문이지 형식적인 내용만 포함된 B 조항 때문은 아닐 수 있다. 이 경우 B 조항만을 주요 변수로 사용하여 분석하여도 A 조항과 유사한 효과를 발견하여 B 조항을 협정에 포함시키는 것이 바람직하다는 결론에 이를 수 있다. 협정 요소별 분석을 할 경우에는 이와 같이 요소 간 상관관계에 대한 이해가 전제되고 이를 고려하여 분석하고 결과를 해석할 필요가 있다. 이와 관련하여 전통적으로 자주 사용되는 방식 중 하나가 주성분 분석(Principal Component Analysis)이며, 최근에는 변수 선택(variable selection) 방법론을 이용한 접근들이 사용되어 지고 있다. 전자와 관련하여서는 Suh, Lee, and Roh(2023)의 Appendix를, 후자와 관련하여서는 Breinlich et al.(2022)를 참고할 수 있다.

Notes & Questions

1. 디지털무역에 영향을 미치는 변수 하나를 생각하고, 그 변수가 어떠한 이유에서 디지털무역의 결정요인에 해당되는지 설명하고, 다자적 무역 저항과 중복되는지 중복되지 않는지 토론해보자.

2. R과 R Studio를 설치한 후, gravity 패키지를 설치 후 시범적으로 PPML를 돌려보는 연습을 해보자.

(1) 프로그램 설치 방법은 해당 키워드("R", "R Studio")로 Youtube 및 Google을 통해 쉽게 따라 할 수 있다.

(2) gravity 패키지는 Google에서 "r gravity"로 검색한 뒤, gravity.pdf 파일을 통해 사용 매뉴얼을 따라 하면 할 수 있다.

(3) PPML의 경우, gravity.pdf 파일에서 p35부터 설명이 나와 있으며 예시 코드는 p38 상단의 Example 이하 코드를 사용하면 된다.

(4) R를 처음 사용하는 경우라면, 해당 예시 코드 앞에 다음의 두 줄을 추가하고 코드를 돌려본다.

install.package("dplr")

library(dplyr)

(5) 분석 결과 확인을 위해 예시코드 마지막에 "summary(fit)" 줄을 추가하면, 각 설명변수들에 대한 계수값과 통계적 유의성 여부를 확인할 수 있다.

3. TAPED 데이터를 다운로드 받은 후, (1) 디지털무역 관련 조항의 포함 여부에 대한 변수가 무엇인지 확인해보자 (2) 전자상거래 관련 조항(ec_1), 데이터 흐름 관련 조항들(data_flow), 지재권 관련 조항들(ip) 등의 포함 여부와 big_data 변수와는 어떠한 관계가 있는지 토의해보자.

참고문헌

Breinlich, H., Corradi, V., Rocha, N., Ruta, M., Santos Silva, J. M. C., & Zylkin, T. (2022). Machine learning in international trade research-evaluating the impact of trade agreements, CEPR Discussion Paper No. DP17325.

Suh, Jeongmeen, and Jaeyoun Roh. "The effects of digital trade policies on digital trade." The World Economy (2023).

Suh, Jeongmeen, Joo Hyoung Lee, and Jaeyoun Roh. "On the Non-discrimination Principles in Digital Trade." forthcoming, World Trade Review (2023).

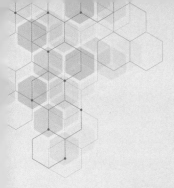

PART <u>03</u>

무역원활화와 디지털통상

제 6 장

전자거래의 원활화

곽동철

1. 배경

지난 수 세기 동안 국내 또는 국제적인 상업적 거래는 종이 문서에 기반하여 이루어져 왔다. 종이 문서와 수기 서명에 기반하여 이루어지는 거래 혹은 계약의 요건과 절차에 대해 어느 정도 합의는 존재했지만 자세히 살펴보면 나라마다 차이가 상당하다. 실제로 각국은 계약을 어떻게 이행할 것이며 어떤 조건하에서 문서의 법적 효력을 인정할 것인지 등 다양한 상업적 행위를 규율하는 데 있어 국내적으로 상이한 법제도를 운영하여 왔다. 종종 이로 인해 국제적 분쟁이 발생하기도 하고 국가 간 상이한 제도에 적응하는 과정에서 금전적·행정적 비용이 발생하기도 했지만, 점차 기업들은 '오프라인' 세상에 적응하는 방법을 터득해 왔다.

그러나 국제무역의 배경이 '오프라인'에서 '온라인'으로 변화하자 상거래 활동의 양상이 점점 복잡해지고 국제 상거래가 이루어지는 과정에서 새로운 문제점이 나타나기 시작했다.[1] 가령 전자거래에 관한 법체계나 전자서명 관련 법제도가 존재하지 않는 국가에서 거래가 이루어지는 경우 전자문서와 전자서명의 효력이 인정되지 않아 비효율적인 종이 문서를 활용할 수밖에 없다. 이는 통관과정에서 병목현상을 야기하는 주요 요인으로 작용한다. 또는 전자문서의 서명인이 실제 거래당사자와 일치하는지를 확인하는 절차나 전자문서의 내용이 위조되었거나 조작되지는 않았는지를 확인하는 과정이 필요해졌다. 거래정보와 인증문서를 전자적으로 교환할 수 있도록 도와주는 다양한 기술이나 수단이 빠르게 개발되는 현실에도 주의를 요한다. 특정 전자인증 수단이나 전자서명 기술만을 인정할 경우 국제적인 전자상거래에 제약이 생기고

---

1   World Economic Forum, 'Making Deals in Cyberspace: What's the Problem?', White Paper, 2017, p.3.

기술 혁신도 저해될 수 있기 때문이다. 전자적인 형식으로 결제하는 전자지급 서비스가 인정되지 않거나 전자지급 시스템 간의 상호운용성이 떨어지는 경우 국경 간 전자상거래가 원활히 이루어질 수 없다.

국경 간 전자거래를 원활화하기 위해서는 상기 문제점을 해결해야 하지만 아직까지 전자거래와 관련된 법제도는 국가별로 상이하고 국제적으로 통일된 표준이나 기술, 규범이 존재하지 않는다. 다만 디지털경제의 가장 큰 장점이 국경을 초월한 효율성에 있다는 사실을 인지한 일부 기업과 정부는 국내 규제를 조화시키거나 상호운용성을 확보하는 방식으로 전자상거래를 활성화시키기 위해 협력하고 있다.

2. UNCITRAL 모델법과 UN 협약

초국경 전자거래로 인해 발생하는 여러 문제점을 해결하기 위해 다양한 국제적인 노력이 이루어지고 있다. 여러 국제기구 중에서도 가장 핵심적인 역할을 담당하고 있는 기구는 유엔국제상거래법위원회(이하 UNCITRAL)이다. 국가마다 국내적으로 상업적 거래에 관한 상이한 관행과 제도가 오랫동안 발전해 왔고 특히 비교적 최근에 활성화된 온라인을 통한 전자거래를 규율하는 제도 간에는 아직 간극이 크다. 따라서 UNCITRAL은 국제적 전자거래에 관한 법적 구속력 있는 하나의 조약을 체결하기보다 분야별로 법적 구속력은 없지만 국가들이 관련 국내 제도나 정책 입안 시 고려해야 할 지침을 제공해주는 모델법(model law) 형식의 문안을 제시하는 유연한 방식을 취한다. 다음 절에서 상세히 살펴보겠지만 상당수 무역협정도 체결국 간 상이한 전자거래 관련 국내 법제도를 조화시키기 위해 UNCITRAL 모델법에 따라 국내 제도를 운영하도록 한다. 이하에서는 법적 구속력이 없는 UNCITRAL의 세 가지 모델법과 법적으로 구속력이 있는 UN 협약의 주요 내용과 의미를 살펴본다.

(1) UNCITRAL 전자상거래 모델법(Model Law on Electronic Commerce)

1996년 6월에 공식 채택된 'UNCITRAL 전자상거래 모델법(이하 전자상거래 모델법)'은 온라인 공간에서 이루어지는 상거래와 관련한 기본 입법 지침을 제시하였다는 점에서 기념비적인 업적으로 평가받는다.[2] 전자상거래 모델법은 각국 법제도 입안자들에게 국제적으로 통용되는 규칙을 제공함으로써 전자상거래에 영향을 미치는 법적 장애물을 제거하고 예측 가능성을 제고하여 궁극적으로 전자적 수단을 사용한 국제상거래의 원활화를 목적으로 한다.

전자상거래 모델법은 현재 전자상거래법 체계에서 가장 중요한 요소로 널리 인정받는 '비차별(non-discrimination)', '기술적 중립성(technological neutrality)', '기능적 동등성(functional equivalence)' 원칙을 최초로 제시한 국제적인 합의문이다. 이 중 비차별 원칙이란 거래정보가 종이 문서가 아닌 전자적 형식으로 되어 있다는 이유만으로 해당 정보의 법적 효력, 유효성, 집행 가능성이 부인되어서는 안 된다는 원칙을 의미한다. 즉 종이 문서와 전자문서 간에 차별을 두어서는 안 된다는 것이다. 또한 국가들은 기술적 중립성 원칙에 따라 국내법에 전자거래의 유효성을 검증하는 데 있어 특정한 기술을 사용하지 못하게 하는 법규정을 포함시켜야 한다. 빠르게 이루어지는 기술 발전에 따라 전자거래의 유효성을 검증하는 기술은 다양한 방식으로 변화할 수 있다. 만약 기술적 중립성이 수립되어 있지 않다면 새로운 기술이 탄생할 때마다 관련 법제도를 개정해야 하는 비효율적이고 번거로운 절차가 수반될 수밖에 없다. 기술적 중립성 원칙은 이러한 불필요한 입법과정을 피하고 기술의 발전 속도와 법제도의 발전 속도를 조화시키는 데 도움을 준다. 마지막으로 기술적 동등성 원칙은 전자적 정보가 종이 문서에 기반한 정보와 동등하다고 간주될 수 있는 기준을 제시한다. 특히 '서면(writing)', '서명(signature)', '원본(original)' 등과 같이 전통적으로 종이 문서 기반의 법적 체계에서 사용되던 용어들이 전자적 형태로 이루어지는 거래에서도 용어의 목적과 기능상 동일성을 인정받을 수 있는 조건을 제시한다.[3]

2023년 7월 현재 한국, 미국, 중국, 호주 등 전 세계 83개국이 전자상거래 모델법의 내용을 반영한 전자상거래 관련 법제도를 시행하고 있다.[4]

---

2   왕상한, 'UNCITRAL 전자상거래 주요 논의내용과 향후 활동 전망', 통상법률 통권 제88호, 2009, 95쪽.

3   전자거래 모델법 제6조, 제7조, 제8조.

4   상세한 국가 명단은 https://uncitral.un.org/en/texts/ecommerce/modellaw/electronic_commerce/status 참조.

(2) UNCITRAL 전자서명 모델법(Model Law on Electronic Signatures)

수기 서명을 대체하는 전자인증 기술이 광범위하게 활용되는 한편 이로 인한 법적 불확실성도 증대하자 이를 해결하기 위한 법적 체계가 필요하다는 공감대가 국제사회에서 형성되었다. 이에 전자상거래 모델법 제7조의 원칙에 따라 기술 중립적인 관점에서 온라인상에서 이루어지는 전자서명을 규율하는 'UNCITRAL 전자서명 모델법(이하 전자서명 모델법)'이 마련되었다. 전자서명 모델법은 2001년 7월 공식 채택되었으며 전자서명과 수기 서명 간의 동등성 인정을 위한 기술적 신뢰성에 관한 기준을 수립하여 궁극적으로 전자서명의 활용을 촉진시키고자 함을 목적으로 한다.

전자서명 모델법은 기타 UNCITRAL 모델법과 마찬가지로 비차별 원칙, 기술적 중립성 원칙, 기술적 동등성 원칙에 기반한다. 다만 전자상거래 모델법이 전자거래에 대한 기본적인 개념을 제시했다면 전자서명 모델법은 그중에서도 '서명'에 특화된 내용을 다룬다. 특히 일정한 요건을 충족하는 전자서명 수단에 대해서는 서명된 메시지의 원본성과 무결성이 추정되고 출처와 관계없이 해외에서 발행된 인증서와 해외에서 이루어진 전자서명도 인정된다.[5]

2023년 7월 현재 중국, 인도, 영국을 비롯한 38개국이 전자서명 모델법의 내용을 반영한 전자서명 관련 법제도를 시행하고 있다.[6]

(3) UNCITRAL 양도성 전자기록에 관한 모델법(Model Law on Electronic Transferable Records)

종이 문서에 기반한 선하 증권(bill of lading), 환어음(bill of exchange), 약속어음(promissory note), 창고영수증(warehouse receipt) 등을 의미하는 '양도성 문서 또는 증서(transferable document or instrument)'는 상거래에 있어 필수적인 수단이다. 이러한 양도성 문서가 전자적인 형태로 활용 가능하다면 거래의 속도와 안전성이 개선되고 데이터의 재사용이 가능할 뿐만 아니라 소위 스마트 계약을 통한 자동화된 거래도 가능해져 전자상거래 활성화에 큰 도움을 줄 수 있다. 이에 UNCITRAL은 전

---

5   전자서명 모델법 제6조.

6   상세한 국가 명단은 https://uncitral.un.org/en/texts/ecommerce/modellaw/electronic_signatures/ status 참조.

자적 방식에 기반한 양도성 문서를 국내 거래뿐만 아니라 국제 거래에서도 활용할 수 있도록 통일된 규범을 제시하려는 목적으로 2017년 7월 '양도성 전자기록에 관한 모델법(이하 양도성 전자기록 모델법)'을 채택하였다.

양도성 전자기록 모델법 역시 기타 모델법과 마찬가지로 비차별 원칙, 기술적 중립성 원칙, 기술적 동등성 원칙에 기반한다. 특히 해당 전자기록이 양도성 문서나 증서에 포함되어야 하는 정보를 담고 있고, 전자기록이 양도성 전자기록임을 확인하는 행위, 전자기록의 생성 시부터 효력 상실 시까지 해당 전자기록을 지배할 수 있도록 하는 행위, 해당 전자기록의 무결성을 유지하기 위한 행위를 위하여 신뢰할 수 있는 방법이 사용된 경우에는 양도성 전자기록이 양도성 문서 및 증서와 기능적으로 동등한 효력을 갖는다.[7]

양도성 전자기록 모델법은 종이 없는 무역을 활성화하는 데 크게 기여할 수 있다.[8] 일부 양도성 문서에는 통관에 필요한 상세한 거래정보가 포함되어 있어 전자 싱글윈도우(Single Window)에 제출이 가능하기 때문이다.

2023년 7월 현재 바레인, 싱가포르, 아랍에미리트(아부다비) 등 7개국만이 양도성 전자기록 모델법을 국내법률로 도입하였다.[9] 한국은 현재 도입을 검토 중이다.

(4) 국제계약에서 전자적 의사표시의 이용에 관한 유엔 협약(UN Convention on the Use of Electronic Communications in International Contracts)

2005년 11월 공식 채택된 '국제계약에서 전자적 의사표시의 이용에 관한 유엔 협약(이하 UN 협약)'은 UNCITRAL 모델법에 기반하며 온라인 거래 시 사용되는 디지털 기술의 초국경적 이용을 직접적으로 규율하는 최초의 구속력 있는 국제 조약이다. 국제 조약이기 때문에 데이터 메시지가 국경을 넘어 교환되는 경우에만 적용되며 국내 거래 시에는 적용되지 않는다.

UN 협약은 국가 간 전자적 의사표시의 사용에 관한 법적 장애를 제거하고 전자계약을 통한 국제무역의 활성화를 목적으로 한다. 이를 위해 전자적 환경에서 계약

---

7   양도성 전자기록 모델법 제10조.

8   World Economic Forum, 'Making Deals in Cyberspace: What's the Problem?', White Paper, 2017.

9   상세한 국가 명단은 https://uncitral.un.org/en/texts/ecommerce/modellaw/electronic_transferable_records/status 참조.

당사자의 소재지,[10] 전자적 의사표시의 송수신 시점 및 장소,[11] 계약 성립을 위한 자동 메시지 시스템의 이용[12] 등에 관한 규정을 명확히 하여 전자상거래 모델법의 기존 규범을 보완한다.

2023년 7월 현재 한국, 중국, 러시아, 싱가포르 등 18개국이 동 협약에 가입하였다.[13] 그러나 미국, EU, 일본 등 디지털 분야의 주요국들이 아직 가입하지 않아 동 협약의 국제적인 영향력은 제한적이라 볼 수 있다.

3. 쟁점별 국제 논의 동향 및 한국의 현황

(1) 전자거래의 법적 체계(Electronic transactions frameworks)

1) 개념

'전자거래의 법적 체계'란 전자거래 관련 핵심 원칙을 규정하는 전반적인 법적 체계를 의미한다. 앞서 살펴본 UNCITRAL의 전자상거래 모델법과 UN 협약이 이와 관련된다. UN 협약은 법적 구속력 있는 국제 조약이고 전자상거래 모델법은 법적 구속력이 없는 모델법이라는 차이점은 있지만 두 문건 모두 전자거래에 대한 각국의 상이한 국내 법규제를 조화시키거나 통일시키기 위한 목적으로 제정되었다. 또한 전자상거래 관련 법 체계에서 필수적 요소인 비차별 원칙, 기술적 중립성 원칙, 전자적 의사표시와 종이 문서 간 기능적 동등성 원칙을 공통적으로 담고 있다.

2) WTO JSI(Joint Initiative on E-Commerce, 'JSI')의 논의 동향

WTO JSI 통합문서는 명시적으로 전자상거래 모델법을 언급하고 해당 모델법의 원칙과 합치하는 방식으로 전자거래를 규율하는 법적 체계를 수립할 의무를 각 국가에 부과한다. 또한 국내적으로 법제도를 입안하는 과정에서 적절한 경우 기타 관련 국제표준도 고려해야 한다. 그 외에 WTO JSI 협상에서는 불필요한 규제 부담 최소

---

10 UN 협약 제6조.

11 UN 협약 제10조.

12 UN 협약 제12조.

13 상세한 국가 명단은 https://uncitral.un.org/en/texts/ecommerce/conventions/electronic_communications/status 참조.

화, 입법과정에 이해관계자의 참여 허용, 기업 주도의 전자상거래 발전 지원, 전통적 방식의 상거래와 전자상거래 간 동등한 대우 등도 논의 중이다.

3) 주요 양자 · 지역무역협정의 논의 동향

국가마다 상이한 전자거래 관련 국내 법제도로 인해 발생하는 불필요한 무역마찰을 피하고 국제교역을 증진시키기 위해 많은 국가들이 양자 또는 지역무역협정(이하 FTA)이나 디지털무역만을 독립적으로 다루는 디지털무역협정을 활용하고 있다. 그렇다고 이러한 무역협정들이 전자거래와 관련된 구체적이고 일관된 의무를 체결국에게 부과하는 것은 아니다. 상당수 무역협정은 구체적인 준수 의무를 부과하기보다 UNCITRAL 모델법 등에 기반하여 국내적으로 전자거래를 규율하는 법체계를 유지해야 한다고 규정하여 협정체결국의 정책 재량을 폭넓게 인정한다. 일례로 CPTPP는 전자상거래 모델법과 UN 협약을 명시적으로 언급하고 이들 문건이 제시하는 전자상거래의 원칙에 따라 국내 법체계를 유지할 의무를 각 회원국에 부과한다.[14] 동시에 전자상거래에 대한 불필요한 규제를 피하고 전자상거래를 규율하는 자국의 법체계 개발 과정에서 이해관계자가 원활하게 의견을 제시할 수 있도록 노력해야 한다고 규정한다.[15] 개별 협정에 따라서는 전자상거래 모델법에 기반한 국내 법규정의 채택 또는 유지 의무를 부과하기보다 이를 위해 노력한다는 수준으로 규정하기도 하는데, 한-베트남 FTA가 대표적이다.[16] 아세안 전자상거래협정의 경우에는 UNCITRAL 모델법 또는 UN 협약을 명시적으로 언급하지는 않지만, 전자상거래 관련 국제적인 협약이나 모델법을 참고하여 전자거래를 규율하는 국내 법제도를 수립할 것을 요구한다. UNCITRAL 모델법 또는 UN 협약이 상당히 많은 국가들에게 직간접적으로 영향을 끼치고 있다는 점을 알 수 있다.

〈그림 6-1〉은 전자상거래 모델법 또는 UN 협약 채택을 요구하는 FTA의 전 세계 누적 현황을 보여준다. 2020년 현재 6건의 FTA가 이를 노력 조항으로 다루며 19건의 FTA가 의무 조항으로 다루고 있다. 노력 조항과 의무 조항을 모두 포함하는 혼합 조항의 경우는 4건의 FTA에서 찾아볼 수 있다.

---

14 CPTPP 제14.5조 1항.
15 CPTPP 제14.5조 2항.
16 한-베트남 FTA 제10.4조.

〈그림 6-1〉 전자상거래 모델법 또는 UN 협약 채택을 요구하는 FTA의 전 세계 누적 현황

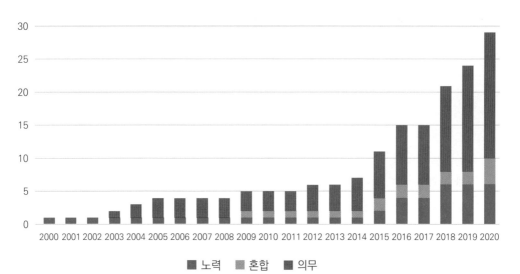

출처: TAPED를 바탕으로 저자 작성.

주: 연도는 FTA가 서명된 시기를 나타냄.

FTA의 유형에 따라서 UNCITRAL 모델법 또는 UN 협약의 채택을 요구하는 수
준이 달라지기도 한다.[17] 〈그림 6-2〉에서 보는 바와 같이 미국형 FTA 중 59건의 FTA
는 UNCITRAL 모델법 또는 UN 협약의 채택을 명시적으로 요구하지는 않는다. 그러
나 11건의 미국형 FTA는 이들 문건을 명시적으로 언급하면서 의무적으로 채택할 것을
요구한다. 이와 대조적으로 EU형 FTA로 분류되는 46건의 FTA 중에는 UNCITRAL
모델법과 UN 협약의 채택을 명시적으로 요구하는 FTA가 전혀 존재하지 않는다. 기
타형 FTA 중에는 8건의 FTA가 UNCITRAL 모델법 또는 UN 협약의 채택을 의무화
하며 3건의 FTA가 이를 노력 조항으로 규정한다.[18]

---

17 TAPED(Trade Agreements Provisions on Electronic-commerce and Data)는 디지털무역 관련 조항을
    담고있는 FTA를 미국형, EU형, 기타형으로 분류한다. TAPED에 대한 상세한 정보는 https://www.unilu.
    ch/en/faculties/faculty-of-law/professorships/managing-director-internationalisation/research/
    taped/ 참조.

18 미국, 유럽, 기타 유형은 TAPED의 분류기준을 따름(Burri and Polanco 2020).

〈그림 6-2〉 전자상거래 모델법 또는 UN 협약 채택을 요구하는 전 세계 FTA의 유형별 현황

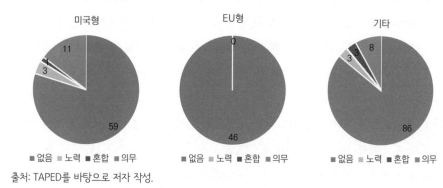

출처: TAPED를 바탕으로 저자 작성.

일부 FTA는 UNCITRAL 모델법과 UN 협약을 직접 명시할 뿐만 아니라 전자거래 관련 기술적 중립성과 규제 최소화 규범을 담고 있기도 하다. 〈그림 6-3〉에서 보는 바와 같이 모델법과 UN 협약의 3대 기본원칙 중 하나인 기술적 중립성을 포함하는 전체 FTA는 25건이며 18건의 FTA가 기술적 중립성을 노력 조항의 수준으로 규정한다. 반면 2008년 서명된 호주-칠레 FTA, 2009년 서명된 일본-스위스 FTA, 2020년 EU와 영국 간 체결된 EUKTCA는 기술적 중립성을 의무 조항으로 포함한다.

〈그림 6-3〉 기술적 중립성을 요구하는 FTA의 전 세계 누적 현황

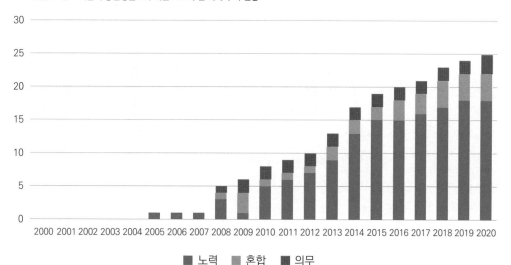

출처: TAPED를 바탕으로 저자 작성.

주: 연도는 FTA가 서명된 시기를 나타냄.

국내 전자거래 법체계 내에서 전자상거래에 대한 불필요한 규제를 철회한다거나 규제 부담을 최소화해야 한다는 내용을 포함한 FTA도 점차 증가하고 있다. 일례로 RCEP 회원국들은 전자거래에 대한 모든 불필요한 규제적 부담을 회피하기 위해 노력하기로 합의하였다.[19] 또한 EU-일 EPA는 전자상거래에 영향을 미치는 모든 조치가 합리적이고 객관적이며 공평하게 집행되도록 노력할 의무를 양 당사국에게 부과한다.[20] 〈그림 6-4〉는 전자상거래에 대한 불필요한 규제 철회 또는 전자상거래에 대한 규제 부담 최소화를 요구하는 전 세계 FTA의 누적 현황을 보여준다. 2020년 현재 62건의 FTA가 해당 요건을 노력 수준으로 규정하고 있으며 의무 수준으로 다루는 FTA는 아직까지 2건에 불과하다.

〈그림 6-4〉 전자상거래에 대한 규제 부담 최소화를 요구하는 FTA의 전 세계 누적 현황

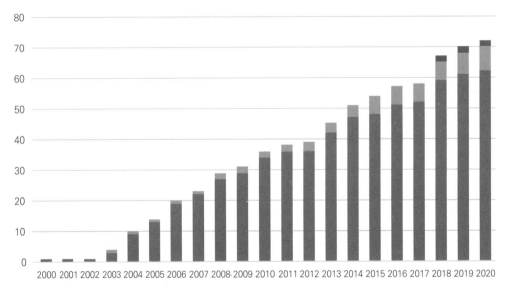

출처: TAPED를 바탕으로 저자 작성.

주: 연도는 FTA가 서명된 시기를 나타냄.

---

19   RCEP 제12.10조.

20   EU-일 EPA 제8.76조.

4) 우리나라의 현황 및 제도

2022년 12월 현재 한국이 체결한 FTA 중 한-호주 FTA, 한-베트남 FTA, RCEP, KSDPA에 국내 전자거래 체계 조항이 포함되어 있다. KSDPA의 국내 전자거래 체계 조항을 통해 한국과 싱가포르는 전자상거래 모델법 또는 UN 협약의 원칙과 합치되게 전자거래를 규율하는 국내 법체계를 유지하기로 합의하였으며 전자거래에 대한 불필요한 규제적 부담을 피하고 전자양도성 기록 모델법을 채택하며 전자거래 관련 국내 법제도 개발 과정에서 이해관계자의 참여를 촉진하도록 노력하기로 합의하였다.[21] 한-호주 FTA, RCEP, KSDPA에서는 국내 전자거래 체계 조항이 의무 조항으로 채택되어 규범 수준이 높다. 반면 한-베트남 FTA는 전자상거래 모델법을 고려하여 전자상거래를 규율하는 국내 법규정을 채택·유지하기 위해 당사국이 노력한다는 수준에서 합의되었다.[22]

국내적으로는 「전자문서 및 전자거래 기본법」이 전자거래와 관련한 기본적인 법규정을 담고 있다. 동 법은 전자상거래 모델법을 바탕으로 1999년에 제정되었다. 한국이 2008년 법적 구속력 있는 UN 협약에 서명한 이후 동 법은 UN 협약의 내용을 반영하여 2012년 개정되었다. 특히 동 법은 제19조에서 전자문서 이용 및 전자거래에 관한 기본정책의 원칙 중 하나로 민간 주도에 의한 추진, 전자문서 및 전자거래의 안전성과 신뢰성 확보, 국제협력의 강화와 더불어 규제의 최소화를 규정한다. 한국이 기체결한 FTA의 내용이 국내 법체계에 적절히 반영되어 있음을 알 수 있다.

(2) 전자인증과 전자서명(Electronic authentication and electronic signatures)

1) 개념

전자인증(electronic authentication)이란 전자 통신 또는 거래 당사자의 신원을 검증하거나 전자 통신의 무결성을 보장하는 절차 내지 행위를 의미한다.[23] '인증'은 각국의 법률 규정에 따라 상이한 의미를 가질 수 있고 온라인 네트워크를 통해 원격으로 이루어질 경우에는 복잡한 법적 문제를 야기할 수도 있다. 디지털 형식의 인증은

21 　 한-싱 DPA 제14.7조.

22 　 한-베트남 FTA 제10.4조.

23 　 KSDPA 제14.1조.

비밀번호나 사전에 설정된 보안 문제에 대한 정답, 일회성 비밀번호, 생체정보 등 다양한 방식으로 이루어진다.[24]

전자서명(electronic signature)이란 일반적으로 전자적 문서의 내용에 대해 승낙 등의 의사를 표명하는 과정을 의미한다. 이메일 주소, 사업자등록번호, 주민등록번호, 생체정보, 수기서명의 스캔본, 마우스로 클릭할 수 있는 온라인상의 '승락' 버튼 등이 전자서명에 사용될 수 있다.[25]

일반적으로 국가들은 수기 서명의 법적 요건을 명확히 규정하고 상업적 거래와 관련된 종이 문서의 효력을 법적으로 보장하여 국내적으로 원활한 상거래를 도모한다. 그러나 온라인으로 이루어지는 전자서명이 수기 서명과 동일한 법적 효력을 갖는지 명확하지 않은 경우가 많다. 국경을 넘어 상거래가 이루어지고 사법관할권이 두 개국 이상에 걸쳐 있는 경우에는 무역행정문서와 전자서명의 법적 유효성에 대한 문제가 특히 두드러진다. 그렇다고 수출입 통관과정에서 종이 문서와 수기 서명만을 인정한다면 경제적·행정적으로 비효율적이고 분실과 오류 발생 가능성이 높아진다는 문제가 나타난다. 이를 방지하기 위해 UNCITRAL은 기능적 동등성을 강조하는 전자서명 모델법을 입안하였으며 다수 국가들은 무역협정에 '전자인증 및 전자서명' 조항을 도입하여 전자적 문서와 종이 문서 간 그리고 전자서명과 수기 서명 간의 동등한 법적 효력을 인정하고자 한다.

2) WTO JSI의 논의 동향

WTO JSI의 '전자인증 및 전자서명' 조항은 협상참여국들이 문안에 대해 최종적으로 합의한 조항 중 하나이다.[26] 해당 조항에 따르면 국가들은 서명이 전자적인 형식으로 이루어졌다는 이유만으로 전자서명의 법적 효력, 유효성, 수용가능성을 부인할 수 없다. 전자서명 모델법의 기능적 동등성 원칙이 동 협상 문안에 반영되었음을 알 수 있다. 또한 참여국들은 적절한 전자인증 수단이나 전자서명을 상호 협의하에 결정할 수 있으며 전자인증이나 전자서명을 규율하는 법규정에 부합하는 방식으로 거래

---

24 World Economic Forum, 'Making Deals in Cyberspace: What's the Problem?', White Paper, 2017, p. 4.

25 World Economic Forum, 'Making Deals in Cyberspace: What's the Problem?', White Paper, 2017, p. 4.

26 WTO, 'Co-Convenors of E-Commerce Negotiations Review Progress, Reflect on Way Forward', 6 July 2023 (https://www.wto.org/english/news_e/news23_e/jsec_06jul23_e.htm).

가 이루어졌음을 소명할 수 있는 사법·행정적 절차를 거래당사자에게 제공하여야 한다. 특정 유형의 거래에 대해서 인증 수단이나 전자서명이 일정한 성능표준을 충족해야 한다는 요건을 부과하는 것도 가능하다. 또한 국가들은 상호운용성 있는 전자인증을 사용하도록 노력하며 자발적으로 전자서명을 상호 인정할 수 있도록 노력하기로 합의하였다.

3) 주요 양자·지역무역협정의 논의 동향

전자서명 모델법을 명시적으로 언급하지는 않지만 전 세계적으로 지역과 국가를 불문하고 상당수 FTA가 전자인증 및 전자서명 관련 조항을 포함한다. 동 조항의 핵심은 서명이 전자적인 형식으로 이루어졌다는 이유만으로 법적 유효성이 부인되어서는 안 되며, 거래당사자가 자유롭게 적절한 인증 수단을 선택할 수 있어야 하며, 관련 법적 요건을 준수하였는지 여부를 사법·행정 당국에 입증할 기회가 제공되어야 한다는 것이다. 전자상거래 모델법과 UN 협약의 비차별 원칙과 기능적 동등성 원칙이 해당 조항에 상당 부분 반영되었음을 알 수 있다.

전자인증 및 전자서명 조항을 포함하는 대표적인 협정인 CPTPP, USMCA, KSDPA는 모두 유사한 내용으로 동 조항을 규정한다. 먼저 전자서명이라는 이유만으로 법적 효력을 부인할 수 없으며 거래당사자가 스스로 적절한 인증 수단을 결정할 수 있어야 하고 관련 법적 요건의 준수 여부를 사법·행정 당국에 확인받을 기회가 보장되어야 한다.[27] 상기 규정에도 불구하고 FTA 당사국은 특정 거래에 대해서는 인증 수단이 성능 기준을 충족하였다는 점을 증명하도록 요구할 수 있고 당사국은 상호운용이 가능한 전자인증의 이용을 장려한다.[28] RCEP의 경우 상기 협정과 유사한 문구를 포함하지만, 전자인증에 관한 국제규범을 고려하라는 문구가 추가되어 있어 다소 차이를 보인다.[29]

EUKTCA의 경우 좀 더 다양한 전자인증 수단의 법적 효력을 인정한다. 즉 전자서명뿐만 아니라 전자문서, 전자봉인(electronic seal),[30] 전자타임스탬프(electronic

---

27 CPTPP 제14.6조 1항 및 2항, USMCA 제19.6조 1항 및 2항, KSDPA 제14.8조 1항 및 2항.

28 CPTPP 제14.6조 3항 및 4항, USMCA 제19.6조 3항 및 4항, KSDPA 제14.8조 3항 및 4항.

29 RCEP 제12.6조 2항.

30 전자봉인이란 전자정보의 진본 및 무결성을 보증하기 위해 그 전자정보와 결합된 또 다른 전자정보를 의미한다. EUKTCA 제200조 2항 (e)호.

time stamp),[31] 전자등기우편 서비스로 송수신되는 데이터(data sent and received using an electronic registered delivery service)[32]가 법적 절차에서 법적 효력 및 증거능력이 인정되어야 한다.[33] 또한 전자인증뿐만 아니라 전자신탁서비스(electronic trust service)[34]가 관련 법적 요건에 부합하는 방식으로 사용되었는지를 사법·행정 당국에 입증할 기회도 거래당사자에게 제공하여야 한다.[35]

〈그림 6-5〉는 전자인증 및 전자서명 조항을 포함하는 전 세계 FTA의 누적 현황을 규범 수준별로 보여준다. 2020년 현재 관련 조항을 의무 조항으로 채택한 FTA는 11건인 반면 노력 조항으로 채택한 FTA는 34건, 의무 조항과 노력 조항이 혼재된 혼합 조항으로 채택한 FTA는 27건이다. 최근 동 조항을 의무 조항으로 도입하는 FTA가 늘고는 있지만 아직까지 해당 조항에 법적 구속력을 부여하기를 꺼려하는 국가가 다수 존재한다는 사실을 알 수 있다.

---

31 전자타임스탬프란 전자정보가 어느 특정 시각에 존재하고 있었다는 것을 증명하는 또 다른 전자정보를 의미한다. EUKTCA 제200조 2항 (g)호.

32 전자등기우편 서비스란 제3자 간에 전자적인 수단을 통한 데이터 전송을 가능케 하고 전송된 데이터가 안전하게 처리되었다는 증거를 제공해주는 서비스를 의미한다. EUKTCA 제200조 2항 (d)호.

33 EUKTCA 제206조 1항.

34 전자신탁서비스는 전자서명, 전자봉인, 전자타임스탬프, 전자등기우편 서비스 및 관련 인증의 개발·확인·검증 등과 관련된 전자서비스를 의미한다. EUKTCA 제200조 2항 (h)호.

35 EUKTCA 제206조 2항.

〈그림 6-5〉 전자인증 및 전자서명 조항을 포함하는 FTA의 전 세계 누적 현황

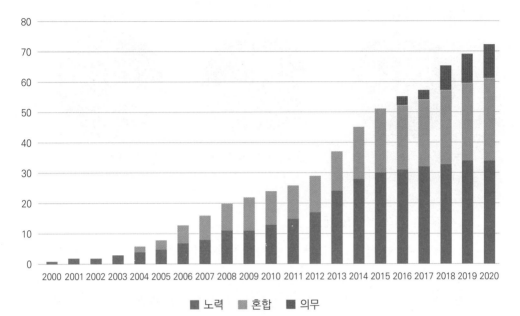

출처: TAPED를 바탕으로 저자 작성.

주: 연도는 FTA가 서명된 시기를 나타냄.

〈그림 6-6〉은 전자인증 및 전자서명 조항을 명시적으로 포함하는 전 세계 FTA
의 현황을 FTA 유형별로 보여준다. 총 37건의 미국형 FTA 중 해당 조항을 의무 수준
으로 규정한 FTA는 7건이며 노력 수준으로만 규정한 FTA는 9건이다. EU형 FTA의
경우 전체 23건의 FTA 중 3건의 FTA만이 의무 수준으로 규정하고 12건의 FTA는 노
력 수준으로 규정한다. 총 50건의 기타 FTA 중 의무 수준은 1건에 불과하고 13건이
노력 수준이며 해당 조항을 포함하지 않는 FTA도 25건이나 존재한다. 최근 들어 전
자인증 및 전자서명 조항을 포함하는 FTA가 증가하고는 있지만 FTA의 유형에 따라
해당 조항의 포함 여부와 규범 수준이 상이함을 알 수 있다.

〈그림 6-6〉   전자서명 및 전자인증 조항을 포함하는 전 세계 FTA의 유형별 현황

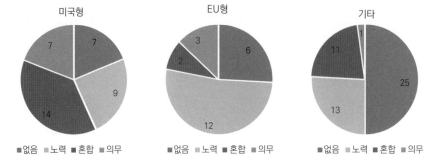

출처: TAPED를 바탕으로 저자 작성.

4) 우리나라의 현황 및 제도

한국이 체결한 상당수 FTA에 전자인증 및 전자서명 조항이 포함되어 있지만 규범 수준은 FTA 체결국에 따라 상이하다. EU, 페루, 호주, 베트남, 콜롬비아, 영국과 체결한 FTA에서는 동 규범이 노력 조항으로 규정되어 있는 반면 미국, 튀르키예, 중국, 이스라엘과 체결한 FTA 및 RCEP, KSDPA에서는 의무 조항으로 규정되어 있다.

전자서명에 관한 국내 제도는 「전자서명법」을 통해 확립되었다. 동 법에 따라 전자서명은 서명, 서명날인 또는 기명날인으로서의 효력을 가지며 당사자가 전자서명을 선택할 경우 마찬가지로 서명, 서명날인 또는 기명날인으로서의 효력을 가진다.[36] 또한 정부는 전자서명의 안전성, 신뢰성 및 전자서명의 다양성을 확보하고 이용을 촉진하기 위해 전자서명 제도의 개선 및 관계 법령의 정비, 전자서명의 상호연동 촉진, 외국의 전자서명에 대한 상호인정 등과 같은 시책을 수립하고 시행해야 한다.[37] 2020년 공인인증서 제도가 폐지됨에 따라 현재 국내적으로 전자서명 및 전자인증에 특정한 수단을 요구하는 요건은 없다고 할 수 있다.

(3) 전자송장(Electronic invoicing)

1) 개념

전자송장이란 인터넷, XML, EDI 등 전자적 수단을 사용하여 종이 기반 송장 절

---

36   전자서명법 제3조 1항 및 2항.

37   전자서명법 제4조.

차를 다루고자 하는 행위를 말한다.[38] FTA에서는 구조화된 디지털 형식을 사용하여 공급자와 구매자 간 지급요청을 자동으로 생성·교환·처리하는 행위로 정의되기도 한다.[39] 전자적으로 발행된 상업송장이 국제적인 상거래 과정에서 유효하게 사용될 수 있다면 국제무역의 효율성과 투명성이 제고되고 정확성과 신뢰성이 크게 높아질 수 있다. 전자송장은 아직까지 UNCITRAL 모델법이나 UN 협약에서 다루어지지 않고 있어 전자송장의 전 세계적 확산을 위해서는 무역협정의 역할이 특히 중요하다.

2) WTO JSI의 논의 동향

WTO JSI에서 논의되는 전자송장 조항은 전자인증 및 전자서명 조항과 마찬가지로 어느 정도 협상참여국 간에 의견 조율이 완료된 것으로 보인다.[40] 현재까지 공개된 통합문서에 따르면 WTO JSI 참여국들은 전자송장이 종이 송장과 동일한 법적 효력을 가진다는 사실에 동의하며 전자상거래의 효율성, 정확성, 신뢰성을 제고하는 데 전자송장 표준이 중요한 역할을 한다는 사실을 확인한다. 상이한 관할권 내에서 실행되는 전자송장이 국제 상거래에서 원활히 활용되기 위해서는 상호운용성이 충족되어야 한다. 이를 위해 국가들은 전자송장에 대한 국내 조치를 취할 시 국제적인 체계, 지침 또는 권고에 기초하여야 한다. 또한 통합문서는 전자송장 시스템을 운영하는 과정에서 나타난 모범사례를 국가들이 공유하도록 권장한다.

3) 주요 양자·지역무역협정의 논의 동향

전자송장은 디지털통상 관련 주제 중 비교적 최근에 논의되기 시작한 주제이므로 소수의 최신 FTA만이 이를 반영하고 있다. 전자송장 조항을 포함하는 대표적인 FTA인 KSDPA와 DEPA의 내용은 크게 다르지 않다. KSDPA는 전자송장의 중요성 및 상호운용의 유용성을 인정하고, 이러한 상호운용성을 지원하기 위해 노력하며 전자송장 관련 국내 조치가 국제체계에 기반하도록 한다.[41] 또한 전자송장 시스템의 채택을 증진하기 위한 협력, 전자송장 지원정책 및 기반 시설 증진, 전자송장 역량 강화

---

38   APEC, APEC e-Invoicing Guideline for Future Development, 2008, p.10.
39   KSDPA 제14.1조.
40   WTO, 'Co-Convenors of E-Commerce Negotiations Review Progress, Reflect on Way Forward', 6 July 2023 (https://www.wto.org/english/news_e/news23_e/jsec_06jul23_e.htm).
41   KSDPA 제14.10조 1항 및 2항.

를 위한 노력 의무를 규정한다.[42] DEPA의 전자송장 조항도 KSDPA와 유사하지만 전자송장 체계 간 상호운용성 지원 보장을 법적 구속력 없는 조항으로 규정한 KSDPA와 달리 법적 구속력 있는 의무 조항으로 규정하여 규범 수준을 높였다.[43] KSDPA와 DEPA가 전자송장과 관련된 국제체계를 구체적으로 명시하지 않는 반면 영국과 싱가포르 간 체결된 UKSDEA는 제8.61-A조에서 국제체계의 하나로 국제 전자송장 유통망인 '페폴(Peppol)'[44]을 명시적으로 제시한다는 점에서 차이를 보인다.

4) 우리나라의 현황 및 제도

상기에서 언급한 바와 마찬가지로 싱가포르와 체결한 KSDPA 및 최근 가입이 결정된 DEPA는 전자송장 조항을 명시적으로 포함한다. 아직까지 한국은 페폴에 가입하지 않은 상태인데 2023년 6월 정부는 디지털무역 지원 기반을 강화하고 수출 저변을 확대하기 위해 페폴 가입을 조속히 추진하기로 결정하였다.[45]

2023년 7월 현재 전자송장을 규율하는 정부 차원의 별도 표준규정은 존재하지 않기 때문에 국경 간 거래에서 사용되는 송장의 형태와 양식은 거래당사자의 자율에 따른다. 다만 「수입통관 사무처리에 관한 고시」는 수입업자가 수입신고 시 송품장 (commercial invoice)을 포함한 관련 서류를 스캔 등의 방법으로 전자 이미지화하거나 전자적 제출이 가능하다고 규정하고 관련 서식을 제공한다.[46]

(4) 전자지급(E-payment)

1) 개념

전자지급은 서비스나 재화 구매 시 현금이나 신용카드 등 기존 결제 수단 대신 전자적 수단을 이용하여 지불하는 결제방식을 의미한다. KSDPA는 전자지급을 지급인

---

42   KSDPA 제14.10조 3항 및 4항.

43   DEPA 제2.5조 2항.

44   페폴은 독일, 일본, 싱가포르, 호주 등 18개국이 가입한 범유럽전자조달시스템(Pan European Public Procurement On Line)을 의미한다. 페폴은 애초 유럽 국가 간 공공 조달 시스템 연계 및 기술 체계를 제공하기 위한 표준화 프로젝트로 시작하였으며 표준화된 전자송장 시스템을 개발하여 운영하였다. 그러나 현재는 적용 범위가 유럽 역외 및 일반 상거래 분야로 확장되어 국제 상거래에서 상호운용성을 확보하기 위한 전자송장 표준으로 활용된다.

45   산업통상자원부 보도자료, '디지털 무역 지원 기반 강화로 수출 저변 확대', 2023년 6월 14일.

46   수입통관 사무처리에 관한 고시 제14조 및 제15조.

이 전자적 수단을 통하여 수취인이 수용 가능한 금전상 청구권을 이전하는 것으로 정의한다.[47] 온라인으로 주문되어 국경을 넘어 배송되는 상품이나 온라인에서 거래되는 디지털제품 및 서비스의 경우 전자적 수단을 이용한 결제가 허용되지 않는다면 국제적인 상거래 자체가 심각히 저해될 수밖에 없다. 이런 측면에서 전자지급은 전자상거래를 실질적으로 가능케 하고 디지털무역을 활성화시키는 데 중요한 역할을 담당한다. 전자송장과 마찬가지로 전자지급 역시 UNCITRAL 체제에서 직접적으로 다루어지지 못하였으며 최신 무역협정에서 관련 규범이 서서히 생성되는 단계이다.

2) WTO JSI의 논의 동향

전자지급 관련 규범은 WTO JSI에서 '전자지급서비스' 또는 '전자지급의 활성화'라는 제목으로 논의 중이다. 전자거래의 원활화와 관련된 기타 쟁점에 대해서는 상당한 수준의 문안 합의가 이루어진 데에 반해 전자지급 관련 논의는 이에 미치지 못하는 실정이다. 각국이 민감하게 여기는 금융시스템 또는 금융정보와 밀접히 관련되었기 때문인 것으로 보인다. WTO JSI 통합문서에 나타난 전자지급 조항의 주요 내용을 소개하면 다음과 같다.

우선 협상참여국은 기타 참여국의 준비 상황을 고려하여 전자지급 시스템의 안정성, 보안성, 효율성, 상호운용성이 중요함을 인정하고 전자상거래를 촉진하기 위해 안전하고 보안에 강하고 효율적이고 상호 운용적인 전자지급 시스템의 사용을 권장한다. 또한 국내 법제도에서 특별히 규정한 거래유형을 제외하고 거래에 대한 지급이 전자적으로 이루어진다는 사실만으로 해당 거래를 금지해서는 안 된다. 다음으로 해외 전자지급서비스 공급자에게 비차별대우를 부여하고 상업적 주재를 허용하며 현지 공공기관이 운영하는 금융결제 및 청산 시스템에 대한 접근 권한을 부여하여야 한다. 또한 사업을 위해 면허가 필요한 경우 이러한 면허 요건은 비차별적이고 최소무역제한적인 방식으로 적용되어야 한다. 마지막으로 각국은 전자지급 관련 국내 제도나 표준정책을 입안하는 과정에서 외국 전자지급서비스 공급자에게 입법안을 사전에 공지하거나 입법안에 대한 의견을 표명할 기회를 제공해야 한다.

---

47 KSDPA 제14.1조.

3) 주요 양자 · 지역무역협정의 논의 동향

전자지급 조항을 포함하는 FTA는 상당히 제한적이며 DEPA와 KSDPA가 가장 대표적이다. 우선 DEPA는 국제적으로 인정된 표준의 채택 및 사용 촉진, 전자지급 인프라 간 상호운용성 및 상호연결성 증진, 효율적이고 안정적인 국경 간 전자지급제도 개발에 합의한다고 규정하고 있으며,[48] KSDPA도 이와 유사한 내용을 포함한다.[49]

DEPA와 KSDPA는 각국의 국내법 체계에 따라 다수의 전자지급 관련 원칙을 수립하였다.[50] 첫째, 투명성 원칙이다. DEPA는 규제 승인, 면허 요건, 절차 및 기술 표준 등 규칙을 수립하여 적절한 시기에 이를 공개하도록 한다. 반면 KSDPA는 공개시기를 구체적으로 명시하지는 않지만 규제 또는 면허 승인 결정을 시의적절하게 완료하도록 한다. 둘째, 비차별 원칙이다. KSDPA는 전자지급 시스템 운영상 필수서비스 및 기반 시설 접근과 관련하여 금융기관과 비금융기관 간 자의적 또는 부당한 차별을 금지한다. 셋째, 국제표준 원칙이다. DEPA는 지급 시스템 간 상호운용성 강화를 위해 국제적으로 인정된 지급표준을 고려한다고만 규정하여 규범의 수준이 다소 약한 편이다. 반면 KSDPA는 금융기관 및 서비스 공급자 간 전자데이터 교환을 위한 전자지급 메시지[51]에 대한 국제표준 채택 의무까지 부과하여 DEPA보다 법적 구속력이 강하다. 넷째, 상호운용성 원칙이다. DEPA와 KSDPA 모두 상호운용성 및 혁신을 촉진하기 위해 응용프로그래밍 인터페이스(API)[52]의 사용을 촉진하고 금융기관 및 지급서비스 공급자들이 자국이 금융상품, 서비스 및 거래의 API를 제3자가 사용 가능하도록 장려한다. 다섯째, 디지털 원칙이다. DEPA는 디지털 신원을 사용하는 개인 및 기업의 국경 간 인증 및 전자적 고객 신원확인 제도 운용을 위해 노력하도록 하였다. 여섯째, 비례성 원칙이다. DEPA 및 KSDPA는 전자지급 시스템상의 안전, 효율, 신뢰 및 보안의 중요성을 인정하는 한편, 관련 규제가 전자지급 시스템이 야기하는 위험에 비

---

48   DEPA 제2.7조 1항.

49   KSDPA 제14.11조 1항.

50   DEPA 제2.7조 2항, KSDPA 제14.11조 2항 및 3항.

51   전자지급 메시지란 자금이체 등의 업무를 처리하면서 금융기관 간 거래정보를 교환하기 위해 전자적 형태로 작성되는 문서를 말한다. 관계부처 합동, 한국-싱가포르 디지털동반자협정(DPA) 상세설명자료, 2022, 19쪽.

52   응용프로그래밍 인터페이스(Application Programming Interface, API)란 특정 프로그램의 기능이나 데이터를 다른 프로그램이 접근할 수 있도록 정한 통신 규칙을 말한다.

례하도록 하였다. 일곱째, 경쟁 원칙이다. DEPA 및 KSDPA 모두 규제 및 산업 샌드 박스 등을 채택하여 혁신, 경쟁, 새로운 금융 및 전자지급 상품 및 서비스의 도입을 촉진하기로 하였다.

4) 우리나라의 현황 및 제도

국내적으로 전자금융거래의 안전성과 신뢰성을 확보하고 전자금융업의 기반조성을 위해 「전자금융법」이 마련되어 있다. 동법 및 하위 법령은 전자금융업 허가·등록 요건 및 신청 방법을 구체적으로 규정하고 이를 투명하게 공개하고 있다. 전자금융업 허가의 경우 신청서를 제출받은 날로부터 3개월 이내에 허가 여부를 결정하고 신청인에게 통보할 것을 규정하여 KSDPA에 부합하는 국내 제도를 운영 중이다.

금융결제원은 다양한 서비스를 API 형태로 공개하고 이를 지원하기 위해 금융권 공동 개방형 시설인 'Open API 포털'을 개설하였다. 핀테크 기업 등은 금융결제원의 다양한 API 서비스를 활용하여 오픈뱅킹과 같은 최신 금융 서비스를 개발하고 테스트할 수 있다. DEPA와 KSDPA의 상호운용성 원칙에 부합함을 알 수 있다. DEPA와 KSDPA의 경쟁 원칙에 부합하는 규제샌드박스 제도도 국내에서 찾아볼 수 있다. 2019년 4월 「금융혁신지원특별법」이 제정되어 기존의 엄격한 인허가 제도 및 다양한 영업행위 규제가 완화되었고 이에 금융위원회는 혁신금융서비스, 지정 대리인, 위탁테스트, 규제 신속 확인제도 등 금융규제샌드박스를 운영하고 있다.

4. 평가 및 전망

디지털 기술을 활용하여 이루어지는 국경 간 전자거래로 인해 발생하는 법제도적 문제점을 해결하고 원활한 전자상거래 환경을 구축하기 위한 시도는 UNCITRAL을 중심으로 이루어져 왔다. 그러나 UNCITRAL의 전자상거래 모델법, 전자서명 모델법, 양도성 전자기록 모델법은 법적 구속력이 없는 입법 지침에 불과하고 UN 협약은 가입국이 소수에 그쳐 실질적인 영향력이 제한적이었다. 이에 전자상거래의 활성화를 도모하는 여러 국가들은 상호 간에 '전자거래의 법적 체계', '전자인증과 전자서명', '전자송장', '전자지급' 등 새로운 통상규범을 포함하는 무역협정을 체결하는 추세이다. 그러나 FTA마다 실질적인 내용에 차이가 있고 해당 규범의 적용을 받는 국가들은 협정체결국으로 제한되기 때문에 오히려 규범의 파편화 현상이 우려되기도 한다. 이를 해결하고자 WTO JSI에서는 '전자거래의 원활화(Facilitating Electronic Transactions)' 분야에서 관련 쟁점을 다루고 있다. 전자거래의 법적 체계, 전자인증 및 전자서명, 전자송장의 쟁점에 대해서는 JSI 협상참여국 간 어느 정도 합의가 이루어진 것으로 보인다. 다만 전자지급에 대해서는 이해관계가 대립하여 아직까지 뚜렷한 성과가 나오지 않았다. 협상 진행 상황을 유의하여 살펴볼 필요가 있다.

Notes & Questions

1. 초국경 전자거래에 관한 UNCITRAL 모델법과 UN 협약이 등장한 배경은 무엇인가?
2. 국가들은 국가 간 전자거래를 원활히 하기 위해 어떠한 방식을 활용하고 있나?
3. 전자거래의 원활화 측면에서 통상협상에서 주로 논의되는 쟁점은 어떤 것들인가?

참고문헌

왕상한. 'UNCITRAL 전자상거래 주요 논의내용과 향후 활동 전망'. 통상법률 통권 제88호. 2009.

APEC. 'APEC e-Invoicing Guideline for Future Development'. 2008.

Burri, M, and Polanco, R. 'Digital trade provisions in preferential trade agreements: introducing a new dataset'. Journal of International Economic Law. Vol. 23, Issue 1. 2020.

World Economic Forum. 'Making Deals in Cyberspace: What's the Problem?'. White Paper. 2017.

WTO. 'Co-Convenors of E-Commerce Negotiations Review Progress, Reflect on Way Forward', 6 July 2023 (https://www.wto.org/english/news_e/news23_e/jsec_06jul23_e.htm).

제 7 장

디지털무역의 원활화

노재연

무역원활화는 무역 관련 불필요하고 복잡한 절차, 관행, 인프라 등을 제거 또는 간소화함으로써 거래비용을 줄이고 효율성을 증대시켜 교역을 확대하는 것을 목적으로, 통관 관련 절차나 제도 등을 간소화, 표준화하는 조치를 의미한다.[1] 디지털무역원활화는 국경 간 상품이동과 관련된 절차에 정보통신기술을 적용하여 국경 간 서류 없는 무역을 실현하는 다양한 조치로 정의된다. 즉, 정보통신기술을 활용하여 통관, 물류, 결제 등과 관련된 절차를 간소화, 자동화, 디지털화하여, 전통적인 종이 기반 절차로 인한 시간과 비용을 줄이고 국경 간 무역의 효율성, 투명성, 보안 등을 향상시키는 것이다(Duval et al. 2019, 이지수 2022).

무역원활화협정에 포함된 디지털무역원활화 관련 주요 규정은 '종이 없는 무역 (Paperless Trading)', '싱글윈도우(Single Window)', '특송화물(Express Shipment[2])' 등이며, 본 장에서는 이러한 조항들이 다자·양자 간 협정과 디지털통상 협정에서 규정하고 있는 내용을 서로 비교·분석함으로써 동 규정의 내용과 의미를 이해하는 것을 학습 목표로 한다.

1. 디지털무역원활화 관련 주요 협정

이 장은 디지털무역원활화의 주요 규정의 협정 간 비교를 주요 내용으로 하므로, 먼저 디지털무역원활화 관련 주요 협정을 살펴보고자 한다. 주요 협정은 크게 다자 간 협정과 지역·양자 간 협정으로 나누어 살펴볼 것이다. 디지털무역원활화 관련 다

---

1   KOTRA(2014.12.12.), "WTO 무역원활화 주요 내용 및 영향"
2   WTO TFA에서는 Expedited Shipments로 표현되었다.

자간 협정으로는 WTO 무역원활화협정(WTO Trade Facilitation Agreement, 이하 'WTO TFA')과 아시아·태평양에서의 국경 간 종이 서류 없는 무역원활화에 관한 기본 협정(이하 'ESCAP 기본 협정[3]') 등이 있다. 지역·양자 간 협정은 여러 나라가 참여하는 Mega-FTA와 최근 발효된 디지털통상 협정을 중심으로 살펴볼 것이다.

(1) 다자간 디지털무역원활화협정

1) WTO TFA

WTO TFA는 1995년 WTO 설립 이래로 최초로 타결된 다자간 무역협정으로 2017년 2월 22일 발효되었다. WTO TFA는 전문과 3개의 절로 구성되어 있으며, 통관 규정의 투명성 강화, 통관절차의 간소화 등을 통한 상품의 이동, 반출 및 통관의 신속화, 수출입 관련 정보 교환 등 세관 당국 간 협력 강화, 개도국과 최빈개도국에 대한 기술지원 및 능력배양 강화 등을 규정하고 있다[4]. 특히 '제7조 상품의 반출 및 통관'과, '제10조는 수출입 및 통과 관련 형식' 등은 무역원활화협정 중에서 디지털통상과 관련 있는 내용이다.

〈표 7-1〉 WTO TFA의 구성

구성	주요 내용
전문	협정의 법적 정당성, 무역원활화 필요성 및 개도국 지원 원칙
제1절	협정의 핵심 조항으로 회원국의 이행 의무를 구체적으로 규정 - **제7조 상품의 반출 및 통관** 1. 도착 전 처리, 2. 전자적 지급, 3. 반출과 관세, 조세, 수수료 및 부과금에 대한 최종 결정의 분리, 4. 위험관리, 5. 통관 후 심사, 6. 평균 반출 시간의 수립 및 공표, 7. 인가된 영업자를 위한 무역원활화 조치, 8. 특송화물, 9. 부패성 상품 - **제10조 수입, 수출 및 통과 관련 형식** 1. 형식 및 서류 요건, 2. 사본의 수용, 3. 국제표준의 사용, 4. 싱글윈도우, 5. 선적 전 검사, 6. 관세사의 사용, 7. 공통 국경절차 및 통일된 서류 요건, 8. 거부된 상품, 9. 상품의 일시 반입과 역내 및 역외 가공 - **제12조 세관 협력**
제2절	개도국에 대한 특별대우와 차별적 대우 및 분쟁 해결 절차 규정
제3절	무역원활화위원회의 설립과 협정 발효 절차

출처: 무역원활화 - 관세청 홈페이지[5]

---

3   영문명은 'Framework Agreement for facilitation of cross-border paperless trade in Asia and the Pacific'이다.

4   https://www.fta.go.kr/main/support/wto/2/10/

5   내용 출처: https://www.customs.go.kr/kcs/cm/cntnts/cntntsView.do?mi=10043&cntntsld=856

2) ESCAP 기본 협정

ESCAP 기본 협정은 UN ESCAP 회원 간 '서류 없는 무역원활화 지역협정'으로, 2016년 3월 25일 방콕에서 최종 타결되어, 2023년 2월 26일 발효되었다. 동 협정은 회원국 간 서류 없는 무역시스템 기반 마련과 전자문서와 데이터 등에 대한 국가 간 상호 인증 등이 핵심 내용이며, 회원국들은 전자정보 문서, 전자 서명을 기존의 일반 문서와 일반 서명과 동등하게 인정하는 전자적 수출입통관을 위한 기본원칙을 규정하고 있다. 동 협정으로 수입신고서 및 원산지증명서 등 통관서류가 전자문서화되어 통관 시간 및 비용이 감소할 것으로 전망된다.[6]

Q) 무역원활화에 관한 'ESCAP 기본 협정'과 'WTO TFA'의 관계는 무엇입니까?[7]

A) ICT 기반의 무역원활화 조항을 포함하고 있는 'ESCAP 기본 협정'은 무역원활화에 관한 'WTO TFA'를 보완하는 협정이다. ESCAP 결의안 70/6은 특히 이를 강조하여, "국경 간 종이 없는 무역 원활화에 대한 임시 운영 그룹의 작업은 중복되지 않고 'WTO TFA'의 이행과 관련하여 수행되는 작업을 보완할 것"이라고 언급하고 있다. 특히, 'ESCAP 기본 협정'은 ESCAP 회원국이 WTO TFA 의 조항, 특히 수입, 수출 및 통과 관련 형식(제10조), 상품의 반출 및 통관(제7조), 국경 기관 협력(제8조) 등을 쉽게 충족할 수 있도록 지원한다.

'WTO TFA'는 정보의 공표 및 이용가능성, 사전 심사, 수수료 및 부과금, 상품의 반출 및 통관 등과 같은 전통적인 무역원활화 조치에 중점을 두고 있다. 종이 기반이든 전자적이든 국가 차원에서 싱글윈도우(Single Window)를 개발하는 조항이 포함되어 있지만, 싱글윈도우 또는 국경 간 종이 없는 무역의 상호운용성 문제는 다루지 않는다.

반면에 'ESCAP 기본 협정'은 종이 없는 무역, 특히 국경 간 거래를 촉진하는 데 중점을 두고 있다. 'WTO TFA'와 'ESCAP 기본 협정' 모두 싱글윈도우에 관한 조항이 있지만 둘 사이에 충돌은 없다. WTO TFA의 싱글윈도우 조항은 "회원국은 싱글윈도우를 지원하기 위해 가능하고 실용적인 범위 내에서 정보기술을 사용해야 한다"라고 명시하고 있으므로, 'ESCAP 기본 협정'을 이행하면 ESCAP 회원국이 'WTO TFA'의 싱글윈도우 요건을 쉽게 충족하는 데 도움이 될 것이다.

6　기획재정부 보도자료(2016.03.29.), "아·태지역 서류 없는 무역원활화협정 타결".

7　FAQ #11. on "Framework Agreement on Facilitation of Cross-boarder Paperless Trade in Asia and the Pacific"

(2) 지역 · 양자 간 디지털무역원활화협정

디지털무역원활화 관련 지역 · 양자 간 협정은 자유무역협정과 디지털무역 협정으로 나누어 살펴볼 수 있다. 일반적으로 디지털통상 규범만을 다루는 디지털통상 협정과 달리 자유무역협정에서는 '종이 없는 무역'과 '싱글윈도우' 조항은 전자상거래 혹은 디지털무역 장(Chapter)에서 다루어지며, '특송화물'은 무역원활화 장에서 다루어진다.

이 장에서는 다국이 참여하는 대표적인 자유무역협정인 CPTPP, USMCA, RCEP의 디지털통상 관련 규범과 함께, 디지털통상 협정인 USJDTA, ASDEA, DEPA, KS-DPA, UKSDEA 등 8개 협정에 대한 디지털무역원활화 관련 규범을 비교하여 살펴볼 것이다. 아울러 한국이 기체결한 협정상 디지털무역원활화 관련 규범도 주요 협정과 비교하여 살펴볼 것이다.

1) 협정별 규범 도입현황

3장에서 학습한 TAPED[8]를 이용하면 디지털무역원활화와 관련하여, ① '종이 없는 무역' 조항,[9] ② '세관 절차 자동화와 세관 자료교환 시스템' 조항[10] 등의 협정별 규범 도입현황을 확인할 수 있다. TAPED상 디지털통상 관련 규범을 포함하고 있는 협정 167개 중에서 종이 없는 무역 관련 조항을 포함하고 있는 협정은 93개(56%)이며,[11] 세관 절차 자동화와 세관 자료교환 시스템 관련 조항을 포함하고 있는 협정도 93개이나, 두 개의 조항이 동시에 포함된 협정은 52개이다.

한국이 체결한 협정 23개[12] 중에서 14개 협정[13]에서 디지털통상 관련 규범을 다

---

8   Trade Agreements Probisions on Electronic-commerce and Data(2023.11.30.), https://www.unilu.ch/en/faculties/faculty-of-law/professorships/burri-mira/research/taped/ (2023.07.10. 최종방문) 총 384개의 협정 중에서 디지털통상 관련 규범이 포함된 협정은 167개이다.

9   TAPED 1.6.1 ec_paperless_trade

10 TAPED 4.6.3 ec_custom_automat

11 Japan-Philippines FTA는 디지털통상 관련 조항과 관련 없이 협정에서 종이 없는 무역을 다루고 있는 협정으로서, 이 경우를 포함하면 TAPED 상 총 94개 협정에서 종이 없는 무역 관련 조항을 포함하고 있다.

12 2023년 7월 기준 발효된 21개 FTA 이외에 아시아 · 태평양 무역협정(APTA) 및 한-싱가포르 DPA가 포함되었다.

13 한-EU, 한-페루, 한-미, 한-튀르키예, 한-호주, 한-캐나다, 한-중, 한-베트남, 한-콜롬비아, 한-중미, 한-영, 한-이스라엘 FTA, RCEP, 한-싱 DPA 등 14개 협정이다.

루고 있으며 14개 협정에서 모두 종이 없는 무역 관련 규범을 포함하고 있으며, 11개 협정에서 세관 절차 자동화와 세관 자료교환 시스템 관련 규범을 포함하고 있다.[14]

2. 디지털무역원활화 관련 주요 규범

(1) 종이 없는 무역(Paperless Trading)

1) 개념

종이 없는 무역은 복잡하고 중복되는 서류 요건을 폐지하거나 간소화하고 표준화된 양식을 이용하여 전자적으로 교환함으로써 비용과 시간을 절감하여 국제무역의 효율성을 향상하기 위한 것이다. 전자자료교환(Electronic Data Interchange, 이하 'EDI')이 원활하게 운영되기 위해서는 서로 다른 문서 양식을 통일하고 정보 요건을 조화시킨 국제적으로 통용되는 공통의 서식과 내용을 정의한 EDI 표준이 필요하다. 대표적인 EDI 표준으로 1987년 3월 UN/ECE가 개발하고 국제표준기구가 승인한 UN/EDIFACT(United Nations Electronic Data Interchange for Administration, Commerce and Transport)가 제정되었다.[15]

2) 다자간 무역원활화협정

WTO TFA[16] 및 ESCAP 기본 협정[17]의 특징은 다음과 같다. 첫째, 전자적 형태의 무역 행정문서 공개 여부에 대해, ESCAP 기본 협정에서는 따로 명시하고 있지 않으나, WTO TFA에서는 인터넷을 통해 제공해야 할 정보 리스트와 함께, 절차 관련 설명은 WTO 공식 언어 중에 하나로 공개할 것을 명시하고 있다. 둘째, WTO TFA 및 ESCAP 기본 협정에는 '법적 동등성 인정' 관련 문구는 명시되어 있지 않다. 다만,

---

14 자동화 및 자료교환 시스템에 대한 규범이 없는 6개 협정은 한-싱가포르, 한-호주, 한-베트남, 한-중미, 한-이스라엘 FTA, RCEP 등이다.

15 윤진나(2001), "서류 없는 무역의 논의동향 및 정책 시사점"을 바탕으로 작성하였다.

16 WTO TFA 관련 내용은 2014년 11월 27일에 결정된 'Protocol Amending the Marrakesh Agreement Establishing the World Trade Organization'의 규정에 대해 분석하였다.

17 ESCAP 기본 협정 중에서 주요 디지털통상 협정에 명시된 규정과 비교할 수 있는 조항만을 비교·분석하였다.

WTO TFA에서는 'paper or electronic copy'를 인정해야 한다고 명시하고 있으며, ESCAP 기본 협정에서는 '다른 당사자의 전자문서에 대해 동등한 수준의 신뢰성을 기초로 함'을 명시하고 있다.[18] 셋째, WTO TFA 및 ESCAP 기본 협정에는 주요 디지털통상 협정의 '종이 없는 무역과 관련된 국제포럼에서 협력' 관련 내용은 명시되어 있지 않다. 다만, 협력 관련 내용으로, ESCAP 기본 협정에서는 상호 기술지원을 위해 협력할 수 있음을 명시하고 있다.[19] 마지막으로, WTO TFA 및 ESCAP 기본 협정에는 '국제표준 및 국제기구의 방법을 고려'할 것을 명시하고 있다.

3) 주요 지역·양자 간 협정

USJDTA를 제외한 7개 협정에 '종이 없는 무역' 조항이 포함되어 있으며, 7개 모든 협정에서 '종이 문서와의 법적 동등성'을 규정하고 있다. 특히, ASDEA, DEPA, UKSDEA는 '법적 동등성의 예외' 규정을 포함하고 있는데, ① 동등성 인정과 반대되는 국내 또는 국제적인 법적 요건이 있거나, ② 그렇게 하는 것이 무역관리 절차의 효율성을 감소시키는 경우를 제외하고 법적 동등성을 인정할 것을 명시하고 있다. 또한, USJDTA와 USMCA를 제외한 6개 협정에서 무역 행정문서의 전자본을 공개할 것을 요구하고 있는데, ASDEA, KSDPA, UKSDEA에서는 영어로, DEPA는 영어 혹은 WTO 공식 언어로 제공할 것을 규정하고 있다.

기타 협력 조항으로, RCEP, ASDEA, DEPA, KSDPA, UKSDEA 등 5개 협정에서 '무역 행정문서의 전자본 및 기업 간 전자기록 수용을 증진하기 위해 국제포럼에서 협력할 것'과, '종이 없는 무역 관련 이니셔티브를 개발할 때 국제기구가 합의한 방법을 고려하기 위해 노력할 것'을 명시하고 있다.

18　1. The Parties shall provide for mutual recognition of trade-related data and documents in electronic form originating from other Parties **on the basis of a substantially equivalent level of reliability(Articel 8)**.

19　ESCAP 기본 협정 제14조.

〈표 7-2〉   주요 지역·양자 협정의 '종이 없는 무역' 규정 비교

협정	Mega-FTA			디지털통상 협정				
	CPTPP	USMCA	RCEP	USJDTA	ASDEA	DEPA	KSDPA	UKSDEA
Paperless Trading	Article 14.9	Article 14.6	Article 12.5		Article 12	Article 2.2	Article 14.12	Article 8.61-B
① 전자적 형태의 무역 행정문서 공개	O	-	O		O	O	O	O
- 영문 전자본 제공	-	-	-		O	O	O	O
- WTO 공식언어 전자본 제공	-	-	-		-	O	-	-
② 종이 문서와의 법적 동등성	O	O	O	-	O	O	O	O
- 법적 동등성의 예외 규정	-	-	-		O	O	-	O
③ 종이 없는 무역과 관련된 국제 포럼에서 협력	-	-	O		O	O	O	O
④ 국제기구에서 합의된 방법을 고려하여 이니셔티브 개발	-	-	O		O	O	O	O

출처: 협정문을 바탕으로 저자 작성

4) 한국의 기체결 협정

한국이 체결한 협정 중에서 디지털통상 관련 규정을 포함하고 있는 모든 협정에 '종이 없는 무역' 관련 내용이 포함되어 있다.[20] 한-EU와 한-영 FTA에서는 '규제 문제에 관한 협력' 조항에서 단순 협력 사항으로 종이 없는 무역 관련 내용이 다루어지고 있으나, 한-EU와 한-영 FTA를 제외한 나머지 모든 협정에서 '전자적 형태 공개', '법적 동등성' 등의 규정을 포함하고 있다.

〈표 7-3〉   한국이 체결한 협정별 '종이 없는 무역' 규정 비교

협정	조항	전자적 형태 공개	법적 동등성	국제기구의 방법을 고려한 이니셔티브	국제포럼에서 협력
한-싱 DPA	제14.12조 종이 없는 무역	O	O	O	O
한-EU FTA	제7.49조 규제 문제에 관한 협력	-	-	-	-
한-페루 FTA	제14.6조 종이 없는 무역	O	O	-	-

---

20   2006년 발효된 한-싱가포르 FTA 제14장 전자상거래에는 '종이 없는 무역' 관련 조항이 없었으나, 2023년 1월 14일 발효된 한-싱가포르 DPA 제14장 디지털경제에 의해 대체되면서 포함되었다.

협정	조항	전자적 형태 공개	법적 동등성	국제기구의 방법을 고려한 이니셔티브	국제포럼에서 협력
한-미 FTA	제15.6조 종이 없는 무역	O	O	-	-
한-튀르키예 FTA	제2.8조 종이 없는 무역	O	O	-	-
한-호 FTA	제15.7조 종이 없는 무역	O	O	O	-
한-캐나다 FTA	제13.5조 종이 없는 무역 행정	O	O	-	-
한-중 FTA	제13.6조 종이 없는 무역	O	O	-	-
한-베트남 FTA	제10.7조 종이 없는 무역	O	O	O	-
한-콜롬비아 FTA	제12.4조 종이 없는 무역 행정	O	O	-	-
한-중미 FTA	제14.6조 종이 없는 무역	O	O	-	-
한-영 FTA	제7.49조 규제 문제에 관한 협력	-	-	-	-
RCEP	제12.5조 종이 없는 무역	O	O	O	O
한-이스라엘 FTA	제18.3조 종이 없는 무역	O	O	-	-

출처: 협정문을 바탕으로 저자 작성

(2) 싱글윈도우(Single Window)

1) 개념

싱글윈도우는 무역업체가 수입 관련 제반 요구사항을 하나의 창구를 통하여 일괄 제출할 수 있도록 하는 통관 단일창구 시스템을 말한다. 통관 단일창구를 통하여 무역업체는 수입신고, 검사, 검역 등 각종 요건 확인 자료를 one-stop으로 처리할 수 있다.[21]

2) 다자간 무역원활화협정

WTO TFA 및 ESCAP 기본 협정의 싱글윈도우 관련 주요 내용은 다음과 같다. WTO TFA는 ① 싱글윈도우 설치 및 유지, ② 싱글윈도우를 통해 접수된 경우, 동일 문서 추가 요청 금지, ③ 싱글윈도우 운영 사항을 위원회에 통보, ④ 싱글윈도우 지원을 위해 가능한 범위 내에서 정보기술 사용 등을 규정하고 있다. ESCAP 기본 협정은 ① 싱글윈도우를 개발하고 종이 없는 무역에 사용하도록 권장, ② 싱글윈도우 시스템 개발 시 협정에서 제공된 일반원칙과 일관성을 유지할 것을 권장 등을 규정하고 있

---

21 한경 경제 용어 사전

다. 특히, 싱글윈도우 설치와 운영과 관련하여 WTO TFA는 'shall endeavour'이라는 표현을 사용하고 있어, 'are encouraged'라는 표현을 사용한 ESCAP 기본 협정보다 법적 구속력이 강하다. WTO TFA에는 동일 문서 추가 요청금지 및 위원회 통보 등의 의무 사항이 추가로 포함되어 있다.

3) 주요 지역 · 양자 간 협정

ASDEA, DEPA, KSDPA, UKSDPA 등 4개 협정에서 싱글윈도우 관련 규정을 다루고 있다. 다만, UKSDPA[22]는 제6.13조 싱글윈도우에서 설치 및 유지 의무만을 담고 있다면, ASDEA, DEPA, KSDPA 등 3개 협정은 '종이 없는 무역' 조항에서 싱글윈도우 관련 7가지 내용을 다루고 있다. 협정별로 규정된 내용이 조금씩 상이하며 KSDPA에서 가장 많은 내용을 포함하고 있다.

주요 내용으로, 첫째 싱글윈도우를 설립하고 유지하며, 둘째, 무역 행정문서와 관련 데이터 교환을 원활하게 하기 위한 인터페이스(interface)를 구축하거나 유지할 것을 명시하고 있다. 무역 행정문서와 관련 데이터로서 ASDEA는 위생 및 식물위생 증명서, 세관 신고자료, 당사자들이 정한 기타 문서 등을, DEPA는 위생 및 식물위생 증명서, 수입 및 수출 데이터, 당사자들이 정한 기타 문서 등을, KSDPA는 원산지 증명서, 비가공 증명서, 당사자들이 정한 기타 문서 등을 지정하고 있다. DEPA는 문서 목록을 공개하고 문서 목록에 대해 공개적인 접근을 제공할 것을 추가로 명시하고 있다. 셋째, 데이터 교환 시스템 개발을 위해 노력, 넷째, 상업적 거래에 사용된 전자기록 사용 및 교환 촉진, 다섯째, 데이터 교환 시스템 및 거버넌스에서 국제적으로 인정된 표준 개발 및 채택을 위한 노력, 여섯째, 데이터 교환 시스템을 촉진하는 이니셔티브에 협력 등의 협력 조항들이 포함되어 있다. 마지막으로, KSDPA만 유일하게 교환되는 데이터의 국내법 및 법적 제도에 따라 기밀 유지 관련 조항을 포함하고 있다. "당사국 간에 교환되는 데이터는 담당 관세 당국에만 제공하고 공동으로 결정한 목적을 위해서만 사용할 것"과 "명시적 서면 허가 없이 교환된 데이터를 공개하지 않을 것"을 명시하고 있다.

---

22 UKSDPA 협정문 부록 B(ANNEX B)에서 영-싱가포르 FTA 제6장 관세 및 무역원활화를 대체한다고 명시하고 있다.

〈표 7-4〉 주요 지역·양자 협정의 '싱글윈도우' 규정 비교

협정	Mega-FTA			디지털통상 협정				
	CPTPP	USMCA	RCEP	USJDTA	ASDEA	DEPA	KSDPA	UKSDEA
싱글윈도우					Article 12	Article 2.2	Article 14.12	Article 6.13
① single window 설치 및 유지					O	O	O	O
② 상대국과의 인터스페이스 구축 및 유지					O	O	O	-
③ 데이터 교환 지원 시스템 개발을 위한 노력					O	O	O	-
④ 전자기록 사용 및 교환 촉진	-	-	-	-	O	O	O	-
⑤ 데이터 교환 시스템 및 거버넌스에 국제적 표준 개발 및 채택					O	-	O	-
⑥ 데이터 교환 시스템을 촉진하는 이니셔티브에 협력					O	O	O	-
⑦ 교환되는 데이터의 국내법 및 법적 제도에 따라 기밀 유지					-	-	O	-

출처: 협정문을 바탕으로 저자 작성

4) 한국의 기체결 협정

'싱글윈도우'관련 규정은 KSDPA에서 처음 도입되었다.

(3) 특송화물(Express Shipment)

1) 개념

특송화물은 서류, 카탈로그, 견본품, 해외여행자의 탁송품, 해외 친척이나 거래회사가 기증한 물품, 인터넷을 통해 구매한 물품 등을 말한다.[23] 한국의 특송화물의 통관 방식은 150달러(미국의 경우 200달러) 이하의 경우, 목록통관 방식으로 진행되며 '목록통관'은 송수하인 성명, 전화번호, 주소, 물품명, 가격, 중량이 기재된 송장만으로 통관이 가능한 통관제도이다.[24] 150달러(미국의 경우 200달러) 초과 2,000달러 이하

---

23 특송물품 수입통관 사무처리에 관한 고시 제2조에 따르면, 특송물품이란 "특송업체가 우리나라에 반입하는 물품 중 법 제254조의2 제6항에 따라 통관하는 물품을 말한다".

24 '목록통관'은 관세법 제241조 제2항에 따라 휴대품, 탁송품 또는 별송품의 경우 수입신고를 생략하거나

일 경우에는 '간이수입 신고'를,[25] 2,000달러를 초과하거나 목록통관 및 간이수입 신고 제외 물품은 '일반수입 신고'를 해야 한다.[26]

2) 다자간 무역원활화협정

WTO TFA 및 ESCAP 기본 협정의 특송화물 관련 ESCAP 기본 협정에는 관련 규정이 없으며, WTO TFA에 규정된 주요 내용은 다음과 같다. 먼저, 세관 통제하에서 항공화물의 신속 반출 신청 자격요건[27]을 명시하고 있다. 또한, 신속한 통관절차 관련 규정으로 최소서류 제출, 정보가 제출된 경우 화물 도착 후 신속 배송 제공, 상품의 중량이나 가격을 근거로 한 반입 절차를 반출 조건으로 요구할 수 있음을 인정하면서 모든 중량 또는 가치에 적용, 소액면세기준 제공 등을 명시하고 있다. 마지막으로, 앞서 언급된 규정들이 조사, 압수 등을 수행할 권리에 영향을 주거나 추가 정보 제출 요구 등을 방해할 수 없다고 명시하고 있다.

3) 주요 지역 · 양자 간 협정

ASDEA, DEPA, KSDPA 등 3개 협정이 '특송화물' 조항을 포함하고 있으며, 관련 규정들이 거의 유사하다.[28] 먼저, "특송화물 촉진을 위해 투명하고 일관성 있게 통관절차가 적용될 것"을 명시하며, 신속한 통관절차에 관해 규정하고 있다. 협정별 특송화물의 범위가 구분되며, ASDEA 및 KSDPA는 "air express shipments"로 DEPA는 "express shipments in electronic commerce"로 명시하고 있다.

간소한 방법으로 신고하도록 하는 규정에 그 법적 근거를 두고 있다.
https://www.customs.go.kr/kcs/cm/cntnts/cntntsView.do?mi=2821&cntntsId=819

25 '간이 수입신고'란 국내 거주자가 수취하는 해당 물품의 총 가격이 미화 150달러 이하 물품으로서 자가 사용물품으로 인정되는 경우 첨부서류 없이 신고서에 수입신고사항을 기재하여 신고하고 통관하는 것을 의미하는데, 관세청 고시 제2021-64호 '수입통관 사무처리에 관한 고시' 제71조 제1항을 법적 근거로 하고 있다.

26 노재연 · 이주형(2023), "자가 소비용 물품에 대한 FTA 활용 활성화 방안 연구"를 바탕으로 작성하였다.

27 ① 기반 시설 및 세관 비용 지급, ② 특송화물 도착 전 필요서류 제출, ③ 수수료 지불, ④ 특송화물에 대한 통제 유지, ⑤ 수거부터 배송까지 특송 화물 제공, ⑥ 관세 등의 지급 책임 부담, ⑦ 법규 준수도, ⑧ 회원국의 규정 및 절차 준수 등 8가지 요건이 명시되어 있다.

28 RCEP의 경우 '디지털통상' 장이 아니라 '통관절차 및 무역원활화' 장에서 다루어지고 있으므로 우리나라가 체결한 협정의 내용을 비교하는 부분에서 관련 내용을 다루었다.

항공 특송화물	전자상거래에서 특송화물
1. 양 당사국은 전자상거래가 무역 증대에 중요한 역할을 한다는 것을 인정한다. **항공 특송화물을 촉진하기 위하여** 각 당사국은 예측 가능하고 일관되며 투명한 방식으로 자국의 통관 절차가 적용되도록 보장한다.	1. 당사자들은 전자상거래가 무역 증대에 중요한 역할을 한다는 것을 인정한다. 이러한 목적으로 전자상거래에서 **특송화물 무역을 촉진하기 위하여**, 당사자들은 예측 가능하고 일관되며 투명한 방식으로 그들 각자의 통관 절차가 적용되도록 보장한다.
ASDEA, KSDPA	DEPA

통관절차와 관련하여 특송화물 도착 전 화물반출에 필요한 자료 제출 및 처리, 전자적 수단을 통해 정보의 단일 제출 허용, 최소서류 제출로 반출하도록 규정하고 있다. 화물 도착 시 통관서류 제출로부터 화물반출 시간(4 또는 6시간) 이내 반출, 상품의 중량이나 가격을 근거로 한 반입 절차를 반출 조건으로 요구할 수 있음을 인정하면서 모든 중량 또는 가치에 적용함을 명시하고 있다. 반출 시간과 관련하여, ASDEA 및 DEPA는 필요한 통관서류의 제출로부터 6시간 이내에 특송화물이 반출되도록 규정하고 있으나, KSDPA는 4시간 이내로 규정하고 있다.

3개 협정 모두 정해진 가격 미만의 화물에 대해서는 관세 또는 조세를 징수하지 않는 최저과세 규정을 명시하고 있다. 특히, KSDPA은 최저과세 기준을 자국의 법으로 정한다고 규정하고 있다. 다만, 3개 협정에서 수입허가 또는 유사한 요건의 적용대상이 되는 상품에는 최저과세 기준이 적용되지 않음을 명시하고 있다. 또한, 최저과세 기준 관련 물가상승률 등을 고려하여 ASDEA 및 DEPA는 주기적으로 최저과세 기준을 검토하도록 하는 반면, KSDPA는 적절하게 검토할 것을 명시하고 있다.

ASDEA, DEPA	KSDPA
4. 각 당사자는 수입허가 또는 유사한 요건의 적용대상이 되는 상품과 같이 제한되거나 통제되는 상품을 제외하고, 관세가 징수되지 않을 최저과세화물 가격 또는 관세부과 대상 액수를 규정한다. 각 당사자는 물가상승률, 무역원활화에 대한 효과, 위험관리에 미치는 영향, 세수 대비 관세 징수의 행정 비용, 국경 간 무역 거래 비용, 중소기업에 미치는 영향 또는 관세 징수와 관련된 그 밖의 요소와 같이 자신이 관련 있다고 여길 수 있는 요소들을 고려하여 그 액수를 **주기적으로 검토한다**.	4. 가능한 한도에서, 각 당사국은: 다. 물가상승률, 무역원활화에 대한 효과, 위험관리에 미치는 영향, 세수 대비 관세 징수의 행정 비용, 국경 간 무역 거래 비용, 중소기업에 미치는 영향 또는 관세 징수와 관련된 그 밖의 요소와 같은 관련 요소를 고려하여 자국의 정해진 가격을 **적절하게 검토한다**.

〈표 7-5〉 주요 지역·양자 협정의 '특송화물' 규정 비교

협정	Mega-FTA			디지털통상 협정				
	CPTPP	USMCA	RCEP	USJDTA	ASDEA	DEPA	KSDPA	UKSDEA
특송화물					제13조	제2.6조	제14.13조	
① 특송화물 촉진을 위해 투명하고 일관성 있게 통관 절차 적용					O	O	O	
② 신속한 통관 절차 유지					O	O	O	
- 화물 도착전 처리					O	O	O	
- 전자적 수단을 통한 단일 제출					O	O	O	
- 최소한의 서류 제출					O	O	O	
- 화물 도착 반출 시간(4 or 6시간)					6시간	6시간	4시간	
- 상품의 중량이나 가격을 근거로 한 반입 절차를 반출 조건으로 요구	-	-	-	-	O	O	O	-
③ 항공 특송화물에 대해 별도의 신속한 통관 절차 제공					O	O	O	
④ 최저과세 기준					O	O	O	
- 최저과세기준 금액 규정					O	O	O	
- 소액면세가격 미만인 경우 관세, 조세 미부과					O	O	O	
- 관련 요소들을 고려하여 소액 면세가격 검토					O	O	O	
- 소액면세기준 적용 예외					O	O	O	

출처: 협정문을 바탕으로 저자 작성

4) 한국의 기체결 협정

인도, 페루, 미국, 캐나다, 중국, 뉴질랜드, 베트남, 콜롬비아, 중미와 맺은 FTA 및 RCEP는 '관세행정(통관절차) 및 무역원활화' 장에서 특송화물 관련 규정을 다루고 있다. 특송화물 관련 주요 내용은 주요 지역·양자 간 협정의 내용과 유사하며, 협정별로 포함된 내용에는 차이가 있으나 대체로 다음과 같은 규정을 포함하고 있다. ① 특송화물을 위한 통관절차 운영, ② 도착 전 전자적 처리, ③ 단일서류 제출, ④ 단일적하 목록 하 모든 특송화물 신고, ⑤ 최소한의 서류 제출, ⑥ 화물 도착 후 반출 시간,

⑦ 중량 또는 과세가격 상관없이 특송 절차 적용, ⑧ 소액면세기준 등이다. 화물 도착 후 반출 시간 및 소액면세기준 등은 협정마다 차이가 있다.

〈표 7-6〉 한국이 기체결한 협정별 '특송화물' 규정 관련 주요 내용 비교

특송화물 범위	인도	페루	미국	캐나다	중국	뉴질랜드	베트남	콜롬비아	중미	RCEP
	특송화물	특송화물	특송화물	특송화물	특송화물	특송화물	특송화물	특송화물	특송화물	항공
① 신속한 통관절차 유지	O	O	O	O	-	O	O	O	O	O
② 도착 전 전자적 처리	O	-	O	O	-	O	O	O	O	O
③ 단일서류 제출	-	-	-	-	-	O	-	-	-	O
④ 단일 적하목록 제출	-	-	O	-	O	-	O	-	O	-
⑤ 최소(간소)한의 서류	O	-	O	O	O	O	O	O	O	O
⑥ 화물 도착 후 반출 시간	-	-	4시간	국내법 기준	-	4시간	-	국내법 기준	6시간	-
⑦ 중량 또는 과세가격 관계없이 적용	-	O	O	O	O	O	-	-	O	-
⑧ 소액면세기준	-	-	미화 200달러	당사국 법규	-	미화 100달러	당사국 법규	미화 100달러	미화 150달러	-

출처: 협정문을 바탕으로 저자 작성

3. 평가 및 시사점

(1) 싱글윈도우

싱글윈도우 관련 규정은 8개 주요 협정 중에서 ASDEA, DEPA, KSDPA 등 3개 협정에서 '종이 없는 무역' 조항에서 다루어지고 있으며, 특히 한국이 체결한 협정 중에서 처음으로 KSDPA에서 도입되었다. 최근 독립형(stand alone) 디지털 협정 중에서 싱가포르가 참여하는 협정에서 싱글윈도우 관련 조항을 포함하는 경향을 나타내

고 있다.

싱글윈도우를 포함하고 있는 협정문의 관련 조항을 비교해보면 내용이 거의 유사하며 KSDPA에서 가장 많은 내용을 포함하고 있다. 따라서 앞으로 이루어질 신규 및 개정 협상에서도 KSDPA와 유사한 내용으로 규정될 것으로 보인다. 다만 데이터 교환이 이루어지는 무역 행정문서로서 KSDPA에서는 ① 원산지 증명서, ② 비가공 증명서, ③ 당사자들이 정한 기타 문서 등을 지정하고 있으나 DEPA는 ① 위생 및 식물위생 증명서, ② 수입 및 수출 데이터, ③ 당사자들이 정한 기타 문서 등을 지정하고 있어 앞으로의 신규 및 개정 협상에서 체약 상대국과 데이터 교환 대상이 되는 무역 행정문서 종류에 대한 논의가 필요할 것으로 보인다.

(2) 특송화물

특송화물 관련 규정은 8개 주요 디지털통상 협정 중에서 ASDEA, DEPA, KSDPA 등 3개 협정에서 다루고 있다. 한국이 체결한 FTA에서는 관련 규정을 '관세행정 및 무역원활화' 장에서 다루고 있으나 주요 내용은 3개 협정과 유사하다. 그러나 협정 별로 몇 가지 차이점이 있어 적용하는 데 유의해야 할 것으로 보인다. 먼저, 협정별로 특송화물의 범위가 구분되며, ASDEA 및 KSDPA는 'air express shipments'로 DEPA는 'express shipments in electronic commerce'로 명시하고 있다. 특히, 한국이 체결한 협정 중에서 RCEP과 KSDPA에서만 특송화물의 범위를 항공 특송화물로 지정하고 있다. 국내법[29]에서 특송화물은 선박, 비행기, 차량 등을 이용하여 반입되는 물품을 모두 포괄하고 있으므로, RCEP과 KSDPA를 제외한 다른 협정에서 특송화물의 범위는 선박, 항공, 차량을 통해 반입된 물품 중 관세청장이 정하는 절차에 따라 별도로 정한 지정장치장에서 통관하는 물품으로 해석할 수 있음에 유의해야 할 것으로 보인다. 또한, 특송화물 관련 규정 중에서 화물 도착 후 반출 시간[30] 및 최소과세 기준[31]이 한국이 체결한 협정 별로 상이하게 명시되고 있음에 유의해야 할 것으로 보

---

29 '특송물품 수입통관 사무처리에 관한 고시'에 따르면, "특송업체"란 「관세법」 제222조 제1항 제6호에 따라 세관장에게 등록한 업체를 말한다. 제6호에는 국제무역선·국제무역기 또는 국경출입차량을 이용하여 상업서류나 그 밖의 견본품 등을 송달하는 것을 업으로 하는 자로 규정하고 있다.

30 화물 도착 후 반출 시간은 한-미 FTA, 한-뉴질랜드 FTA, KSDPA에서는 4시간, 한-중미 FTA에서는 6시간, 한-캐나다 FTA, 한-콜롬비아 FTA에서는 국내법 기준으로 명시되어 있다.

31 최소과세 기준은 한-뉴질랜드 FTA, 한-콜롬비아 FTA에서는 미화 100달러, 한-중미 FTA에서는 150달

인다.

최근 발효된 ASDEA, DEPA, KSDPA 등에서는 물가상승률 등을 고려하여 최소과세 기준을 검토할 것을 명시하고 있다. 다만 표현 방법에 다소 차이가 있다. ASDEA와 DEPA에서는 주기적으로 검토할 것을(shall review the amount periodically), KSDPA에서는 가능한 범위 내에서 적적하게 검토할 것을(To the extent possible, each Party shall: (c) review, as appropriate) 명시하고 있다. 한국이 체결한 협정 중에서 KSDPA에서 처음으로 포함된 내용이며, 'shall review'로 표시되면 더욱 엄격한 의무 조항이 되므로 앞으로 이루어질 신규 및 개정 협상에서 포함 여부 및 표현 방법에 대해 상대국과 협의할 필요가 있다.

Notes & Questions

1. 'WTO TFA'와 'ESCAP 기본 협정'상 무역원활화에 관한 규범을 비교해보자.
2. 종이 없는 무역과 싱글윈도우 조항을 연계하여 디지털무역원활화 측면에서 주로 논의되는 쟁점은 어떤 것들인가?
3. 특송화물 소액면세기준에 관해 협정별 혹은 국가별 기준을 서로 비교해보자.
4. 특송화물 범위에 관해 협정별로 서로 비교해보자.

러, 한-미 FTA에서는 미화 200달러, 한-캐나다 FTA, 한-베트남 FTA, KSDPA에서는 당사국 법규라고 명시되어 있다. 당사국 법규에 따르는 경우 한국은 미화 150달러 이하로 규정하고 있다.

PART 04

개방과 디지털통상

제8장

디지털제품의 분류, 관세 및 비차별대우

권현호

1. 개관

(1) 논의 배경[1]

디지털무역에 대한 국제사회의 논의의 출발은 전자상거래를 통한 무역에 기존 WTO 규범을 어떻게 적용할 수 있을지에 대한 논의에서 비롯되었다. 이러한 논의는 1998년 5월 제2차 WTO 각료회의에서 '세계전자상거래선언'(Declaration on Global Electronic Commerce)을 채택하면서 본격화되었다.[2] 동 선언에 따라 일반이사회는 1998년 9월 구체적인 전자상거래 논의계획을 담은 작업계획을 채택하였고,[3] WTO는 무역과 관련된 전자상거래의 다양한 측면을 검토하였다. 그러나 WTO를 통한 디지털통상규범의 형성은 참여하는 국가들이 많고, 또한 각 국가마다 협상 주제에 대한 입장 차이가 명확하여 아직까지 구체적인 결과에 이르지는 못하고 있다. 결국 국가들은 제12차 각료회의에서도 전자적 전송물에 대하여 관세를 부과하지 않는 관행을 차기 각료회의 때까지 연장하는 것 외에는 구체적인 합의를 출하지 못하였다.[4]

WTO에서의 논의와 같이 다자적 접근을 통한 디지털통상규범의 형성이 난관에 부딪히자 국가들은 동 사안을 실질적으로 해결하기 위하여 다양한 개별 협정들을 채택하였다. 이러한 움직임은 주로 일부 국가의 FTA 및 RTA 내에서 전자상거래 장 또

---

1 본 내용은 필자가 작성한 한국국제경제법학회, 『신 국제경제법』 제4판, 박영사 2022년, 543~547면의 내용을 참고하였다.

2 WTO, Declaration on Global Electronic Commerce, WT/MIN998)/DEC/2, May 25, 1998.

3 WTO, WTO, Work Programme on Electronic Commerce, WT/L/274, 30 September 1998, para. 1.3.

4 WTO, Ministerial Decision, WT/MIN(22)/32, WT/L/1143, 22 June 2022. 만약 차기 각료회의에서 이에 대한 구체적 결정이 내려지지 않는다면 2024년 4월 이후 관세유예의 관행이 계속 유지될 수 있을지는 불확실한 상황이다.

는 디지털무역 관련 내용을 포함시키는 형태로 구체화되었다. 특히 미국을 중심으로 체결된 무역협정들은 기존 전자상거래 쟁점을 넘어 디지털무역에 관한 새로운 통상 규범에서도 상당한 진전을 이루어냈다.[5] 그리고 디지털통상 관계가 점점 더 많은 이 슈를 다루고, 내용적으로도 풍성해짐에 따라 과거 전통적인 무역협정을 넘어 최근에는 독립적인 디지털통상협정 또는 디지털경제협정을 체결하는 등 다양한 형식의 디지털무역협정들이 나타나고 있다.[6] 다만, 이러한 양자 또는 지역적 접근방법도 WTO 에서의 다자간 논의와 마찬가지로 일부 국가들, 특히 미국과 EU, 중국 등을 중심으로 하는 블록화 경향이 나타나고 있으며, 이에 따른 규범의 파편화(fragmentation) 문제 역시 함께 제기되고 있다.

이처럼 다자주의와 양자(또는 지역)주의를 막론하고 디지털통상규범이 파편화 또는 블록화되고, 보편적 성격을 갖기 어려운 이유는 규범 형성에 참여하는 국가의 상황과 입장이 다르기 때문이다. 예를 들어, 미국은 동 사안을 소위 '경쟁적 자유화'의 관점에서 접근한다.[7] 이러한 관점에서 볼 때 미국의 입장은 현 WTO에서의 양허보다 높은 수준의 개방, 정부규제의 최소화, 디지털무역에 대한 비차별대우 의무의 명시적 적용 등이 요구되는 '디지털무역의 자유화'로 요약될 수 있다. 한편, 유럽연합(EU) 은 디지털무역과 통상규범에 대하여 '제한적 자유화'의 개념에서 접근한다. 즉, EU는 역내 디지털시장의 단일화 및 육성을 통해 협소한 개별 시장의 한계를 극복하고자 독자적인 규제체제를 도입하고 있으나 대외적인 개방에서는 소극적 태도를 취하고 있다.[8] 또한 EU는 일반적인 전자상거래 쟁점들에 대해서는 협력의 입장을 취하고 있으

---

5   전자상거래와 디지털무역을 규율하는 미국 주도의 대표적 협정들로는 한-미 FTA, 포괄적·점진적 환태평양경제동반자협정(Comprehensive and Progressive Agreement for Trans-Pacific Partnership: CPTPP), 미국-멕시코-캐나다 자유무역협정(USMCA) 등이 있으며, 동 협정들은 다른 디지털무역 관련 FTA/RTA에 상당한 영향을 주었다.

6   이에 대한 보다 자세한 내용은 권현호·이주형·김민정·곽동철, 「디지털통상협정의 한국형 표준모델 설정 연구」, 대외경제정책연구원, 연구보고서 22-29, 2023년 5월 제2장 참조.

7   2019년 미무역대표는 "미국은 디지털 교역분야에서 최고의 경쟁력을 지니고 있으므로 미국의 무역 정책은 이와 같은 사실을 반영해야 한다."고 명시적으로 언급하고 있다. USTR, 2019 Trade Policy Agenda and 2018 Annual Report of the President of the United States on the Trade Agreements Program, March 2019, p.13.

8   예를 들어, 2018년 5월 시행된 EU의 일반데이터보호규칙(General Data Protection Regulation: GDPR) 은 개인정보 보호를 위한 법령으로, 정보주체의 권리와 기업의 책임성 강화, 개인정보의 EU역외이전 요건 명확화 등을 주요 내용으로 한다. 동 규칙은 원래 EU 역내 단일시장 육성을 위한 장치였으나 회원국

나, 콘텐츠 분야에 대해서는 문화 및 서비스로서의 예외를 주장하고 있으며 이는 디지털 콘텐츠의 경우에도 마찬가지이다.[9] 그럼에도 불구하고 EU는 전자적 전송물에 대한 무관세를 지지하고, 소비자 및 개인정보 보호를 전제로 데이터 이전의 자유화를 찬성하며, 디지털세 도입을 요구하는 등 디지털통상규범 형성에 적극 참여하고 있다.[10] 한편 중국은 자국의 독자적인 시장과 규제체제를 추구하며, 대외적으로는 디지털무역에 제한적인 입장을 나타내고 있다.[11] 특히, 전자상거래, 디지털무역 및 나아가 디지털경제 전반에서 중국 시장의 규모가 커지고 있는 상황에서 중국 정부의 디지털 환경 전반에 대한 제한적 입장은 경제와 통상의 문제를 정치 및 안보의 문제로 확대시켜 보편적 디지털통상규범을 마련하기 위한 국제사회의 노력을 더욱 어렵게 만드는 요소가 되고 있다.

이처럼 디지털통상규범의 파편화가 나타나는 상황은 역설적으로 국제사회에서 디지털통상을 규율하는 다자규범의 의미를 환기시켰다. 이에 WTO 회원국들은 제11차 각료회의에서 '전자상거래 공동선언'을 채택하였고,[12] 기존 전자상거래 작업계획에서 확인된 내용뿐만 아니라 전자상거래 원활화, 개방과 전자상거래, 신뢰와 전자상거래, 공통 이슈, 통신, 시장접근 등을 주제로 디지털통상과 관련된 대부분 활동을 포함하는 협상을 결정하였다.[13] 이러한 협상은 우선 71개 WTO 회원국들이 참여하여 시작되었으며, 기존 WTO에서 이루어진 전자상거래 논의를 확대하고 지금까지 이루어진 양자(또는 지역)협정에서의 디지털통상규범 논의를 수용하여 WTO 차원에서 무역과 관련된 전자상거래 통상규범을 수립하는 WTO 복수국 간 전자상거래협정 체결을 목표로 진행되고 있다.

과 교역하는 외국 기업에도 동 규칙이 적용되어 대외적으로는 디지털무역의 규제적 요소로서의 성격도 갖게 되었다.

9 권현호, "디지털콘텐츠무역에 대한 통상법적 논의의 성과와 한계", 국제법평론 2011-II (통권 제34호), 2011년 10월, 50~51면, 73~75면 참조.

10 KOTRA, "글로벌 디지털 통상규범 논의 동향 및 주요국 입장", Global Market Report 20-003, 10면.

11 중국을 포함하여 앞서 미국과 EU 등 디지털통상규범에 대한 주요 국가들의 입장에 대한 보다 자세한 내용은 박노형 · 정명현, "디지털통상과 국제법의 발전", 국제법학회논총 제63권 제4호, 2018년, 200~205면 참조.

12 WTO, JOINT STATEMENT ON ELECTRONIC COMMERCE, WT/MIN(17)/60, 13 December 2017.

13 WTO, WORK PROGRAMME ON ELECTRONIC COMMERCE, MINISTERIAL DECISION OF 13 DECEMBER 2017, WT/MIN(17)/65, WT/L/1032, 18 December 2017.

(2) 논의 대상 및 구조

앞서 디지털통상규범 형성이 어려운 이유가 개별 쟁점을 대하는 국가들의 기본적 입장에서 차이가 있다는 점을 살펴보았다. 그리고 디지털통상 관련 논의 초기 이러한 어려움은 "전자상거래 무역에 어떤 WTO 규범을 적용할 것인가?"에 대한 질문에 대한 답을 구하는 과정에서 비롯되었다. 즉, 기존 통상규범의 구조는 상품무역에는 GATT가, 서비스 무역에는 GATS가 적용되는 것이었다. 그러나 1998년 WTO에서 전자상거래 논의가 시작되면서 나타난 문제는 과거 상품으로 분류되던 것이 이제는 네트워크에서 교역이 가능하게 되면서 상품이나 서비스 어디에도 속하지 않는 영역이 등장하게 되었다는 점이었다. 이는 소위 '디지털제품'(digital product) 또는 '전자적 전송'(electronic transmission)이라고 불리는 것이다.[14]

그런데 현재 논의의 중심에 있는 디지털제품 또는 전자적 전송이라고 불리는 대상을 지칭하는 용어나 범위 등에 대해 국제사회는 명확한 합의에 도달하지는 못한 것으로 보인다. 이 역시 앞서와 마찬가지로 이를 다루고자 하는 국가들의 기본적인 입장에 따라 달라진다. 예를 들어, 미국 주도의 디지털협정이나 WTO 협상문서에서는 '디지털제품'으로 표시되고 있고, EU나 다른 국가들이 참여한 디지털협정에서는 '콘텐츠' 또는 '전자적 전송'으로 나타나는 등 다양하게 표현되고 있다. 다만, '디지털제품'이라 표현한 대부분 협정들은 이에 대한 명시적인 정의조항을 포함하고 있어[15] 일반적인 견해로는 '전자적 전송'의 범위가 전자적으로 전달되는 '디지털제품'보다 넓은 것으로 생각된다. 또한 '전자적 전송'이라는 것도 그 표현 자체만으로는 전송수단을 강조한 것으로 보이지만 내용상으로는 전자적으로 전달되는 대상을 의미하는 경우가 대부분이다. 결국, 디지털제품이나 전자적 전송 어느 표현이든 그 대상은 디지털 방

---

14   '전자적 전송'(electronic transmission)은 정확히 표현하면 전자적으로 전송되는 그 '대상'을 의미하는 것으로 파악된다. 따라서 일부 교재 또는 논문에서는 이를 '전자적 전송물'이라는 용어로 그 대상의 측면을 강조하여 사용하고 있다. 그러나 본 장에서는 원문의 표현을 그대로 살려 '전자적 전송'이라고 표현하지만 그 실체는 '디지털제품'과 같은 전자적 전송의 대상을 표현하는 것으로 한다. 다만, 여기에서 의미하는 '전자적 전송'은 네트워크를 통해 전달되는 서비스의 전송과는 차이가 있다는 점을 밝힌다.

15   예를 들어 2021년 12월 타결되고 2023년 1월 발효된 한-싱 디지털동반자협정(Korea-Singapore Digital Partnership Agreement: KSDPA) 제14.1조는 디지털제품을 "디지털 방식으로 부호화되고 상업적 판매 또는 배포를 목적으로 생산되고 전자적으로 전송될 수 있는 컴퓨터 프로그램, 문자열, 동영상, 이미지, 녹음물 또는 그 밖의 제품을 말한다."라고 정의하고 있다.

식으로 전달되는 실체라는 점에서 이번 장에서 다루게 될 분류의 문제나 관세 문제, 또는 비차별대우와 관련해서는 본질적 차이가 나타나지 않는다.

따라서 디지털제품이나 전자적 전송(또는 그 대상물) 등 이러한 실체들에 의해 나타나는 다양한 법적 쟁점을 이해하기 위해 WTO 회원국들은 해당 제품의 무역이 디지털 방식으로 이루어질 때 적용해야 할 규범이 무엇인지를 결정해야 하는 '분류'(classification) 문제를 가장 우선적으로 해결해야 할 사안으로 보았다. 그러나 분류문제가 중요한 이유는 단지 해당 제품의 무역에 적용할 규범을 결정한다는 의미에만 그치는 것이 아니다. 동 사안이 중요한 이유는 국제통상 관계에서 이루어지는 전자적 전송 또는 디지털제품에 대한 관세부과 유예조치의 정합성에 영향을 미치고, 보다 근본적으로는 분류문제가 GATT나 GATS 규범의 적용,[16] 특히 국제통상 관계의 기본원칙인 비차별대우(non-discrimination treatment)의 적용을 결정하는 논리적 및 구조적인 문제를 야기하기 때문이다. 따라서 이하에서는 디지털통상에서 나타나는 분류의 문제를 간략히 살펴보고, 이로부터 파생되는 관세부과 유예의 문제와 비차별대우의 적용에 대하여 다자적 논의와 양자(또는 지역적)협정에서의 내용을 검토한다.

2. 디지털통상에서의 분류 문제

(1) 문제제기

지금까지 WTO에서 디지털제품 또는 전자적 전송의 국제무역에 적용될 규범을 결정하는 것이 어려운 이유는 다음과 같다. 첫째, 현 WTO 시스템은 '상품'(goods)과 '서비스'(services)의 명확한 정의를 갖고 있지 않다.[17] 이는 각각을 대상으로 하는 규범인 GATT와 GATS 사이의 경계가 명확하지 않을 수 있다는 점으로 연결된다. 또한 상품과 서비스 구분이 단지 무역규범에서만 문제가 되는 것은 아니다. 이는 국제적으로 합의된 통계적 분류에서도 해결되지 않은 문제이다. 일반적으로 상품과 서비스의 다양한 분류 결정에 쓰이는 국제연합표준산품분류(Central Product Classification:

---

16 WTO, JOB(02)/37, 1 May 2002, para. 3.

17 WTO, CTS, Work programme on Electronic Commerce, S/C/W/68, 1998.11.16., para 37. 예를 들어 GATS에서도 서비스의 정의는 없으며 단지 4가지 서비스의 유형을 설명하고 있을 뿐이다.

CPC)의 가장 최근 판도 모든 사례에 있어서 유효하고 실제적이며 분명한 상품과 서비스의 구별 기준을 제공하고 있지 않다.[18] 결과적으로 디지털제품 또는 전자적 전송의 분류에 대해 충분한 가이드라인이 없는 상태이다. 둘째, 현존하는 국제적으로 합의된 산업 분류 방식도 디지털제품이나 전자적 전송에 명확한 분류 방법을 제공하고 있지 않다. 예를 들어, 국제표준산업분류(International Standard Industrial Classification: ISIC)와 같은 산업 분류나, 앞서 언급한 CPC나 국제통일상품분류제도(Harmonized System)와 같은 분류도 디지털제품이나 전자적 전송에 대해 명시적으로 정의하지 않았다. 셋째, 상품과 서비스 사이의 경계에 관한 논쟁은 이러한 제품들의 분류 결정을 통해 WTO 회원국들에게 시장 접근 상황에 영향력을 미칠 수 있다. 즉, 상품이나 서비스에 대한 개방과 양허 그 자체는 이익을 중시하는 국가 간 협상의 결과이다. 이러한 결과는 결국 디지털제품 또는 전자적 전송의 분류와 나아가 동 실체에 대한 관세부과 유예와 같은 결정에도 실제 영향을 미치게 된다.[19]

결국, WTO 회원국들은 기본적으로 상품에는 GATT가 서비스에는 GATS가 적용된다는 점에 동의한다. 그리고 전자적으로 이루어지는 교역에서도 그 실체가 태생적으로 서비스인 경우에는 전달 수단이 전자적으로 이루어졌는가 여부에 관계없이 GATS가 적용된다는 점에 별다른 이견이 없다.[20] 다만 현재 쟁점은 과거에는 상품으로 교역되던 것이 기술의 발전에 따라 이제는 구체적 실체 없이 전자적인 방식으로 교역이 가능하게 된 지점에 대하여 이를 규율하는 규범을 결정해야 하는 것이다. 이러한 쟁점은 아직까지도 명확히 해결되지 못한 상태가 지속되고 있다. 그럼에도 불구하고 동 사안이 중요한 이유는 어떤 규범이 적용되는가에 따라 무역 관계에서 핵심인 '시장접근'의 방법과 이에 따른 비차별대우 등 국가별 의무의 양태가 달라지고, 나아가 현재 유지되고 있는 관세부과 유예 등에 영향을 미칠 수 있기 때문이다.

---

18 Central Product Classification (CPC) version 2.1, UN Statistical Paper, Series M No.77, Ver. 2.1 ST/ESA/STAT/SER.M/77/Ver.2.1, 2015년 참조.

19 권현호, "전자상거래 통상규범 형성을 위한 다자적 접근의 한계", 「동아법학」 제78호 2018년 2월, 387~390면 참조.

20 예를 들어 금융서비스의 경우에는 오프라인으로 창구서비스가 이루어지거나 또는 온라인으로 인터넷 뱅킹 서비스가 이루어지거나 관계없이 그 자체가 서비스로 분류되고 GATS의 대상이 된다는 점을 의미한다.

(2) 분류문제의 쟁점

1) GATT와 GATS의 차이

전자적으로 전송되는 디지털제품에 대한 분류의 문제의 핵심은 동 제품에 대해 어떤 WTO 규범이 적용되는가 여부이다. 즉, 동 제품의 교역을 상품무역으로 다루어 GATT에 기초한 규범이 적용되어야 할 것인지, 아니면 이를 서비스의 일종으로 파악하여 구체적 약속을 통한 무역자유화를 추구하는 GATS의 영역에 포함되는지 여부를 사전에 결정해야 한다는 것이다.[21] 동 쟁점이 중요한 이유는 GATT와 GATS가 추구하는 무역자유화의 방식이 회원국의 경제적 주권 또는 자율성 등에 기초하여 다음과 같은 차이가 나타날 수 있기 때문이다.

첫째, GATT의 경우 상품에 대한 내국민대우 원칙은 일반적 의무이나 GATS에서는 회원국의 구체적 약속(specific commitment)에 따라 적용된다. 둘째, GATT의 경우 수량제한금지 및 차별금지원칙이 적용된다. 그러나 GATS의 경우 시장접근 역시 회원국의 구체적 약속에 따라 적용된다. 따라서 회원국들은 외국 서비스 제공자에게, GATT에서는 인정되지 않는 수량제한조치를 통하여 시장접근을 제한할 수 있다.[22] 셋째, GATT는 관세양허에 따른 관세부과를 인정한다. 그러나 GATS는 관세부과가 불가능한 대신 국내규제(domestic regulation)를 주된 규제수단으로 삼는다. 넷째, 기술표준 및 여타 규제조치의 관점에서 보면 상품무역에는 GATS에서는 없는 다양한 규제조치가 있다. 예를 들어, TBT협정이나 SPS협정은 국내규제로 인해 불필요하게 무역이 제한되지 않도록 하고 국제표준의 이용을 권장한다. 다만 이러한 표준은 자칫 보호주의적 규제로 인해 자유무역을 저해하는 수단으로 이용될 수 있다.[23]

---

21 한편, 2001년 일본과 싱가포르가 WTO 전자상거래 작업계획에서 제안한 제3의 혼합방식(hybrid approach)도 분류문제를 해결하기 위한 하나의 논의로 제시되기도 하였다. 특히 후자의 경우는 디지털제품을 일단 서비스로 간주하되 동 제품에 대한 시장접근은 GATT 수준으로 보장하자는 것을 핵심 내용으로 한다. 따라서 일본과 싱가포르는 GATS에서도 무조건적인 최혜국대우를 부여하고, 내국민대우나 수량제한의 금지가 허용되면 논의 중인 디지털제품의 분류문제에 대한 논의는 의미가 없어진다고 주장하였다. 일본의 주장에 대해서는 WTO, JOB(01)/90, 15 June 1002, para. 2.1 그리고 싱가포르의 주장에 대해서는 WTO, WT/GC/W/247, 9 July 1999, para. 14 참조.

22 이러한 측면에서 디지털제품을 GATT로 분류하는 것이 무역자유화 측면에서는 보다 유리하다는 의견이 있다. 다만, GATS의 경우에도 만약 많은 국가들이 디지털제품에 대하여 완전개방을 포함하는 구체적 약속을 하였다면 이는 완전한 시장접근을 이루는 것으로 볼 수 있다는 반론이 가능하다.

23 그 밖에 보조금, 반덤핑, 세이프가드 조치, 무역관련 투자 또는 원산지 규정 등의 존재 유무 등에서도 양자는 차이를 보인다. 권현호, 앞의 주 19), 390~391면 참조.

2) GATT의 적용가능성

디지털제품의 GATT 규범의 적용가능성은 다음과 같은 기준에서 검토될 수 있을 것이다. 우선 디지털제품과 이에 대응하는 물리적 상품이 있다면 양자의 '동종성'(likeness) 평가가 가능할 것이다. 이는 WTO로 대표되는 국제통상규범의 핵심 원칙인 '비차별 원칙'(non-discrimination principle)과 밀접한 관련이 있다.[24] 예를 들어, 물리적 상품인 CD에 담겨 제공되는 소프트웨어와 디지털 방식으로 네트워크를 통해 제공되는 소프트웨어가 '동종상품'(like product)이라면 후자의 경우에도 GATT의 규범과 원칙들이 그대로 적용될 수 있다는 것이다. 즉, 전통적인 동종성 판단요건에 따라 시장에서 상품의 최종용도, 소비자의 기호, 및 상품의 속성 등에서 물리적 제품과 비교되는 디지털제품은 동종상품이거나 적어도 직접경쟁 및 대체가능한 상품이라고 평가할 수 있다는 것이다.[25]

한편, 디지털제품에 대한 GATT의 적용 가능성은 '국내정책의 고려'에서도 찾을 수 있다. 이는 국내 의사결정 과정에서 국가이익과 밀접한 관계를 갖는 정책적 판단 요건이다. 예를 들어 국가 전체 재정수입에서 판매세나 부가가치세 등이 차지하는 비중이 큰 국가는 세입 증가를 위해 디지털제품을 '상품'으로 규율할 필요성을 갖게 된다. 동일한 논리로 국내 산업정책의 측면에서 디지털제품에 적용되는 규범의 결정은 관련 산업의 국제경쟁력에 기초해서도 판단할 수 있다. 즉, 미국과 같이 디지털제품 관련 산업의 국제경쟁력을 갖춘 국가들은 GATT의 규범과 원칙을 적용하는 보다 자유로운 무역을 원하는 것이다.

결국 디지털제품의 국제 교역에 GATT 규범과 원칙이 적용되어야 하는 근거는 '무역자유화의 용이성'에서 찾을 수 있다. 이는 GATT 규범 자체가 갖는 특성에서 비롯된 것이다. 즉, 디지털제품을 '상품'으로 간주하면 일반적 의무로서 최혜국대우와 내국민대우 등 GATT의 주요 원칙들을 그대로 적용할 수 있고, 이는 구체적 약속에 기초한 GATS 규범을 적용하는 것보다 무역자유화에 상대적으로 유리하다는 것이다.

---

24   동종성 개념은 WTO의 여러 협정과 조항에서 나타난다. 특히 비차별원칙과 관련해서는 최혜국대우와 내국민대우 조항에서 동종성 개념은 중요한 역할을 한다.

25   물론 이러한 요건들을 기준으로 하여 평가할 때 물리적 운반매체에 담긴 제품과 이에 대응하는 디지털 제품이 문자 그대로의 '동종'은 아닐 수 있다. 그러나 WTO 패널 및 상소기관에서 언급한 바와 같이 비록 동종상품은 아니지만, 최소한 관련 시장에서 경쟁관계를 갖는 직접적으로 경쟁적이거나 대체가능한 상품이라고 평가할 수 있으며, 이러한 경우에도 비차별 원칙은 마찬가지로 적용된다.

3) GATS의 적용가능성

디지털제품에 GATS를 적용하기 위한 주된 논리는 다음과 같다. 첫째, GATT에서 말하는 자유화의 효과는 디지털제품에는 적용되지 않는다. 즉, GATT는 오로지 물리적인 상품을 다루는 것이고, 디지털 방식으로 전달되는 제품은 GATT가 적용될 어떤 물리적 속성이나 HS시스템에도 해당되지 않는다는 것이다.[26] 이러한 견해에 따르면 디지털제품에는 당연히 GATS가 적용되게 된다.

둘째, GATT와 GATS 사이에는 기술중립성(technological neutrality)을 보장하는 명시적인 조항이 없다. 즉, 기술중립성은 국제통상규범에서 인정되는 법적 의무가 아니라는 견해이다. 이에 따르면 물리적인 전달매체를 통해 교역되는 제품과 전자적 방식으로 전송되는 디지털제품 사이에서의 동종성(likeness)이 국제통상법에 나타난 동일한 대우를 제공할 근거가 되지 않는다.[27] 다만, GATS에 있어서 기술적 중립성의 원칙을 확인하는 것은 동 규범을 디지털통상 관계에 적용하기 위하여 가장 중요한 단계임을 부인할 수 없다. 즉, 기술중립성은 결국 WTO 회원국들이 전송수단에 근거한 차별을 인정하지 않는다는 것을 의미한다.[28] 만약 기술중립성의 원칙이 받아들여지지 않는다면, GATS의 주요 원칙, 예를 들어 시장접근, 내국민대우, 최혜국대우 등을 디지털제품 또는 전자적 전송에 적용함에 있어 문제가 제기될 수도 있다.[29]

셋째, 자유로운 무역을 위해서는 장기적으로는 GATT보다 GATS가 보다 자유주의적이며, 법적 확실성도 증가한다.[30] 이러한 견해는 주로 WTO 전자상거래 협상에서 EU에 의해 제기된 것으로 GATT가 일반적으로 자유무역에 보다 친화적이라는 생각은 현 시점에서는 타당할지 모르나 미래에는 달라질 수 있다는 가정에 기초한다. 즉, GATS는 무역에서 이루어질 수 있는 4가지 유형을 모두 포함하고 있고, 만약 언젠가 완전한 구체적 약속이 이루어진다면 GATT에서보다 더 큰 자유무역의 효과가 나타날

---

26   Sacha Wunsch-Vincent, *The WTO, The Internet and Trade in Digital Products: EC-US Perspective*, Oxford and Portland, Oregon, 2006, pp. 57~58.

27   *Id.*, pp. 58~59.

28   Aaditya Mattoo and Ludger Schuknecht, *Trade Policies for Electronic Commerce*, The World Bank, Development Research Group, Policy research Working Paper 2380, 2000년 6월, p.15.

29   이러한 견해는 WTO, S/C/8, 1999년 3월 31일 문서에서도 나타난다. pp. 5-6.

30   Sacha Wunsch-Vincent, *supra* note 26, pp. 59~60.

수 있다는 것이다. 게다가 모든 전자적으로 전송되는 디지털제품을 GATS의 규율 대상에 포함시키게 되면 상품별 분류논쟁으로부터 나타나는 어려운 협상을 피할 수 있고 이를 통해 법적 안정성을 확보할 수 있다.

(3) 평가

지금까지 논의된 사항에 따르면 GATT는 관세고정 및 인하, 일반적 수량제한의 금지를 통하여 무역자유화를 추구하며, 이 과정에서 회원국은 최혜국대우, 내국민대우 등 국제통상법의 기본규범들을 '일반적 의무'로 부담해야 한다. 반면, GATS의 경우 시장접근과 내국민대우 등은 '구체적 약속'을 통해 이루어지고, 무역자유화의 제한은 회원국의 국내규제를 통하여 이루어지므로 그 제한 가능성이 상대적으로 크다. 이에 따라 미국 등 디지털제품의 무역자유화를 주장하는 국가들은 디지털제품의 교역에 GATT의 무역자유화를 위한 일반 원칙이 적용되어야 한다는 입장이며, 문화와 연계된 시청각제품 등에서의 국가의 자율성을 보장하고자 하는 EU는 동 제품의 교역에 GATS가 적용되어야 한다는 태도를 취한다. 이처럼 동 사안은 아직까지 구체적으로 합의된 내용이 없는 일종의 규범의 혼란 또는 부재 상태에 있다.[31]

전자적으로 전송되는 디지털제품에 대해 GATT가 적용될 것인지 아니면 GATS를 적용할 것인지에 대한 분류 문제는 디지털 규범의 초기 형성 단계에서부터 나타난 전통적인 쟁점이다. 그러나 동 사안은 단지 적용규범에 대한 결정문제에 머무는 것이 아니라 이를 통해 시장개방에 대한 접근법과, 국가의 기본적인 권리와 의무에 직접적인 영향을 미치는 핵심적인 부분을 포함하는 디지털통상규범의 방향성을 내포하고 있다. 다만, 아직까지 국제사회는 제기된 논쟁들에 대해 만족할 만한 해결책을 제시하지는 못하고 있다. 결국 동 사안에 대한 결정은 논의에 참여하는 국가들의 국내적인 판단에 기초한 합의에 의존하게 될 것이다. 이에 따라 다수의 국가들은 다자적 차원에서 해결되지 못한 동 사안을 양자 또는 지역적 디지털협정을 체결함으로써 이를 해결하고 있다.

---

31 한국국제경제법학회, 앞의 책, 547~548면 참조.

3. 디지털무역과 관세

(1) WTO와 관세유예[32]

1) 논의 경과

WTO 회원국들은 1998년 제2차 각료회의를 통해 디지털제품 또는 전자적 전송에 대해 관세를 부과하지 않는 현재의 관행을 유지하기로 합의하였다. 그러나 이러한 회원국들의 합의는 매 각료회의마다 차기 각료회의까지 동 관세유예를 연장하는 한시적 형태의 합의이다. 이에 일부 회원국은 동 관세유예의 장기적 영향에 대한 면밀한 연구가 필요하고, 일반적인 관세와 달리 과도한 징수 비용이 발생할 것이며, 특히 관세유예의 대상이 되는 '전자적 전송'(electronic transmission)의 개념을 명확히 해야 한다는 의견을 제시하기도 하였다.[33] 즉, 현 단계에서 디지털제품 또는 전자적 전송에 대한 관세유예는 그 대상의 법적 개념이나 범위 등에 대한 충분한 검토가 부족한 상황에서 도입된 한시적 조치라는 점에서 법적 불확실성이 크다는 문제점을 내포한다.

이러한 상황에서 2017년 제11차 WTO 각료회의를 앞두고 세수 확보에 어려움을 겪는 일부 개도국들은 그동안 매 각료회의마다 기계적으로 연장되어 왔던 동 관세유예 조치에 대해 이의를 제기하였다. 특히, 인도는 농업이나 지식재산권 분야에서 미국의 양보를 끌어내기 위한 협상카드로 동 관세유예를 활용하기도 하였다.[34] 비록 미국의 주장이 수용되어 동 관세유예는 2년 더 연장이 되었으나 이러한 선진국과 개도국의 갈등은 향후 다자협상 과정에서 또다시 쟁점이 될 가능성이 커졌다. 그리고 이러한 갈등은 2022년 열린 제12차 각료회의에서 다시 반복되었다. 즉, 동 회의에서 WTO 회원국들은 2024년 2월 말 개최될 예정인 제13차 각료회의까지 동 관세유예

---

32 이하의 내용은 기획재정부, 「글로벌 디지털 통상 협상 동향 연구: 관세협력 및 관세제도 개선 방향」 경북대학교 산학협력단, 2022년 10월 31일, 63면 이하의 내용을 주로 참고하였음을 밝힌다.

33 WTO, Dedicated Discussion on Electronic Commerce under the Auspices of the General Council on 15 June 2001-Summary by the Secretariat of the Issues Raised, WT/GC/W/436, 6 July 2021.

34 Inside US Trade, 'Moratoriums on E-commerce, TRIPS Non-violation Complaints to Be Renewed after Last-minute Showdown', December 13, 2017, available at https://insidetrade. com/daily-news/ moratoriums-e-commerce-trips-non-violation-complaints-be-renewed-after-last-minute, 2023년 7월 10일 최종접속.

를 다시 연장하기로 논의하였다. 그러나 그 과정에서 인도 등 일부 개도국들은 해당 관세부과 유예의 연장을 반대하였으며, 회원국들은 각료회의 최종일에 가서야 간신히 합의를 이룰 수 있었다.[35] 다만, 만약 제13차 WTO 각료회의가 2024년 4월 이후로 연기된다면 일반이사회에서 이를 다시 연장하지 않는 한 제12차 각료회의에서 합의된 관세부과 유예는 2024년 3월 31일 만료된다.[36]

2) 관세유예의 영구화 및 적용대상의 문제

이처럼 관세부과 유예 조치의 영구화 문제에 대해 WTO 회원국 사이에서 갈등이 나타나는 이유는 개별 국가마다 동 쟁점에 대한 입장이 다르기 때문이다. 그리고 이러한 입장의 차이는 앞서 검토한 디지털제품 또는 전자적 전송의 분류(classification) 문제와 연결된다.

우선 미국이나 EU, 일본 등 디지털제품 또는 전자적 전송에 대해 국가적인 경쟁력을 가지고 있다고 생각하는 국가들은 기본적으로 무관세를 영구적으로 유지해야 한다는 입장이다. 이러한 국가들은 현재 논의의 대상이 되는 디지털제품이나 전자적 전송은 결국 GATT가 적용되는 '상품'이라는 논리에 기초한다. 예를 들어 WTO에서 관세부과 유예를 처음 제안한 미국은 이미 1997년에 '글로벌 전자상거래 프레임워크'(Framework for Global Electronic Commerce)를 통해 전자상거래가 관세로부터 자유로워야 한다는 원칙을 발표하였다.[37] 미국의 입장은 앞서 검토한 것처럼 자국 관련 산업의 경쟁력에 기초하여 대상이 되는 실체의 국제무역이 자유롭게 이루어질 수 있는 통상환경을 마련하고자 하는 것이다.[38]

---

35   Reuters, 'WTO Provisionally Agrees to Extend E-Commerce Tariff Moratorium', June 16, 2022, available at https://www.reuters.com/markets/commodities/wto-provisionally-agrees-extend-e-commerce-tariff-moratorium-sources-2022-06-16, 2023년 7월 10일 최종접속.

36   WTO, *supra* note 4 참조.

37   White House, The Framework for Global Electronic Commerce, available at https://clintonwhitehouse4.archives.gov/WH/N ew/Commerce/read.html, 2023년 7월 10일 최종접속.

38   미국은 이러한 입장에서 현재 논의 대상이 되는 '전자적 전송'의 모호한 용어를 "전자적으로 전송되는 제품"(products transmitted electronically)으로 대체하자는 제안을 하였다. WTO, 'Sixth Dedicated Discussion on Electronic Commerce under the Auspices of the General Council on 7 and 21 November 2005-Summary by the Secretariat of the Issues Raised', WT/GC/W/556, 30 November 2005.

EU는 기본적으로 전자적 전송에 대한 무관세 관행의 지속을 지지한다는 점에서
는 미국과 입장을 공유한다. 그러나 관세유예의 대상이 되는 전자적 전송은 서비스이
므로 사실 처음부터 관세 부과의 대상이 아니라는 점에서 미국의 견해와 차이를 보인
다. 즉, EU는 온라인 환경에서 무역자유화를 지지한다는 점에서는 미국의 입장과 같
지만,[39] 전자적 전송 그 자체는 GATS의 대상인 서비스의 공급으로 파악해야 한다는
주장이다.[40] 이는 EU의 경우 그동안 양자 및 다자 협상 전반에서 콘텐츠를 포함하는
문화 관련 분야는 협상의 대상이 아니라는 점을 견지해 왔으며,[41] 이에 따라 유럽 국
가들이 문화 관련 분야에서 상업적 이익을 추구하는 개방을 지양하고 문화의 다양성
보호를 위해 보수적 입장을 취하고 있음을 반영한 것으로 보인다.[42]

한편, 인도네시아와 같은 일부 개도국들은 관세유예의 대상은 전송(transmis-
sion) 그 자체이지 해당 콘텐츠가 아니므로 전자적으로 전송되는 콘텐츠 또는 무체물
에 관세를 부과할 수 있다는 입장을 나타내고 있다.[43] 이에 제11차 각료회의에서 인
도네시아는 "전자적으로 전송되는 상품에는 그러한 관세유예가 적용되지 않는다."
(… such moratorium shall not apply to electronically transmitted goods …)라는

---

39   WTO, Joint Statement on Electronic Commerce-EU Proposal for WTO Disciplines and Commitments
     Relating to Electronic Commerce-Communication from the European Union, INF/ECOM/22, 26
     April 2019.

40   WTO, Work Programme on Electronic Commerce-Communication from the European Communities
     and their Member States, S/C/W/183, 30 November 2000, para. 6.

41   EU는 리스본조약 제151조에 따라 문화다양성을 고려하여 일부 문화영역에서 회원국이 취한 조치를 지
     원 및 보조해야 하고, 나아가 제87조에서는 시청각 및 문화진흥을 위해 EU 회원국이 동 산업에 대해 지
     원하는 것을 허용하고 있다. 또한 대외적인 통상정책에 있어서도 문화 및 시청각 분야를 배제하였으며,
     이러한 입장에 따라 EU는 무역에 영향을 미치는 통상조약을 체결함에 있어 모든 회원국의 동의 없이
     문화 및 시청각 서비스에 영향을 주는 통상조약을 체결할 수 없다. 문화산업과 관련된 EU의 역내조치
     및 대외적 협상권한에 대한 보다 자세한 설명은 Sacha Wunsch-Vincent, *supra* note 26, pp. 112~126
     참조.

42   강준구 · 박영일, "FTA가 국내 콘텐츠산업에 미칠 영향과 대응방향", 한국콘텐츠진흥원, 「KOCCA 포커
     스」 2011-12호, 통권 40호, 2011년, 14면. 비록 EU의 입장이 문화적인 다양성의 보호라는 점에 기초한
     다 하지만 이는 다른 측면에서는 자국의 관련 산업에 대한 보호로 평가될 수 있는 부분이다. 예를 들어
     시청각 서비스를 전면 개방하고 있는 미국과는 달리 EU는 GATS 협상에서 동 분야를 전혀 양허하지 않
     았고, 이에 따라 현재 해외 콘텐츠 서비스에 대한 차별적인 역내조치가 가능한 상황이다.

43   WTO, 'Statement by Indonesia-Facilitator's consultation on Electronic Commerce, MC11 Declaration,
     and Other Relevant Plenary Sessions', WT/MIN(17)/68, 20 December 2017.

문구를 각료선언에 포함하려 하였으나 미국의 반대로 무산되었다.[44]

이처럼 관세유예에 대한 국가들의 입장이 다양한 것은 개별 국가들이 처한 입장의 차이도 있지만 현재 관세유예의 대상이 된 디지털제품 또는 전자적 전송의 개념과 범위에 대해 명확히 합의된 내용이 없다는 점이 가장 큰 문제로 보인다. 예를 들어 전자적 전송의 범위에 콘텐츠 또는 디지털 서비스가 포함되는지 여부에 대해 WTO 사무국은 전자적 전송을 물리적 상품이 디지털화되어 전자적 방식으로 국경 간 전송이 가능해진 사례로 이해한다.[45] 또한 APEC은 전자적 전송을 비디오, 음악, 게임 등 전자적으로 전송되는 디지털제품, 즉 전자적으로 전송되는 콘텐츠로 이해한다.[46] 한편, OECD는 전자적 전송을 "국경 간 디지털 전달"(cross-border digital deliveries), 즉 전달방법이 디지털로 이루어지는 측면으로 파악하고 디지털 콘텐츠뿐만 아니라 전자적으로 전송이 가능한 모든 사업서비스를 포함하는 것으로 파악한다.[47] 또한 UNCTAD는 전통적인 상품 및 서비스와는 성격이 다른 무체물(intangible goods)이라는 개념을 제시하고 동질적이고 저장이 가능하며 이전이 가능한 무체물을 전자적 전송이라 정의한다.[48]

이상에서 검토한 것처럼 결국 디지털제품 또는 전자적 전송에 대한 WTO 회원국들의 관세부과 유예의 관행은 적용 대상이 되는 실체에 대한 국제적 합의가 명확하지 않은 상황이다. 또한 개별 국가들마다 동 쟁점에 대한 입장의 차이로 인하여 아직까지 관세유예가 구체적인 의무로 인정되지 않고 있으며, 매 각료회의에서 이를 연장하는 회원국 합의를 통해 이루어지는 제한적인 상황이다.

---

44 Inside US Trade, 'Moratoriums on E-commerce, TRIPS Non-violation Complaints to Be Renewed after Last-minute Showdown'. available at https://insidetrade.com/daily-news/moratoriums-e-commerce-trips-non-violation-complaints-be-renewed-after-last-minute, December 13, 2017. 2023년 7월 10일 최종접속.

45 WTO, 'Fiscal Implications of the Customs Moratorium on Electronic Transmissions: The Case of Digitisable Goods', JOB/GC/114, 20 December 2016.

46 APEC, Pathfinder Initiative Proposal for a Permanent Customs Duty Moratorium on Electronic Transmissions, Including Content Transmitted Electronically, 2016 CTI REPORT TO MINISTERS, 2016.

47 Andrenelli and López-González, Electronic Transmissions and International Trade-Shedding New Light on the Moratorium Debate. OECD Trade Policy Papers No. 233, 2019.

48 Kozul-Wright and Banga, Moratorium on Electronic Transmissions: Fiscal Implications and Way Forward, UNCTAD Research Paper NO. 47, UNCTAD/SER.RP/2020/6, June 2020.

(2) 양자 · 지역협정과 관세유예[49]

디지털제품 또는 전자적 전송에 대한 관세유예 문제를 다자간 차원에서는 1998년 제2차 WTO 각료회의 이후 지금까지 국가들의 합의를 통해 관세유예의 관행을 계속 연장하는 형태로 적용하여 왔다. 이는 전자적 전송 또는 디지털제품에 관세를 부과하지 않는 현재의 관행이 국가들 사이에서 보편적 의무로서 인정될 수 있다는 다수 국가들의 묵시적 합의를 의미한다는 해석도 가능하다.[50]

이에 대해 양자 또는 지역적 차원에서 이루어지는 디지털통상협정은 디지털제품 또는 전자적 전송에 대한 무관세를 의무 규정으로 도입하는 경향이 증가하였다. 예를 들어, 2007년 서명되고 2012년 발효한 한-미 FTA에서도 동 쟁점은 당사국의 의무로 규정되어 있다.[51] 그리고 이러한 경향은 이후 포괄적 · 점진적환태평양동반자협정(Comprehensive and Progressive Agreement for Trans-Pacific Partnership: CPTPP), 미-일 디지털무역협정(US-Japan Digital Trade Agreement: USJDTA), 디지털경제동반자협정(Digital Economy Partnership Agreement: DEPA) 등으로 이어지고 있다.[52] 다만 양자 또는 지역적 디지털협정 속 관세유예 조항은 그 자유화의 정도에 따라 약간의 차이를 보인다.

우선 역내포괄적경제동반자협정(Regional Comprehensive Economic Partnership: RCEP)은 전자적 전송에 관세를 부과하지 않는 현 관행을 유지하는 방식을 채택함으로써 무관세 '의무'를 부과하는 다른 협정보다 낮은 수준으로 평가된다. 특히, RCEP은 관세부과 유예 관행의 연장에 대한 WTO 각료회의 결과에 따라 향후 관세를 부과하지 않는 관행을 수정할 권한까지 명시하여 기본적으로는 관세부과 유예를 통한 자유화 원칙에 함께하지만 해당 쟁점에 대한 결정 권한을 개별 회원국에게 유보함으로써 언제든지 관세부과가 가능한 구조를 만들었다.[53]

한편, 관세를 부과하지 않도록 의무화하는 협정들도 이를 다양한 방식으로 규정

---

49   이하의 내용은 권현호 외, 앞의 주 6), 110~112면의 내용을 참고하였다.

50   비록 현재의 관세유예 관행이 아직까지 완전한 보편적 관행이라고 할 수는 없지만 적어도 일반적인 국제관습법의 형성 요건 중 관행(practice)의 누적과 같은 상황에 해당한다고 평가할 수 있다.

51   한-미 FTA 제15.3조 제1항.

52   USMCA 제19.3조, USJDTA 제7조, 및 DEPA 제3.2조 참조.

53   RCEP 제12.11조.

하고 있다. 첫째, EU-영국 무역협력협정(EU-UK Trade Cooperation Agreement: EUKTCA) 제203조, EU-일본 경제동반자협정(EU-Japan Economy Partnership Agreement: EJEPA) 제8.72조는 전자적 전송에 대하여 관세를 부과하지 않도록 규정할 뿐 전자적 전송의 상호주체인 '한 당사국과 타방 당사국 간'을 명시하고 있지 않다. 즉, 당해 '지역무역협정 체결국 간'에 전송되는 전자적 전송과 관련하여 관세를 부과하지 않는 다른 협정과는 달리, 전송의 상호주체를 명시하지 않음으로써, 지역무역협정 체결국으로부터 전송되는 것은 물론이고 어느 국가로부터 전송되더라도 EU 역내로 들어오는 모든 전자적 전송물에 대해 전부 관세를 부과하지 않는다고 해석될 여지가 있다. 둘째, 무관세의 대상으로 미국-멕시코-캐나다 무역협정(US-Mexico-Canada Agreement: USMCA) 19.3조는 '전자적으로 전송되는 디지털제품의 수출입'을, EUKTCA 제203조, EJEPA 제8.72조는 단순히 '전자적 전송'을, CPTPP UJSDTA, DEPA, KSDPA는 '전자적으로 전송되는 콘텐츠'를 포함한 '전자적 전송'을 규정하여 무관세 대상의 범위에서 차이를 나타낸다. 셋째, USMCA는 관세뿐 아니라 '수출입과 관련되는 수수료 및 기타 부과금'까지 규정하는 반면, 다른 협정들은 관세만 명기하고 있다. 넷째, CPTPP USMCA DEPA KSDPA 및 RCEP은 당해 협정에 합치하는 방식으로 부과되는 조건으로 내국세, 수수료 또는 부과금은 부과될 수 있다고 규정하는 반면, 다른 협정은 내국세 부과 등에 침묵하고 있다.

결국, 이러한 양자 및 지역 차원에서 이루어진 디지털협정들은 디지털제품 또는 전자적 전송에 대한 관세부과 금지, 즉 무관세와 관련하여 다음 세 가지 유형으로 나눌 수 있다.[54] 첫째, 디지털제품 또는 전자적 전송에 대한 무관세와 내국세, 수수료 또는 부과금의 비배제까지도 함께 명시하는 유형으로 CPTPP, USMCA, DEPA, KSDPA 등의 협정들이 이에 해당한다. 특히 USMCA는 관세 이외에도 수수료나 기타 부과금까지 대상으로 명시하고 있음은 앞서 살펴본 바와 같다. 둘째, 디지털제품 또는 전자적 전송에 대한 무관세를 의무화하지만, 내국세나 수수료, 기타 부과금의 비배제는 별도로 명시하지 않는 유형으로 USJDTA가 이에 해당한다. 마지막은 RCEP과 같은 유형으로 디지털제품 또는 전자적 전송에 관세를 부과하지 않는 관행을 유지할 의무를 명시하지만, WTO 각료회의의 결정에 따라 달리 검토될 수 있다는 일종의 조건

---

54 기획재정부, 앞의 책, 33~34면 참조.

부 무관세 의무를 규정한 형식이다.

(3) 평가

양자 · 지역협정을 통해서 디지털제품 또는 전자적 전송에 대해 관세를 부과하지 않는 명시적 의무를 규정한 경우에는 그 대상의 정의나 범위에서 비롯된 문제를 제외하면 무관세 원칙 자체에 대해서는 큰 문제가 없는 것으로 보인다. 그러나 이러한 경우를 제외하고, 현 다자관계에서 나타난 관세부과 유예조치, 일명 모라토리엄은 디지털무역의 자유화를 위한 중요한 조치이지만 다음과 같은 문제점이 제기될 수 있다.[55]

일반적으로 무역에서 상품에는 관세가 부과되고, 서비스는 그 속성상 관세가 부과될 수 없음은 일반적으로 수용된다. 그러나 디지털무역에서 전자적 전송, 즉 디지털제품이라고 불리는 대상에 대한 관세부과는 좀 더 복잡한 양상을 보인다. 첫째, 1998년 각료선언 이후 1999년 시애틀 각료회의에서 동 선언에 대한 연장이 없었고, 2001년 도하(Doha) 각료회의에서 명시적으로 이를 다시 유예할 때까지 2년의 공백기간 동안 법적으로 동 선언의 유효성 문제가 다투어질 수 있다.[56] 둘째, 관세부과의 유예는 '디지털제품' 또는 '전자적 전송'(electronic transmissions)에만 적용된다. 그렇다면 전자적 전송에는 그 대상인 콘텐츠나 전자적으로 전송되는 서비스 등은 제외되는 것으로 이해될 수 있다. 그러나 이러한 해석에 따르면 서비스는 기본적으로 관세부과의 대상이 아니라는 점과, 만약 콘텐츠가 제외된다면, 관세유예선언에서 의미하는 전달 대상으로서의 디지털화된 콘텐츠는 원래 관세부과의 대상이 될 수 있다는 점 등 법적인 또는 해석상의 어려움이 발생한다. 그러나 문제는 이에 대해 WTO 회원국 사이에서 어떤 구체적 합의도 없다는 점이다. 따라서 이러한 관세부과 유예선언은 법적 합의가 아닌 일종의 정치적 합의에 불과하며 또한 일시적 성격을 갖는 것으로 평가된다. 이는 결국 동 선언을 이행하지 않는 회원국에 대해서 WTO의 분쟁해결제도를 통해 강제할 수 없다는 결론에 도달한다.[57] 셋째, 동 관세부과 유예선언은 전자

---

55   이하의 내용은 권현호, "콘텐츠무역과 국제통상법의 현재와 미래-WTO 및 FTA에서의 논의를 중심으로", 「강원법학」 제47권, 2016년 2월, 153~154면 참조.

56   한편, WTO 일반이사회는 2015년 11월 30일 전자적 전송에 관세를 부과하지 않는 관행을 2017년 차기 각료회의까지 다시 연장하는 결정을 내렸다. WTO, WT/MIN(15)/W/26, 1 December 2015.

57   Inside US Trade, *"WTO Members Reach Standstill Pact on Duty-Free Electronic Commerce"*, 22 May 1998.

적으로 전송되는 콘텐츠 제품과 물리적으로 교역되는 제품 간에 차별의 문제를 야기할 수 있다. 즉, 물리적 방법에 의해 교역되는 제품에는 관세를 부과하는데, 동 선언에 따라 이와 동종(like) 관계에 있는 전자적 전송 또는 디지털제품에는 관세부과가 유예된다면 이는 비차별대우 의무를 위반하는 것이고, 소위 '기술중립성'(technological neutrality) 원칙에도 벗어난다.[58] 마지막으로 디지털무역의 대상이 되는 전자적 전송 또는 디지털제품이 시장접근을 보장하는 자유무역의 대상이 되는지 여부와 '어떤' 무역규범의 대상이 되는지에 대한 문제를 넘어, 이미 무역이 이루어지고 있는 현실에서 이를 '어떻게' 다루어야 할 것인가의 여부는 별개의 논점으로 지금까지와는 또 다른 법적 쟁점을 포함하게 된다.

4. 디지털무역과 비차별대우

(1) 논의배경 및 쟁점

디지털통상 관계에서 제기되는 비차별대우 문제는 WTO 전자상거래 논의 초기부터 제기된 전통적인 쟁점 중 하나이다. 일반적으로 최혜국대우와 내국민대우로 이해되는 국제통상규범의 비차별대우는 국제무역 시스템을 지지하는 가장 근본적인 원칙으로 수출자들 간의 경쟁조건의 동등성을 보장하여 무역의 효율성을 증진하고, 국제통상체제의 안정성과 투명성을 유지하는 역할을 수행한다.[59] 이에 따라 동 원칙은 GATT/WTO 체제를 통한 다자무역과, 현재 국제통상 관계의 주요 규범 시스템이 된 FTA/RTA에서도 언제나 핵심적인 규범으로 이해되고 있다. 디지털통상에서의 비차별대우 역시 국가들이 부담해야 하는 핵심적인 의무로 기능한다. 그러나 디지털무역 또는 디지털통상 관계에서의 비차별대우를 이해하기 위해서는 다음과 같은 점을 고려해야 할 필요가 있다.

---

58 다만, 기술중립성 개념은 회원국들이 부담해야 하는 일반적 의무나 구속력이 있는 법원칙이 아니라 WTO 협정에 명시적으로 규정되지 않는 동종성(likeness)을 판단하기 위하여 이용될 수 있는 개념이라는 측면에서 한계를 갖는다. 이한영, 『디지털@통상협상-UR에서 한미 FTA까지』(삼성경제연구소, 2007), 89쪽 참조.

59 최원목, 「WTO 비차별원칙의 이해와 적용 연구」, 법무부, 2003년. 1면 참조.

1) 비차별대우의 대상

가장 먼저 해결되어야 할 점은 비차별대우를 부여하는 대상이 무엇인지에 대해 명확하지 않다는 점이다. 이러한 문제는 앞서 검토한 소위 '디지털제품' 또는 '전자적 전송'의 정의 또는 범위의 문제와 연계된다. 즉, 디지털통상에서 비차별대우 문제가 나타난 것은 미국이 주도하는 FTA 전자상거래 장(chapter)에 '디지털제품'이라는 개념이 포함되면서 시작되었다.[60] 그런데 동 개념은 현재 미국이 주도하는 협정들에서는 일반적인 정의를 포함하고 있으나,[61] 미국을 제외한 다른 국가들이 체결하는 디지털협정들에서도 공통적으로 나타나는 것은 아니다. 또한 디지털제품이라는 용어와 전자적 전송(electronic transmission)이 유사한 내용을 의미하는 것으로 혼용되고 있다.[62] 따라서 비차별대우의 부여 대상이 되는 개념과 그 범위가 무엇인지에 대한 구체적인 합의가 필요한 지점이다.

2) 분류문제와 연결

동 쟁점은 앞서 디지털제품 또는 전자적 전송의 분류(classification) 문제로, 디지털통상 관계에서 비교가 되는 대상이 상품인지 아니면 서비스로 간주되는지 여부와 관계가 있다. 왜냐하면, 이는 비차별대우의 부여 대상이 상품인지 아니면 서비스인지에 따라 그 의무의 범위와 내용이 달라지기 때문이다. 즉, 만약 해당 제품이 상품으로 분류된다면 이에 부여되는 최혜국대우나 내국민대우는 모두 일반적 의무로 적용된다. 그러나 만약 대상이 되는 실체가 서비스라면 최혜국대우는 일반적 의무로 적용된다 해도,[63] 내국민대우는 구체적 약속(specific commitment)에 따라 달리 적용될 수 있다. 따라서 우선적으로 비차별대우의 부여 대상이 되는 디지털무역의 대상이 상

---

60   미-싱가포르 FTA 제14.3조에 디지털제품이 처음 포함되었고, 이후 미국이 주도하는 FTA와 디지털협정에 동 개념이 포함되고 있다.

61   예를 들어 한-미 FTA에서는 디지털제품을 "디지털제품이라 함은 전달매체에 고정되는지 또는 전자적으로 전송되는지 여부에 관계없이 디지털 방식으로 부호화되고 상업적 판매 또는 배포를 목적으로 생산된 컴퓨터 프로그램·문자열·동영상·이미지·녹음물 및 그 밖의 제품을 말한다."라고 정의한다. 한-미 FTA 제15.9조.

62   그러나 한-미 FTA 제15.9조처럼 미국식 디지털협정에서의 전자적 전송(electronic transmission)이라는 용어는 네트워크를 통하여 교역의 대상이 되는 실체를 전달하는 그 자체를 의미한다.

63   다만 이 경우 최혜국대우 의무의 면제를 받기 위해서는 WTO 회원국들은 '제II조 면제에 관한 부속서'에 열거되어 있고, 동 부속서상의 조건을 충족하는 경우에만 최혜국대우 의무로부터 벗어날 수 있다. GATS 제II:2조.

품인지 서비스인지를 결정하는 것이 디지털통상 관계에서 비차별대우의 적용을 명확히 하기 위한 전제가 된다. 다만, 다자통상 관계에서 디지털제품의 분류문제가 아직 해결되지 못한 현실을 반영하여 많은 국가들은 개별적인 디지털협정들 속에 디지털제품의 정의와 더불어 동 쟁점에 대한 유보를 첨부하고 있다.[64]

3) 동종성 판단과 기술중립성

EU와 같은 국가들은 디지털제품이라는 개념 대신에 디지털무역의 형태를 서비스의 전자적 전송으로 파악한다. 이러한 견해에 따르면 기존 방식으로 적용되는 서비스와 전자적 수단으로 전송되는 서비스 간의 동종성 문제가 비차별대우와 관련해 제기될 수 있다. 이에 대해 WTO는 기술중립성에 근거하여 양 서비스가 동종서비스라는 견해에 대해 서비스의 전달방식이 동종성을 판단하는 데 있어 중요한 변수가 아니라는 점을 언급하였지만,[65] WTO 차원에서 어떠한 공식적 입장도 아직 합의된 바는 없다.[66] 즉, WTO의 '기술중립성' 개념에 따르면, 전자적 수단에 의한 서비스의 공급과 기존에 이루어졌던 비전자적 수단에 의한 서비스의 공급 간에 차이가 서비스 자체의 변경이 아닌 단지 전달수단에만 있는 경우라면 이러한 차이는 양 서비스 간의 동종성에 영향을 준다고 볼 수 없다는 것이다.[67] 한편 '미국-도박 및 내기서비스' 사건에서도 패널은 전자적으로 전송되는 서비스가 비전자적으로 전달되는 서비스와 비교하여 동종인지 여부에 대해서는 어떤 결론도 내리지 않았으며, 국내사업자와 외국사업자가 전자적으로 전달하는 서비스의 동종성 문제에 대해서도 직접적으로 거론하지 않았다.[68] 결국 서비스의 전자적 전송에 대한 비차별대우 문제는 기술중립성의 개념의 인정범위에 따라 달라질 수 있을 것이다. 비록 동 개념이 아직 법적 의무로 이해되지는

---

64 예를 들어 한-미 FTA 제15.9조의 각주 4)는 "디지털제품의 정의는 전자적 전송을 통한 디지털제품의 무역이 상품무역으로 분류되어야 하는지, 또는 서비스 무역으로 분류되어야 하는지에 관한 당사국의 견해를 반영하는 것으로 이해되어서는 아니 될 것이다."라는 점을 명확히 하고 있다.

65 WTO, *Progress Report to the General Council*, S/L/74, 27 July 1999, para. 8.

66 이한영, "전자적 서비스무역에 관한 통상규범: WTO 및 FTA의 성과", 「통상법률」 통권 제81호, 2008년 6월, 129면 참조.

67 이는 기술중립성 개념을 중요시하는 견해로 전자적 수단과 비전자적 수단의 차이는 옷을 소비자에게 전달함에 있어 차량에 의해 운반할지, 항공기로 운반할지의 문제와 유사한 정도에 불과하다는 것이다. Aaditya Matto and Ludger Schuknecht, "*Trade Policies for Electronic Commerce*", Policy Research Working Paper Series 2380, World Bank, June 2000, pp. 15~16. 이한영, 앞의 주, 128면 참조.

68 WTO, *United States-Measures Affecting the Cross-Border Supply of Gambling and Betting Services*, WT/DS285/R, 10 November 2004, paras. 6.25~6.28 및 6.425~6.426 참조.

않지만 향후 일반적 의무로 변경된다면 다른 결론이 가능하기 때문이다. 다만, 현재로서는 동 쟁점의 해결을 위한 GATS의 일반원칙을 발견하기는 어렵고, 결국 주어진 사안별(case by case)로 해결되는 수밖에 없을 것이다.

(2) 양자 · 지역협정에서의 비차별대우

디지털통상 문제로서의 비차별대우는 미국이 주도하는 디지털협정, 특히 디지털제품이라는 개념을 통해 구현하고자 한 무역자유화의 방편으로 이해할 수 있다. 이는 EU나 중국이 체결하는 디지털통상협정에는 디지털제품의 비차별대우 조항이 없다는 점에서 보다 명확히 드러난다. 이처럼 디지털제품 조항을 통해 비차별대우 원칙을 활성화하고자 하는 시도는 디지털규범 형성의 초기, 즉 무역협정 내 전자상거래 장(chapter)을 두는 소위 미국식 FTA 내에서 찾아볼 수 있다. 이는 2003년 1월 타결된 미-싱가포르 FTA에서 처음 규정된 이후 2006년 한-싱가포르 FTA에서도 같은 형식으로 명시가 되었으며,[69] 한-미 FTA에서 구체화되었다.

1) 주요 협정 속 비차별대우

한-미 FTA 전자상거래 장의 비차별대우는 이후 미국이 디지털협정의 비차별대우 규정을 만들어 가는 데 중요한 역할을 하였다. 우선 동 협정은 제15.3조 디지털제품 조항 속에 비차별대우 원칙을 포함시킴으로써 동 원칙의 적용 대상이 디지털제품임을 분명히 하였다. 또한 동 협정은 같은 조 제2항 및 제3항에서 디지털제품에 대하여 최혜국대우와 내국민대우를 동시에 규정하고 있다. 특히, 내국민대우 의무의 범위와 관련하여 기존에 미국이 체결하였던 FTA에서 존재하였던 제3국의 개념이 삭제되었다는 점은 협정의 본질적 측면에서는 보다 타당한 접근이라 할 수 있다.[70] 한편, 한-미 FTA는 디지털제품에 대한 비차별대우 원칙을 규정하고, 해당 기준을 각주를 통해 보다 명확히 하는 시도를 하였다. 그러나 이러한 시도는 본문의 범위와 각주의 내용이 일치하지 않아 불필요한 논란을 초래하였고,[71] 이후 체결된 FTA에서는 이처럼 본

---

69 한-싱가포르 FTA 제14.4조 제3항.

70 예를 들어, 미국-싱가포르 FTA, 제14.3조 3항, 미국-칠레 FTA, 제15.4조, 1항, 미국-호주 FTA, 제16.4조, 1항 등에서는 '비당사국'이라는 제3국에 대한 내용이 포함되었으나 한-미 FTA에서는 이러한 개념을 배제하여 제3국이 한-미 FTA로 인한 혜택을 받는 것을 차단하고자 하였다.

71 이에 대해서는 권현호, "한-미 FTA 전자상거래 협상에서의 통상법적 쟁점", 「통상법률」 통권 제75호,

문과 각주를 통해 비차별대우 적용범위를 구분하는 형식은 거의 나타나지 않고 있다. 그럼에도 불구하고 한-미 FTA의 비차별대우 조항은 향후 미국이 체결하는 디지털협정 내 비차별대우의 모델규범이 되었다는 평가가 가능하다.

한편, 미국이 주도하는 양자 FTA가 아닌 무역협정 또는 디지털협정에서의 비차별대우는 CPTPP, USJDTA, USMCA, DEPA, KSDPA 등 많은 협정들에서 찾아볼 수 있다. 디지털제품의 비차별대우 조항이 있는 이러한 협정들은 모두 디지털제품을 "디지털 방식으로 부호화되고 상업적 판매 또는 배포를 목적으로 생산되고 전자적으로 전송될 수 있는 컴퓨터 프로그램, 문자열, 동영상, 이미지, 녹음물 또는 그 밖의 제품"이라고 정의한다.[72] 한편 "화폐를 포함한 금융상품의 디지털화된 표현"은 디지털제품에서 제외한다는 점에서 디지털제품을 정의하는 많은 협정들이 이러한 정의에 동의하고 있음을 알 수 있다. 또한 디지털제품이 상품과 서비스 중 어느 것으로 분류될지에 관해 입장이 다를 수 있지만, 동 협정들은 공통적으로 디지털제품의 정의가 디지털무역의 분류 문제로 번지지 않도록 하는 규정을 두어 이 문제를 해결하고 있다.[73]

우선 CPTPP는 전자상거래상의 디지털제품에 대한 비차별대우 의무를 좀 더 명확하게 규정하고 있다. 즉, 동 협정에서는 "어떤 당사국도 다른 당사국의 영토 내에서 창작, 제작, 발행, 계약, 발주 또는 상업적 조건으로 최초 이용 가능하게 된 디지털제품에, 또는 그러한 디지털제품의 저작자, 실연자, 제작자, 개발자 또는 소유자가 다른 당사국의 사람인 경우 해당 디지털제품에 덜 호의적인 대우를 부여해서는 안 된다."는 명시적 의무규정을 두고 있다.[74] CPTPP는 한-미 FTA의 디지털제품에 대한 비차별대우 논의에서 많은 비판이 있었던 다른 당사국 영토 내에서 저장(stored)과 전송(transmitted), 그리고 배포자(distributor)에 대한 조건을 삭제함으로써 구조적인 합

2007년 6월, 121~124면 참조.

72   예를 들어 한-싱가포르 DPA에서는 제14.1조에서 "디지털제품이란 디지털 방식으로 부호화되고 상업적 판매 또는 배포를 목적으로 생산되며 전자적으로 전송될 수 있는 컴퓨터 프로그램, 문자열, 동영상, 이미지, 녹음물 또는 그 밖의 제품을 말한다."라고 명시하고 있다.

73   예를 들어 한-싱가포르 DPA에서는 제14.1조 각주에서 "디지털제품의 정의는 전자적 전송을 통한 디지털제품의 무역이 서비스 무역으로 분류되어야 할 것인지 또는 상품 무역으로 분류되어야 할 것인지에 관한 당사국의 견해를 반영하는 것으로 양해되어서는 안 될 것이다."라고 하여 동 정의가 분류 문제와는 관계가 없음을 밝히고 있다.

74   CPTPP 제14.4조 1항.

치성을 이루었다. 또한 한-미 FTA에서 존재했던 디지털제품에 대한 최혜국대우 조항을 삭제하고 내국민대우 조항만으로 비차별 의무를 규정한 것은 양자 FTA 및 지역적 RTA가 갖는 본래의 취지를 반영한 것으로 이해할 수 있다.[75]

이러한 경향은 USMCA에서도 그대로 나타난다. 동 협정에서 디지털제품에 대한 비차별대우는 CPTPP의 해당 조항을 거의 그대로 가져왔다.[76] 또한 USJDTA,[77] 호주-싱가포르 디지털경제협정(Australia-Singapore Digital Economy Agreement: ASDEA)이나 DEPA의 경우도 디지털제품에 대한 비차별대우 조항은 기존 협정들의 조항과 거의 유사하게 규정되고 있다.[78]

2) 비차별대우 적용의 제한[79]

적용 대상 및 범위와 관련하여 CPTPP, USJDTA, USMCA, DEPA 및 KSDPA 모두 정부지원 융자, 보증, 보험 등 정부보조금 또는 무상교부를 적용대상에서 배제한다. CPTPP, DEPA 및 KSDPA는 방송을 배제하는 반면, USMCA는 방송 배제 문구를 포함하지 않아 방송에도 원칙적으로 비차별대우가 적용된다. USJDTA는 방송의 경우 외국 자본의 참여 수준을 제한하는 조치를 채택하거나 유지하는 것을 금지하지 않는다는 명시적 규정을 두어 CPTPP에서 규정했던 방송에 대한 동 조항의 미적용 부분을 보다 명확히 하였다.[80] 이는 방송기업에 대한 외국자본 제한조치를 허용하는 것으로 기본적으로는 방송 분야에 비차별대우 원칙을 적용하지만 해외투자 부분은 제한이 가능하도록 설계하였다.

한편, USMCA를 제외한 CPTPP, USJDTA, DEPA 및 KSDPA 등은 지식재산권과 불일치하는 한도 내에서 비차별대우 원칙을 적용하지 않는데,[81] 이를 규율하는 방식에서는 각 협정 간에 약간의 차이가 존재한다. 예를 들어, 비차별대우 원칙의 배제

---

75 이와 같은 CPTPP 내 비차별대우 조항은 이후 체결되는 많은 디지털무역협정 속 비차별대우의 원형(原型)이 되었다고 평가할 수 있다.

76 USMCA 제19.4조.

77 USJDTA 제8조 1항.

78 DEPA 제3.3조, ASDEA 부속서A 제6조. 다만, DEPA의 경우 모듈3의 제목 자체를 '디지털제품과 관련 쟁점들의 처리'로 규정하여 동 쟁점을 독립하여 다루고 있다는 점이 특징이다.

79 이하의 내용은 권현호 외, 앞의 주 6), 96~97면의 내용을 참고하였다.

80 USJDTA 제8조 3항 및 4항.

81 USMCA는 기존 CPTPP에서 제한을 두었던 지적재산과 관련된 내용이나, 방송의 경우 동 조항이 적용되지 않는다는 조항을 삭제하였다.

범위에 대해 CPTPP는 제18장(지식재산권)상 권리의무와 불일치하는 한도에서 가능하며,[82] USJDTA 및 KSDPA는 양국이 모두 가입한 지식재산권 관련 협정과 불일치하는 한도에서, DEPA는 가입국 중 중 어느 한 국가가 가입한 협정과 불일치하는 한도에서 동 원칙의 배제가 가능하다. 따라서 DEPA의 경우 당사국 중 한 국가만 가입한 지식재산권 협정이면 이와 불일치하는 한도 내에서 비차별대우가 적용되지 않아 비차별대우 배제 범위를 확대하고 있다고 할 수 있다.

(3) 평가

미-싱가포르 FTA에서 디지털제품 개념이 등장하고, 이에 대한 비차별대우 의무가 FTA 내 전자상거래 장에 포함되면서 디지털통상 분야의 비차별대우 규범에 대한 논의는 시작되었다. 그리고 이를 이어 체결된 한-미 FTA 디지털제품의 비차별대우 조항은 동 의무가 발생시키는 국가의 권리와 의무 관계에 많은 함의를 제공하였다. 이러한 국제사회의 논의는 CPTPP 내에 디지털제품에 대한 비차별대우 조항을 포함시켰고, 동 조항은 이후 체결된 많은 조항들의 원형(原型)이 되었음을 설명하였다.

CPTPP, USJDTA, USMCA, DEPA, KSDPA 등 지금까지 체결된 대부분의 비차별대우 조항들은 "어떠한 당사국도 다른 쪽 당사국의 영역에서 창작, 제작, 발행, 계약, 발주되거나 상업적 조건으로 최초로 이용 가능하게 된 디지털제품이나 그 저작자, 실연자, 제작자, 개발자나 소유자가 다른 쪽 당사국의 인인 디지털제품에 대하여, 자국이 다른 동종의 디지털제품에 부여하는 것보다 불리한 대우를 부여하지 않는다."는 내용의 조항을 두고 있다.[83] 그러나 디지털제품에 대한 비차별대우를 규정한 협정 간에도 일부 차이점이 존재한다. 첫째, CPTPP, USJDTA, USMCA, DEPA는 내국민대우뿐만 아니라 최혜국대우를 규정하고 있으나, KSDPA는 내국민대우만 규정한다. 둘째, CPTPP 및 DEPA의 경우 비차별대우 부여 대상인 디지털제품을 복수(digital products)로 규정하는 반면, USJDTA, USMCA, KSDPA는 단수(a digital product)로 규정하고 있다. 미국이 주도한 USJDTA 및 USMCA의 경우 협정의 법률검토 과정에

---

82 CPTPP의 경우 동 의무조항은 제18장, 즉 지식재산과 관련된 권리와 의무에 합치하는 경우에만 적용되며, 방송에는 적용되지 않는다.

83 예를 든 문장은 한-싱가포르 DPA 제14.6조 제1항 디지털제품에 대한 비차별대우 조항이다.

서 동 문구가 단수로 수정된 것으로 추정되는데, 이는 비차별대우 원칙을 더 강화하기 위한 방편으로 보인다.

디지털제품에 대한 비차별대우는 한-미 FTA를 시작으로 다양한 디지털협정들이 체결됨에 따라 이제는 동 분야의 통상규범으로서 확고한 틀을 갖춘 것으로 평가된다. 특히, 미국이 주도하는 FTA 및 RTA에서 디지털제품에 대한 비차별대우는 완전한 의무조항으로 체결되었다는 점에서 다른 협정들과 차별성을 갖는다. 이러한 형식의 협정들은 자국 관련 산업의 경쟁력을 토대로 그동안 WTO에서는 합의되지 못한 동 쟁점을 양자 및 지역 간 협정을 통해 해결함으로써 소위 디지털제품에 대한 모델규범(model law)을 설정하고, 이를 통해 디지털무역의 자유화를 이루고자 하는 미국의 의도를 반영한 것으로 평가할 수 있다. 다만, 디지털제품에 대한 비차별대우를 규정할 때는 국내적으로 필요한 분야에 대한 적용배제를 구체적으로 명시하는 것과 함께, 원산지에 대한 판정 기준을 명확히 하고 미래 MFN 조항과의 관계 등 다양한 측면을 고려해야 할 것이다.[84]

5. 디지털통상규범의 한계

지금까지 살펴본 디지털제품 또는 전자적 전송이라 불리는 실체에 대한 분류의 문제는 결국 관세부과 유예 관행에 대한 다양한 법적 문제를 불러오고, 동시에 통상 관계에서의 전통적 쟁점은 비차별대우 문제까지 이어질 수 있음을 보았다. 그러나 이를 규율하는 국제적인 디지털규범은 아직까지 보편적이고 일반적인 통상규범으로 다수 국가들의 충분한 공감대를 형성하지는 못한 것으로 보인다. 이는 기본적으로 디지털통상의 개별 쟁점들에 대한 국가들의 입장 차이에서 비롯된 것으로, 보편규범의 형성을 어렵게 하고 그나마 존재하는 일부 규범들의 파편화를 초래한 원인이 된다. 또한 개별 국가들의 처한 상황들은 디지털 분야의 기술발전과 더불어 점점 더 복잡한 양상을 나타내게 된다.[85]

---

84 권현호 외, 앞의 주 6), 97면.
85 예를 들어, 빅데이터(Big Data)의 활용이나 AI 이용 등에 있어서는 데이터의 국경 간 이전과 관련된 쟁

결국, 국제사회에서 유효하고 의미 있는 디지털통상규범을 마련하기 위해서는 우선적으로 관세유예 문제라든가 비차별대우와 같이 지금까지 논의가 어느 정도 이루어졌던 전통적인 쟁점에 대한 국가들의 합의부터 이끌어 내고, 이후 다양한 쟁점들에 대한 논의결과가 추가되는 규범체계가 마련되어야 할 것이다. 그리고 이러한 국가들의 노력은 WTO 전자상거래 협상을 통한 다자간 논의와, 양자 또는 지역협정을 통한 논의가 병행될 것으로 보인다. 다만, 국가들 협상의 편의와 노력을 검토할 때 아무래도 현 단계에서 WTO를 통한 다자적 디지털통상협정의 체결은 협상이 장기화될 가능성이 좀 더 클 것으로 파악된다.[86] 그리고 이러한 다자협상의 어려움을 극복하고, 혹시나 발생할 수 있는 디지털통상 분야 법적 공백의 최소화를 위해서는 지금까지처럼 다양한 양자 및 지역협정들을 통한 규율이 주된 방식이 될 것으로 보인다.

그럼에도 불구하고 이러한 형식의 디지털통상협정은 다음과 같은 한계를 갖는다.[87] 첫째, 법규범 주체의 소수성이다. 즉, 앞서 검토한 디지털통상규범 중 가장 많은 당사국을 가진 CPTPP조차 총 11개국에 머무르고 있고, 우리나라가 체결한 '역내포괄적경제동반자협정'(RCEP)의 당사국은 아세안 10개국을 포함해도 총 15개국으로 한정된다. 따라서 아직까지 국제사회에서 보편성을 갖는 디지털통상규범을 기대하는 것은 어려운 상황이다. 둘째, 규율방식의 이중적 질서이다. 다시 말해 현재의 디지털통상규범은 이미 오래전부터 논의되었고 현재까지 해당 쟁점에 대한 규범의 틀이 잘 완성되어 있는 의무조항들과, 최근에 등장한 새로운 디지털무역 쟁점들에 대하여 국가 간 협력을 이끌어 내기 위한 협력조항들이 혼재되어 있다. 셋째, 디지털통상규범의 네트워크 현상이다. 이러한 현상은 양자 및 지역적 규모의 디지털통상협상을 주도하는 소수의 국가들이 있고, 이러한 국가들의 요구에 찬성하는 다른 국가들이 FTA나

점이 제기될 가능성이 있고, 최근 제기되는 글로벌 가치 사슬(Global Value Chain)의 변화가 온라인 유통망과 연계될 경우 관련 산업에 대한 금융지원 등에 있어 보조금 이슈가 제기될 가능성도 존재한다. 또한 기존 방송과 OTT서비스가 융합되는 환경은 서비스의 분류와 기술중립성 등 전통적인 통상이슈뿐만 아니라 소위 '디지털세'(Digital Tax)나 인앱결제(In-App Purchase) 등 새로운 쟁점들도 야기한다 한국국제경제법학회, 앞의 주1) 각주 196 참조.

86 물론, 현재 WTO 복수국 간 전자상거래 협상에 참여하는 국가들은 동 쟁점에 대해 공통의 이해가 있는 국가들의 많으므로 계기가 마련된다면 오히려 빠른 협상 결과를 도출할 가능성도 존재한다. 그러나 일반적 관점에서 볼 때 WTO 협상에서 다루고자 하는 쟁점이나 협상의 범위가 넓고, 추구하고자 하는 규범 수준의 높은 상황에서 동 협상의 조기 타결을 기대하는 것은 사실상 어려울 것으로 보인다.

87 이하의 내용은 한국국제경제법학회, 앞의 주1) 585~586면을 참조하였다.

RTA, 또는 독립된 디지털무역협정을 통해 일종의 블록(block)을 형성함으로써 초래
된다. 이에 따라 해당 블록 내에 속해 있는 소수의 국가들은 동 규범이 추구하는 가치
와 결과를 과점하는 결과를 초래하고, 이러한 현상은 디지털통상규범의 파편화(Frag-
mentation of Digital Trade Law)로 이어질 가능성이 증가한다. 넷째, 다층적 규범으
로서의 디지털통상규범의 성격 변화이다. 이는 향후 WTO를 통한 다자간 디지털통상
규범이 만들어진다는 가정에서 나타는 것으로, 보편적 규범으로서의 WTO 디지털통
상규범과 양자 또는 지역적 디지털통상규범이 동일한 디지털무역의 쟁점들은 다층적
으로 규율하는 구조적 문제가 발생할 수 있다. 이러한 경우 단순한 중복규제의 문제
뿐만 아니라, 다자규범과 양자규범의 규제수준의 차이가 현저히 나타나는 경우에는
당사국들의 이해에 따른 '규범쇼핑'(Rule Shopping)이나 선택적 법적용이 나타날 가
능성이 있고, 나아가 관련 분쟁의 경우도 예상할 수 있다.

Notes & Questions

1. 'digital product' 또는 'electronic transmission'의 분류(classification)를 어떻게 하는 것이 바람직할까? GATT나 GATS 이외에 다른 분류 방법이나 새로운 범주를 만든다면 어떤 문제가 나타날 수 있을지 토론해보자.

2. 디지털제품 또는 전자적 전송에 대한 무관세 관행이 개별 국가의 국내법 제도에는 어떤 문제를 가져올 수 있을지 조사해보자.

3. 넷플릭스(Netflix) 본사는 일본의 애니메이션 제작사 A에 애니메이션 영화 제작을 의뢰하고 제작비를 지급하였다. A는 이후 '문어게임'을 제작하여 납품하였고, 이를 넷플릭스는 인도에 위치한 아시안 서버와 브라질에 위치한 미주서버, 그리고 튀르키예에 있는 유럽서버에 저장하고 전 세계로 스트리밍 서비스를 시작하였다. 그런데 해당 영상은 그 잔혹성과 선정성으로 방영 초기부터 세계적으로 많은 우려를 불러왔다. 한편, 우리나라는 일본의 영상물이 국내에 상영되기 위해서는 반드시 등급심의를 거쳐야 하는 제도가 있다. 그럼에도 불구하고 '문어게임'은 이러한 등급심의 없이 국내 넷플릭스를 통해 제공되었다. 이에 우리나라 정부는 해당 '문어게임'의 국내 상영을 금지하였고, 일본 영상물의 선정적이나 폭력성 등이 청소년에 미치는 영향을 최소화하기 위해 '일본 영상물에 한해 등급분류 심의가 불가하도록' 법률에 규정하고자 한다.

• 이러한 상황에 대해 미국과 EU는 각각 자국의 역내에서 '문어게임'이 상영되는 것을 막기 위해 어떤 노력을 할 수 있으며 그 근거는 무엇인가?

• 우리나라가 '문어게임' 상영을 금지하고, 법률로서 일본 영상물에 한해 등급분류 심의를 하지 못하게 하는 것은 타당할까?

4. 앞에서 살펴본 바와 같이, 디지털통상협정에서 비차별대우원칙 조항은 종종 다른 조항들과 같이 포함되는 조항이다. 제3장에서 소개된 TAPED 데이터베이스에서 (1) 비차별대우원칙과 관련된 조항에는 어떤 변수들이 있는지, (2) 어떠한 조항 변수들과 주로 같이 규정되는 확인해보자. (3) (1)에서 동일하게 1로 표시된 협정들의 원문을 찾아 실제 표현은 어떻게 다른지 확인하고, (4) 더 세밀하게 분류할 수 있는 기준은 무엇인지 토론해보자.

제 9 장

데이터의 이전

한주실[1]

1. 개관

(1) 데이터 이전[2] 관련 통상 규범의 발전 배경

빅테크 기업들은 데이터 수집의 기반이 되는 플랫폼을 통해 글로벌 시장을 대상으로 비즈니스 활동을 영위하면서 다양한 정보들을 지속적으로 수집하고 인공지능과 빅데이터를 활용하여 혁신적인 제품과 서비스 개발하여 제공하면서 산업을 넘어 사회 전반에 막대한 영향을 미치고 있다. 빅테크 기업들의 입장에서 수집한 정보를 본사 등으로 이전하여 빅데이터로 가공하는 일은 기업의 생존을 위해 반드시 필요한 활동이다.

또한 아마존과 마이크로소프트, 구글과 같은 빅테크 기업들은 자체 데이터센터를 권역별로 설치·운영하고 나아가 이를 다른 기업에 임대하는 클라우드 서비스를 통해 막대한 수입을 올리면서 기업의 핵심 사업으로 육성해 왔다. 아마존이 세계 최대의 전자상거래 업체로, 마이크로소프트(MS)는 윈도우, 구글은 세계 최대 검색 엔진업체로 알려져 있으나, 이들은 상당 부분의 이익을 클라우드 사업을 통해 얻고 있다.

그러나 정보의 국외 이전 제한과 컴퓨터 설비 현지화 요구와 같은 규제가 활발하게 도입되면서 빅테크 기업들의 비즈니스 활동에 큰 지장을 초래하게 되었다. 개별 기업들이 국가 별로 상이한 규제에 대응하기 위해서는 막대한 시간적·경제적 비용이 요구될 뿐만 아니라 분명한 한계가 존재한다. 구글, 아마존, 애플과 같은 다수의 글로벌 빅테크 기업을 보유한 미국은 이러한 자국 빅테크 기업을 지원하기 위해 미국이

---

1 본 장에서 서술된 내용은 필자 소속 기관의 공식 견해가 아니라 필자의 개인적 견해임을 밝힌다.

2 본 장에서 언급되는 '데이터의 이전'은 특별한 언급이 없는 한, 국경 간 정보의 이전과 컴퓨터 설비 현지화를 포함하는 의미로 사용되었다.

체결하는 FTA나 디지털 협정에 국경 간 정보의 이전 허용과 컴퓨터 설비 현지화 요구 금지 의무를 필수 조항으로 포함시키고 의무의 수준을 발전시켜 왔다.[3]

그러나 후술하는 바와 같이 빅테크 기업의 비즈니스 규모와 영향력으로 인해 과도한 정보의 독점과 독과점 지위를 이용한 반시장적인 행보로 빅테크 기업에 대한 사회적 책임과 규제 필요성에 힘이 실리면서 최근 미국 USTR은 기존 미국의 입장을 변경하여 WTO JSI에서 국경 간 정보의 이전이나 컴퓨터 설비 현지화 요구 금지에 대한 지지를 철회한 바 있다.[4]

(2) 데이터 이전과 관련된 규제

미국 USTR은 2017 NTE(National Trade Estimate)[5] 보고서에서 디지털무역에 대한 장애물을 집중 분석하면서 최근 국가들에 의해 채택된 디지털무역 장벽을 다음 네 가지로 분류하였다.[6]

- 데이터 현지화 장벽(Data Localization Barriers): 국경 간 데이터 흐름을 완전히 금지하고, 특정 관할권 내 데이터 저장이나 컴퓨터 설비를 현지화 하라는 불필요한 요구

- 기술 장벽(Technology Barriers): 번거롭고 불필요한 보안 표준을 충족하기 위한

3　미국 의회는 2015년 무역촉진권한(Trade Promotion Authority, TPA)을 통과시키면서, 디지털무역과 관련된 것을 포함하여 USTR이 무역협상에서 추구해야 하는 협상 목표를 설정하였는데, 2015 미 디지털무역 협상 목표로 ① 디지털무역 환경에 대한 기존 WTO 약속의 적용을 보장하여 물리적 무역(physical trade)에 대한 것보다 낮지 않은 대우를 보장할 것(ensure application of existing WTO commitments to the digital trade environment, ensuring no less favorable treatment to physical trade), ② 디지털 거래 및 데이터 흐름에 대한 강제 현지화 요구 및 제한을 금지할 것(prohibit forced localization requirements and restrictions to digital trade and data flows), ③ 전자적 전송에 대한 무관세를 유지할 것(keep electronic transmissions duty-free), ④ 관련된 적법한 규정이 무역제한을 가능한 한 최소화하도록 보장할 것(ensure relevant legitimate regulations are as least trade restrictive as possible)

4　https://www.reuters.com/world/us/us-drops-digital-trade-demands-wto-allow-room-stronger-tech-regulation-2023-10-25/

5　미국 USTR은 '1974 Trade Act'에 따라 매년 3월 31일까지 대통령과 의회에 국가별 무역장벽 보고서 (National Trade Estimate Report on Foreign Trade Barriers)를 제출한다. 이 보고서는 미국 기업, 단체 등 미국 내 주요 이해관계자들이 제기하는 해외시장 진출 애로사항을 바탕으로 주요 교역국의 무역장벽을 미국의 통상 정책의 관점에서 평가한다.

6　https://ustr.gov/about-us/policy-offices/press-office/fact-sheets/2017/march/key-barriers-digital-trade

요구와 암호화 알고리즘 또는 기타 독점적인 소스 코드를 공개하라는 요구
- 인터넷 서비스에 대한 장벽(Barriers to Internet Services): 새로운 비즈니스 모델에 기존 규제를 부적절하게 적용하는 것과 사용자 생성 콘텐츠 및 활동에 대한 비 IP 관련 책임에 대해 인터넷 플랫폼에 불합리한 부담을 지우는 것
- 기타 장벽(Other Barriers): 전자 인증 및 서명, 인터넷 도메인 이름, 디지털 제품, 전자 결제 플랫폼 및 기타 차별 관행과 관련된 문제

주목할 부분은 USTR은 이러한 디지털무역 장벽을 제거하기 위한 내용을 조문화하여 미국이 체결하는 무역 협정이나 디지털 협정에 포함시키기 위한 노력을 최근까지 지속해 왔다는 점이다.

USTR이 디지털무역 장벽의 하나로 지목한 데이터 현지화 장벽(Data Localization Barriers)과 관련하여 OECD가 2022년 발표한 무역정책 보고서 「A PRELIMINARY MAPPING OF DATA LOCALISATION MEASURES」는 국가들이 채택하고 있는 데이터 현지화 조치를 다음과 같은 세 가지 유형으로 분류하면서 그에 해당하는 국가별 규제를 예시로 들고 있다.[7]

첫 번째 유형은 다른 국가에서의 데이터 저장 또는 처리를 금지하지 않고 다만 관련 데이터의 사본을 해당 국가 영토 내에 보관하도록 요구하는 경우로 이러한 조치는 비즈니스 데이터 또는 통신 메타데이터를 대상으로 하는 경우가 많으며 회계 정보를 스웨덴에서 7년 동안 보관 및 보관하도록 규정하고 있는 스웨덴 회계법이 이러한 유형에 속한다.

두 번째 유형은 데이터 사본을 해당 국가 내에 보관해야 하나 명확하게 정의된 전송 또는 접근 조건에 따라 해외로 이전할 수 있도록 허용하는 유형으로 호주의 전자 건강 기록법(Electronic Health Records Act)은 건강 기록 정보를 호주에 저장하도록 요구하지만, 사용자(데이터 주체) 또는 해외에 등록된 의료 서비스 제공자가 액세스가 필요한 경우 해외 액세스를 허용한다.

세 번째 유형은 데이터의 현지 저장을 의무화하는 동시에 다른 국가로의 이전을 금지하는 (또는 임시 승인에 근거한 경우에만 이전 허용) 유형으로 인도네시아에서는 전자 시스템 및 거래 구현에 관한 규정 71(2019)에 따라 모든 데이터는 인도네시아에서

---

7   OECD 「A PRELIMINARY MAPPING OF DATA LOCALISATION MEASURES」 7P

관리, 처리 및 저장되도록 요구되며 국내에서 저장 기술을 사용할 수 없는 경우 예외가 허용된다. 또한 중국의 사이버보안법 제37조는 '중요 정보 인프라 운영자(critical information infrastructure operators)'에서 '중요 데이터'를 중국에 저장하도록 요구하고 있다.

동 보고서에 따르면 2021년 기준으로 데이터의 현지 저장 또는 처리를 명시적으로 요구하는 조치는 39개국 92건이며 그중 절반 이상이 최근 5년간 도입되었고 38개의 신규 데이터 정책이 추가로 제안되거나 검토 중인 것으로 파악된다. 이러한 데이터 현지화 조치는 OECD 비회원국에서 더 강하게 적용되며 OECD 회원국 조치 중 60%가 데이터의 현지 저장만 요구하는 반면 OECD 비회원국 조치 중 83%가 현지 저장 및 국외 이전 금지 요구를 동시에 포함하고 있다. 또한 이러한 조치들은 다수가 국가안보, 개인정보 보호 등 공공정책 목적을 달성하기 위해 시행되고 있으나 일부 국가의 조치는 해외 경쟁기업으로부터 국내 산업을 보호하기 위한 목적으로 시행되고 있다.

(3) 논의 구조

OECD는 '데이터 흐름'과 '신뢰'의 보다 예측 가능하고 투명한 조합에 대한 국제적 대화와 협력을 지원하기 위해 국경 간 데이터 이전을 위한 다양한 수단의 공통점, 상호 보완성 및 융합 요소를 파악하기 위한 목적[8]으로 2021년 5월에 「Mapping Commonalities in Regulatory Approaches to Cross-Border Data Transfers」(이하 OECD 매핑 보고서)를 발표하였다. OECD 매핑 보고서는 데이터 이전의 근거

8　OECD「Mapping Commonalities in Regulatory Approaches to Cross-Border Data Transfers」, 1P, Data flows across borders underpin today's digitalised and globally interconnected world, but have also given rise to a range of concerns, including about privacy protection, intellectual property protection, regulatory reach, competition, and industrial policy. This has led to the emergence of a patchwork of rules governing cross-border data flows, complicating both the enforcement of public policy goals and increasing the costs for firms of all sizes of operating on a global scale. In practice, countries are using a range of mechanisms and instruments to enable cross-border data transfers with "trust", including unilateral mechanisms, plurilateral arrangements, and trade agreements. This paper identifies the commonalities, complementarities and elements of convergence in these different instruments for moving data across borders, with the aim of supporting international dialogue and co-operation on more predictable and transparent combinations of data flows and "trust".

에 대한 법적 확실성을 기업에 제공하기 위해 세계 각국에서 사용하고 있는 접근법을 크게 i) 단독 메커니즘(Unilateral mechanisms), ii) 복수국 간 합의(Plurilateral arrangements), iii) 무역 협정과 파트너쉽(Trade agreements and partnership), iv) 표준 및 기술에 관한 이니셔티브(Standards and technology driven initiatives)로 분류하여 소개하고 있다.[9]

본 장에서는 세 번째 유형의 접근법으로 분류되는 무역 협정의 접근법을 중심으로 논의를 진행하고자 한다. 무역 협정에 포함되어 있는 데이터 이전 조항의 발전 과정과 협정별 데이터 이전 조항의 의미와 차이점을 분석하여 조항들의 내용과 규범 수준을 정확히 이해할 수 있도록 가이던스를 제공하고자 한다. 또한 데이터 이전 조항과 관련된 현행 국내 법령과 입법 동향 등을 소개하고 마지막으로 데이터 이전을 둘러싼 최근 논의 동향을 서술하고자 한다.

2. 주요 무역 협정에서의 데이터 이전 조항

(1) 개요

데이터 이전 조항은 앞에서 논의된 디지털제품에 대한 비차별 대우와 마찬가지로 특히 서비스 무역과 밀접한 관련이 있다. 인터넷을 기반으로 데이터 수집의 기반이 되는 플랫폼 제공을 통한 비즈니스는 물론 앱 판매 및 운영을 통한 비즈니스, 영상 컨텐츠 제공 비즈니스 등 빅테크 기업들이 영위하고 있는 비즈니스 활동들이 서비스 산업으로 분류된다는 점에는 큰 이견이 없으며, 다만 세부적으로 어떠한 특정 서비스 분야로 분류되는 가에는 이견이 있다. 이러한 이유로 데이터 이전 조항은 서비스 무역 규범과 시장개방 양허(유보)[10]와의 관계 설정에 대한 고민을 통해 발전되어 왔다. 데이터 이전 조항의 정확한 의미를 이해하기 위해서는 서비스 무역 규범과 시장개방 양허(유보)에 대한 이해가 필수적인 이유가 여기에 있다.

---

9   OECD 「Mapping Commonalities in Regulatory Approaches to Cross-Border Data Transfers」 12P, Figure 3. Instruments for facilitating cross-border data transfers

10   서비스 자유화와 관련된 의무인 시장접근과 내국민 대우 의무(네거티브 자유화 방식의 경우에는 현지 주재의무도 서비스 자유화의무로 포함)에 대해 그 의무가 적용되는 서비스 범위와 제한내용을 협정의 당사국들이 선택하여 부속서 형식으로 양허나 유보를 작성한다.

또한, 동일한 내용의 데이터 이전 조항이더라도 FTA의 전자상거래 또는 디지털 무역 챕터 내에서 규율되는 것과 독립적인 형태의 디지털 협정 내에서 규율되는 것은 다음 두 가지 측면에서 협정 당사국의 의무의 범위가 달라질 수 있다는 점도 고려되어야 한다. 첫째는 FTA와 달리 독립된 디지털 협정은 서비스·투자 시장 개방이 포함되지 않기 때문에 서비스·투자 양허(유보)가 작성되지 않아 데이터 이전 의무에 서비스·투자 양허(유보) 예외가 적용되기 어려운 구조로 이러한 측면에서 의무의 수준이 강화되는 측면이 있다. 둘째는 FTA의 전자상거래 또는 디지털무역 챕터 내의 데이터 이전 조항은 FTA 체결 상대국에 대해서만 의무를 부담하나, 독립된 디지털 협정의 경우 WTO GATS 제5조상의 경제 통합 협정으로 보기 어려워 GATS 제2조 최혜국 대우 원칙에 따라 WTO 회원국 모두에게 동일한 의무를 부담하는 것으로 해석될 가능성이 높다. 따라서 DEPA나 미일디지털무역협정에서의 데이터 이전 조항은 FTA에 포함되어 있는 데이터 이전 조항에 비해 그 의무 부담의 범위가 다르게 해석된다는 점을 유념할 필요가 있다. DEPA의 경우 2020.1월 협상 실질 타결 직후 공개된 협정문과 법률검토 작업을 거쳐 2020.6월 정식서명 이후 공개된 협정문, 그리고 2023년 7월 개정된 협정문을 비교하여 데이터 이전 조항의 변화 과정을 분석해 보면 FTA가 아닌 독립된 협정으로 디지털 협정을 체결하는 과정에서 협상가들의 이러한 고민을 엿볼 수 있다.

아울러, 후술하는 바와 같이 다수의 FTA에서 데이터 이전 조항을 전자상거래나 디지털무역 챕터와 금융 서비스 챕터에서 각각 규율하고 있는 것을 알 수 있는데 이는 금융 서비스에서의 데이터 이전 조항의 중요성[11]과 민감성을 감안한 접근 방법으로

---

11   WTO Understanding on Commitments in Financial Services(금융 서비스 약속에 대한 양해, 우루과이 라운드 다자간 무역 협상 결과를 구체화한 최종 법안(1993년 12월 15일)에 포함된 문서로 GATS의 일부는 아니나 32개 WTO 회원국이 이 양해에 기초하여 금융 서비스 스케줄 작성) 제8항(Transfers of Information and Processing of Information 8. No Member shall take measures that prevent transfers of information or the processing of financial information, including transfers of data by electronic means, or that, subject to importation rules consistent with international agreements, prevent transfers of equipment, where such transfers of information, processing of financial information or transfers of equipment are necessary for the conduct of the ordinary business of a financial service supplier. Nothing in this paragraph restricts the right of a Member to protect personal data, personal privacy and the confidentiality of individual records and accounts so long as such right is not used to circumvent the provisions of the Agreement.)은 금융 서비스 공급자의 정보 이전을 허용할 의무를 규정하고 있다.

이해된다.

　데이터 이전 조항이 미국의 주도하에 발전되어 온 규범이라는 점을 감안하여 미국과 우리나라가 체결한 협정을 중심으로 데이터 이전 조항의 발전 과정과 주요 내용을 살펴보고자 한다.

〈표 9-1〉 우리나라가 체결한 주요 디지털무역 협정

	협상 개시(선언)	협상 타결	정식 서명	발효
한-미	'06.06	'07.04	'07.06	'12.03
한-EU	'07.05	'09.07	'10.10	'11.07 (잠정) '15.12 (전체)
RCEP	'12.11	'19.11	'20.11	'22.02
한-싱 DPA	'20.06	'21.12	'22.11	23.01
DEPA(가입)	'21.10	'23.06	-	-
한-EU 디지털협정	'23.10	-	-	-

(2) 주요 통상 협정에서 국경 간 정보이전 조항의 발전 과정과 내용

1) 발전 과정

　국경 간 정보이전 조항은 우리나라가 체결한 FTA의 경우 한-미 FTA(2006.6월 협상 개시, 2007.4월 협상 실질 타결) 전자상거래 챕터에서 최초[12]로 포함되었는데 국경 간 전자 정보 흐름에 불필요한 장벽을 부과하거나 유지하는 것을 자제하도록 노력할 의무만을 규정하고 있다. 그러나 한-미 FTA 금융 챕터에 포함된 국경 간 정보이전 조항은 당사국에 국경 간 정보이전을 허용하도록 하는 의무 조항의 형태로 포함되어 있는 것을 알 수 있다. 한-미 FTA 협상 과정에서 금융 챕터의 국경 간 정보이전 조항은 미국의 최우선 관심 사항으로 당시 우리나라는 금융 정보의 국경 간 이전 허용 의무를 발효 후 2년의 유예기간을 조건으로 수용한 바 있다. 한-미 FTA 이후 RCEP 체결 이전까지 우리나라가 체결한 다수의 FTA에서 국경 간 정보이전 조항은 노력 조항 수

12　발효 시점이 아닌 협상 시점을 기준으로 볼때 한-미 FTA가 국경 간 정보이전 조항이 포함된 우리나라 최초의 FTA임.

준으로 포함되었다.

미국은 TPP[13] 전자상거래 챕터에서 최초로 국경 간 정보이전 조항을 구속력 있는 의무 조항으로 포함시키고, 금융 챕터에서도 한-미 FTA에 포함된 금융 정보이전 허용 의무 조항을 포함시켰으며, USMCA, 미-일 디지털무역협정에서는 CPTPP 국경 간 정보이전 조항을 더욱 발전시켜 정당한 공공정책 목적과 관련된 예외를 더 엄격하게 규정하고 서비스 및 투자 챕터의 비합치 조치에 대한 예외도 적용하지 않아 의무의 수준을 높였다.

우리나라의 경우에는 RCEP(2012.11월 협상 개시, 2019.11월 협상 타결)에서 최초로 국경 간 정보이전 조항을 의무 조항 형태로 수용하였다. 그러나 미국 주도하에 협상이 진행되었던 TPP와 다수의 개발도상국들이 회원국인 RCEP의 국경 간 정보 이전 조항은 의무의 수준 면에서 큰 차이가 있다. 우리나라는, RCEP 이후 한-싱 DPA(2020.06 협상 개시, 2021.12 협상 타결)에서 CPTPP와 유사한 내용의 국경 간 정보이전 조항을 수용하였으며 이후 체결하는 FTA에서는 CPTPP와 유사한 내용으로 국경 간 정보이전 조항을 포함시키기 위해 노력하고 있다.

2) 조항의 구체적 내용 비교 분석

가. 한-미 FTA

이미 언급한 바와 같이 한-미 FTA는 전자상거래 챕터에서 국경 간 전자 정보 흐름에 불필요한 장벽을 부과하거나 유지하는 것을 자제하도록 노력(shall endeavor)한다고 규정[14]하고 있으며, 금융 챕터에서 금융정보 이전을 별도로 규정하면서 금융기관

---

13   TPP(Trans-Pacific Partnership)는 오바마 행정부가 전 세계 GDP의 거의 40%를 차지하는 환태평양 지역에서 수출을 늘려 미국 경제 성장을 촉진하고 아시아 태평양 지역 무역 통합을 위한 플랫폼을 설립하기 위한 목적으로 11개국과 협상을 진행하여 2016.2.4. 정식 서명까지 완료하였으나, 2017.1.23. 트럼프 대통령이 TPP 탈퇴를 공식선언하는 행정명령에 서명하자 미국을 제외한 나머지 11개국들이 TPP 대부분의 조항을 수용한 Comprehensive and Progressive Agreement for Trans-Pacific Partnership(CPTPP)라는 새로운 무역협정으로 협상을 타결하여 2018.12.30. CPTPP가 발효되었다. 엄밀한 의미에서 TPP와 CPTPP는 별개의 협정이나, CPTPP가 TPP 대부분의 조항을 그대로 수용하였고, 미국을 제외하고 회원국이 동일하다는 점을 고려하여 이 장에서는 TPP와 CPTPP를 크게 구별하지 않고 서술하였다.

14   한-미 FTA 제15.8조 Recognizing the importance of the free flow of information in facilitating trade, and acknowledging the importance of protecting personal information, the Parties **shall endeavor** to refrain from imposing or maintaining unnecessary barriers to electronic information flows across borders.

의 일상적인 영업과정에서 데이터 처리가 요구되는 경우 그러한 처리를 위하여 자국 영역 안과 밖으로 정보를 전자적 또는 그 밖의 형태로 이전하는 것으로 허용하고 한국의 경우 발효 후 2년의 유예기간을 두고 규제제도의 개정을 시행하기로 규정하였다. 또한 서한에서 그러한 개정이 미국의 접근방법과 유사할 것이라는 점을 확인하였다.

금융정보의 국외 이전 허용은 국내 외국계 은행의 본점, 지점 간 업무 위탁을 허용하고 외국계은행 국내지점이 수집한 고객데이터를 해외 전산센터나 콜센터 등으로 이전 및 처리가 가능하게 된다는 것을 의미한다. 정부는 한미 FTA 이행을 위해 「금융회사의 정보처리 및 전산설비 위탁에 관한 규정업무위탁에 관한 규정」[15]을 제정('13.6월)하여 시행한 바 있다.

KORUS 국경 간 정보이전 조항	
제15.8조	무역을 원활히 함에 있어 정보의 자유로운 흐름의 중요성을 인정하고 개인정보 보호의 중요성을 인정하면서, 양 당사국은 국경간 전자 정보 흐름에 불필요한 장벽을 부과하거나 유지하는 것을 자제하도록 노력한다.[16]
금융 부속서 13-가 제6항나호	6. 제13.5조제1항은 다음에 대하여만 적용된다. **나. 이 협정의 발효일로부터 2년 이내에 제13.20조의 금융서비스의 정의 거호에 언급된 은행 및 그 밖의 금융서비스에 관련한 금융자료 처리 및 관련 소프트웨어의 제공 및 이전, 그리고[17]**
금융 부속서 13-나 제2절	정보의 이전 **각 당사국은 다른 쪽 당사국의 금융기관이 그 기관의 일상적인 영업과정에서 데이터 처리가 요구되는 경우 그러한 처리를 위하여 자국 영역 안과 밖으로 정보를 전자적 또는 그 밖의 형태로 이전하는 것을 허용한다. 대한민국은 이 협정 발효일 후 2년 이내에 이 약속에 효력을 부여한다.[18]**

15 「금융회사의 정보처리 업무 위탁에 관한 규정」으로 규정의 제명이 2015년 7월 변경되었다.
16 한-미 FTA 제15.8조 Recognizing the importance of the free flow of information in facilitating trade, and acknowledging the importance of protecting personal information, the Parties shall endeavor to refrain from imposing or maintaining unnecessary barriers to electronic information flows across borders.
17 한-미 FTA 금융 부속서 13-가 제6항나호 (b) the provision and transfer of financial data processing and related software relating to banking and other financial services as referred to in subparagraph (o) of the definition of financial service in Article 13.20, by no later than two years from the date this Agreement enters into force; and
18 한-미 FTA 금융 부속서 13-나 제2절 Each Party shall allow a financial institution of the other Party to transfer information in electronic or other form, into and out of its territory, for data processing where such processing is required in the institution's ordinary course of business. Korea shall give

금융 서한	양 당사국은 금융기관에 의한 국경 간 정보이전의 중요성을 인정하며, 미합중국은 부속서 13-가 제6항나호 및 부속서 13-나 제2절에서 그러한 기관이 그러한 정보를 이전하도록 허용할 자국 규제제도의 개정을 시행하겠다는 대한민국의 약속을 환영한다. 대한민국은 소비자의 민감 정보의 보호, 그 민감 정보의 무단 재사용의 금지, 그러한 정보의 취급에 관한 금융기관의 기록에 접근할 수 있는 금융감독기관의 권한, 기술설비의 위치에 대한 요건과 같은 분야에 대하여, 그러한 개정이 미합중국의 접근방법과 유사한 접근방법을 채택하는 결과가 될 것이라는 의사를 표현하였다.[19]

나. CPTPP

(전자상거래 챕터)

　CPTPP 전자상거래 챕터에 포함되어 있는 국경 간 정보이전 조항은 구조와 내용 면에서 모델 조항으로 평가되며 이후 체결된 USMCA, DEPA 등 많은 협정들이 이 조항을 벤치마크하고 있다. 이러한 측면을 고려하여, 본 장에서는 CPTPP 국경 간 정보이전 조항의 구조와 내용을 집중적으로 분석하여 서술하고 RCEP 등 다른 협정상의 조항은 CPTPP와 차이점 위주로 서술하였다. 국경 간 정보이전 조항의 종합적이고 체계적인 이해를 위해 CPTPP ① 제14.2조(적용범위 및 일반규정) 제3항의 적용범위 → ② 제14.1조(정의) → ③ 제14.11조(전자적 수단에 의한 국경 간 정보이전) → ④ 제14.2조(적용범위 및 일반규정) 제5항/제6항의 순서로 서술한다.[20]

---

effect to this commitment no later than two years after the date this Agreement enters into force.

19　한-미 FTA 금융 서한 (Transfer of Information) The Parties recognize the importance of the cross-border transfer of information by financial institutions, and the United States welcomes Korea's commitment in paragraph 6(b) of Annex 13-A and Section B of Annex 13-B to undertake modifications to its regulatory regime that will permit those institutions to transfer such information. Korea has expressed its intent that these modifications will result in its adoption of approaches that are similar to those of the United States with respect to such areas as the protection of sensitive information of consumers, prohibitions on unauthorized reuse of the sensitive information, the ability of financial regulators to have access to records of financial institutions relating to the handling of such information, and requirements for the location of technology facilities.

20　협정에 포함되어 조항의 정확한 의미를 이해하기 위해서는 해당 조항 자체는 물론 조항이 포함되어 있는 챕터의 적용범위, 해당 조항에 적용가능 한 예외, 해당 조항과 관련된 부속 서한이나 양해, 분쟁해결 절차 적용 여부 등에 대한 종합적인 검토가 필수적이다.

CPTPP 국경 간 정보이전 관련 조항	
제14.2조	3. 이 장은 다음에는 적용되지 아니한다.[21] 가. 정부 조달; 또는 나. 이 장은 당사국에 의하여 또는 당사국을 대신하여 보유되거나 처리되는 정보, 또는 그 정보의 수집에 관련된 조치를 포함하여 그러한 정보에 관련된 조치에 적용되지 않는다. 5. 보다 명확히 하기 위하여, 제14.4조(디지털 제품의 비차별 대우), 제14.11조(전자적 수단에 의한 국경 간 정보의 이전),제14.13조(컴퓨터 설비의 위치) 그리고 제14.17조(소스코드)에 포함된 의무는 가. 제9장(투자), 제10장(국경 간 서비스 무역), 제11장(금융 서비스)의 관련 규정과, 예외, 비합치 조치를 조건으로 한다. 나. 이 협정의 다른 관련조항과 함께 읽어야 한다.[22] 6. 제14.4조(디지털 제품의 비차별 대우), 제14.11조(전자적 수단에 의한 국경 간 정보의 이전), 그리고 제14.13조(컴퓨터 설비의 위치)에 포함된 의무는 제9.12조(비합치 조치), 제10.7조(비합치 조치) 또는 제11.10조(비합치 조치)에 따라 채택되거나 유지되는 조치의 비합치 측면에는 적용되지 아니한다. [23]
제14.1조	적용대상인은 다음을 의미한다.[24] 가. 제9.1조에서 정의되는 적용대상 투자 나. 제9.1조에서 정의되는 당사국의 투자자, 금융기관에 대한 투자자를 포함하지 아니한다. 다. 제10.1조에서 정의되는 당사국의 서비스 공급자, 금융 기관 또는 제11.1조에서 정의되는 당사국의 국경 간 금융서비스 공급자는 포함되지 아니한다.

21   CPTPP 제14.2조제3항 This Chapter shall not apply to: (a) government procurement; or (b) information held or processed by or on behalf of a Party, or measures related to such information, including measures related to its collection.

22   CPTPP 제14.2조제5항 5. For greater certainty, the obligations contained in Article 14.4 (Non Discriminatory Treatment of Digital Products), Article 14.11 (Cross-Border Transfer of Information by Electronic Means), Article 14.13 (Location of Computing Facilities) and Article 14.17 (Source Code) are: (a) subject to the relevant provisions, exceptions and non-conforming measures of Chapter 9 (Investment), Chapter 10 (Cross-Border Trade in Services) and Chapter 11 (Financial Services); and (b) to be read in conjunction with any other relevant provisions in this Agreement.

23   CPTPP 제14.2조제6항 6. The obligations contained in Article 14.4 (Non-Discriminatory Treatment of Digital Products), Article 14.11 (Cross-Border Transfer of Information by Electronic Means) and Article 14.13 (Location of Computing Facilities) shall not apply to the non-conforming aspects of measures adopted or maintained in accordance with Article 9.12 (Non-Conforming Measures), Article 10.7 (NonConforming Measures) or Article 11.10 (Non-Conforming Measures).

24   CPTPP 제14.1조 covered person1 means:
(a) a covered investment as defined in Article 9.1 (Definitions);
(b) an investor of a Party as defined in Article 9.1 (Definitions), but does not include an investor in a financial institution; or
(c) a service supplier of a Party as defined in Article 10.1 (Definitions)
footnote 1 For Australia, a covered person does not include a credit reporting body.

제14.11조[25]

1. 당사국은 각 당사국이 전자적 수단에 의한 정보의 이전과 관련하여 자신만의 규제 요건을 가질 수 있다는 것을 인정한다,

2. 당사국은 적용대상인(covered person)의 사업수행을 위한 활동인 경우, 전자적 수단에 의한 정보(개인정보 포함)의 국경 간 이전을 허용해야 한다.

3. 이 조의 어떠한 것도 그러한 조치가 다음과 같은 경우, 당사국이 정당한 공공목적 달성을 위해 제2항과 불합치 하는 조치를 채택하거나 유지하는 것을 방해하지 아니 한다.

   (a) 자의적이거나 부당한 차별 또는 위장된 무역 제한을 가하는 방식으로 적용되어서는 안 된다.

   (b) 목표 달성을 위해 요구되는 이상으로 정보의 이전에 제한을 부과해서는 안 된다.

CPTPP 제14.2조제3항은 전자상거래의 적용 범위에서 국가(또는 국가를 대신하여)의 정보의 보유·처리·수집과 관련된 조치를 제외하고 있기 때문에 국경 간 정보이전 허용 의무도 이러한 조치에는 적용되지 않는다.

또한 CPTPP 국경 간 정보이전 조항은 제2항에서 정보의 국경 간 이전이 허용되는 경우를 '적용대상인(covered person)의 사업수행을 위한 활동인 경우'로 한정하면서 제14.1조에서 '적용대상인'을 i) 적용대상 투자, ii) 금융기관에 대한 투자자를 제외한 투자자, iii) 금융기관과 국경 간 금융서비스 공급자를 제외한 서비스 공급자로 정의하여 전자상거래 챕터의 국경 간 정보이전 조항이 금융서비스에는 적용되지 않도록 하면서도 한-미 FTA와 같이 금융 서비스 챕터에서 별도로 금융 정보의 국경 간 이전 조항을 포함시키고 있다.

CPTPP 제14.11조는 i) 제1항 당사국의 규제 권한 인정, ii) 제2항 전자적 수단에 의한 정보의 국경 간 이전 허용, iii) 제3항 일정한 조건하에서 정당한 공공 목적 달성을 위한 예외 허용으로 구성되어 있다. 특히 CPTPP 국경 간 정보이전 조항의 제

---

25   CPTPP 제14.11조 1. The Parties recognise that each Party may have its own regulatory requirements concerning the transfer of information by electronic means.

2. Each Party shall allow the cross-border transfer of information by electronic means, including personal information, when this activity is for the conduct of the business of a covered person.

3. Nothing in this Article shall prevent a Party from adopting or maintaining measures inconsistent with paragraph 2 to achieve a legitimate public policy objective, provided that the measure:

(a) is not applied in a manner which would constitute a means of arbitrary or unjustifiable discrimination or a disguised restriction on trade; and

(b) does not impose restrictions on transfers of information greater than are required to achieve the objective.

3항의 의미를 눈여겨볼 필요가 있다.[26] FTA나 디지털협정은 WTO GATS 일반 예외 (general exception), 안보 예외(security exception) 조항과 같은 예외 조항을 필수적으로 포함하고 있다.[27] 통상 협정에서 이러한 예외 조항은 협정 당사국에게 일정한 조건하에서 국가 안보(national security), 공공 질서(public order), 보건(health), 환경 보호(environment protection) 등을 위한 조치를 채택할 수 있는 정책 권한을 허용하는 역할을 한다. 즉 협정 당사국이 협정의 특정 의무에 반하는 조치를 채택하더라도 국가 안보예외나 공공 질서 등 일반 예외로 인정되는 조치의 경우에는 종국적으로는 협정상 의무 위반으로 평가되지 않는 것이다. 다만, 광범위한 예외 허용으로 협정의 구속력이 약화되는 것을 방지하기 위한 차원에서 일반 예외는 필요성 심사(necessity test)[28]를 요건으로 규정하고 있으며 실제 WTO 분쟁 사례에서 일반 예외는 매우 엄격한 기준하에서만 인정되고 있다.[29] CPTPP 국경 간 정보이전 조항 제2항은 GATS 일반 예외 조항과 매우 유사한 문안으로 구성되어 있으나 '정당한 공공 목적 달성을 위한(to achieve a legitimate public policy objective)'이라는 표현을 사용하고 있는 바, 이는 필요성 심사보다는 완화된 조건하에서 당사국이 정책 권한 행사를 위한 조치를 채택할 수 있음을 시사하는 것으로 CPTPP 협상가들의 고민의 흔적이 엿보인다. 다만 '정당한 공공 목적 달성을 위한' 비합치 조치에 대해서는 당사국별로 다른 해석이 가능하여 이로 인한 분쟁의 가능성이 열려있다고 평가할 수 있다.

또한, 주목할 점은 CPTPP 전자상거래 챕터 제14.2조(범위 및 일반 조항)제5항과 제6항으로 국경 간 정보이전, 컴퓨터 설비 현지화, 소스코드, 디지털 제품의 비차별 대우 조항상의 의무가 국경 간 서비스, 투자, 금융 서비스 챕터상의 조치의 비합치 측면에는 적용되지 않는다는 내용을 규정하고 있다는 점이다. 한-미 FTA, CPTPP, USMCA와 같이 서비스, 투자, 금융 서비스 챕터에서 네거티브 자유화 방식을 채택하는 경우 내국민 대우(National Treatment), 최혜국 대우(Most-Favoured Treatment),

---

26   제16장 디지털통상과 일반적 예외에서 이에 대한 상세논의를 하고 있어 이 장에서는 중요한 내용만 간략히 다루도록 한다.

27   WTO GATT나 GATS의 일반예외 조항은 통상협정에 그대로 준용되거나, 유사한 내용으로 포함되는 경우가 대부분이나, WTO GATT나 GATS의 안보예외 조항은 다른 내용으로 대체되는 경우를 자주 확인할 수 있다.

28   당사국이 채택한 조치 외에 합리적으로 이용가능한 대안이 있다고 판단되는 경우 '필요성'이 부정된다.

29   김대순 · 김민서 "GATT/WTO 판례를 통한 GATT 제20조의 분석과 평가". 「통상법률」, 2014.10, pp.11-12

시장 접근(Market Access) 등과 같은 자유화 관련 조항의 의무에 합치되지 않는 조치를 부속서 형태의 유보 리스트에 기재하여 자유화 관련 의무의 적용을 면제하고 있는데 자유화 의무가 적용되지 않은 조치의 비합치 측면에는 국경 간 정보이전 의무도 적용되지 않는다는 의미이다. 예를 들어 서비스투자 유보 목록(reservation list)에서 특정 서비스 분야에 대해 현재는 물론 미래의 모든 정책권한을 유보하는 경우 그 분야에서 관련 정보의 국외 이전을 허용하지 않아도 국경 간 정보이전 의무 위반이 아닌 것이다.

(금융 서비스)

이미 언급한 바와 같이 CPTPP는 한미 FTA와 동일하게 금융 서비스 챕터 및 부속서에서 금융 정보의 국외 이전에 관한 조항을 규정하고 있다. 다만, CPTPP는 한-미 FTA와 달리 금융정보의 국외 이전 허용과 관련하여 당사국이 개인 정보 등을 보호하기 위한 조치나 사전승인 요구와 권한 조치를 채택·유지할 권한이 있음을 분명히 하고 있다.

CPTPP 금융 정보 국경 간 이전 조항	
금융 부속서 11-가	2. 제11.6조(국경 간 무역)제1항은 다음에 대하여, 제11.1조(정의)의 금융 서비스의 국경 간 공급의 정의 가호에 정의된 대로 금융 서비스의 국경 간 공급 또는 무역에 적용된다. 가. 제11.1조(정의)의 금융서비스의 정의 거호에 언급된 은행 및 그 밖의 금융서비스에 관련한 금융 정보, 금융 자료의 처리 및 관련 소프트웨어의 제공 및 이전[30]
금융 부속서 11-나 제2절	정보의 이전 각 당사국은 다른 쪽 당사국의 금융기관이 그 기관의 일상적인 영업과정에서 데이터 처리가 요구되는 경우 그러한 처리를 위하여 자국 영역 안과 밖으로 정보를 전자적 또는 그 밖의 형태로 이전하는 것을 허용한다. 이 절은 당사국이 다음에 대하여 조치를 채택하거나 유지하는 권리를 제한하지 아니한다. 가. 개인 데이터, 개인 프라이버시 그리고 개인의 기록이나 계정의 비밀유지를 보호하기 위한 조치

---

30 CPTPP 금융부속서 11-가 제2항 Article 11.6.1 (Cross-Border Trade) shall apply the cross-border supply of or trade in financial services, as defined in subparagraph (a) of the definition of "cross-border supply of financial services" in Article 11.1 (Definitions), with respect to:
(a) provision and transfer of financial information, and financial data processing and related software relating to banking and other financial services, as referred to in subparagraph (o) of the definition of "financial service" in Article 11.1 (Definitions); and

나. 이 권리가 본 조항에 따른 당사자의 약속 또는 의무를 회피하기 위한 수단으로 사용되지 않는다는 전제하에, 금융기관이 잠정적 고려에 기초하여 특정 기업을 그러한 정보의 수신자로 지정하기 위해 관련 규제 기관의 사전 승인을 받도록 요구하는 조치[31]

다. RCEP

(전자상거래 챕터)

RCEP 국경 간 정보이전 조항과 관련하여 CPTPP와 상이한 조항 위주로 서술하고자 한다. RCEP과 CPTPP의 가장 큰 차이는 RCEP이 국경 간 정보이전 의무와 관련하여 정보이전을 원칙적으로 허용하되, '정당한 공공정책 목적'(Legitimate Public Policy Objective, LPPO) 또는 필수적 안보 이익(essential security interest) 보호를 위해 필요하다고 판단하는 경우 국경 간 정보이전 의무에 반하는 조치를 채택할 수 있도록 정부의 정책 권한을 광범위하게 허용하고 있다는 점에 있다. 이는 RCEP이 CPTPP 대비 회원국 간 무역 규모나 경제 발전의 차이가 크다는 점[32]과 전자상거래 규범 도입에 부정적인 입장인 인도[33] 등이 협상에 참여한 결과물로 이해된다.

---

31 CPTPP 금융부속서 11-나 제2절 Each Party shall allow a financial institution of another Party to transfer information in electronic or other form, into and out of its territory, for data processing if such processing is required in the institution's ordinary course of business. Nothing in this Section restricts the right of a Party to adopt or maintain measures to:
(a) protect personal data, personal privacy and the confidentiality of individual records and accounts; or
(b) require a financial institution to obtain prior authorisation from the relevant regulator to designate a particular enterprise as a recipient of such information, based on prudential considerations,[32] provided that this right is not used as a means of avoiding the Party's commitments or obligations under this Section.
footnote 32 For greater certainty, this requirement is without prejudice to other means of prudential regulation.

32 RCEP은 국경 간 정보이전 조항에 대해 저개발국인 캄보디아, 라오스, 미얀마에 대해서는 발효 후 5년의 유예기간과 필요시 추가 3년의 유예기간을 허용하고 있으며, 베트남에 대해서도 발효 후 5년의 유예기간을 허용한다. (전자상거래 챕터 각주 13)

33 인도는 WTO 전자상거래 JSI에도 참여하고 있지 않다.

	CPTPP	RCEP
LPPO	3. Nothing in this Article shall prevent a Party from adopting or maintaining measures inconsistent with paragraph 2 <u>to achieve a legitimate public policy objective</u>, provided that the measure: (a) is not applied in a manner which would constitute a means of arbitrary or unjustifiable discrimination or a disguised restriction on trade; and (b) does not impose restrictions on transfers of information greater than <u>are required to achieve the objective</u>.	3. Nothing in this Article shall prevent a Party from adopting or maintaining: (a) any measure inconsistent with paragraph 2 <u>that it considers necessary to achieve a legitimate public policy objective,14</u> provided that the measure is not applied in a manner which would constitute a means of arbitrary or unjustifiable discrimination or a disguised restriction on trade; or (b) <u>any measure that it considers necessary for the protection of its essential security interests. Such measures shall not be disputed by other Parties.</u> 14 For the purposes of this subparagraph, the Parties affirm that the necessity behind the implementation of such legitimate public policy shall be decided by the implementing Party

RCEP은 '정당한 공공정책 목적'을 달성하기 위한 조치의 필요성 여부를, 조치를 시행하는 국가가 판단하도록 하는 자기 판단 조항(self-judging clause)으로 구성하고, 나아가 역시 자기 판단 조항의 형태로 구성되어 있는 필수적 안보이익 보호를 위한 조치는 아예 분쟁의 대상이 되지 않도록 규정하여 정부의 재량권한을 폭넓게 허용하고 있다. RCEP의 모든 챕터에 공통적으로 적용되는 안보 예외 조항이 전시 등 열거된 특정한 상황에 한정[34]하여 예외 조치를 허용하고 안보 예외 조치가 분쟁의 대상

---

34 RCEP Article 17.13: Security Exceptions Nothing in this Agreement shall be construed:
  (a) to require any Party to furnish any information the disclosure of which it considers contrary to its essential security interests;
  (b) <u>to prevent any Party from taking any action which it considers necessary for the protection of its essential security interests:</u>
    <u>(i) relating to fissionable and fusionable materials or the materials from which they are derived;</u>
    <u>(ii) relating to the traffic in arms, ammunition and implements of war and to such traffic in other goods and materials, or relating to the supply of services, as carried on directly or indirectly for the purpose of supplying or provisioning a military establishment;</u>
    <u>(iii) taken so as to protect critical public infrastructures7 including communications, power, and water infrastructures;</u>

에서 제외된다는 명시적인 내용이 포함되어 있지 않다는 점을 고려할 때 RCEP 회원국이 필수적 안보 이익 보호를 원용하여 국경 간 정보이전을 허용하지 않은 경우, 사실상 이를 제어할 구속력 있는 수단이 없다는 비판이 가능하다.

나아가 RCEP은 전자상거래 챕터를 RCEP 분쟁해결 절차의 대상에서 제외[35]시켜 의무의 구속력을 다시 한번 약화시키고 있다.

(금융 서비스)

RCEP도 CPTPP와 동일하게 '적용대상인(covered person)'의 정의를 통해 금융 서비스에 전자상거래 챕터의 국경 간 정보이전 의무가 적용되지 않도록 구성하고 있다. 다만 RCEP은 금융 부속서에서 CPTPP와 달리 금융 정보의 국외 이전에 관한 내용을 규정하지 않고 당사국 영역 내에서만 금융 정보이전을 허용하는 내용만 규정하고 있다.

RCEP 금융 정보이전 조항	
금융 부속서 제9조	제9조 정보의 이전 및 정보의 처리 1. 당사자들은 각 당사자가 정보의 이전 및 정보의 처리에 관한 자신만의 규제 요건을 가질 수 있다는 것을 인정한다.[8] 2. 당사자는 다음을 금지하는 조치를 취하지 않는다. 　가. **자신의 영역내에서** 금융 서비스 공급자의 일상적인 영업 수행을 위하여 필요한, 전자적 또는 그 밖의 수단에 의한 <u>자료 이전을 포함한 정보이전</u>, 또는 　나 **자신의 영역내에서** 금융 서비스 공급자의 일상적인 영업 수행을 위하여 필요한 <u>정보 처리</u> 　… 중략 …

　(iv) taken in time of national emergency or war or other emergency in international relations; or
(c) to prevent any Party from taking any action in pursuance of its obligations under the United Nations Charter for the maintenance of international peace and security.

35 RCEP 제12.17조제3항 3. <u>No Party shall have recourse to dispute settlement under Chapter 19 (Dispute Settlement) for any matter arising under this Chapter.</u> As part of any general review of this Agreement undertaken in accordance with Article 20.8 (General Review), the Parties shall review the application of Chapter 19 (Dispute Settlement) to this Chapter. Following the completion of the review, Chapter 19 (Dispute Settlement) shall apply to this Chapter between those Parties that have agreed to its application.

라. 한-싱 DPA

한-싱 DPA는 외견상 독립된 디지털 협정으로 보이기는 하나, 한-싱가포르 FTA 전자상거래 챕터를 대체하는 개정 협정이다.[36] 한-싱 DPA 국경 간 정보이전 조항 자체는 CPTPP 국경 간 정보이전 조항과 유사한 내용으로 구성되어 있다. 다만 기존 한-싱 FTA 서비스, 투자, 금융 챕터의 자유화 방식 및 구조적인 특징[37]을 고려하여 정의와 적용범위 예외 조항을 구성한 것이 특징이다. 한-싱 DPA 국경 간 정보이전 조항이 금융 서비스에도 적용되도록 규정한 것도 이러한 맥락으로 이해된다.[38]

	한-싱 DPA 국경 간 정보이전 관련 조항
제14.2조	2. 이 장은 다음에 적용되지 않는다. 가. 정부조달, 또는 나. 당사국을 대신하여 보유되거나 처리되는 정보, 또는 그 정보의 수집에 관련된 조치를 포함하여 그러한 정보에 관련된 조치 4. 제14.6조(디지털제품 비차별 대우), 제14.14조(국경 간 정보이전), 제14.15조(컴퓨터 설비 현지화) 및 제14.16조(금융서비스의 컴퓨터 설비 현지화)는 다음에 적용되지 않는다. 가. 다음에 따라 채택되거나 유지되는 한도에서, 제9장(국경 간 서비스 무역) 또는 제10장(투자)의 의무와 합치하지 않는 당사국 조치의 측면 　　1) 제9.6조(비합치 조치, 서비스) 또는 제10.9조(비합치 조치, 투자), 또는 　　2) 그 의무에 적용 가능한 모든 예외, 그리고 나. 다음의 한도에서 당사국 조치의 측면 　　1) 조치가 제12.4조에 따른 그 당사국의 구체적 약속의 범위에 있지 않다. 　　2) 제12.4조에 따른 내국민 대우에 대한 조건 및 자격요건이나 시장접근에 대한 요건, 제한 및 조건이 적용된다. 또는 　　3) 제12장(금융서비스)의 예외가 적용된다
제14.1조	적용대상기업이란 어느 한쪽 당사국의 인이 직접적으로 또는 간접적으로 소유하거나 통제하는 당사국의 기업을 말한다. 적용대상인이란 어느 한쪽 당사국의 적용대상기업 또는 자연인을 말한다. 금융서비스란 제12.15조에서 정의된 금융서비스를 말한다.

---

36 한-싱 DPA 제3조제1항

37 한-싱 FTA는 2004.1월 협상을 개시하여 2004.11월 협상을 타결한 우리나라의 두 번째 FTA로 서비스와 투자 챕터의 경우 네거티브(Negative) 자유화 방식을 채택하여 유보를 작성하였으나, 금융 서비스의 경우 포지티브(Positive) 자유화 방식을 채택하여 양허를 작성하였다.

38 기존 한-싱 FTA 금융 서비스 챕터에는 금융 정보 이전에 관한 내용이 포함되어 있지 않아 한-싱 DPA 체결 계기에 국경 간 정보이전 조항이 금융 서비스에도 적용되도록 규정하였다.

제14.4조[39]

전자적 수단에 의한 국경 간 정보 전송[14-7]

1. 당사국은 각 당사국이 전자적 수단에 의한 정보이전에 관하여 자국의 규제 요건을 갖출 수 있음을 인정한다. 다만, 그 요건은 자의적이거나 무역에 대한 위장된 제한이 아니어야 하며, 비례적이어야 한다.

2. 개인정보를 포함하여, 전자적 수단에 의한 국경 간 정보이전이 적용대상인의 사업 수행을 위한 것일 경우, 어떠한 당사국도 이를 금지하거나 제한하지 않는다.

3. 이 조의 어떠한 규정도 당사국이 정당한 공공정책 목표를 달성하기 위하여 제2항과 불합치하는 조치를 채택하거나 유지하는 것을 금지하지 않는다. 다만 그러한 조치는,

가. 자의적이거나 부당한 차별 수단 또는 무역에 대한 위장된 제한을 구성하는 방식으로 적용되지 않아야 한다. 그리고

나. 그러한 목표를 달성하기 위하여 요구되는 것 이상의 제한을 정보이전에 부과하지 않아야 한다.

14-7) 보다 명확히 하기 위하여, 이 조는 제12장(금융서비스)에서 정의된 당사국의 금융기관 또는 금융서비스 공급자인 적용대상인에게 적용된다. 양 당사국은 부속서 12-A의 하위분야와 이 조를 관련시킬 필요가 없음을 양해한다.[40]

마. DEPA

DEPA는 CPTPP 회원국인 싱가포르, 뉴질랜드, 칠레 3국이 체결한 최초의 다자간 디지털 협정이다. 앞에서 이미 언급한 바와 같이 독립된 디지털 협정의 경우 서비스·투자 시장개방이 포함되지 않기 때문에 FTA와 달리 국경 간 정보이전 의무의 서비스·투자 비합치 조치 적용 예외를 규정할 수 없고, 디지털 협정의 비당사국

---

39 한-싱 DPA Article 14.14: Cross-Border Transfer of Information by Electronic Means[14-17]
   1. The Parties recognise that each Party may have its own regulatory requirements concerning the transfer of information by electronic means, provided that the requirements are not arbitrary or a disguised restriction on trade and are proportionate.
   2. Neither Party shall prohibit or restrict the cross-border transfer of information by electronic means, including personal information, if this activity is for the conduct of business of a covered person.
   3. Nothing in this Article shall prevent a Party from adopting or maintaining measures inconsistent with paragraph 2 to achieve a legitimate public policy objective, provided that the measure:
   (a) is not applied in a manner which would constitute a means of arbitrary or unjustifiable discrimination or a disguised restriction on trade; and
   (b) does not impose restrictions on transfers of information greater than are required to achieve the objective.

40 한-싱 DPA 각주 14-7 For greater certainty, this Article applies to a covered person that is a financial institution or financial service supplier of a Party (as defined in Chapter 12 (Financial Services)). The Parties understand that it is unnecessary to relate the sub-sectors in Annex 12-A with this Article.

인 WTO 회원국에 대한 MFN 의무 부담도 고려해야만 한다. DEPA 원회원국은 협상 타결 직후 협정문을 공개하였는데 이 협정문은 법률검토 과정에서 상당 부분 수정되어 협상 타결 직후에 공개된 문안과 정식 서명된 협정문안상에 많은 차이점이 발견된다. 또한 DEPA는 2023.7월 국경 간 정보이전 조항을 포함하여 협정문 일부를 개정하여 DEPA의 핵심적 의무의 수준을 상향 조정하였는데 이는 우리나라를 포함하여 CPTPP 회원국이 아닌 중국, UAE 등이 DEPA 가입 의사를 공식적으로 표명하고 진지하게 가입절차를 추진하고 있는 상황을 고려, 수준 높은 디지털 규범을 CPTPP 비회원국에게도 적용하고자 하는 의도가 반영된 것으로 평가할 수 있다. DEPA 협정문의 이러한 변화는 독립된 디지털 협정의 구조적 특성에 기인하는 추가적인 의무 부담에 대한 DEPA 원회원국들의 고민과 결단의 과정으로 이해할 수 있다.

2020.1월 DEPA 협상 타결 직후 공개된 협정문[41]과 2020.6월 정식 서명 이후 공개된 협정문상의 국경 간 정보이전 조항 및 관련 조항은 다음과 같은 특이점과 차이점이 있다.

첫째, 다른 통상 협정과 달리 협상 타결 직후 공개된 협정문과 정식 서명 이후 공개된 DEPA의 국경 간 정보이전 조항은 "당사국의 약속의 수준을 확인한다.(The Parties affirm their level of commitments ...)" '예를 들어(for example)', '특히, 배타적인 아닌(in particular, but not exclusively)'이라는 표현을 사용하여 직접적인 의무를 규정하지 않고 있다. 특히 정식 서명된 협정문에서는 이탤릭체로 CPTPP 국경 간 정보이전 의무 조항을 그대로 인용하여 CPTPP에서 회원국들이 약속한 국경 간 정보이전 의무 약속을 확인하는 내용으로 조항을 구성하고, 나아가 국경 간 정보이전 조항을 포함하여 디지털 제품 비차별 대우, 컴퓨터 설비 현지화, 암호기법을 사용하는 정보통신기술 제품 조항이 이 협정에서 당사국 간에 아무런 권리 의무를 발생시키지 않는다는 양해 부속서를 신설하는 한편 분쟁해결 부속서를 추가하여 분쟁해결 절차가 상기 4가지 조항에는 적용되지 않는다고 규정하고 있다.

---

41 해당 협정문에는 "This text is subject to legal verification by DEPA Parties prior to signature."와 "Note: This text does not represent the final views of the Parties and remains subject to change." 등과 같은 문구들이 포함되어 있어 법률검토 과정에서의 문안 수정을 예고하고 있다.

2020.1월	2020.6월
Article 4.3: Cross-Border Transfer of Information by Electronic Means	**Article 4.3: Cross-Border Transfer of Information by Electronic Means**

국경 간 정보이전

2020.1월	2020.6월
The Parties <u>affirm their level of commitments</u> relating to Cross-Border Transfer of Information by Electronic Means, **<u>for example</u>**:	The Parties <u>affirm their level of commitments</u> relating to cross-border transfer of information by electronic means, **<u>in particular, but not exclusively</u>:**
1. The Parties recognise that each Party may have its own regulatory requirements concerning the transfer of information by electronic means.	*"1. The Parties recognise that each Party may have its own regulatory requirements concerning the transfer of information by electronic means.*
2. Each Party shall allow the cross-border transfer of information by electronic means, including personal information, when this activity is for the conduct of the business of a covered person.	*2. Each Party shall allow the cross-border transfer of information by electronic means, including personal information, when this activity is for the conduct of the business of a covered person.*
3. Nothing in this Article shall prevent a Party from adopting or maintaining measures inconsistent with paragraph 2 to achieve a legitimate public policy objective, provided that the measure:	*3. Nothing in this Article shall prevent a Party from adopting or maintaining measures inconsistent with paragraph 2 to achieve a legitimate public policy objective, provided that the measure:*
(a) is not applied in a manner which would constitute a means of arbitrary or unjustifiable discrimination or a disguised restriction on trade; and (b) does not impose restrictions on transfers of information greater than are required to achieve the objective.	*(a) is not applied in a manner which would constitute a means of arbitrary or unjustifiable discrimination or a disguised restriction on trade; and* *(b) does not impose restrictions on transfers of information greater than are required to achieve the objective."*

분쟁
해결   -
부속서

ANNEX 14-A - SCOPE OF MODULE 14 (DISPUTE SETTLEMENT)
Article 14A.1: Scope of Module 14 (Dispute Settlement)
Module 14 (Dispute Settlement), including Annex 14-B (Mediation Mechanism) and Annex 14-C (Arbitration Mechanism), shall not apply to:
(a) Article 3.3 (Non-Discriminatory Treatment of Digital Products);
(b) Article 3.4 (Information and Communication Technology Products that Use Cryptography);
(c) Article 4.3 (Cross-Border Transfer of Information by Electronic Means); and
(d) Article 4.4 (Location of Computing Facilities).

양해 부속서   -

Annex I - UNDERSTANDING ON THIS AGREEMENT
For greater certainty, the Parties record their understanding that the following Articles do not create any rights or obligations between or among the Parties under this Agreement:
(a) Article 3.3: Non-Discriminatory Treatment of Digital Products;
(b) Article 3.4: Information and Communication Technology Products that Use Cryptography;
(c) Article 4.3: Cross-Border Transfer of Information by Electronic Means; and
(d) Article 4.4: Location of Computing Facilities.

이렇게 국경 간 정보이전을 포함한 4가지 핵심 조항이 사실상 유명무실하게 포함된 영향 때문인지 국경 간 정보이전과 컴퓨터 설비 현지화 의무에 명시적으로 위반되는 조치를 시행하고 있는 중국이 DEPA 가입 의사를 공개적으로 표명하고 중국 이외에도 여러 CPTPP 비회원국들이 DEPA 가입에 관심을 표명하자 DEPA 원회원국들은 2023.7.15일 국경 간 정보이전 의무 등 핵심 조항을 진정한 의무조항으로 개정하고 분쟁해결절차의 적용대상이 되도록 하는 내용의 개정 의정서에 서명하였다. 개정 의정서에 따라 DEPA상의 국경 간 정보이전 조항 자체는 CPTPP 국경 간 정보이전 조항과 동일하나, 서비스·투자 비합치 조치와 관련된 예외 없이 적용된다는 측면에서 CPTPP보다 규범의 수준이 높다.

DEPA 개정 의정서 국경 간 이전 및 관련 조항	
제1조	제1조 - 이 협정 제1.1조(범위) 이 협정 제1.1조는 다음에 의해 대체된다. "제1.1조: 범위 및 일반 규정 1. 이 협정은 디지털 경제 무역에 영향을 미치는 당사국이 채택하거나 유지하는 조치에 적용된다. 2. 이 협정은 다음에 적용되지 않는다 … 중략 … 3. 제3.3조(디지털 제품 비차별대우). 제3.4조(암호화 기법을 사용하는 정보통신기술 제품), 제4.3조(전자적 수단에 의한 국경 간 정보이전), 그리고 제4.4조(컴퓨터 설비 현지화)는 그러한 조치가 다른쪽 당사국 인에 대한 자의적이거나 부당한 차별 또는 디지털 경제 무역에 대한 위장된 제한을 가하는 수단으로 사용되지 않는 경우, 당사국이 디지털 경제 무역에 관한 원주민의 권리, 이익, 의무와 책임을 보호하고 증진하기 위해 필요하다고 간주하여 채택하거나 유지하는 조치에는 적용되지 않는다. … 중략 …"

제5조	제5조 - 이 협정의 제4.3조(전자적 수단에 의한 국경 간 정보이전)
	
	이 협정의 제4.3조는 다음에 의해 대체된다.
	
	"제4.3조: 전자적 수단에 의한 국경 간 정보이전
	1. 당사국은 각 당사국이 전자적 수단에 의한 정보의 이전과 관련하여 자신만의 규제 요건을 가질 수 있다는 것을 인정한다,
	2. 당사국은 어느 한쪽 당사국의 인(person)의 사업수행을 위한 활동인 경우, 전자적 수단에 의한 정보(개인정보 포함)의 국경 간 이전을 허용해야 한다.
	3. 이 조의 어떠한 것도 그러한 조치가 다음과 같은 경우, 어느 한쪽 당사국이 정당한 공공목적 달성을 위해 제2항과 불합치 하는 조치를 채택하거나 유지하는 것을 방해하지 아니 한다.
	
	  (a) 자의적이거나 부당한 차별 또는 위장된 무역 제한을 가하는 방식으로 적용되어서는 안 된다.
	  (b) 목표 달성을 위해 요구되는 이상으로 정보의 이전에 제한을 부과해서는 안 된다.

제8조	제8조 - 이 협정의 부속서 이 협정의 다음 부속서는 운영을 정지한다. 가. 부속서 제14-가(모듈 제14(분쟁해결)의 범위); 그리고 나. 부속서 I(이 협정에 관한 양해)

바. USMCA 및 미-일 디지털무역협정

(디지털무역 챕터)

USMCA 및 미-일 디지털무역협정을 통해 미국은 CPTPP 대비 국경 간 정보이전 조항의 수준을 한층 강화시켰다. 국경 간 정보이전 의무의 서비스·투자 비합치 조치 적용 예외를 규정하지 않고 있어[42] 서비스·투자 유보를 통해 특정 서비스 분야에 대해 현재는 물론 미래의 모든 정책권한을 유보하는 경우에도 그 분야에 국경 간 정보이전 허용 의무가 적용된다.

또한 USMCA와 미-일 디지털무역협정은 '정당한 공공 목적'과 관련하여 필요성 심사가 가능하도록 조항을 구성하여 엄격한 조건하에서만 '정당한 공공 목적' 달성 예외를 원용하도록 하고 있다. 즉, 당사국이 '정당한 공공목적'이란 명목으로 국경 간 정보이전 의무에 위반되는 조치를 채택한 경우 그러한 조치 외에 합리적으로 이용가능한 국경 간 정보이전 의무에 위반되지 않는 조치를 취할 수 있었다고 판단되는 경우 당사국이 채택한 조치는 필요성이 부정된다.

	CPTPP	USMCA
국경 간 정보이전	2. Each Party **shall allow** the cross-border transfer of information by electronic means, including personal information, when this activity is for the conduct of the business of a covered person. 3. Nothing in this Article shall prevent a Party from adopting or maintaining measures inconsistent with paragraph 2 **to achieve a legitimate public policy objective**, provided that the measure: (a) is not applied in a manner which would constitute a means of arbitrary or unjustifiable discrimination or a disguised restriction on trade; and (b) does not impose restrictions on transfers of information greater than **are required to achieve the objective**.	1. No Party **shall prohibit or restrict** the cross-border transfer of information, including personal information, by electronic means if this activity is for the conduct of the business of a covered person. 2. This Article does not prevent a Party from adopting or maintaining a measure inconsistent with paragraph 1 that is **necessary to** achieve a legitimate public policy objective, provided that the measure: (a) is not applied in a manner which would constitute a means of arbitrary or unjustifiable discrimination or a disguised restriction on trade; and (b) does not impose restrictions on transfers of information greater than are **necessary to achieve the objective**.[5]

---

42 미-일 디지털무역협정은 DEPA 같이 독립된 디지털무역협정으로 서비스·투자 시장개방을 다루지 않고 있어 이러한 예외가 적용되지 않는 구조이다.

5 A measure does not meet the conditions of this paragraph if it accords different treatment to data transfers solely on the basis that they are cross-border in a manner that modifies the conditions of competition to the detriment of service suppliers of another Party.

(금융 챕터)

USMCA의 경우에도 금융 챕터에서 금융 정보의 국경 간 이전 허용 의무를 별도로 규정하고 있다.

USMCA 금융 정보 국경 간 이전 조항	
제17.17조	어떠한 당사국도 적용대상인이 면허, 허가 또는 등록 범위 내에서 사업을 수행하기 위한 경우 전자적 또는 그 밖의 수단을 통해 당사국 영역 안과 밖으로 개인정보를 포함한 정보를 이전하는 행위를 금지하지 아니한다. 본 조의 어떠한 조항도 그러한 조치가 본 조항을 회피하는 데 사용되지 않는 경우 당사국이 개인 데이터, 개인 프라이버시 및 개인 기록 및 계정의 기밀성을 보호하기 위한 조치를 채택하거나 유지할 권리를 제한하지 아니한다.[43]
금융 부속서 17-가	은행 및 기타 금융서비스(보험 제외) 2. 제17.3.3조(내국민 대우)와 제17.5.1조(시장접근)은 제17.1조(정의)의 금융 서비스의 국경 간 공급의 정의 가호에 정의된 대로 금융 서비스의 국경 간 공급 또는 무역에 적용된다. 가. 제17.1조(정의)의 금융서비스의 정의 거호에 언급된 은행 및 그 밖의 금융서비스에 관련한 금융 정보, 금융 자료의 처리 및 관련 소프트웨어의 제공 및 이전[44]

43　USMCA 금융 제17.17조(Transfer of Information) No Party shall prevent a covered person from transferring information, including personal information, into and out of the Party's territory by electronic or other means when this activity is for the conduct of business within the scope of the license, authorization, or registration of that covered person. Nothing in this Article restricts the right of a Party to adopt or maintain measure to protect personal data, personal privacy and the confidentiality of individual records and accounts, provided that such measures are not used to circumvent this Article.

44　금융 부속서 17-가 2. Article 17.3.3 (National Treatment) and 17.5.1 (Market Access) shall apply to the cross-border supply of or trade in financial services, as defined in subparagraph (a) of the definition of "crossborder supply of financial services" in Article 17.1 (Definitions), with respect to:
(a) provision and transfer of financial information, and financial data processing and related software, as referred to in subparagraph (o) of the definition of "financial service" in Article 17.1 (Definitions);

(3) 주요 무역 협정에서 컴퓨터 설비 현지화 조항의 발전 과정과 내용

1) 발전 과정

컴퓨터 설비 현지화 조항도 미국의 주도하에 발전 되어 온 규범이라는 점을 감안하여 미국과 우리나라가 체결해온 협정을 중심으로 발전 과정을 살펴보고자 한다.

컴퓨터 설비 현지화 조항은 CPTPP에서 최초로 발견된다. CPTPP는 전자상거래 챕터에서 최초로 구속력 있는 의무의 형태로 컴퓨터 설비 현지화 요구를 금지하는 내용을 포함하고 있으나, 금융 챕터에는 별도의 컴퓨터 설비 현지화 조항이 포함되지 않았다. USMCA, 미-일 디지털무역협정에서는 CPTPP 컴퓨터 설비 현지화 조항을 더 발전시켜 정당한 공공정책 목적과 관련된 예외를 포함하지 않아 의무의 수준을 높였다. 또한 USMCA, 미-일 디지털무역협정은 금융 관련 별도의 컴퓨터 설비 현지화 조항을 포함하고 있는데, 디지털무역 챕터에 포함되는 컴퓨터 설비 현지화 조항과는 그 내용과 구성면에서 차이가 있다.

우리나라의 경우에는 RCEP에서 최초로 컴퓨터 설비 현지화 의무 조항을 수용하였는데 국경 간 정보이전 조항과 마찬가지로 RCEP의 컴퓨터 설비 현지화 조항은 의무의 수준 면에서 CPTPP의 컴퓨터 설비 현지화 조항과 큰 차이가 있다. 우리나라는 한-싱 DPA에서 CPTPP와 유사한 내용의 컴퓨터 설비 현지화 조항을 수용하였는데 이후 체결하는 FTA에서는 이와 유사한 내용으로 컴퓨터 설비 현지화 조항을 포함시키기 위해 노력하고 있다. 다만, 우리나라의 경우 국경 간 정보이전 조항과 달리 금융서비스와 관련 컴퓨터 설비 현지화 의무를 포함시키고 있지 않고 있는데,[45] 이를 수용할 제도적 정비가 마련되지 않은 상황을 고려한 결과로 파악된다.

2) 조항의 구체적 내용 비교 분석

가. CPTPP

CPTPP 전자상거래 챕터에 포함되어 있는 컴퓨터 설비 현지화 조항은 국경 간 정보이전 조항과 마찬가지로 구조와 내용 면에서 모델 조항으로 평가되며 이후 체결된 DEPA 등 많은 협정에서 이 조항을 벤치마크하고 있다. 이러한 측면을 고려하여, 본 장에서는 CPTPP 컴퓨터 설비 조항의 구조와 내용을 분석하고 서술하고 RCEP 등

---

45   한-싱 DPA에 금융서비스 컴퓨터 설비 현지화 조항이 노력 조항 형태로 포함되어 있다.

다른 협정상의 조항은 CPTPP와 차이점 위주로 서술하였다. 컴퓨터 설비 현지화 조항의 종합적이고 체계적인 이해를 위해 CPTPP ① 제14.1조(정의) 컴퓨터 설비 및 적용대상인 → ② 제14.13조(컴퓨터 설비 위치) → ③ 제14.2조(적용범위 및 일반규정)제5항/제6항의 순서로 서술하되 컴퓨터 설비 현지화 조항은 정당한 공공정책 목적 예외 등을 포함하여 국경 간 정보이전 조항과 구조적 측면에서 유사한 부분이 많아 국경 간 정보이전 조항에서 이미 동일한 내용을 자세히 설명한 경우 이를 생략하였다.

CPTPP 컴퓨터 설비 현지화 관련 조항	
제14.1조	컴퓨터 설비는 상업적 목적으로 정보의 처리 또는 저장을 위한 컴퓨터 서버 및 저장 기기를 의미한다.[46] 적용대상인은 다음을 의미한다. 가. 제9.1조에서 정의되는 적용대상 투자 나. 제9.1조에서 정의되는 당사국의 투자자, 금융기관에 대한 투자자를 포함되지 아니한다. 다. 제10.1조에서 정의되는 당사국의 서비스 공급자, 금융 기관 또는 제11.1조에서 정의되는 당사국의 국경 간 금융서비스 공급자는 포함되지 아니한다.
제14.2조	5. 보다 명확히 하기 위하여, 제14.4조(디지털 제품의 비차별 대우), 제14.11조(전자적 수단에 의한 국경 간 정보의 이전),제14.13조(컴퓨터 설비의 위치) 그리고 제14.17조(소스코드)에 포함된 의무는 가. 제9장(투자), 제10장(국경 간 서비스 무역), 제11장(금융 서비스)의 관련 규정과, 예외, 비합치 조치를 조건으로 한다. 나. 이 협정의 다른 관련조항과 함께 읽어야 한다. 6. 제14.4조(디지털 제품의 비차별 대우), 제14.11조(전자적 수단에 의한 국경 간 정보의 이전), 그리고 제14.13조(컴퓨터 설비의 위치)에 포함된 의무는 제9.12조(비합치 조치), 제10.7조(비합치 조치) 또는 제11.10조(비합치 조치)에 따라 채택되거나 유지되는 조치의 비합치 측면에는 적용되지 아니한다.
제14.13조[47]	1. 당사국은 각 당사자국이 통신의 보안 및 기밀성을 보장하기 위한 요건을 포함하여 컴퓨터 설비의 사용에 관한 자신만의 규제 요건을 가질 수 있다는 것을 인정한다. 2. 어떠한 당사국도 그 당사국의 영역에서 사업을 수행하는 조건으로 적용대상인에게 그 당사자국의 영역에서 컴퓨터 설비를 사용하거나 둘 것을 요구하지 않는다. 3. 이 조의 어떠한 것도 그러한 조치가 다음과 같은 경우, 어느 한쪽 당사국이 정당한 공공 목적 달성을 위해 제2항과 불합치 하는 조치를 채택하거나 유지하는 것을 방해하지 아니한다.

---

46 CPTPP 제14.1조 computing facilities means computer servers and storage devices for processing or storing information for commercial use;

47 CPTPP 제14.13조 Location of Computing Facilities
1. The Parties recognise that each Party may have its own regulatory requirements regarding

(a) 자의적이거나 부당한 차별 또는 위장된 무역 제한을 가하는 방식으로 적용되어서는 안 된다.
(b) 목표 달성을 위해 요구되는 이상으로 정보의 이전에 제한을 부과해서는 안 된다.

CPTPP 제14.1조는 '컴퓨터 설비'는 컴퓨터 서버와 컴퓨터 저장 기기를 의미한다고 정의하고 있어 컴퓨터 설비 현지화는 많은 기업들이 자체적인 비즈니스 전략에 따라 권역별로 설치·운영하고 있는 데이터센터와 관련이 있다.

CPTPP 컴퓨터 설비 현지화 조항은 국경 간 정보이전 조항과 동일하게 제2항에서 정보의 국경 간 이전이 허용되는 경우를 '적용대상인(covered person)의 사업수행을 위한 활동인 경우'로 한정하면서 제14.1조에서 '적용대상인'을 i) 적용대상 투자, ii) 금융기관에 대한 투자자를 제외한 투자자, iii) 금융기관과 국경 간 금융 서비스 공급자를 제외한 서비스 공급자로 정의하여 전자상거래 챕터의 국경 간 정보이전 조항이 금융 서비스에는 적용되지 않도록 규정하고 있으며 국경 간 정보이전 조항과 달리 금융 서비스 챕터에 별도의 컴퓨터 설비 현지화 조항을 포함하고 있지 않다.

CPTPP 제14.13조는 i) 제1항 당사국의 규제 권한 인정, ii) 제2항 컴퓨터 설비 현지화 요구 금지, iii) 제3항 일정한 조건 하에서 정당한 공공 목적 달성을 위한 예외 허용으로 구성되어 있다. 정당한 공공 목적 달성 예외와 관련된 논의는 국경 간 정보 이전 조항에서 이미 상세하게 서술한 바 있다.

또한, CPTPP 컴퓨터 설비 현지화 조항은 국경 간 정보이전 조항과 동일하게 국경간 서비스, 투자, 금융 서비스 챕터상의 조치의 비합치 측면에는 적용되지 않는다.

CPTPP는 금융 서비스 챕터에서 별도의 컴퓨터 설비 현지화 조항을 포함하고 있지 않다.

---

the use of computing facilities, including requirements that seek to ensure the security and confidentiality of communications.

2. No Party shall require a covered person to use or locate computing facilities in that Party's territory as a condition for conducting business in that territory.

3. Nothing in this Article shall prevent a Party from adopting or maintaining measures inconsistent with paragraph 2 to achieve a legitimate public policy objective, provided that the measure:
(a) is not applied in a manner which would constitute a means of arbitrary or unjustifiable discrimination or a disguised restriction on trade; and
(b) does not impose restrictions on the use or location of computing facilities greater than are required to achieve the objective.

나. RCEP

RCEP도 전자상거래 챕터에서 컴퓨터 설비 현지화 조항을 규정하고 있으며 국경 간 정보이전 조항과 동일하게 '정당한 공공정책 목적'(Legitimate Public Policy Objective, LPPO)과 '필수적 안보 이익(essential security interest)' 보호와 관련하여 컴퓨터 설립 현지화 요구 금지 의무에 반하는 조치를 채택할 수 있도록 정부의 정책 권한을 광범위하게 허용하고 있다.

RCEP도 CPTPP와 동일하게 '적용대상인(covered person)'의 정의를 통해 금융 서비스에 전자상거래 챕터 컴퓨터 설비 현지화 의무가 적용되지 않도록 구성하고 금융 부속서에는 별도의 컴퓨터 설비 현지화 조항을 포함하고 있지 않다.

RCEP 컴퓨터 설비 현지화 관련 조항	
제12.1조	가. 컴퓨터 설비란 상업적 용도로 정보를 처리하거나 저장하는 컴퓨터 서버 및 저장 장치를 말한다. 나. 적용대상인이란 다음을 말한다. 1) 제10.1조(정의)가호에 정의된 "적용대상투자" 2) 제10.1조(정의)마호에 정의된 "당사자의 투자자". 다만, 금융기관에 대한 투자자 또는 금융 서비스 공급자에 대한 투자자¹는 포함하지 않는다. 또는 3) 제8.1조(정의)에 정의된 당사자의 서비스 공급자만, 부속서 8-가(금융 서비스) 제1조(정의)에 정의된 "금융기관", "공공기관" 또는 "금융 서비스 공급자"는 포함하지 않는다. 1 보다 명확히 하기 위하여, 금융기관에 대한 투자자 또는 금융 서비스 공급자에 대한 투자자는 금융기관 또는 금융 서비스 공급자를 대상으로 하지 않는 그 밖의 투자와 관련하여 여전히 "적용대상인"일 수 있다.
제12.3조	4. 제12.14조(컴퓨터 설비의 위치) 및 제12.15조(전자적 수단에 의한 정보의 국경 간 이전)는 당사자의 조치가 다음에 따라 채택되거나 유지되는 한도에서, 제8장(서비스 무역) 또는 제10장(투자)의 의무와 합치하지 않는 그러한 조치의 측면에 적용되지 않는다. 가. 제8.8조(비합치 조치 목록) 또는 제10.8조(유보 및 비합치 조치) 나. 제8.6조(최혜국 대우) 또는 제8.7조(구체적 약속에 관한 양허표)에 따라 만들어진 당사자의 약속에 명시되거나 당사자의 약속의 적용대상이 되지 않는 분야에 관한 모든 조건, 제한, 자격 및 요건, 또는 다. 제8장(서비스 무역) 또는 제10장(투자)의 의무에 적용 가능한 모든 예외

제12.14조

1. 당사자들은 각 당사자가 통신의 보안 및 기밀성을 보장하기 위한 요건을 포함하여 컴퓨터 설비의 사용 또는 위치에 관한 자신만의 조치를 가질 수 있다는 것을 인정한다.

2. 어떠한 당사자도 그 당사자의 영역에서 사업을 수행하는 조건으로 적용대상인에게 그 당사자의 영역에서 컴퓨터 설비를 사용하거나 둘 것을 요구하지 않는다.[11]

3. 이 조의 어떠한 규정도 당사자가 다음을 채택하거나 유지하는 것을 금지하지 않는다.

가. 정당한 공공정책 목표를 달성하기 위하여 당사자가 필요하다고 여기는 제2항과 불합치하는 모든 조치.[12] 다만, 그 조치가 자의적이거나 부당한 차별 또는 무역에 대한 위장된 제한 수단을 구성하게 될 방식으로 적용되지 않아야 한다. 또는

나. 당사자의 필수적인 안보 이익 보호를 위하여 그 당사자가 필요하다고 여기는 모든 조치. 그러한 조치는 다른 당사자들에 의하여 분쟁의 대상이 되지 않는다.

11 캄보디아, 라오인민민주공화국 및 미얀마는 이 협정의 발효일 후 5 년의 기간 동안, 필요한 경우 3년의 추가 기간 동안 이 항을 적용할 의무를 지지 않는다. 베트남은 이 협정의 발효일 후 5 년의 기간 동안 이 항을 적용할 의무를 지지 않는다.

12 이 호의 목적상, 당사자들은 그러한 정당한 공공정책 이행의 필요성은 이행 당사자에 의하여 결정되는 것임을 확인한다.

다. 한-싱 DPA

한-싱 DPA 컴퓨터 설비 현지화 조항은 CPTPP 전자상거래 챕터의 컴퓨터 설비 현지화 조항과 구조나 내용 측면에서 유사하다. 또한, 한-싱 DPA는 별도의 금융서비스에 대한 컴퓨터 설비 현지화 조항을 규정하고 있는데 이는 당사국에게 금융기관이나 금융 서비스 공급자에 대해 컴퓨터 설비 현지화 요구를 금지하는 의무를 부과하는 내용이 아닌 당사국 영역 밖에 설치된 컴퓨터 설비에서 처리되거나 저장된 정보에 대해 규제 또는 감독의 목적상 즉각적이고 직접적이며 완전하고 지속적인 접근을 당사국의 금융규제당국에 허용할 수 있는 정책 및 규칙의 개발, 채택 및 이행과 관련된 경험과 견해를 공유하고, 그러한 접근이 허용되는 경우 금융 기관 등의 사업 수행을 위해 당사국의 영역 밖에서 컴퓨터 설비를 사용하거나 위치시키는 것을 촉진하기 위한 공동 이니셔티브를 확인, 개발 및 증진하도록 노력할 의무를 규정하고 있는 것이 특징이다.

한-싱 DPA 컴퓨터 설비 현지화 관련 조항	
제14.2조 범위	4. 제14.6조(디지털제품 비차별 대우), 제14.14조(국경 간 정보이전), 제14.15조(컴퓨터 설비 현지화) 및 제14.16조(금융서비스의 컴퓨터 설비 현지화)는 다음에 적용되지 않는다. 가. 다음에 따라 채택되거나 유지되는 한도에서, 제9장(국경 간 서비스 무역) 또는 제10장(투자)의 의무와 합치하지 않는 당사국 조치의 측면 1) 제9.6조(비합치 조치, 서비스) 또는 제10.9조(비합치 조치, 투자), 또는 2) 그 의무에 적용 가능한 모든 예외, 그리고 나. 다음의 한도에서 당사국 조치의 측면 1) 조치가 제12.4조에 따른 그 당사국의 구체적 약속의 범위에 있지 않다. 2) 제12.4조에 따른 내국민 대우에 대한 조건 및 자격요건이나 시장접근에 대한 요건, 제한 및 조건이 적용된다. 또는 3) 제12장(금융서비스)의 예외가 적용된다.
제14.1조 정의	적용대상기업이란 어느 한쪽 당사국의 인이 직접적으로 또는 간접적으로 소유하거나 통제하는 당사국의 기업을 말한다. 적용대상인이란 어느 한쪽 당사국의 적용대상기업 또는 자연인을 말한다. 금융서비스란 제12.15조에서 정의된 금융서비스를 말한다.
제14.15조 컴퓨터 설비 위치[48]	1. 양 당사국은 각 당사국이 통신의 보안 및 기밀성을 보장하기 위한 요건을 포함하여 컴퓨터 설비의 사용에 관한 자국의 규제 요건을 가질 수 있다는 것을 인정한다. 2. 어떠한 당사국도 그 당사국의 영역에서 사업을 수행하기 위한 조건으로 적용대상인에게 그 영역에서 컴퓨터 설비를 사용하거나 위치시킬 것을 요구하지 않는다. 3. 이 조의 어떠한 규정도 당사국이 정당한 공공정책 목표를 달성하기 위하여 제2항과 불합치하는 조치를 채택하거나 유지하는 것을 금지하지 않는다. 다만 그러한 조치는, 가. 자의적이거나 부당한 차별 수단 또는 무역에 대한 위장된 제한을 구성하는 방식으로 적용되지 않아야 한다. 그리고 나. 그러한 목표를 달성하기 위하여 요구되는 것 이상의 제한을 컴퓨터 설비의 사용 또는 위치에 부과하지 않아야 한다. 4. 이 조는 제12.15조에서 정의된 "금융기관" 또는 "당사국의 금융서비스 공급자"에 대해서는 적용되지 않는다.

---

48 한-싱 DPA Article 14.15: Location of Computing Facilities
 1. The Parties recognise that each Party may have its own regulatory requirements regarding the use of computing facilities, including requirements that seek to ensure the security and confidentiality of communications.
 2. Neither Party shall require a covered person to use or locate computing facilities in that Party's territory as a condition for conducting business in that territory.
 3. Nothing in this Article shall prevent a Party from adopting or maintaining measures inconsistent with paragraph 2 to achieve a legitimate public policy objective, provided that the measure:
 (a) is not applied in a manner which would constitute a means of arbitrary or unjustifiable discrimination or a disguised restriction on trade; and

제14.16조 금융서비스에 대한 컴퓨터 설비 위치[49]

1. 이 조의 목적상, 당사국("관련 당사국")에게 적용대상 금융인이란 다음을 말한다.

가. 제12.15조에서 정의된, 어느 한쪽 당사국의 인이 지배하고 관련 당사국의 영역에 위치한 "금융기관(지점 포함)", 또는

나. 제12.15조에서 정의된, 관련 당사국 금융규제당국의 규제, 감독, 인가, 승인 또는 등록의 대상이 되는 "당사국의 금융서비스 공급자"

2. 양 당사국은 적용대상 금융인의 거래 및 운영의 기초가 되는 정보를 포함하여, 당사국의 금융규제당국이 그러한 적용대상 금융인의 정보에 즉각적이고 직접적이며 완전하고 지속적으로 접근하는 것이 금융 규제 및 감독에 중요하다는 것을 인정하고, 그러한 접근을 보장할 필요성을 인정한다.

3. 양 당사국은 적용대상 금융인의 국경 간 데이터 집계, 저장, 처리 및 전송 능력이 양 당사국의 금융 분야 발전에 중요하다는 것을 인정한다. 양 당사국은 더 나아가 금융 서비스 제공을 위한 적용대상 금융인의 포괄적인 국경 간 데이터 및 기술 사용 능력이 위험 관리 역량 증진, 효율성 및 운영 효과성 증대, 혁신을 지원하는 통찰력, 소비자 복지 향상 등을 포함한 일련의 이익을 제공한다는 것을 인정한다.

4. 이러한 목적으로, 양 당사국은 다음을 위하여 노력한다.

가. 적용대상 금융인이 당사국의 영역에서 사업을 수행하기 위한 조건으로 그 영역에서 컴퓨터 설비를 사용하거나 위치시킬 필요 없이, 적용대상 금융인이 당사국 영역 밖에서 사용하거나 위치시킨 컴퓨터 설비에서 처리되거나 저장된 정보에 대하여 규제 또는 감독의 목적상 즉각적이고 직접적이며 완전하고 지속적인 접근을 당사국의 금융규제당국에 허용할 수 있는 정책 및 규칙의 개발, 채택 및 이행과 관련된 경험과 견해를 공유한다.

나. 적용대상 금융인이 당사국의 영역 밖에서 사용하거나 위치시킨 컴퓨터 설비에서 처리되거나 저장된 정보에 대하여 그 당사국의 금융규제당국이 규제 또는 감독의 목적상 즉각적이고 직접적이며 완전하고 지속적으로 접근할 수 있는 한, 적용대상 금융인이 사업 수행을 위하여 원하는 대로 그 당사국의 영역 밖에서 컴퓨터 설비를 사용하거나 위치시키는 것을 촉진하기 위하여 공동 이니셔티브를 확인, 개발 및 증진한다.

(b) does not impose restrictions on the use or location of computing facilities greater than are required to achieve the objective.

4. This Article shall not apply with respect to a "financial institution" or a "financial service supplier of a Party", as defined in Article 12.15.

49   한-싱 DPA Article 14.16: Location of Computing Facilities for Financial Services

1. For the purposes of this Article, for a Party ("the relevant Party"):

covered financial person means:

(a) "financial institution", as defined in Article 12.15, including a branch, located in the territory of the relevant Party that is controlled by persons of either Party; or

(b) "financial service supplier of a Party", as defined in Article 12.15, that is subject to regulation, supervision, licensing, authorisation, or registration by a financial regulatory authority of the relevant Party.

2. The Parties recognise that immediate, direct, complete, and ongoing access by a Party's financial regulatory authorities to information of covered financial persons, including information underlying the transactions and operations of such covered financial persons, is critical to

라. DEPA

DEPA의 컴퓨터 설비 현지화 조항은 국경 간 정보이전 조항과 마찬가지로 2023.7월 서명된 개정 의정서를 통해 구속력 있는 의무 조항으로 발전되었다.

마. USMCA 및 미-일 디지털무역협정

(디지털무역 챕터)

USMCA와 미-일 디지털무역협정의 경우 CPTPP 컴퓨터 설비 현지화 조항의 수준을 한층 강화시켜 '정당한 공공 목적'과 관련된 예외를 아예 인정하지 않고 있다.

USMCA 컴퓨터 설비 현지화 관련 조항	
제19.1조	컴퓨터 설비는 상업적 목적으로 정보의 처리 또는 저장을 위한 컴퓨터 서버 또는 저장 기기를 의미한다. 적용대상인은 다음을 의미한다. 가. 제1.5조(일반 정의)에서 정의되는 적용대상 투자 나. 제14.1조(정의) 에서 정의되는 당사국의 투자자 다. 제15.1조(정의)에서 정의되는 당사국의 서비스 공급자, 그러나 제17.1조(정의)에서 정의되는 적용대상인은 포함되지 아니한다.

financial regulation and supervision, and recognise the need to ensure such access.

3. The Parties recognise that the ability of covered financial persons to aggregate, store, process and transmit data across borders is critical to the development of the Parties' financial sectors. The Parties further recognise that the ability of covered financial persons to use data and technology comprehensively across borders to supply financial services offers a range of benefits, including enhanced risk management capabilities, increased efficiency and operational effectiveness, insights that support innovation, improved consumer welfare, and others.

4. To this end, the Parties shall endeavour to:

(a) share experiences and views relating to the development, adoption, and implementation of policies and rules that can allow the Party's financial regulatory authorities, for regulatory or supervisory purposes, to have immediate, direct, complete and ongoing access to information processed or stored on computing facilities that covered financial persons use or locate outside of the Party's territory, without the need for covered financial persons to use or locate computing facilities in the Party's territory as a condition for conducting business in that territory;

(b) identify, develop, and promote joint initiatives to facilitate covered financial persons to use or locate computing facilities outside of a Party's territory, as they may wish, for the conduct of business, as long as the Party's financial regulatory authorities, for regulatory or supervisory purposes, have immediate, direct, complete and ongoing access to information processed or stored on computing facilities that covered financial persons use or locate outside of the Party's territory.

제19.12조[50]	어떠한 당사국도 그 당사국의 영역에서 사업을 수행하는 조건으로 적용대상인에게 그 당사자국의 영역에서 컴퓨터 설비를 사용하거나 둘 것을 요구하지 않는다.

미-일 디지털무역협정 컴퓨터 설비 현지화 관련 조항	
제1조	나. 컴퓨터 설비는 상업적 목적으로 정보의 처리 또는 저장을 위한 컴퓨터 서버 및 저장 기기를 의미한다. 적용대상인은 다음을 의미한다. (1) 적용대상 기업, 또는 (2) 다른 쪽 당사국의 인
제12조[51]	1. 어떠한 당사국도 그 당사국의 영역에서 사업을 수행하는 조건으로 적용대상인에게 그 당사자국의 영역에서 컴퓨터 설비를 사용하거나 둘 것을 요구하지 않는다. 2. 본 조는 제13조에서 다루어지는 적용대상 금융서비스 공급자에 대하여는 적용되지 않는다.

(금융 챕터)

USMCA 금융 챕터는 별도의 컴퓨터 설비 현지화 조항을 포함하고 있는데 한-싱 DPA 금융서비스 컴퓨터 설비 현지화 조항과 유사하게 금융규제당국이 규제 및 감독 목적으로 당사국의 영역 밖에서 사용하거나 위치한 컴퓨터 시설에서 처리되거나 저장된 정보에 즉각적이고 직접적이며 완전하고 지속적으로 접근하는 것의 중요성을 강조한다. 다만 이러한 접근이 허용되는 것을 전제로 컴퓨터 설비 현지화 요구를 금지하고 있다는 점에서 한-싱 DPA보다는 의무의 수준이 높은 것으로 평가된다.

---

50 USMCA Article 19.12: Location of Computing Facilities
    No Party shall require a covered person to use or locate computing facilities in that Party's territory as a condition for conducting business in that territory

51 미-일 디지털무역협정 Article 12 Location of Computing Facilities
    1. Neither Party shall require a covered person to use or locate computing facilities in that Party's territory as a condition for conducting business in that territory.
    2. This Article does not apply with respect to covered financial service suppliers, which areaddressed by Article 13.

USMCA 금융 서비스 컴퓨터 설비 현지화 관련 조항	
제17.1조	컴퓨팅 설비는 적용대상인의 면허, 승인 또는 등록 범위 내에서 업무 수행을 위한 정보의 처리 또는 저장을 위한 컴퓨터 서버 또는 저장 장치를 의미한다. 그러나 다음에 액세스하는 데 사용되는 컴퓨터 서버 또는 저장 장치는 포함되지 않는다: (a) 금융 시장 인프라; (b) 증권 또는 선물, 옵션, 스왑과 같은 파생상품의 거래소 또는 시장: 또는 (c) 적용대상인에 대한 규제 또는 감독 권한을 행사하는 비정부기구; 적용대상인은 다음을 의미한다. (a) 다른 쪽 당사국의 금융기관; 또는 (b) 당사국의 금융 규제 당국의 규제, 감독, 면허, 인가 또는 등록의 대상이 되는 다른 쪽 당사국의 국경 간 금융 서비스 공급자[1]
제17.18조[52]	1. 양 당사국은 당사국의 금융규제당국이 적용대상인의 거래 및 운영의 기초가 되는 정보를 포함하여 적용대상인의 정보에 즉각적이고 직접적이며 완전하고 지속적으로 접근하는 것이 금융 규제 및 감독에 중요하다는 점을 인식하고, 이러한 접근에 대한 잠재적 제한을 제거할 필요성을 인정한다. 2. 당사국의 금융규제당국이 규제 및 감독 목적으로 당사국의 영역 밖에서 사용하거나 위치한 컴퓨터 시설에서 처리되거나 저장된 정보에 즉각적이고 직접적이며 완전하고 지속적으로 접근할 수 있는 한, 어떠한 당사국도 해당 영역에서 사업을 수행하기 위한 조건으로 적용대상인에게 당사국의 영역 내에 컴퓨팅 시설을 사용하거나 위치하도록 요구하지 아니한다.[9] 3. 각 당사국은 가능한 한도 내에서, 당사국이 적용대상인에게 당사국의 영역 또는 다른 관할권의 영역에 있는 컴퓨터 시설을 사용하거나 위치하도록 요구하기 전에 제2항에 기술된 정보에 대한 접근성 부족을 시정할 수 있는 합리적인 기회를 제공한다.[10] 4. 본 조의 어떠한 조항도 이러한 조치가 본 조의 약속 또는 의무를 회피하기 위해 사용되지 않는 한, 당사국이 개인 데이터, 개인 사생활 및 개인 기록 및 계정의 기밀성을 보호하기 위한 조치를 채택하거나 유지할 권리를 제한하지 않는다.

---

52 USMCA Article 17.18: Location of Computing Facilities
  1. The Parties recognize that immediate, direct, complete, and ongoing access by a Party's financial regulatory authorities to information of covered persons, including information underlying the transactions and operations of such persons, is critical to financial regulation and supervision, and recognize the need to eliminate any potential limitations on that access.
  2. No Party shall require a covered person to use or locate computing facilities in the Party's territory as a condition for conducting business in that territory, so long as the Party's financial regulatory authorities, for regulatory and supervisory purposes, have immediate, direct, complete, and ongoing access to information processed or stored on computing facilities that the covered person uses or locates outside the Party's territory.9
  3. Each Party shall, to the extent practicable, provide a covered person with a reasonable opportunity to remediate a lack of access to information as described in paragraph 2 before the Party requires the covered person to use or locate computing facilities in the Party's territory or

금융 부속서 17-라	제17.18조(컴퓨터 설비의 위치)는 이 협정 발효 후 1년 동안 캐나다의 현행 조치에는 적용되지 않는다.

미-일 디지털무역협정도 별도의 금융 서비스 컴퓨터 설비 현지화 조항을 포함하고 있는데 USMCA 금융 서비스 챕터 컴퓨터 설비 현지화 조항에 있는 당사국이 개인 데이터, 개인 사생활 및 개인 기록 및 계정의 기밀성을 보호하기 위한 조치를 채택하거나 유지할 권리를 제한하지 않는다는 내용이 포함되어 있지 않다.

미-일 디지털무역협정 금융 서비스 컴퓨터 설비 현지화 관련 조항	
제1조	라. 적용 대상 금융서비스 공급자는 다음을 의미한다. 1) 다른 쪽 당사국의 금융기관; 또는 2) 다른 쪽 당사국의 금융기관을 제외하고, 당사국의 금융 규제 당국의 규제, 감독, 면허, 인가 또는 등록의 대상이 되는 다른 쪽 당사국의 국경 간 금융 서비스 공급자
제13조[53]	1. 당사국은 당사국의 금융 규제 당국이 적용대상 금융 서비스 공급자의 거래 및 운영의 기초가 되는 정보를 포함하여 적용대상 금융 서비스 공급자의 정보에 즉각적이고 직접적이며 완전하고 지속적으로 접근하는 것이 금융 규제 및 감독에 중요함을 인식하고, 그러한 접근에 대한 잠재적 제한을 제거할 필요성을 인정한다. 2. 당사국은 규제 및 감독 목적으로 당사국의 금융 규제 당국이 적용대상 금융 서비스 공급자가 당사국의 영역 밖에서 사용하거나 위치한 금융 서비스 컴퓨팅 시설에서 처리되거나 저장된 정보에 즉각적이고 직접적이며 완전하고 지속적으로 접근할 수 있는 한, 적용대상 금융 서비스 공급자에게 해당 영역에서 사업을 수행하기 위한 조건으로 해당 당사국의 영역 내에 금융 서비스 컴퓨팅 시설을 사용 또는 위치하도록 요구하지 아니한다. 3. 각 당사국은 가능한 한도 내에서 당사국이 적용대상 금융서비스 공급자에게 당사국 영역 내에서 금융서비스 전산시설을 사용하거나 위치하도록 요구하기 전에 제2항에 기술된 정보에 대한 접근 부족을 시정할 수 있는 합리적인 기회를 제공해야 한다.

---

the territory of another jurisdiction.10

4. Nothing in this Article restricts the right of a Party to adopt or maintain measures to protect personal data, personal privacy and the confidentiality of individual records and accounts, provided that these measures are not used to circumvent the commitments or obligations of this Article.

53 미-일 디지털무역협정 Article 13 Location of Financial Service compuing Facilities for Covered Financial Service Suppliers

1. The Parties recognize that immediate, direct, complete, and ongoing access by a Party's financial regulatory authorities to information of covered financial service suppliers, including information underlying the transactions and operations of such covered financial service suppliers, is critical to financial regulation and supervision, and recognize the need to eliminate any potential limitations

3. 데이터 이전과 관련된 국내 법령 및 입법 동향

우리나라에는 데이터 이전을 금지하거나 제한하는 일반법은 없으며, 특정 정보의 국외 이전을 규제하거나, 특정 분야에서 전산실 등의 국내 설치를 요구하는 개별 법령이 있는 바, 이들 가운데 USTR NTE 보고서에 포함된 규제와 빅테크 기업의 국내 서버 설치를 의무화하고자 하였던 정보통신망법 개정안을 소개하고자 한다.

(1) 국경 간 정보이전 관련 국내 법령

가. 개인정보보호법

2023.3.14일 개정된 개인정보보호법(법률 제19234호, 시행 2023. 9. 15)은 개인정보의 국외 이전 조항을 신설하면서 '개인정보의 국외 이전이 증가함에 따라 개인정보를 국외로 이전할 수 있는 경우를 확대하여 국제기준에 부합하도록 하는 등 현행 제도의 운영상 나타난 일부 미비점을 개선·보완'을 개정 사유로 제시하였다.

---

on that access.

2. Neither Party shall require a covered financial service supplier to use or locate financial service computing facilities in that Party's territory as a condition for conducting business in that territory, so long as the Party's financial regulatory authorities, for regulatory and supervisory purposes, have immediate, direct, complete, and ongoing access to information processed or stored on financial service computing facilities that the covered financial service supplier uses or locates outside the territory of the Party.

3. Each Party shall, to the extent practicable, provide a covered financial service supplier with a reasonable opportunity to remediate a lack of access to information as described in paragraph 2 before the Party requires the covered financial service supplier to use or locate financial service computing facilities in the territory of the Party.

개정 전	개정 후

제17조(개인정보의 제공)

(중략)

③ 개인정보처리자가 개인정보를 국외의 제3자에게 제공할 때에는 제2항 각 호에 따른 사항을 정보주체에게 알리고 동의를 받아야 하며, 이 법을 위반하는 내용으로 개인정보의 국외 이전에 관한 계약을 체결하여서는 아니 된다.

④ 개인정보처리자는 당초 수집 목적과 합리적으로 관련된 범위에서 정보주체에게 불이익이 발생하는지 여부, 암호화 등 안전성 확보에 필요한 조치를 하였는지 여부 등을 고려하여 대통령령으로 정하는 바에 따라 정보주체의 동의 없이 개인정보를 제공할 수 있다.

제39조의12(국외 이전 개인정보의 보호)

① 정보통신서비스 제공자등은 이용자의 개인정보에 관하여 이 법을 위반하는 사항을 내용으로 하는 국제계약을 체결해서는 아니 된다.

② 제17조제3항에도 불구하고 정보통신서비스 제공자등은 이용자의 개인정보를 국외에 제공(조회되는 경우를 포함한다)·처리위탁·보관(이하 이 조에서 "이전"이라 한다)하려면 **이용자의 동의를 받아야 한다.** 다만, 제3항 각 호의 사항 모두를 제30조제2항에 따라 공개하거나 전자우편 등 대통령령으로 정하는 방법에 따라 이용자에게 알린 경우에는 개인정보 처리위탁·보관에 따른 동의절차를 거치지 아니할 수 있다.

③ **정보통신서비스 제공자등은 제2항 본문에 따른 동의를 받으려면 미리 다음 각 호의 사항 모두를 이용자에게 고지하여야 한다.**

1. 이전되는 개인정보 항목
2. 개인정보가 이전되는 국가, 이전일시 및 이전방법
3. 개인정보를 이전받는 자의 성명(법인인 경우에는 그 명칭 및 정보관리책임자의 연락처를 말한다)
4. 개인정보를 이전받는 자의 개인정보 이용목적 및 보유·이용 기간

④ 정보통신서비스 제공자등은 제2항 본문에 따른 동의를 받아 개인정보를 국외로 이전하는 경우 대통령령으로 정하는 바에 따라 보호조치를 하여야 한다.

제28조의8(개인정보의 국외 이전)

① 개인정보처리자는 개인정보를 국외로 제공(조회되는 경우를 포함한다)·처리위탁·보관(이하 이 절에서 "이전"이라 한다)하여서는 아니 된다. 다만, 다음 각 호의 어느 하나에 해당하는 경우에는 개인정보를 국외로 이전할 수 있다.

1. 정보주체로부터 국외 이전에 관한 별도의 동의를 받은 경우
2. 법률, 대한민국을 당사자로 하는 조약 또는 그 밖의 국제협정에 개인정보의 국외 이전에 관한 특별한 규정이 있는 경우
3. 정보주체와의 계약의 체결 및 이행을 위하여 개인정보의 처리위탁·보관이 필요한 경우로서 다음 각 목의 어느 하나에 해당하는 경우

   가. 제2항 각 호의 사항을 제30조에 따른 개인정보 처리방침에 공개한 경우

   나. 전자우편 등 대통령령으로 정하는 방법에 따라 제2항 각 호의 사항을 정보주체에게 알린 경우

4. 개인정보를 이전받는 자가 제32조의2에 따른 개인정보 보호 인증 등 보호위원회가 정하여 고시하는 인증을 받은 경우로서 다음 각 목의 조치를 모두 한 경우

   가. 개인정보 보호에 필요한 안전조치 및 정보주체 권리보장에 필요한 조치

   나. 인증받은 사항을 개인정보가 이전되는 국가에서 이행하기 위하여 필요한 조치

5. 개인정보가 이전되는 국가 또는 국제기구의 개인정보 보호체계, 정보주체 권리보장 범위, 피해구제 절차 등이 이 법에 따른 개인정보 보호 수준과 실질적으로 동등한 수준을 갖추었다고 보호위원회가 인정하는 경우

② 개인정보처리자는 제1항제1호에 따른 동의를 받을 때에는 미리 다음 각 호의 사항을 정보주체에게 알려야 한다.

1. 이전되는 개인정보 항목
2. 개인정보가 이전되는 국가, 시기 및 방법

⑤ 이용자의 개인정보를 이전받는 자가 해당 개인정보를 제3국으로 이전하는 경우에 관하여는 제1항부터 제4항까지의 규정을 준용한다. 이 경우 "정보통신서비스 제공자등"은 "개인정보를 이전받는 자"로, "개인정보를 이전받는 자"는 "제3국에서 개인정보를 이전받는 자"로 본다.

제39조의14(방송사업자등에 대한 특례) 「방송법」 제2조제3호가목부터 마목까지와 같은 조 제6호·제9호·제12호 및 제14호에 해당하는 자(이하 이 조에서 "방송사업자등"이라 한다)가 **시청자의 개인정보를 처리하는 경우에는 정보통신서비스 제공자에게 적용되는 규정을 준용**한다. 이 경우 "방송사업자등"은 "정보통신서비스 제공자" 또는 "정보통신서비스 제공자등"으로, "시청자"는 "이용자"로 본다.

3. 개인정보를 이전받는 자의 성명(법인인 경우에는 그 명칭과 연락처를 말한다)
4. 개인정보를 이전받는 자의 개인정보 이용목적 및 보유·이용 기간
5. 개인정보의 이전을 거부하는 방법, 절차 및 거부의 효과

③ 개인정보처리자는 제2항 각 호의 어느 하나에 해당하는 사항을 변경하는 경우에는 정보주체에게 알리고 동의를 받아야 한다.

④ 개인정보처리자는 제1항 각 호 외의 부분 단서에 따라 개인정보를 국외로 이전하는 경우 국외 이전과 관련한 이 법의 다른 규정, 제17조부터 제19조까지의 규정 및 제5장의 규정을 준수하여야 하고, 대통령령으로 정하는 보호조치를 하여야 한다.

⑤ 개인정보처리자는 이 법을 위반하는 사항을 내용으로 하는 개인정보의 국외 이전에 관한 계약을 체결하여서는 아니 된다.

⑥ 제1항부터 제5항까지에서 규정한 사항 외에 개인정보 국외 이전의 기준 및 절차 등에 필요한 사항은 대통령령으로 정한다.

개정 전 개인정보보호법은 정보 주체에게 사전 동의를 받은 경우에만 개인정보의 국외 이전을 허용하였는데 미국은 그간 USTR NTE 보고서를 통해 한국이 개인정보의 국외 이전에 엄격한 요건을 요구하고 합리적인 대안이 부재하다고 지적해 왔다. 그러나 최근 개인정보보호법 개정 결과가 반영되어 USTR 2023 NTE 보고서에서는 이러한 내용이 삭제된 것을 확인할 수 있다.

	미 USTR NTE 보고서
2020 NTE	The 2011 Personal Information Protection Act imposed stringent requirements on service providers seeking to transfer customer data outside Korea. The law requires data exporters to provide customers with extensive information about the data transfer, including the destination of the data, any third party's planned use for the data, and the duration of retention. For data transferred to third parties within Korea, less stringent requirements apply. These restrictions pose barriers to the cross-border provision of Internet-based services that depend on data storage and processing services, provided by a company directly or through third parties, and effectively privilege Korean over foreign suppliers in any data-intensive sector without materially contributing to effective privacy protection. In April 2016, Korea amended its IT Network Use and Protection Act, which imposes stringent protections on the personal data collected and handled by telecommunications and online service providers. The amendments impose significant penalties for violating data protection standards, including heavy fines for telecommunications and online service providers that transfer personal data cross border without consent. Failure to obtain consent results in a fine of up to three percent of the revenue related to the transfer. As with the 2011 Personal Information Protection Act, such requirements appear to discriminate against any suppliers reliant on foreign data storage and processing, and thus raises significant trade concerns. **Both of these acts demonstrate a lack of reasonable alternatives to a rigidly implemented policy on consent.** This has resulted in Korea being an outlier with respect to privacy policy, a status that could handicap its digital development. A specific concern of the financial services and insurance industries related to commitments on transfer of data in KORUS and the Korea-European Union Free Trade Agreement is noted above under "Financial Services and Insurance."
2022 NTE	The 2011 Personal Information Protection Act imposed stringent requirements on service providers seeking to transfer customers' personal data outside Korea. The law requires data exporters to provide customers with extensive information about the data transfer, including the destination of the data, any third party's planned use for the data, and the duration of retention. Less stringent requirements apply to data transfers to third parties within Korea. These restrictions pose barriers to the cross-border provision of Internetbased services that depend on data storage and processing services, provided by a company directly or through third parties, and effectively privilege Korean over foreign suppliers in any data-intensive sector without materially contributing to privacy protection. In April 2016, Korea amended its IT Network Use and Protection Act, which imposes stringent protections on the personal data collected and handled by telecommunications and online service providers. The amendments impose significant penalties for violating data protection requirements, including heavy fines for telecommunications and online service providers that transfer personal data

across borders without consent. Failure to obtain consent results in a fine of up to three percent of the revenue related to the transfer.

In September 2021, the Personal Information Protection Commission submitted a proposed amendment of the Personal Information Protection Act to the National Assembly to increase the fines to three percent of the total global revenue. The proposed amendment would also grant the Personal Information Protection Committee the authority to suspend a company's cross border data transfers in the case of a significant violation, about which U.S. stakeholders have raised concerns. The United States continues to engage with Korea on the proposed amendment and urge Korea to ensure that interested stakeholders have meaningful opportunities to provide input.

나. 공간정보의 구축 및 관리 등에 관한 법률

구글은 2007년부터 우리 정부에 1/5000 대한민국 정밀 지도 데이터 반출을 요구해왔다. 우리 정부는 구글 측에 국내에 서버를 설치하고 지도 서비스를 제공하는 방안을 제시하거나 구글어스에 노출된 주요 안보시설을 가려줄 것과 아울러 구글어스 서비스를 제공할 때 구글의 자체 위성 촬영 사진이 아닌 항공 사진을 이용할 것을 전제 조건으로 제안했으나 구글 측이 이를 거부해온 것으로 알려져 있다. 2014.6월 '공간정보의 구축 및 관리 등에 관한 법률' 개정으로 지도반출협의체 심사를 거쳐 지도 반출 허용 가능성이 열리자 구글이 다시 지도반출을 요청하였으나, 우리 정부는 현재까지 국가안보상의 이유로 지도반출을 허용하지 않고 있다.

공간정보의 구축 및 관리 등에 관한 법률	
제16조	제16조(기본측량성과의 국외 반출 금지) ① 누구든지 국토교통부장관의 허가 없이 기본측량성과 중 지도 등 또는 측량용 사진을 국외로 반출하여서는 아니 된다. 다만, 외국 정부와 기본측량성과를 서로 교환하는 등 대통령령으로 정하는 경우에는 그러하지 아니하다. ② 누구든지 제14조제3항 각 호의 어느 하나에 해당하는 경우에는 기본측량성과를 국외로 반출하여서는 아니 된다. 다만, 국토교통부장관이 국가안보와 관련된 사항에 대하여 과학기술정보통신부장관, 외교부장관, 통일부장관, 국방부장관, 행정안전부장관, 산업통상자원부장관 및 국가정보원장 등 관계 기관의 장과 협의체를 구성하여 국외로 반출하기로 결정한 경우에는 그러하지 아니하다. (중략)

미국은 NTE 보고서에서 이러한 내용을 상세하게 포함해 오고 있다.

미 USTR NTE 보고서	
2023 NTE	Data Localization Requirements Korea's restrictions on the export of location-based data have led to a competitive disadvantage for international suppliers seeking to incorporate such data into services offered from outside Korea. For example, foreign-based suppliers of interactive services incorporating location-based functions, such as traffic updates and navigation directions, cannot fully compete against their Korean rivals because locally based competitors typically are not dependent on foreign data processing centers and do not need to export location-based data. Korea is the only significant market in the world that maintains such restrictions on the export of location-based data. While there is no general legal prohibition on exporting location-based data, exporting such data requires a license. As of December 2022, Korea had never approved a license to export cartographic or other location-based data, despite receiving numerous applications from foreign suppliers.

(2) 컴퓨터 설비 현지화 관련 국내 법령

가. 전자금융감독규정[54]

　금융위원회는 「금융분야 클라우드 이용 확대방안('18.7.16)」 후속조치로 2018.12.21.일 전자금융감독규정을 개정하여 금융회사 또는 전자금융업자가 클라우드를 통해 이용할 수 있는 데이터의 범위를 확대하고, 안전한 클라우드 이용 절차를 마련하기 위해 금융회사 또는 전자금융업자가 개인신용정보·고유식별정보도 클라우드에서 이용할 수 있도록 정비(제14조의2 제1항, 제8항)하였다. 다만 고유식별정보 또는 개인신용정보를 처리하는 업무의 경우, 해당 정보를 처리하는 모든 시스템(해당 정보가 일시적으로 처리되는 시스템 포함)을 국내에 설치하도록 규정하였다. 이후 금융위원회는 금융 분야 클라우드 이용 환경을 개선하기 위해 전자금융감독규정을 추가로 개정하여 2023.1.1.일부터 개정된 전자금융감독규정이 시행되고 있다. 개정 전에는 고유식별정보 또는 개인신용정보 처리 시 이를 모두 중요업무로 취급하고, 고유식별정보나 개인신용정보를 직접 처리하지 않더라도 전자금융거래의 안정성 및 신뢰성에 중대한 영향을 미치는 경우를 중요업무로 취급하였다. 개정된 전자금융감독규정은 중요업무와 비중요 업무 기준을 명확하게 정의하고자 6개 사항을 금융회사나 전자금융업자가 '종합적'으로 판단하여 중요도를 결정하도록 하고 있다.

---

54 전자금융감독규정 제11조11호는 국내에 본점을 둔 금융회사의 전산실 및 재해복구센터를 국내에 설치할 것을 규정하고 있다.

2019.1.1. 시행 전자금융감독규정	2023.1.1. 시행 전자금융감독규정
제14조의2(클라우드컴퓨팅서비스 이용절차 등) ① 금융회사 또는 전자금융업자는 「클라우드컴퓨팅 발전 및 이용자 보호에 관한 법률」 제2조제3호에 따른 클라우드컴퓨팅서비스를 이용하고자 하는 경우 다음 각 호의 절차를 수행하여야 한다. 1. 자체적으로 수립한 기준에 따른 이용대상 정보처리시스템의 중요도 평가 (중략) ② 금융회사 또는 전자금융업자는 제1항에 따른 평가결과 및 자체 업무 위수탁 운영기준에 대하여 제8조의2에 따른 정보보호위원회의 심의·의결을 거쳐야 한다. (중략) ⑧ 제2항의 절차를 거친 클라우드컴퓨팅서비스 제공자의 정보처리시스템이 위치한 전산실에 대해서는 제11조제11호 및 제12호, 제15조제1항제5호를 적용하지 아니한다. 다만, 금융회사 또는 전자금융업자(전자금융거래의 안전성 및 신뢰성에 중대한 영향을 미치지 않는 외국금융회사의 국내지점, 제50조의2에 따른 국외 사이버몰을 위한 전자지급결제대행업자는 제외한다)가 제3항제1호에 따른 고유식별정보 또는 개인신용정보를 클라우드컴퓨팅서비스를 통하여 처리하는 경우에는 제11조제12호를 적용하고, 해당 정보처리시스템을 국내에 설치하여야 한다.	제14조의2(클라우드컴퓨팅서비스 이용절차 등) ① 금융회사 또는 전자금융업자는 「클라우드컴퓨팅 발전 및 이용자 보호에 관한 법률」 제2조제3호에 따른 클라우드컴퓨팅서비스를 이용하고자 하는 경우 다음 각 호의 절차를 수행하여야 한다. 1. 다음 각 목의 기준에 따른 이용업무의 중요도 평가 가. 규모, 복잡성 등 클라우드컴퓨팅서비스를 통해 처리되는 업무의 특성 나. 클라우드컴퓨팅서비스 제공자로부터 제공받는 서비스가 중단될 경우 미치는 영향 다. 전자적 침해행위 발생 시 고객에게 미치는 영향 라. 여러 업무를 같은 클라우드컴퓨팅서비스 제공자에게 위탁하는 경우 해당 클라우드컴퓨팅서비스 제공자에 대한 종속 위험 마. 클라우드컴퓨팅서비스 이용에 대한 금융회사 또는 전자금융업자의 내부통제 및 법규 준수 역량 바. 그 밖에 금융감독원장이 정하여 고시하는 사항 (중략) ⑧ 제1항의 절차를 거친 클라우드컴퓨팅서비스 제공자의 정보처리시스템이 위치한 전산실에 대해서는 제11조제11호 및 제12호, 제15조제1항제5호를 적용하지 아니한다. 다만, 금융회사 또는 전자금융업자(전자금융거래의 안전성 및 신뢰성에 중대한 영향을 미치지 않는 외국금융회사의 국내지점, 제50조의2에 따른 국외 사이버몰을 위한 전자지급결제대행업자는 제외한다)가 고유식별정보 또는 개인신용정보를 클라우드컴퓨팅서비스를 통하여 처리하는 경우에는 제11조제12호를 적용하고, 해당 정보처리시스템을 국내에 설치하여야 한다.

미국 NTE 보고서(2020)는 우리 금융위원회의 「금융 분야 클라우드 이용 확대방안('18.7.16)」과 전자금융감독규정 개정 계획을 소개하면서 미국업계가 이러한 금융위원회의 클라우드 컴퓨팅 서비스 확대 움직임을 환영하면서도 한국 특유의 데이터 현지화 요구로 인한 해외 클라우드 시설 이용제한, 모호한 데이터 보호기준 등이 외국 금융서비스 공급자의 유연성을 제한하고 특히 미국 데이터 처리 기업들이 국경 간 서비스를 공급하고자 할 때 상업적 기회를 크게 제한하고 있어 우려를 제기하고 있다고 상세 설명하고 있다.

2020 NTE	미 USTR NTE 보고서 Responding to industry requests, the FSC announced the Plan for Expansion of Cloud Usage in the Financial Sector on July 16, 2018. According to the Plan, the FSC intended to revise some provisions in the Regulations on Supervision of Electronic Finance and the Data Protection Standards for Cloud Computing Services (so-called CCPA Guidelines) by the end of 2018. However, the amendments remain under discussion in draft form. The FSC says the purpose of the amendments is to allow all financial companies and technology firms' cloud usage to develop new products and services with regard to all types of information, including personal credit and personally identifiable information. While U.S. industry welcomed the move by FSC to expand the use of cloud computing services, **they raised concerns over restrictions on the use of overseas cloud facilities due to Korea-specific data localization requirements, ambiguous standards for data protection, and overly burdensome monitoring and investigation on cloud service providers.** addition to limiting the flexibility of foreign financial service suppliers, such policies significantly limit commercial opportunities for U.S. data processing firms, particularly when seeking to offer such services on a cross-border basis. The United States will continue to engage with Korea on these important issues.

나. 정보통신망법 개정안

2018년 변재일 의원은 국내 서버 설치를 의무화하는 '정보통신망 이용촉진 및 정보보호 등에 관한 법률'(이하 '정보통신망법') 일부개정법률안을 대표 발의했다. 동 개정안은 정보통신서비스 제공자 중 일정 기준에 해당하는 자에게 국내에 서버를 설치하는 등 기술적 조치를 부담하게 하고, 위반 시 매출액의 100분의 3 이하에 해당하는 금액을 과징금으로 부과할 수 있도록 하였다. 당시 변재일 의원은 제안이유로 망 사용료 분담과 관련된 분쟁 과정에서, 글로벌 콘텐츠 사업자가 일방적으로 이용자의 콘텐츠에 대한 접속 경로를 변경하여 이용자들이 서비스 속도 저하 등 불편을 겪는 사례가 발생한 바 있고, 이러한 상황이 심화될 경우 국내 사업자와 글로벌 사업자 간의 역차별 이슈가 지속적으로 제기될 가능성이 높으므로 글로벌 콘텐츠 사업자에게 국내에 서버를 설치하게 해서 이용자에게 안정적인 서비스를 제공할 수 있도록 해야 한다고 주장하였다. 동 개정안은 최종적으로 통과되지 못하였으나 국내적으로도 상당한 찬반 논쟁을 불러일으켰으며 특히 미국은 동 개정안의 한미 FTA 위반 가능성을 제기하면서 우려를 표명한 바 있다.

4. 데이터 이전과 관련된 해외 정책 동향과 시사점

  빅테크 기업은 플랫폼을 통해 개인 정보를 포함하여 수많은 정보를 수집하여 중앙 서버에 이러한 정보를 저장하고 이를 활용하여 새로운 유형의 상품과 서비스를 출시하면서 사업을 확장해왔다. 빅테크 기업들이 수집한 정보를 독점하고 통제권을 행사하면서 개인정보 침해, 정보 손실 가능성의 문제가 발생하기 시작했다. 빅테크 기업의 시장지배력 확대와 빅데이터의 남용을 방지해야 한다는 주장에 힘이 실리면서 빅테크 기업에 대한 다양한 제재가 부과되고 새로운 규제가 도입되고 있다.

  특히 EU는 빅테크 기업에 대한 제재에 앞장서고 있는데 EU 집행위는 스마트폰 운영체계, 쇼핑 및 검색 광고 서비스 등과 관련하여 구글에 세 차례에 걸쳐 82억 5천만 유로의 과징금을 부과한 바 있으며, 2023.6월에는 2021년 6월 시작된 구글의 반독점 행위 조사에 대한 예비 의견을 구글에 전달하면서 구글이 광고기술 산업에서의 경쟁을 왜곡하여 EU 반독점 규정을 위반했으며 독점 문제를 해소하려면 구글이 디지털 광고 사업을 매각해야 한다는 성명을 발표하였다. 그러나 EU 집행위의 제재 조치에 구글 등 빅테크 기업들이 불복하여 소송을 제기하고 EU 경쟁법의 모호성으로 빅테크 기업들이 여러 소송에서 승소하면서 EU 집행위의 제재를 사실상 무력화 시키자 EU 집행위는 빅테크 기업들에 대한 제재의 실효성을 확보하기 위해 2023. 5. 2일부터 디지털시장법(Digital Markets Act)을 2023. 8. 25일부터 디지털서비스법(Digital Service Act)을 시행하고 있다. 반면 미국은 대부분의 빅테크 기업이 미국 기업인 점을 감안 빅데크에 대한 제재를 자제하는 모습을 보여 온 것으로 평가되었으나, 2020.10월 미 법무부가 11개 주와 함께 구글이 검색 및 광고시장에서 독점적 지위를 유지하기 위해 불법적 행위를 했다며 소송을 제기했고, 2020.12월 미 연방거래위원회(FTC)가 페이스북을 상대로 반독점 소송을 제기하였으나 기각되자, 2021.8월 근거를 보완하여 페이스북을 상대로 반독점 소송을 다시 제기하였으며, 2022.9월 캘리포니아 법무장관이 아마존에 대해 반독점 소송을 제기한 바 있다.

  이렇게 빅테크 기업에 대한 제제와 규제 움직임이 활발하게 진행되어 왔음에도 미국과 EU는 무역 협정에서 데이터 이전을 촉진하는 내용의 조항을 포함시키고, 의무의 수준을 강화시켜 왔다. 그러나 2023.10월 미국 USTR은 WTO 전자상거래 JSI

협상에서 국경 간 정보 이전 허용, 컴퓨터 설비 현지화 요구 금지, 소스코드 공개 요구 금지 의무에 대한 미국의 제안을 철회한다고 발표하면서 미국의 정책은 "공익을 위해 규제할 권리와 디지털 경제에서 반경쟁적 행위를 해결할 필요성 사이의 균형"이라는 규제 목표를 고려해야 한다고 설명했다.[55] 이 발표에 대해 미국 의회는 초당적으로 USTR이 WTO 전자상거래 협상에서 미국의 동맹국을 버리고 이 협상에 적극적으로 참여하고 있는 중국에 기회를 준 것이며, 중국이 이 USTR의 결정으로 큰 수혜를 보게 될 것이라고 큰 우려를 표명하였다.[56]

미국이 그간 무역 협정을 통해 데이터 이전 조항을 주도적으로 발전시키고, 정치적·경제적 압박 수단을 통해 인도, 인도네시아 등 데이터 이전을 허용하지 않는 국가들의 정책을 변화시키기 위해 노력해 왔다는 점을 고려할 때 USTR의 이번 결정은 현재 진행 중인 IPEF 협상은 물론 데이터 이전의 중요성을 지지해온 미국의 동맹국들이 체결하는 무역 협정 또는 디지털 협정에도 큰 영향을 미치게 될 것이다. 또한 미국이 차기 대선 이후에도 이러한 결정을 유지한다면 전 세계적으로 데이터 이전과 관련된 정책에 대한 재평가를 촉발하게 될 가능성이 높으며, 이는 결국 데이터의 수집과 활용으로 발전되어온 디지털 산업 전반에 엄청난 파장을 미칠 것이다.

---

55   ttps://www.reuters.com/world/us/us-drops-digital-trade-demands-wto-allow-room-stronger-tech-regulation-2023-10-25/

56   https://www.lawfaremedia.org/article/china-gains-as-u.s.-abandons-digital-policy-negotiations

Notes & Questions

1. FTA 서비스투자 유보 목록에 화장품 소매 서비스에 대한 현재 또는 미래의 모든 조치에 대한 권한을 유보하고 있지 않은 상황에서 화장품 소매 서비스 사업자가 서비스 제공 과정에서 수집한 정보의 국외 이전을 정보 주체의 사전 동의를 전제로만 허용하는 경우 CPTPP와 USMCA상의 국경 간 정보이전 의무 위반인가?

2. 금융 기관의 클라우드 서비스 이용을 허용하면서 국내에 서버를 둔 클라우드 서비스 공급자의 서비스만 이용할 수 있도록 하는 경우, USMCA 금융 챕터상의 금융정보의 국외이전 허용 및 컴퓨터 설비 현지화 요구 금지 의무 위반인가?

제 10 장

디지털통상과 경쟁

이효영

1. 디지털 시장에서의 경쟁 정책과 고려 요인

최근 디지털 시장의 발전은 기존의 경쟁 정책과 관련 법·제도를 통한 규율 방식에 도전 과제를 제시하고 있다. 특히 반경쟁적인 기업 인수·합병, 경쟁 기업 간 담합 및 수직적 통합 등은 디지털 시장의 경쟁 환경을 저해하기도 하지만 디지털 시장 자체의 특성으로 인하여 소비자 및 경쟁 업체들에게 피해를 증폭시킬 수 있다. 이에 따라 디지털 시장에서의 반경쟁적 행위의 특징에 대한 이해가 필요하며 경쟁당국의 디지털 시장에 대한 규제도 이러한 이해를 바탕으로 도입되는 것이 필요하다.

오늘날 디지털화(digitalisation)는 새로운 시장을 창출하고 기존의 시장도 변혁시키며 국가 경제 전반의 경쟁 방식을 바꾸어 놓았다고 할 수 있다. 이에 따라 경쟁당국은 빠르게 성장하는 디지털 시장으로 인해 야기되는 불확실성과 새로운 형태의 불공정 경쟁 행위에 대응해야 할 뿐 아니라 기존의 다른 시장으로 영역이 확산되는 디지털 시장의 영향을 파악하여 적절한 규제를 도입해야 하는 과제를 안고 있다.

(1) 디지털 시장에서의 경쟁의 특징

오늘날의 디지털 시장은 디지털 제품이 플랫폼(platform)으로서의 역할을 하고 다양한 소비자를 끌어들이는 형태로서 다면적(multi-sided) 시장의 특징을 갖고 있다. 일례로 디지털 컨텐츠를 제공하는 플랫폼의 경우 컨텐츠 크리에이터(creator) 외에도 컨텐츠를 열람하는 소비자(viewer)와 광고업체(advertisers)가 주로 활동하고 있는 체계이다. 또한 디지털 제품의 소비자 및 사용자(user)의 수가 증가할수록 제품의 가치도 상승하게 되는데, 이러한 '네트워크 효과(network effect)'는 해당 시장을 소수

227

의 컨텐츠 제공자에 의해 독점되는 형태의 시장으로 점차 변화시키게 된다. 이는 디지털 시장에서의 비즈니스 모델이 신규투자 등 고정비용이 많이 투입되어야 하는 한편, 변동비용은 많이 소요되지 않는 '규모의 경제(economies of scale)'의 특징을 갖고 있기 때문이기도 하다. 이에 따라 디지털 기업들은 빠른 속도로 규모를 키울 수 있으며 국경을 넘어 다양한 지역으로 상품 및 서비스의 제공이 가능해진다. 또한 이들 기업은 디지털 제품 및 서비스 사용자의 데이터(data)를 축적할 수 있는데, 이러한 광대한 데이터를 복제 및 분석하는 작업에도 상당한 비용이 소요되므로 신규 투자 기업들이 디지털 시장에 쉽게 진입할 수 없다.

디지털 제품과 서비스가 제공되는 디지털 시장은 다면적이라는 특징을 갖고 있는데, 특정 시장에서의 디지털 기업의 결정은 다른 시장에서의 가격 책정과 수요를 결정짓는 '플랫폼 간(cross-platform) 네트워크 효과'도 갖게 된다. 이는 다양한 시장에서의 지배력(market power)으로 연결되고 반경쟁적 행위의 효과를 더욱 증폭시키지만, 다른 한편으로는 다양한 시장에서의 보조금 지원 효과로 인하여 소비자의 혜택이 더욱 증폭된다. 이 과정에서 디지털 플랫폼을 통한 광고의 효과가 매우 크게 나타나는데, 특히 소비자에게 제공되는 서비스가 무료인 경우 광고의 효과가 더욱 증폭되기도 한다.

디지털 플랫폼을 사용하는 소비자는 특정한 디지털 서비스(SNS 등)를 사용하게 되기까지 일정한 시간과 노력을 투자하였기 때문에 서비스 사용의 전환(switching)이 어렵다는 특징도 있다. 또한 디지털 시장에서의 비즈니스 모델은 직접적으로 디지털 제품과 서비스에 대하여 비용을 부과하지 않는 대신, 소비자에 대한 데이터 수집과 광고를 통해 수익을 창출하기 때문에 소비자에 대한 접근이 용이하다. 반면, 디지털 플랫폼 기업의 비즈니스 모델은 수직적으로 통합되어 있기 때문에 자사에게 유리한 방식으로 소비자에게 서비스를 제공할 수 있어 해당 플랫폼을 이용하는 타 기업 사용자에 대한 불공정 경쟁 문제를 야기할 수 있다. 예를 들어 플랫폼을 소유하는 기업은 특정 시장에서의 지배력을 다른 시장에서 활용할 수 있으며, 자사의 제품과 서비스를 소비자에게 매력적으로 통합 제공하여 경쟁업체가 제공하는 제품과 서비스를 상대적으로 경쟁에서 불리하게 만들 수 있다.

(2) 디지털 시장에서의 경쟁 정책의 역할

디지털화로 인한 제품과 서비스의 혁신은 소비자에게는 상품·서비스의 다양성, 접근성, 편리성, 저렴한 가격 등 다양한 혜택을 제공하고 있다. 그러나 이와 동시에 디지털 시장의 구조적 특징, 디지털 기업의 상업적 특성으로 인한 반경쟁적 행위, 인수합병 노력 등은 디지털 시장에서의 경쟁을 저해하고 집중화(concentration)를 야기하며 신규 기업의 진입을 어렵게 하는 측면도 있다.

일반적으로 경쟁 정책은 지속적인 시장지배력(market power)이 존재하는 경우에 역할이 요구되며, 신기술 분야 등 경쟁자가 계속 등장하는 경우에는 경쟁 정책의 개입이 필요 없으며 오히려 경쟁 정책을 통해 혁신 활동에 대한 일시적인 보상이 제공될 수 있다. 특히 시장에서 독점적 지위를 갖고 있는 디지털 기업이 경쟁자를 배제시키거나 경쟁업체의 인수합병을 통해 신규 제품의 시장 진입을 차단하는 등 반경쟁적인 행위를 하는 경우 지속적인 시장지배력이 문제가 될 수 있다. 또한 경쟁법 또는 규제로 인하여 기존 기업들이 소비자에게 제공하는 제품 및 서비스의 매력도와 상관없이 시장에서 독점적인 지위를 유지할 수 있는 경우 시장지배력의 지속적 영위가 문제가 된다.

이에 따라 경쟁 당국은 디지털 시장의 독특한 특성을 제대로 이해하고 기존의 방식을 보완한 규제 방식이 필요하다. 특히 디지털 시장의 다면적 특성과 디지털 제품 및 서비스에 비용을 부과하지 않는 새로운 형태의 비즈니스 모델을 고려할 필요가 있다. 이 외에도 빠르게 변화하는 디지털 시장의 특성도 고려하여 관련 절차 및 법제도의 이행을 추구해야 하며 기존과 다른 심사 방식을 요구하는 디지털 시장에서의 상업적 피해에 대한 정의와 기준이 필요하다. 또한 디지털 시장에서의 모든 불공정 경쟁 행위가 경쟁 당국의 규율 대상이 될 수 없다는 점에 대한 이해도 필요할 것이다.

(3) 디지털 경제에서의 데이터(data)의 중요성

오늘날 디지털 경제의 시대에 기업의 경쟁력 확보를 위한 필수적인 자산인 데이터(data)는 정부 당국의 개인정보보호 관련 법제도의 규제 수준에 따라 상업적 이용이 활성화되거나 제약될 수 있다. 디지털 제품 및 서비스의 원활한 국경 간 이동을 위해서는 기본적으로 디지털 상거래에 대한 소비자의 신뢰가 확보되어 있어야 하며, 이를 위해 소비자의 개인정보를 포함한 데이터에 대한 보호가 충분히 이루어지도록 국내적으로 법제도가 구축되어 있어야 한다. 그러나 과도한 개인정보에 대한 보호를 추구하는 규제는 기업의 디지털 혁신 및 성장을 가능하게 하는 대량의 데이터 확보를 방해할 수 있어 디지털 경제의 성장을 가로막는 장벽으로도 작용할 수 있다. 이에 따라 적절한 수준으로 개인정보 및 데이터의 보호를 보장하면서 이와 동시에 데이터를 이용한 디지털 혁신 활동이 충분히 이루어지도록 각 정부 당국은 균형 잡힌 데이터 보호 제도와 데이터의 국경 간 이동을 활성화하는 제도를 구축하는 것이 중요하다 할 수 있다.

데이터의 보호 및 관리를 위한 체계를 의미하는 '데이터 거버넌스(data governance)'에 대한 각 정부 당국의 접근방식은 각국의 경제 규모, 발전 수준, 기업 경쟁력, 문화 및 역사적 배경, 정치 및 경제 체제 등에 따라 모두 상이하다고 할 수 있다. 데이터 거버넌스 관련하여 가장 두드러진 접근방식의 차이를 나타내고 있는 것은 미국과 유럽연합(EU)인데, 미국은 데이터 활용의 활성화에 초점을 맞춘 데이터 거버넌스 방식을 채택하고 있는 반면, EU는 개인의 데이터 보호에 더욱 중점을 둔 데이터 거버넌스 체계를 갖추고 있다. 이 외에도 미국, EU의 데이터 거버넌스 방식과 매우 상이한 접근방식을 채택하고 있는 국가는 중국으로, 국가주도형 사회주의 경제체제 하에서 개인정보를 포함한 데이터의 통제를 통해 국가의 주권을 보호하는 목적을 추구하고 있다.

〈그림 10-1〉 데이터 정책 수립의 고려요인

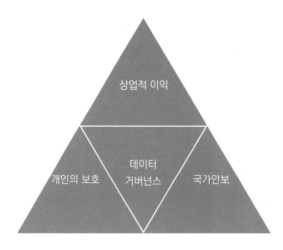

데이터에 대한 국내규제 제도 및 활성화 정책을 도입함에 있어 고려되는 요인은 크게 ▲상업적 이익, ▲개인의 보호, ▲국가안보로 구분된다고 할 수 있다(위 〈그림 10-1〉 참조). 데이터 정책에 있어 상업적 이익을 중시한다는 것은 기업들이 데이터의 이용을 원활하게 하도록 하여 디지털 혁신 및 경쟁력을 확보할 수 있도록 하는 것을 의미하며, 더 나아가 국경 간 데이터의 이동을 허용하여 자국 기업이 생산하는 디지털 제품과 서비스가 외국 소비자와 시장으로의 접근이 확대되도록 하는 것을 의미한다. 개인의 보호를 중시하는 데이터 정책의 경우에는 개인의 정보와 프라이버시(privacy)를 중시하는 기조하에서 높은 수준의 개인정보 보호를 위한 법제도를 채택하는 것을 의미한다. 반면, 국가안보를 중시하는 데이터 정책은 국가안보를 위협 또는 침해하는 행위를 방지하기 위하여 기업 활동을 지원 또는 이용하는 것을 의미하며, 현지투자를 하는 외국의 디지털 기업에 대하여 강력한 현지화(localization) 요건을 적용하여 데이터의 국외 이전을 통제하고 관리하는 것을 의미한다.

이와 같이 디지털 경제에서의 데이터의 중요성으로 인하여 데이터에 대한 국가 차원의 규제 제도 및 정책은 각국의 데이터를 둘러싼 경제적 활동 및 시장 참여방식에 따라서도 구분된다. 일부 국가는 데이터를 대량으로 생산하는 디지털 플랫폼 기업을 많이 소유하고 있어 이들 기업의 상업적 활동 및 혁신을 방해하지 않기 위하여 데이터 활용에 대한 규제를 최소화하고 있다. 반면, 다른 국가들은 데이터를 생산하는 기업을 소유하지 못하고 있는 대신 이들 글로벌 디지털 플랫폼 기업의 주요 소비시장으로서 역할을 하고 있어 자국민의 데이터 활용에 대한 강력한 규제를 도입하고 있다.

높은 수준의 데이터 보호를 위한 법제도를 도입하는 국가들의 경우 이를 데이터 거버넌스를 위한 글로벌 표준과 규범 수립의 방향을 선도하고자 하는 목적도 추구하고 있다. 이는 자국의 국내시장에서 적용되는 높은 수준의 데이터 보호 정책을 역외(extra-territorial) 적용하여 글로벌 표준으로써 도입하도록 하여 타국과의 경쟁에서 뒤처지지 않기 위한 노력의 일환이라고 할 수 있다. 대표적인 사례로서 EU의 개인정보보호법인 GDPR은 EU 역내 시장에서 데이터를 다루는 기업들에 대하여 높은 수준의 보호 장치를 도입할 것을 의무화하고 있다. GDPR은 EU 기업뿐 아니라 역내 시장에서 활동하는 외국기업에 대해서도 적용되며, 이들 기업은 EU 규제당국에 의한 '적정성 심사(adequacy test)'를 통과해야 EU 역내에서 데이터를 상업적 활동에 자유롭게 이용할 수 있다.

(4) 디지털 경제에서의 투명성

투명성(transparency)은 디지털 플랫폼 사용자들에게 중요한 우려사항이자 디지털 플랫폼 기업에게는 비즈니스 전략의 중요한 고려사항이라 할 수 있다. 디지털 플랫폼의 투명성 제고 노력은 다양한 순기능을 발휘한다. 특히 개인정보 남용에 대한 사용자의 우려, 인터넷의 익명성으로 인한 사용자의 신뢰 부족, 디지털 플랫폼과 사용자 간 정보의 비대칭성 등의 문제를 극복하기 위해서는 투명성의 제고가 도움이 될 수 있다.

한편, 투명성의 제고가 디지털 플랫폼 기업의 경영전략 차원에서 반드시 상업적으로 유리하다고 할 수는 없다. 디지털 플랫폼 기업의 입장에서는 사용자들의 투명성 부족 상황이 경영전략상 활용될 수 있는 측면이 있으며, 투명성 부족으로 인한 사용자들의 선택의 오류 및 왜곡은 디지털 플랫폼 기업의 이윤을 극대화하거나 시장지배력을 강화하는 데에 유리할 수 있기 때문이다. 따라서 디지털 플랫폼 기업의 입장에서는 투명성 부족 문제를 적극적으로 해결하기 위해 나설 필요가 없는 것이다.

특히 디지털 플랫폼은 상이한 이해관계를 갖고 있는 사용자들 간 거래를 중개하는 것을 목적으로 하고 있으며, 이러한 중개 활동은 가상공간에서 이루어지기 때문에 디지털 플랫폼을 통한 거래는 사용자들이 물리적으로 인접해있지 않아도 된다는 특징이 있다. 이에 따라 거래하는 상대방과 직접 대면하지 못하는 사용자는 디지털 플랫폼이 제공하는 상대방의 정보를 일방적으로 신뢰해야 하는 불리한 상황에 놓이게 되며, 사용자들이 이러한 정보를 신뢰하지 못하거나 디지털 플랫폼의 형태를 의심하는 경우에는 근본적으로 거래가 활성화되기 어렵다.

이와 같은 사용자들의 신뢰 부족 문제는 디지털 플랫폼을 통한 거래, 즉 디지털 경제에서 중대한 제약조건으로 작용할 수 있다. 특히, 디지털 플랫폼이 제공하는 거래상대방에 대한 정보가 부족하거나, 정보의 정확성 여부를 검증하기 어렵거나, 부정확한 정보로 인한 사기 등 거래 위험으로부터 구제를 받지 못하거나, 사용자가 제공한 개인정보가 개인의 동의 범위를 벗어나 부당하게 사용될 위험이 있다면 디지털 플랫폼을 통한 거래가 활성화되지 못할 것이다. 이에 따라 사용자들의 신뢰 제고를 위한 조치는 디지털 플랫폼이 상업적 활동을 하기 위한 필수적인 전제조건이라 할 수 있다.

또한 디지털 플랫폼과 사용자 간의 투명성도 매우 중요한 요소이다. 특히 디지털 플랫폼이 일반적으로 이용자에 비해 비대칭적으로 정보를 많이 보유하고 있다는 점에서 투명성 부족 문제가 기인한다. 그러나 이와 같은 정보의 비대칭성(information asymmetry)은 디지털 플랫폼의 비즈니스 모델의 핵심 요소이기 때문에 디지털 플랫폼이 사용자와의 정보 비대칭성 문제를 과연 해소해야 하는지, 한다면 어느 정도로 해소해야 합리적인지가 중요한 문제라 할 수 있다.

특히 디지털 제품의 핵심 기술을 구현하는 소스코드(source code) 또는 알고리즘(algorithm)의 경우, 디지털 플랫폼 사용자들의 이익을 위해 알고리즘을 공개해야 한다는 주장도 있지만 이는 디지털 플랫폼 기업이 유사한 제품 또는 서비스를 제공하는 타 기업과 경쟁하기 위해 필요한 영업 비밀에 해당한다. 이에 따라 무조건적인 알고리즘 공개 요건은 경쟁조건에 중대한 영향을 미칠 수 있으며 알고리즘의 공개 의무는 디지털 플랫폼 기업의 경쟁력을 약화시키고 디지털 플랫폼 시장의 기술 혁신을 저해할 수 있다. 따라서 사안별로 사용자의 이익과 디지털 플랫폼의 영업비밀이라는 양대 가치를 비교형량하여 판단하는 것이 필요하다.

그러나 이와 동시에 디지털 플랫폼이 정보의 비대칭성을 전략적으로 활용해 사용자의 정상적인 의사결정을 저해하여 시장경쟁을 침해하는 결과도 초래할 수 있다. 이와 같은 상황은 경쟁상황 악화의 직접적 원인이 정보 비대칭성 문제이기 때문에 규제(알고리즘 공개 요구 등)가 정당화될 수 있다. 특히 디지털 플랫폼이 상류시장(upstream market)에서의 시장지배력을 이용하여 하류시장(downstream market)에서 제공하는 제품이나 서비스를 경쟁업체의 제품 및 서비스보다 유리하게 우대하는 경우인 '자사우대행위(self-preferencing)'가 대표적인 사례라 할 수 있다.

2. 주요국의 디지털 시장 규제 동향

(1) 미국의 디지털 플랫폼 반독점 규제 노력

1) '미국 경제의 경쟁 촉진에 관한 행정명령'

소위 '빅테크(Big Tech)'라 불리는 글로벌 거대 플랫폼 사업자의 종주국이라 할 수 있는 미국은 바이든(Biden) 행정부 출범 이후 강력한 빅테크 규제 법의 입법화를 추진한 바 있다. 바이든 행정부가 출범한 직후인 2021년 6월 '플랫폼 반독점 패키지 5대 법안'이 발의되어 같은 달 하원 법제사법위원회(Judiciary Committee)에서 통과되었으며, 미 연방거래위원회(Federal Trade Commission: FTC) 위원장으로 빅테크 기업의 독점화에 대한 폐해를 주장해온 미국 경쟁법 학자인 리나 칸(Lina Khan)이 임명되었다. 현재 이들 법안의 입법화 노력은 대부분 무산되었으나 미국 정부의 디지털 시장 내 독과점 규제 강화에 대한 강력한 의지를 보여주고 있다고 평가할 수 있다.

바이든 대통령은 2022년 7월 독과점 시장으로서의 부작용을 최소화하고 미국 경제와 산업에서의 경쟁을 촉진하여 소비자와 근로자 등을 지원할 수 있도록 하는 '미국 경제의 경쟁 촉진에 관한 행정명령(Executive Order on Promoting Competition in the American Economy)'을 발표하였다. 동 행정명령은 미국의 노동시장, 보건의료, 운송, 농업, 인터넷 서비스, 빅테크, 은행 및 소비자금융 분야에 대한 경쟁 촉진을 위한 이니셔티브를 제시하고 있으며, 특히 시장지배적인 인터넷 플랫폼 기업에 의한 합병에 대하여 보다 강력한 규제를 하기 위해 경쟁기업에 대한 인수, 데이터 집적(data concentration), 개인정보보호 등의 영향 등에 주목하였다.

동 행정명령에 따르면 미국 정부는 향후 인터넷 서비스와 관련한 정책적 방향을 소비자의 가격부담을 낮추고 서비스 선택 제약의 문제를 해결하는 데 초점을 맞추었으며, 이를 위해 인터넷 서비스 제공업체(Internet Service Provider: ISP)가 임차인의 인터넷 서비스 이용 선택권을 제한하지 못하게 하고 업체에게 서비스 가격 등을 신고하도록 요구하거나 과도한 조기해지 수수료의 부과를 제한하고, 망 중립성(net neutrality) 정책 복원 등을 내용으로 하고 있다.

'빅테크'와 관련된 미국의 정책은 오늘날 소수의 지배적 인터넷 플랫폼 기업에 의한 시장 신규진입자 배제, 독점적 이익 추구, 개인정보 수집을 위한 시장지배력 활용 등 불공정 행위에도 불구하고 수많은 중소규모의 기업들이 이러한 소수의 온라인 플랫폼에 의존하고 있는 현실에 대응하고자 하는 것이다. 특히 오늘날의 시장지배적인 인터넷 플랫폼의 부상은 플랫폼 기업들의 합병, 신생 경쟁자의 인수, 데이터의 집적, 디지털 시장에서의 불공정한 경쟁, 디지털 기술을 이용한 사용자 감시 등을 통해 이루어지고 있어 새로운 산업과 기술이 제기하는 도전에 대응하기 위해 반독점법을 집행하고자 하였다. 이에 따라 빅테크와 관련된 미국의 정책 방향은 독과점에 따르는 혁신 저해, 소비자 피해, 중소기업과의 불공정 경쟁 등의 문제 해소를 목적으로 하고 있으며, 이를 위해 시장지배적인 인터넷 플랫폼 기업에 의한 인수합병에 대하여 면밀한 조사를 시행하도록 하고 경쟁 당국인 연방거래위원회(FTC)가 인터넷 시장에서의 불공정 경쟁을 금지하는 규제를 마련하도록 권고하고 있다.

미국의 플랫폼 반독점과 관련하여 발의된 일련의 법안은 플랫폼 사업자가 디지털 경제에서 '심판'(상품 및 서비스의 소비자 노출 순위 등을 결정)과 '선수'(플랫폼 사용업체와 상품 및 서비스 판매 경쟁)의 지위를 동시에 겸하는 상황에서 오는 '이해 상충(conflict of interest)'의 문제를 폐해의 근원으로 인식하는 것에 기반하고 있다. 이에 따라 사업확장 제한 등의 '사전 규제(ex ante rules)' 방식과 함께 이해 상충의 가능성이 있는 행위를 금지하는 '사후 규제(ex post rules)' 방식을 같이 도입하여 디지털 산업에 대한 전례 없는 강력한 규제 정책을 추진하고자 하였다.

2) '미국 혁신 및 선택 온라인법'

미국의 플랫폼 반독점과 관련하여 발의된 5대 패키지 법안 중 대표적인 법안인 '미국 혁신 및 선택 온라인법(American Innovation and Choice Online Act)'은 2021년 6월 11일 하원에서 제안되어 2022년 1월 상원 법사위를 통과했으며, 빅테크 기업들이 자사의 시장지배력을 이용하여 경쟁을 저해하고 경쟁사의 온라인 비즈니스를 해하고 소비자의 권리를 약화시키는 행위를 규제하여 인터넷상의 공정경쟁 환경을 조성하는 것을 목적으로 하고 있다. 동 법안은 '지정 플랫폼 운영자(covered platform operation: CPO)'에 대하여 다음을 규제하는 것을 목적으로 하고 있는데, ▲빅테크 기업들이 자사의 온라인 플랫폼 상에 자사의 제품을 우대(self-preferencing)하는 불공정 경쟁 행위 금지, ▲타사의 제품 및 서비스를 의도적으로 경쟁에서 불리하게 하는 행위 금지, ▲플랫폼 사용자로부터 생성된 비공개 데이터를 활용하여 자사의 플랫폼 상에서 자사의 제품을 판매하는데 유리하도록 활용 금지, ▲타 플랫폼 사용자로부터 책정된 가격 결정에 개입하는 행위에 대한 금지 등을 규정하고 있다. 특히 '미국 혁신 및 선택 온라인법(안)'은 구체적으로 금지하는 행위의 유형도 명시하고 있는데, 이는 다음과 같다: ▲CPO의 상품·서비스·사업을 위하여 사용 가능한 플랫폼, 운영체제, 하드웨어 및 소프트웨어 기능 등에 대하여 플랫폼을 사용하는 사업자의 접근 또는 상호작용을 제한 또는 방해하는 행위, ▲CPO가 제공하는 상품 및 서비스의 구매 또는 사용을 조건으로 플랫폼에 접근하거나 플랫폼에서 우대해주는 행위, ▲사업자가 플랫폼에서의 활동을 통해 확보한 비공개 정보를 CPO의 상품 및 서비스 제공에 사용하는 행위, ▲사업자가 플랫폼에서의 활동으로 생성시킨 데이터에 대해 접근하는 것을 기술적 제약 등을 통해 제한 또는 방해하는 행위, ▲플랫폼 사용자들이 해당 플랫폼에 사전 설치된 소프트웨어 등을 제거하는 것을 제한 또는 방해하는 행위, ▲사업자가 플랫폼에서 거래 목적으로 사용자들에게 통신 정보 또는 하이퍼링크를 제공하는 것을 제한 또는 방해하는 행위, ▲검색, 랭킹 등을 포함한 플랫폼의 모든 사용자 인터페이스(UI) 관련, CPO의 상품·서비스·사업을 다른 사업자에 비해 우대하는 행위, ▲사업자의 가격 책정에 개입 또는 제한하는 행위, ▲사업자 또는 사업자의 고객이 다른 상품 또는 서비스와 상호작용하거나 연결하는 것을 제한하거나 막는 행위, ▲관련 법령의 위반에 대해 신고한 사업자 또는 사용자에게 보복하는 행위 등이다.

　3) '서비스 전환 지원을 위한 호환성 및 경쟁 촉진을 위한 법'

　'서비스 전환 지원을 위한 호환성 및 경쟁 촉진을 위한 법(Augmenting Compatibility and Competition by Enabling Service Switching (ACCESS) Act of 2021)'은 플랫폼을 통해 생성된 거래정보가 빅테크에 의해 독점되지 않고 경쟁 플랫폼과 이용 사업자들에게 접근권을 보장하여 정보의 '빈익빈 부익부' 현상에 의한 진입장벽을 완화하는 것이 목적인 법안이다. 특히 개인정보 이동권(data portability)과 상호운용성(interoperability)을 이용하여 사업자와 고객의 진입장벽 및 전환비용(switching cost)을 최소화하기 위한 법안으로서, 개인정보와 플랫폼 사용내역 등과 같은 데이터의 독점을 방지하고 플랫폼 간 정보 이동을 위해 데이터 표준을 준수하도록 하여 플랫폼 사용자가 더 수월하게 서비스를 전환하도록 보장하는 것을 주요 내용으로 하였다.

4) '플랫폼의 경쟁 및 기회에 관한 법'

'플랫폼의 경쟁 및 기회에 관한 법(Platform Competition and Opportunity Act of 2021)'은 CPO가 상업적인 영향을 미치는 활동에 종사하는 기업을 인수하는 행위를 불법으로 간주하여 CPO의 잠재적인 경쟁 사업자에 대한 인수를 제한하는 것을 주요 내용으로 하고 있다. 동 법안은 CPO에 의한 반경쟁적인 인수를 규제하는 것이 목적이며, 이를 위해 CPO로 지정된 기업은 타 기업의 주식 또는 자산의 일부 및 전체를 인수할 경우 경쟁제한적인 기업결합으로 간주하여 CPO가 자체적으로 경쟁제한성이 없음을 증명하도록 하고 있다. 따라서 기존의 경쟁법하에서는 경쟁당국이 기업인수의 경쟁제한성에 대한 입증 책임을 부담하였으나, 동 법안은 반대로 CPO로 지정된 기업이 해당기업의 인수행위가 경쟁제한성이 부재하다는 점을 '명백하고 확실한 증거(clear and convincing evidence)'를 통해 입증해야 한다. 실제로 페이스북(Facebook)이 기업 성장 과정에서 인스타그램(Instagram)과 왓츠앱(WhatsApp) 등을 잠재적인 경쟁업체로 판단하고 선제적으로 이들 기업을 인수하여 시장지배력을 유지하고 사실상 독과점 상태를 확보하였는데, 동 법안은 이와 같은 사례가 재발하지 않도록 방지하는 효과가 있을 것으로 평가되고 있다.

5) '플랫폼 독점 종식에 관한 법'

'플랫폼 독점 종식에 관한 법(Ending Platform Monopolies Act)'은 CPO가 자신의 플랫폼을 사용하는 타 사업자를 소유 및 지배하는 것을 금지하여 CPO의 이해 상충을 규제하는 법안으로서, 5개의 패키지 법안 중에서 가장 강력한 권한을 부여하고 있는 것으로 평가된다. 법안에서 지정하는 CPO는 플랫폼 운영 이외에 플랫폼을 통해 상품 및 서비스를 판매하는 행위를 불법적 이해 상충으로 규정하고 있으며, 이해 상충 문제를 해결하기 위하여 해당 사업의 전략적 의사결정에 개입할 수 없도록 지분을 25% 이상 보유할 수 없도록 제한하고 있기 때문이다. 또한 해당 규정을 위반하여 불법적인 이해 상충이 발생하게 될 경우에는 연방거래위원회(FTC) 또는 법무부가 이들 기업을 분할하거나 해당 사업부를 강제 매각할 수 있도록 권한을 부여하고 있다. 여기서 '불법적인 이해 상충'이란 ▲CPO가 대상 플랫폼이 아닌 다른 사업을 소유 또는 지배하고, ▲그로 인해 CPO가 플랫폼에서 자사의 상품·서비스·사업에게 경쟁사에 비해 우대를 제공하거나, ▲경쟁사 또는 잠재적 경쟁사를 배제시키거나 불이익을 받게 할 동기 및 능력을 갖게 되는 경우 등이 해당된다. 실제로 아마존(Amazon)이 자체 제작 상품인 'Amazon Basic'을 자사의 플랫폼에서 판매하거나, 애플(Apple)이 자체 개발한 소프트웨어를 자사의 플랫폼 앱스토어에서 다운로드받을 수 있도록 하는 등 다른 판매자들과의 경쟁이 불가피한 상황에서 이러한 이해 상충적인 행위를 하고 있는 것으로 파악된다. 이에 따라 해당 법안이 통과된다면 이들 두 기업이 가장 큰 영향을 받을 것으로 예상되며, 이들 기업은 자체 브랜드를 판매하는 플랫폼을 분리시키거나 자체 제작한 브랜드 제품의 판매 사업을 정리해야 할 수도 있는 것으로 전망된 바 있다.

이 외에도 '기업인수합병 신청비용 현대화에 관한 법(Merger Filing Fee Modernization Act)'도 제안된 바 있는데, 이는 경쟁 당국의 예산 확충을 위한 합병심사 수수료 인상에 관한 내용으로 연방거래위원회와 법무부의 예산 확보를 위해 10억 달러를 초과하는 합병에 대하여 신청 수수료를 인상하는 것을 주요 내용으로 하고 있다.

(2) EU의 디지털시장법(DMA)

1) EU의 디지털 시장에 대한 경쟁 정책 도입 배경

EU는 일반적으로 플랫폼 기업에 대한 시장지배적 지위의 남용 행위에 대하여 적극적인 경쟁법의 집행과 함께 플랫폼 사업자와 입점업체 간 'P2B(Platform to Business)' 거래에서 발생할 수 있는 불공정 거래 행위를 규율하기 위하여 '온라인 플랫폼 공정성 및 투명성 규칙(P2B Regulation)'을 2020년 7월부터 시행하고 있다. 플랫폼 기업에 대한 EU의 규율 체계는 거대 온라인 플랫폼 기업을 지칭하는 소위 '빅테크'와 일반 플랫폼 사업자에 대하여 규율의 강도를 달리하는 이원화를 추구하고 있다. 일반 플랫폼 사업자에 대해서는 거래 투명성의 제고를 통해 낮은 수준의 사전 규제 방식인 P2B 규칙만 적용하고, 빅테크 기업에 대해서는 규제의 수준이 상대적으로 높은 '디지털 시장법(Digital Market Act: DMA)'을 추가로 적용하고 있다.

EU 집행위원회(European Commission)는 EU 전역의 디지털 분야에 대하여 경합적(contestable)이고 공정한(fair) 시장을 보장하기 위하여 2020년 12월 15일 디지털시장법(DMA)안을 EU 회원국에 대하여 직접적인 구속력을 갖는 규칙(regulation) 형식으로 제안하였다. 이와 같은 새로운 규제는 디지털 서비스를 이용하는 모든 이용자의 권리가 보호되는 안전한 디지털 공간 창출, EU 단일 시장과 글로벌 시장에서 혁신, 성장, 경쟁을 촉진하기 위한 공정한 경쟁의 장(level playing field)을 확립하는 것을 목표로 하고 있다. 2021년 11월과 12월에 걸쳐 두 차례의 DMA 법안에 대한 수정안이 채택된 바 있고, 이후 2022년 4월 유럽의회는 DMA의 주요 내용에 대해 합의를 도출하였다. 이후 유럽의회는 각 회원국 정부와 협상 및 각국 정부의 입법 작업을 거친 후 법안이 최종 확정되는 과정을 거치며 DMA가 유럽 전역에서 본격적으로 이행되기까지는 약 2년이 소요될 것으로 예상되어 2024년 이후 시행될 것으로 전망된다.

DMA는 현재 유럽 디지털 시장에서 활동하는 극소수의 독과점 플랫폼 사업자들이 상거래 조건을 일방적으로 결정하고 플랫폼 이용자 간의 교류를 통제하는 '게이트키퍼(gatekeeper)' 역할을 하고 있는 상황에 대응하기 위한 것으로, 기존의 경쟁법으로 플랫폼 서비스에 의존하고 있는 이용자들에게 부과하고 있는 불공정한 행위를 효과적으로 통제할 수 없다는 문제를 해소하기 위한 목적으로 입안되었다. 특히 EU 집행위원회는 DMA를 통해 시장지배적인 지위에 있는 플랫폼 사업자에 의한 불공정 관행을 규율하기 위해 기존의 경쟁법에서와 달리 '게이트키퍼'에 한정해 새로운 규제 수단을 도입하고자 하고 있다. 이에 따라 DMA는 EU 디지털 시장에서 시장지배력을 이미 보유했거나 시장지배력의 보유가 예상되는 플랫폼 기업에 대한 사전 규제의 도입을 주안점으로 하고 있다. 또한 플랫폼 사업자에 의한 불공정 관행에 대하여 EU 회원국들이 개별적으로 입법적 대응을 하고 있는 상황인데, 플랫폼 서비스가 국경을 넘을 경우 개별국 차원의 입법적 대응 효과가 불충분하기 때문에 통일된 규율을 제정하여 EU 역내 시장의 기능을 개선하고자 하는 것이다.

DMA의 규제 대상은 디지털 플랫폼을 통해 플랫폼 사업이용자(business user)와 최종사용자(end user) 간 '게이트키퍼' 역할을 하고 있는 견고하고 영속적인 지위를 누리는 플랫폼 사업자들이다. 디지털 플랫폼 서비스 중 규제대상이 되는 분야는 '핵심 플랫폼 서비스(core platform service, CPS)'로 한정되어 있으며, ▲온라인 검색엔진, ▲온라인 소셜 네트워킹 서비스, ▲동영상 공유 플랫폼 서비스, ▲번호독립 개인 간 통신 서비스(WhatsApp 등), ▲운영체제(OS), ▲클라우드 컴퓨팅 서비스, ▲위 7가지 서비스를 제공하는 기업에 제공되는 광고 서비스 등이다.

또한 '게이트키퍼'로 지정되어 DMA의 적용을 받기 위해 '핵심 플랫폼 서비스

(CPS) 사업자'에 해당하기 위해서는 다음의 세 가지 요건을 충족해야 한다: ▲역내 시장에 대한 상당한 영향력, ▲사업이용자들이 최종사용자에게 접근할 수 있는 중요한 관문(gateway)으로서 기능하는 핵심 플랫폼 서비스 운영, ▲운영하는 서비스 관련 확고(entrenched)하고 견고한(durable) 지위를 갖고 있거나 향후 그러한 지위를 누리게 될 것으로 예상되는 경우이다. 또한 위 세 가지 요건이 충족되기 위해서는 다음의 정량적 기준이 적용된다: ▲내부 시장에 영향을 미치는 규모가 3년간 유럽경제지역(EEA) 내에서의 연간 매출액이 65억 유로 이상 또는 전년도 평균 시가총액 또는 시장가치가 650억 유로 이상인 경우, ▲사업이용자들이 최종사용자에게 접근하게 하는 중요한 관문을 통제하여 유럽 내 월별 최종사용자 수가 4,500만 명을 초과하고 직접 사업연도 기준으로 연간 사업이용자 수가 10,000개사 이상인 경우, ▲사업자가 지난 3년 동안 위 두 가지에 모두 해당되어 시장에서의 지위가 확고하거나 지속적인 경우이다.

DMA는 '게이트키퍼'들의 경합성(constestability)을 제한하는 관행 및 불공정한 관행을 통제하기 위하여 일련의 의무사항을 규정하고 있는데, EU 집행위원회와의 협의 없이 부과조건에 합치하도록 준수해야 하는 '자기집행적(self-executing)' 의무사항과, 집행위원회와 협의를 거쳐 정해진 세부조건에 따라 실행하는 형태의 '비자기집행적(non-self-executing)' 의무사항을 규정하고 있다. 이와 관련된 DMA 제5조는 '게이트키퍼'의 핵심 플랫폼 서비스(CPS)에 대하여 다음의 7가지 의무를 준수하도록 규정하고 있다: ▲개인정보의 결합 금지, ▲사업이용자의 판매자율권 허용, ▲사업이용자의 홍보·거래 자율권 및 소비자의 CPS 자율접근권 허용, ▲사업이용자의 이의제기 허용, ▲게이트키퍼의 본인확인서비스 이용 강요금지, ▲CPS 접근·가입·등록을 위한 조건 부과(bundling of core platform services) 금지, ▲광고서비스 제공 조건의 투명성 의무 등이다.

또한 DMA는 제6조에 의거하여 '게이터키퍼'는 관문 역할을 하는 것으로 지정된 각 CPS에 대하여 EU 집행위원회와 협의된 조건하에서 다음의 11가지 의무사항을 준수해야 한다: ▲사업이용자들이 제공했거나 사업이용자들의 활동을 통해 확보된 비대칭적 데이터를 사업이용자들과 경쟁하는 데 사용 금지, ▲최종소비자가 플랫폼 서비스에 사전 설치된 응용프로그램을 삭제할 수 있도록 허용, ▲'게이트키퍼'의 운영시스템(OS)을 사용하거나 그와 상호운용되는 제3의 소프트웨어 어플리케이션 또는 어플리케이션 스토어를 설치하고 사용할 수 있도록 허용, ▲'게이트키퍼'의 상품과 서비스에 대하여 제3자가 제공하는 상품 및 서비스에 비해 노출순서(랭킹) 우대(self-preferencing) 금지, ▲최종소비자가 '게이트키퍼'의 운영시스템을 사용하여 접근할 수 있도록 소프트웨어 어플리케이션 및 서비스 간에 이동(switch)하지 못하도록 제한하거나 여러 서비스에 동시 가입하지 못하도록 제한 금지, ▲사업이용자 또는 보조서비스 제공자에게 '게이트키퍼'가 제공하는 보조서비스에 사용되는 운영시스템, 하드웨어, 소프트웨어에 대한 접근 및 상호운용성(interoperability) 허용, ▲광고주가 요구하는 경우 '게이트키퍼'에서의 광고 효과를 무료로 측정할 수 있는 수단에 대한 접근 허용, ▲사업이용자 또는 최종소비자에게 데이터 이동(data portability) 수단 제공, ▲사업이용자 또는 사업이용자가 승인한 제3자가 데이터를 무료로 효과적이며 지속적으로 실시간 접근 또는 사용할 수 있도록 허용, ▲제3의 온라인 검색엔진 사업자가 요청하는 경우 일정 조건 하에서 랭킹·검색·클릭·조회 데이터에 대한 접근(data sharing) 허용, ▲소프트웨어 어플리케이션 스토어에 대하여 사업이용자들에게 공정하고 비차별적인 조건 하에 접근허용 등이다.

이외에도 DMA는 EU 집행위원회의 권한을 크게 확대하고 있는데, 시장조사 권한, 위반행위의 조사 권한, 위반행위에 대한 처벌 권한을 부여하고 있다. 특히 위반행위에 대한 시장조사 권한에 따라 EU 집행위원회는 기업 또는 동업자 조합에 대하여 필요한 모든 정보를 요구할 수 있으며, 조사에 동의한 개인 또는 법인에 대하여 인터뷰 요청 또는 동업자 조합에 대한 출입 검사도 할 수 있다. 또한 위반행위에 대한 처벌 권한에 따라 EU 집행위원회는 '게이트키퍼'가 DMA 제5조 및 제6조의 의무를 위반한 경우 회계연도 최대 매출액의 10%를 초과하지 않는 금액의 수준으로 과징금을 부과할 수 있고, 정보제출 관련 의무 위반이 있는 경우에는 전년도 전체 매출액의 1% 미만의 금액 수준으로 과징금을 부과할 수 있다. 또한 '게이트키퍼'의 의무 불이행 시에는 전년도 일평균 매출액의 5% 수준 내에서 이행강제금을 부과할 수 있도록 규정되어 있다.

DMA는 2020년 12월 15일 발표된 이후 1년 간의 논의를 거쳐 2021년 11월 25일 EU 이사회에 의해서 수정안이 채택되었는데, DMA 수정안의 가장 특징적인 점은 핵심 플랫폼 서비스(CPS)의 목록에 웹브라우저, 가상비서, 커넥티드 TV도 추가 및 확대되었다는 것이다. 이 외에도 CPS 사업자에 대한 정량적 기준이 상향조정되었으며, 당초 법률안은 주로 EU 역내 사업이용자를 보호하는 데 중점을 두고 있는 반면, 유럽 의회의 수정안은 DMA의 적용대상이 최종사용자에게 확대되고 사용자의 지리적 위치도 EU뿐 아니라 EEA까지 확대되었다는 점이다. 또한 수정안에서는 과징금의 상한액이 전 세계 총 매출액의 10%에서 20%로 상향조정되었으며, 과징금에 대한 최저액 상한이 4%로 설정되어 불이행에 대한 제재조치가 더욱 강화된 것으로 평가된다.

(3) 평가 및 함의

1) 미국의 빅테크 규정 입법화 동향에 대한 평가 및 함의

미국의 플랫폼 반독점 관련 입법적 조치에 대하여 미국 현지 시장은 엇갈린 반응을 보였으며, 미국의 빅테크 기업들은 기존의 비즈니스 수행 방식에 큰 영향을 받을 수밖에 없으므로 긴장이 고조된 바 있다. 특히, '미국 혁신 및 선택 온라인법'은 2022년 1월 20일 가결되어 향후 상원 본회의에 상정되어 통과되면 미국 내에서는 온라인 플랫폼 기업에 대한 반독점 규제가 실제로 제도로서 도입된다는 것을 의미하게 되기 때문이다.

동 법안들은 규제 대상을 특정하고 있지는 않지만, 대상 플랫폼 기준에 따라 적용대상은 구글(Google), 애플(Apple), 페이스북(Facebook), 아마존(Amazon) 등 소위 'GAFA'로 불리는 대형 IT 기업으로 한정될 것을 예상되었다. 이에 따라 미국 플랫폼 기업들이 회원인 미국 컴퓨터통신산업협회(CCIA) 등 관련 로비 단체들은 해당 법안들이 시행될 경우 아마존 및 구글의 서비스 등 소비자에게 편리함과 유익함을 제공하는 많은 서비스가 금지될 수 있으며, EU DMA와 같은 플랫폼 규제법이 소비자의 이익을 오히려 해칠 수 있다는 회의적인 입장을 표명하였다.

반면, 빅테크 기업과 경쟁관계에 있으며 이들 기업을 상대로 미국과 EU에서 반독점 소송을 제기한 바 있는 스포티파이(Spotify)와 로쿠(Roku) 등 업체들은 약탈적이고 반경쟁적인 행위를 제재하기 위한 결정적인 조치로서 미국의 플랫폼 반독점 법안들을 환영하며 법안의 도입을 적극적으로 지지하였다. 당시 미국 의회 내에도 빅테크 플랫폼 규제에 대한 초당적인 공감대가 형성된 바 있으며 바이든 행정부도 FTC 등을

중심으로 강력한 규제 의지를 갖고 있었기 때문에 동 법안들의 도입에 대하며 시간의 문제일 뿐 규제 강화의 정책 기조는 지속될 것으로 평가되기도 하였다.

2) EU 디지털 시장법에 대한 평가 및 함의

EU DMA는 그동안 미국의 거대 플랫폼 기업 또는 '빅테크' 기업들에 의한 시장경쟁 저해 행위를 규율하기 위하여 제안된 것으로, 기존 경쟁법의 규율 방식을 넘어 강력한 사전 규제를 통해 거대 플랫폼 사업자들의 불공정 관행을 미연에 방지하고자 한다는 점에서 의미를 찾아볼 수 있다. 특히, 핵심 플랫폼 서비스(CPS)의 개념이 포괄할 수 있는 범위가 넓기 때문에 DMA 제5조 및 제6조에 규정된 '게이트키퍼'의 의무사항들은 빅테크 기업들의 비즈니스 모델에 직접적인 타격을 줄 가능성이 높은 것으로 평가되고 있다. 반면, 이와 동시에 DMA는 기존의 경쟁법 규율방식에서 벗어나 '게이트키퍼'에 대해 자사 온라인 검색 서비스의 기초 데이터를 제공해야 하는 의무사항 등도 도입하고 있으며, 제3자가 제공하는 소프트웨어가 적절하게 기능하도록 보장하고 자사 서비스와의 상호운용성을 가능하게 하는 의무 등의 규율을 통해 중소 및 신생기업과의 상생을 지원하는 효과도 기대해 볼 수 있다.

현재 우리나라의 국내 플랫폼 기업은 '게이트키퍼'로서의 요건을 충족하지 않기 때문에 DMA 규제대상에 포함되지 않는 것으로 파악되고 있다. 그러나 EU DMA는 강력한 사전 규제 방식을 도입하고 있으며 핵심 플랫폼 서비스(CPS)의 확대된 기준과 함께 적용되면서 DMA의 규율 대상에 우리나라 기업들이 포함될 가능성을 완전히 배제할 수 없다. 이에 따라 국내 디지털 플랫폼 사업자도 DMA에 대한 정확한 이해를 바탕으로 DMA의 규율 대상이 '게이트키퍼'에 대한 지정요건 및 정량적 기준, '게이트키퍼'가 핵심 플랫폼 서비스(CPS) 운영 시 준수해야 하는 의무사항 등을 파악하고 이를 사전적으로 준수할 수 있는 비즈니스 모델을 구축해 놓아야 할 것으로 평가된다.

반면, DMA는 플랫폼 서비스에 대하여 제3자가 제공하는 소프트웨어가 적절하게 기능하게 하고 플랫폼 사업자의 자사 서비스와의 상호운용성을 보장해야 하는 의무 등을 명시하고 있어 디지털 경제에서의 불공정 관행 문제를 시정하고 중소기업과의 상생 방안을 제시하고 있다는 측면에서 우리의 입법적 노력의 방향에 대한 시사점도 제공하고 있다. 궁극적으로는 디지털 플랫폼에 대한 사전 규제의 도입에 대한 당위성이 존재하지만, 혁신적이고 역동적인 디지털 플랫폼 시장의 생태계를 고려하면서 조화로운 규제 제도가 도입될 수 있도록 균형적인 접근방식이 필요할 것이다. 오히려 DMA 규제의 영향으로 전 세계 디지털 시장에서의 공정성 강화와 소비자 보호 기조가 확산되어 우리의 기업과 소비자들이 간접적인 혜택을 받을 가능성도 있는 것으로 평가되고 있어 균형적인 접근이 중요하다.

3. 디지털통상 협정에서의 경쟁 관련 규범의 주요 내용과 전망

앞에서 살펴본 바와 같이 '빅테크 규제'를 위한 주요국의 일관적인 정책 방향은 글로벌 디지털무역 규범의 수립에도 상당한 영향을 줄 것으로 전망된다. 특히 그동안 미국이 주도해온 디지털무역 자유화 중심의 규범화 논의는 기존의 입장에서 다소 변화하게 될 것으로 전망된다. 또한 그동안 체결되어 온 디지털통상 협정의 핵심 규정인 데이터 관련 규정들의 논의 방향은 기존의 '자유화 원칙'을 강조해오던 방향에서 선회하여 '공공정책 목적'상 필요한 규제를 도입할 수 있는 방향으로 규범화 논의가 변화하게 될 것으로 전망된다.

(1) 데이터의 국경 간 이동 관련 디지털통상 협정의 내용

그동안 체결되어 온 디지털통상 협정을 통한 데이터의 국경 간 이동(cross-border data transfer)의 허용 및 데이터 현지화(data localization) 요구 금지에 대한 규범은 미국이 대형 디지털 플랫폼 기업의 외국시장 진출 확대를 위해 데이터의 국경 간 이동을 최대한 자유화하고 데이터 현지화에 대한 요구 금지를 의무화하는 방향으로 도입되어 왔다. 그러나 최근 대형 디지털 플랫폼 기업의 시장독점 및 공정한 시장 경쟁 저해 문제의 해소를 위한 규제 강화 노력을 고려하면 디지털 플랫폼 기업들이 외국시장의 독점 기회를 확대할 수 있는 방향으로 데이터의 국경 간 이동을 조건 없이 허용하는 규범을 채택하기는 어려울 것으로 판단된다.

특히 데이터 현지화 요구 금지를 위한 의무조항은 일반적으로 '정당한 공공정책 목적(legitimate public policy objective: LPPO)'을 위한 경우에 필요한 규제를 도입할 수 있도록 예외 조항도 같이 도입하고 있다. 기체결된 디지털통상 협정 중 대부분

의 협정에서는 데이터 현지화 요구 금지에 대한 의무조항과 함께 '정당한 공공정책
목적(LPPO)'을 위해 필요한 경우 규제 조치를 채택할 수 있도록 명시하고 있다. 그러
나 이러한 디지털통상 협정 중 미국이 참여하고 있는 협정인 미국-멕시코-캐나다 협
정(USMCA)과 미-일 디지털무역협정(USJDTA)에서는 LPPO 예외를 허용하고 있지 않
다. 즉, 미국이 주도하고 있는 디지털통상 협정에서는 예외의 범위를 축소하여 디지
털 무역의 자유화 원칙에 더욱 중점을 두고 있는 것이다.

　　그러나 최근 미국 바이든 행정부의 빅테크 규제를 강화하는 정책 기조로의 변화
시도에 따라 향후 미국이 참여하는 디지털통상 관련 규범화 논의에서는 데이터 현지
화 관련 규정에 공공정책 목적상 필요한 규제를 허용하는 방향으로 규범 논의가 진행
될 가능성이 높다. 기존의 자유화 확대 원칙에 더욱 방점을 둔 논의보다는 경제안보
및 국가안보 등의 정책적 목적을 근거로 필요한 경우에는 디지털무역의 자유화를 제
한하는 방향으로 논의가 진행될 가능성이 있다. 이에 따라 이러한 논의의 변화 방향
을 사전에 주목하여 우리의 디지털통상 규범 분야 협상 전략을 수립할 필요가 있다.

(2) 소스코드 및 알고리즘의 공개 요구 금지 관련 디지털통상 협정의 내용

　　기체결된 대부분의 디지털통상 협정에서는 디지털 기술 제품의 핵심요소인 소스
코드(source code)를 비롯하여 알고리즘(algorithm)에 대한 공개 요구를 금지하는 규
정을 도입하고 있는데, 이는 디지털 기업의 외국 현지투자 및 진출의 조건으로 일부
정부 당국에서 기술이전을 목적으로 디지털 기술 제품의 소스코드를 공개할 것을 요
구하는 경우가 종종 발생하는 것에서 기인한다. 소스코드 및 알고리즘은 디지털 플랫
폼 기업들이 동일한 서비스를 제공하는 다른 디지털 플랫폼 기업들과의 경쟁에서 중
요한 영업비밀(trade secret)에 해당하므로 무조건적인 알고리즘의 공개 요건은 시장
에서의 경쟁 조건에 중대한 영향을 미칠 수 있다. 또한 소스코드 공개 요구는 디지털
경제 분야에서는 무역 및 투자 장벽으로도 작용할 수 있기 때문에 이를 금지하도록
의무조항으로 채택하고 있는 것이다.

　　반면, 디지털 플랫폼의 시장독점을 가능하게 하는 요인 중 하나인 '정보 비대칭
(information asymmetry)' 문제는 소스코드의 과도한 보호를 통해 초래되고 있는 측
면이 있어 최근 소스코드의 공유를 통해 디지털 혁신 및 성장을 더욱 확대할 수 있는

비즈니스 모델도 제시되고 있다. 정보 비대칭 상황을 시장에 맡겨버리면 이를 거대 디지털 플랫폼 기업들이 전략적으로 활용해 이용자의 정상적인 의사결정을 방해함으로써 시장경쟁에 반하는 결과를 가져올 수 있다. 즉, 정보 비대칭 문제는 시장에서의 경쟁 상황을 직접적으로 악화시킬 수 있으므로 정부의 규제가 필요하다는 입장이다. 특히 디지털 플랫폼 기업들이 시장지배력을 활용해 시장에서 제공되는 경쟁 사업자의 재화보다 자사가 제공하는 재화를 우대하는 형태로 '자사우대행위(self-preferencing)'를 관행적으로 하고 있는데, 이를 규제할 필요가 있다는 것도 미국의 '빅테크 규제'와 일맥상통한다.

이에 따라 향후 디지털통상 규범 협상에서는 특정한 공급자에 의한 시장독점 저해 및 다변화를 통한 경제안보 강화 등 공공정책 목적을 위해 필요한 경우 소스코드의 공개를 요구할 수 있도록 하는 방향으로 규범 논의가 이루어질 가능성이 있다. 즉, 기업의 영업이익을 우선시하기보다는 경제안보 및 국가안보 등 목적을 위해 소스코드 등 기업의 영업이익에 대한 권리를 약화시키는 방향으로 규범 논의의 방향이 변할 수 있다. 이와 같은 변화의 방향은 우리의 국내 디지털 플랫폼 기업이 외국시장에서 활동하게 될 경우 기업의 영업이익 보호에 대한 권리를 저해할 수 있는 가능성이 있으므로 우리 기업의 이해관계 보호를 위한 협상 전략이 필요하다. 앞으로 규범 협상 과정에서 소스코드의 공개를 요구할 수 있는 '공공정책 목적'에 대한 제한적인 예시를 제시하거나 명확한 정의 또는 기준을 수립하는 등 남용되지 못하도록 규범이 마련되어야 할 것으로 판단된다.

(3) 인터넷 서비스 제공자(ISP)의 면책 관련 디지털통상 협정의 내용

기존의 디지털통상 협정 중 미국이 주도하고 있는 디지털통상 규범은 다른 디지털통상 협정과 달리 인터넷 서비스 제공자(Internet Service Provider: ISP)의 책임(liability) 면제 규정을 도입하고 있다는 특징이 있다. 이는 미국의 디지털 플랫폼 기업들이 자사의 플랫폼 상에서 게재되는 온라인 컨텐츠가 사회적 또는 법적 문제를 제기하게 되더라도 이에 대하여 책임을 지지 않도록 하여 기업 활동의 자율성을 보장하기 위한 목적의 규정인 것으로 파악된다.

그러나 ISP의 책임 문제와 관련하여 2021년 미국의 국회의사당 점거 및 폭동 사건을 계기로 페이스북(Facebook)과 트위터(Twitter) 등 소셜미디어 및 디지털 플랫폼 상에 게재되는 온라인 컨텐츠에 대하여 규제 필요성이 제기된 바 있다. 또한 바이든 행정부의 출범과 함께 미국 내에서도 대형 디지털 플랫폼 기업에 대한 규제 및 책임성 강화를 위한 정책의 입법화 노력에 따라 향후 디지털통상 협정의 규범 논의에서는 ISP의 책임 강화를 위한 규정들이 도입될 수 있을 것으로 예상된다. 이에 따라 ISP 책임 강화 관련 규정의 도입 가능성에 대비하여 국내 플랫폼 기업의 준비도 필요하겠지만 우리 기업의 입장을 반영한 협상 대응 전략의 마련도 필요할 것이다.

(4) 예외 규정 관련 디지털통상 협정의 내용

그동안 수립되어 온 디지털통상 규범은 데이터의 국경 간 이동 자유화를 위한 의무 규정을 도입하면서 동시에 다양한 예외 규정도 병렬적으로 도입해왔다. 특히 개인정보를 포함한 민감한 데이터의 국외이전과 관련하여 각국 정부의 '정당한 공공정책 목적(LPPO)'상 필요한 경우에 한하여 데이터 관련 규제를 도입할 수 있도록 규정하고 있다. 반면, 미국이 주도하는 디지털통상 협정에서는 데이터 거래의 자유화를 위하여 LPPO 예외 적용의 범위를 축소시키는 방향으로 규범을 도입해 왔다. 그러나 최근 미국의 빅테크 규제 및 개인정보보호법의 강화 추세는 향후 디지털통상 협정의 규범 협상에서 미국이 더 이상 LPPO 예외를 축소하는 형태의 규범 모델(rules template)을 지향하지 않을 것으로 예상된다.

또한 디지털통상 협정에서의 안보예외(security exceptions) 규정도 기존의 남용 방지 입장에서 다소 변화하여 안보예외 규정을 적절하게 활용할 수 있는 방향으로 규범 논의가 이루어질 가능성도 있다. 사실 안보예외 조항은 '자기판단(self-judging)' 조항의 형태로 되어 있어 국가안보상 필요한 상황에서의 규제조치에 대하여 해당국이 자율적으로 판단하여 적용할 수 있도록 규정되어 있어 남용 가능성이 높은 것으로 우려되어 왔다. 특히 RCEP과 같은 일부 디지털통상 협정에서는 데이터 관련 핵심 규정의 경우 LPPO 예외 규정 외에도 일반예외(general exceptions) 규정과 안보예외 규정이 3중으로 국내규제 조치를 보장하고 있을 뿐 아니라, 안보예외 규정은 다른 예외규정보다 원용이 용이하다는 점에서 남용될 수 있는 가능성이 더 크다고 할 수 있다. 또한 미국은 디지털 플랫폼 기업의 상업적 이해를 대변하여 디지털통상 자유화를 가장 적극적으로 추진하는 입장으로서, 자유화를 저해하는 예외 규정의 남용을 환영하지 않는 입장이라 할 수 있다. 그러나 최근 미국의 디지털 산업 규제 강화 및 국가안보를 중시하는 정책 방향은 디지털통상 협정에서의 안보예외 규정의 활용을 용이하게 하는 방향으로 규범 논의가 변화될 수 있음을 시사한다.

　이에 따라 우리의 북한문제 등 국가안보 관련 정책적 입장을 고려해 볼 때 적절한 안보예외 규정의 활용 가능성을 염두에 두고 협상 전략을 마련할 필요가 있다. 그러나 이와 동시에 안보예외 규정이 과도하게 남용되지 않도록 디지털통상 협정에 보다 특화된 안보예외에 대한 정의 규정을 제안하는 방안도 생각해 볼 필요가 있다. 또한 향후 디지털통상 규범 관련 협상에서는 기존에 데이터의 국경 간 이동 허용 및 데이터 현지화 요구 금지와 관련하여 다소 유보적인 입장이었던 여타 국가들과 디지털통상 규범에 대한 협상 타결의 여지가 더 커질 가능성도 있다. LPPO 예외 및 안보예외 등 예외 규정의 적절한 활용이 가능한 방향으로 디지털통상 규범 논의에서 협상 참여국들의 합의 가능성이 더 커질 것으로 예상된다. 궁극적으로 디지털통상의 원활화를 위한 자유화 원칙에 합의하면서 동시에 합리적인 수준으로 데이터의 보호를 보장할 수 있는 예외 규정의 마련을 통해 적절한 균형을 모색할 수 있도록 협상 전략을 수립할 필요가 있다.

Notes & Questions

1. 디지털 제품의 소비자 및 사용자의 수가 증가할수록 제품의 가치도 상승하게 되는데, 이러한 '네트워크 효과(network effect)'는 디지털 시장을 소수의 컨텐츠 제공자에 의해 독점되는 형태의 시장으로 변화시키게 된다. 이는 디지털 시장에서의 비즈니스 모델이 신규투자 등 고정비용이 많이 투입되지만 변동비용은 많이 소요되지 않는 '규모의 경제(economies of scale)'의 특징을 갖고 있기 때문이다.

2. 디지털 플랫폼 기업들은 디지털 제품 및 서비스 사용자의 데이터(data)를 축적할 수 있는데, 이러한 광대한 규모의 데이터를 복제 및 분석하는 작업에도 상당한 비용이 소요되므르 신규 투자 기업들이 디지털 시장에 쉽게 진입할 수 없다는 특징이 있다.

3. 특정 시장에서의 디지털 기업의 결정은 다른 시장에서의 가격 책정과 수요를 결정짓는 '플랫폼 간(cross-platform) 네트워크 효과'도 갖게 된다. 이는 다양한 시장에서의 지배력(market power)으로 연결되고 반경쟁적 행위의 효과를 더욱 증폭시키기도 한다.

4. 디지털 시장에서의 비즈니스 모델은 직접적으로 디지털 제품과 서비스에 대하여 비용을 부과하지 않는 대신, 소비자에 대한 데이터 수집과 광고를 통해 수익을 창출하기 때문에 소비자에 대한 접근이 용이하다는 장점이 있다. 반면, 디지털 플랫폼 기업의 비즈니스 모델은 수직적으로 통합되어 있기 때문에 자사에게 유리한 방식으로 소비자에게 서비스를 제공할 수 있어 해당 플랫폼을 이용하는 타기업 사용자에 대한 불공정 경쟁 문제를 야기할 수 있다.

5. 경쟁정책은 지속적인 시장지배력(market power)이 존재하는 경우에 요구되며, 신기술 분야 등 경쟁자가 계속 등장하는 경우에는 경쟁정책의 개입이 필요하지 않다. 특히 시장에서 독점적 지위를 갖고 있는 디지털 기업이 경쟁자를 배제시키거나 경쟁업체의 인수합병을 통해 신규 제품의 시장 진입을 차단하는 등 반경쟁적인 행위를 하는 경우 지속적인 시장지배력이 문제가 될 수 있다.

참고문헌

김병일(2022), "EU의 디지털 시장법(Digital Markets Act)의 주요 내용과 국내 시사점", 『KISO 저널』 제46호.

김지연(2022), "EU의 디지털 시장법(Digital Markets Act)에 대한 분석과 독점규제법 및 개인정보보호와의 관계에 관한 고찰", 『법제연구』 제62호.

김현수·강인규(2020), "유럽연합 디지털시장법안(Digital Markets Act) 주요내용 및 시사점", 현안연구 20-02, 정보통신정책연구원.

대한무역투자진흥공사(2021), "미 하원, 온라인 플랫폼 규제 법안 5개 발의", KOTRA 해외시장뉴스.

양용현·이화령(2021), "미국의 플랫폼 반독점법안 도입과 시사점", KDI FOCUS 통권 제109호.

이규엽·강준구·박지현·박현(2019), "데이터 경제의 성장과 무역에 관한 연구", 연구보고서 19-08, 대외경제정책연구원.

이규엽·최원석·박지현·엄준현·강민지·황운중(2021), "디지털 전환 시대의 디지털 통상정책 연구", 연구보고서 21-01, 대외경제정책연구원.

이한영·권병규·차성민(2021), "디지털플랫폼에 관한 최근 EU의 규제개편 및 우리나라의 통상친화적 제도 개선 방향", 중장기통상전략연구 21-01, 대외경제정책연구원.

이효영(2021), "디지털 무역 관련 국제규범의 동향과 쟁점", 『주요국제문제분석』 2021-14, 국립외교원 외교안보연구소.

이효영(2021), "디지털 무역협정의 '정당한 공공정책 목적(LPPO)' 예외의 의미와 쟁점", 『국제경제법연구』 제19권 제3호.

이효영(2023), "경제안보 관점에서의 디지털무역 규범과 우리의 디지털경제외교 전략", 정책연구시리즈 2022-16, 국립외교원 외교안보연구소.

Akin Gump (2022), "Digital Markets Act - The New Era of EU Digital Regulation for Big Tech", EU Policy Alert (June 1, 2022).

Akin Gump (2022), "House Passes Bipartisan Three-Bill Antitrust", Antitrust Alert (October 3, 2022).

Bauer, Matthias, Frederick Erixon, Oscar Guinea, Erik van der Marel and Vanika Sharma (2022), "The EU Digital Markets Act: Assessing the Quality of Regulation", ECIPE Policy Brief No. 02/2022.

Budzinski, Oliver and Juliane Mendelsohn (2021), "Regulating Big Tech: From Competition Policy to Sector Regulation?", Ilmenau Economics Discussion Papers Vol. 27 No. 154, Ilmenau University of Technology.

Dekker, Brigitte and Maaike Okano-Heijmans (2020), "Europe's Digital Decade? Navigating the Global Battle for Digital Supremacy", Clingendael Report, Netherlands Institute of International Relations.

Heather, Sean (2022), "The Numerous, Significant Flaws in the American Innovation and Choice Online Act", U.S. Chamber of Commerce (September 13, 2022).

Meltzer, Joshua P. (2020), "Cybersecurity, digital trade, and data flows: Rethinking a role for international trade rules", Global Economy and Development Working Paper 132, Brookings Institution (May 2020).

OECD (2022), OECD Handbook on Competiiton Policy in the Digital Age, https://www.oecd.org/daf/competition-policy-in-the-digital-age

Romanoff, Tom (2022), "The American Innovation and Choice Online Act: What it Does and What it Means", Bipartisan Policy Center (January 20, 2022).

UNCTAD (2021), Digital Economy Report 2021: Cross-border data flows and development: For whom the data flow, United Nations.

PART 05

신뢰와 디지털통상

제 11 장

개인정보 보호와 온라인 소비자 보호

이주형

1. 들어가며

디지털 대전환을 맞이하며 상품 및 서비스로 국한되던 전통적인 국제무역의 대상이 이제는 데이터로 확대되고 있다. 아울러, 인공지능과 빅데이터의 등장으로 데이터는 새로운 가치를 부여받기 시작했는데, 이러한 데이터에 포함되는 핵심 정보 중하나가 바로 개인정보이다. 온라인플랫폼의 발달과 더불어 데이터를 활용한 새로운 비즈니스 모델이 등장하면서 개인에 대한 정보수집은 더욱 중요해지고 있다. 개인정보가 갈수록 중요해지면서, 잊혀질 권리 등과 같이 개인정보에 대한 새로운 측면의 인권까지 등장한다.[1] 디지털 기술을 기반으로 최종 소비자인 개인이 직접 국제무역의 주체가 되기도 하고, 주된 이해관계자로 직접 참여하기도 하며, 온라인플랫폼의 확대와 더불어 개인정보에 대한 접근과 취합이 보다 용이해진 관계로 과거에 비하여 개인정보 보호의 필요성이 더욱 증가한다. 이와 같은 이유로 시장접근이나 비차별대우 원칙이 강조되던 전통적인 국제통상체제와는 달리 디지털통상 체제에서는 개인정보 보호 및 소비자 보호 등 다양한 경제외적 법익이 더욱 강조되고 있다. 특히 이와 같은 사회적 가치를 담고 있는 각종 비교역적 법익을 보호하기 위해 개인뿐 아니라 시민단체들까지도 디지털통상의 이해관계자로 참여하는 실정이다.

이러한 추세와 더불어 개인정보 보호는 프라이버시 보호와는 별개의 독립된 개

---

1   예를 들어, 2014년 유럽사법재판소는 Google Spain SI, Google Inc v Agencia Española de Protección de Datos, Mario Costeja González 사건에서 소위 '잊혀질 권리(the right to be forgotten)'를 인정한 이후, 2016년 3월 프랑스 당국은 '잊혀질 권리'를 보호하지 않는다는 이유로 다국적 인터넷 플랫폼 기업에게 벌금을 부과한 사례가 있었다. '잊혀질 권리'는 그 이후 입법화된 '개인정보 보호규정(General Data Protection Regulation(GDPR))'에서 '삭제권(the right to erasure)'과 더불어 법규화된 바 있다.

념으로 발전하고 있고, 1970년대 유럽과 미국을 중심으로 개인정보보호법이 처음으로 등장한 이후로, 많은 국가들이 프라이버시 보호와 개인정보 보호를 위한 법률을 수립하고 있다. 2023년 기준 현재 162개국이 개인정보 보호와 관련된 법제를 보유하는 한편, 20개 국가가 관련 법안 도입을 검토 중이다.[2] 우리나라의 경우에도 헌법 제17조에 따른 '사생활 비밀과 자유에 관한 권리'를 인정하고, 헌법재판소에서도 개인정보 자기결정권을 명시적으로 인정하고 있다.[3] 나아가 개인정보보호법[4] 제1조는 '개인정보 처리 및 보호 규정을 통해 개인의 자유와 권리를 보호하고 나아가 개인의 존엄과 가치를 구현'하는 것을 동법의 목적으로 규정한다. 즉, 개인정보 보호 법제는 개인정보의 처리 과정에서 개인인 정보 주체를 보호하고자 하는 것이 핵심이다.[5] 그런데, 이와 같은 개인정보 보호에 대한 입장은 국가별로 차이가 있고, 정부가 보호를 위한 규제의 정도 및 자율적 규제의 수준이 상이하다. 즉, 각국별로 개인정보 보호의 수준, 그리고 이를 규율하는 방식과 접근법에 있어서는 차이가 있는 것이다.

한편, 코로나19로 인한 비대면 상거래가 확산되고, 온라인 쇼핑몰 등의 확대와 더불어 온라인 소비자 보호의 중요성이 날로 강조되고 있다. 우리나라의 경우 '전자상거래법'으로 통칭되는 '전자상거래 등에서의 소비자보호에 관한 법률'을 통해 온라인 소비자 보호를 지원하고 있는데, '전자상거래 및 통신판매 등에 의한 재화 또는 용역의 공정한 거래에 관한 사항을 규정함으로써 소비자의 권익을 보호하고 시장의 신뢰도를 높여 국민경제의 건전한 발전에 이바지'함을 목적으로 명시하고 있다.

이와 같이 개인정보 보호와 온라인 소비자 보호는 디지털무역의 신뢰에 있어서 근간으로 작용하는 핵심 요소이다. 그러므로 이러한 배경하에 디지털통상규범 수립 초기 단계부터 개인정보 보호와 온라인 소비자 보호는 디지털통상규범의 가장 기본이 되는 조항으로 포함되어 왔다. 개인정보 보호 및 온라인 소비자 보호조항은 디지털무역의 신뢰를 보장하기 위한 필수불가결한 요소이므로 디지털통상규범 전개에 따라 조금씩 발전을 거듭하고 있다. 아래에서는 디지털통상협정에서 개인정보 보호 및 소비자 보호 조항의 발전과정을 살펴보고 한계점과 향후 발전 방향을 모색해 보기로 한다.

---

2   박노형, "개인정보보호법", 박영사 제2판, 2023, p.3.

3   헌재 2005.5.26. 99헌마513.

4   법률 제19234호, 2023.3.14.일부 개정.

5   박노형, "개인정보보호법", 박영사 제2판, 2023, p.3.

2. 개인정보 보호

(1) 배경[6]

1948년 유엔총회에서 채택된 세계인권선언에 따르면 누구든지 타인의 자의적 개입을 받지 않을 프라이버시에 대한 권리가 보장된다.[7] 아울러, 유럽인권협약[8] 등 국제조약이나 각종 국제기구를 통해 사생활 존중의 권리 및 개인정보 보호 원칙이 논의되고 발전하여 왔다.

국제기구 중 선도적으로 전자상거래에 관하여 협의를 개시한 경제협력개발기구(Organisation for Economic Co-operation and Development: OECD)는 1980년 개인정보 보호의 8대 원칙[9]이 포함된 '프라이버시와 개인정보의 국경 간 이동 시 보호를 규율하기 위한 가이드라인(Guidelines Governing the Protection of Privacy and Transborder Flow of Personal Data)'을 발표하였다. 이는 비록 법적으로 구속력을 부여하지는 아니하는 지침에 불과하지만, 프라이버시 보호를 목적으로 개인정보의 국가 간 자유로운 이동을 방해하지 않고 동 가이드라인에 포함된 8대 원칙을 국내법에 반영하도록 협력하자고 제안한다.[10] 그 이후로도 OECD는 1985년 국경 간 정보이

---

6   이주형, "디지털교역상 비차별대우원칙의 이해와 적용에 관한 연구", 박사논문, 2019을 참조하였다.

7   세계인권선언 제12조.

8   유럽인권협약 제8조(개인 및 가정생활을 존중받을 권리).

9   정효진, 윤재석, "개정 OECD 프라이버시 가이드라인 주요 내용 및 향후 전망", 정보통신산업진흥원, 2014, 1980년 9월 OECD가 발표한 '프라이버시 보호와 개인정보의 국제유통에 대한 가이드라인에 관한 이사회 권고' 내에 포함된 8대 가이드라인은 안정적이고 원활한 개인정보 처리를 위한 적절한 방향을 제시하고 있다. 이 중 8대 원칙은 다음과 같다. 1원칙: 수집제한의 원칙으로 개인정보의 수집은 적법하고 정당한 절차에 의해 정보 주체의 인지나 동의를 얻은 후 수집되어야 한다. 2원칙: 정보 정확성의 원칙으로 개인정보는 그 이용목적에 부합되는 것이어야 하며 이용목적에 필요한 범위 내에서 정확하고 완전하며 최신의 상태를 유지해야 한다. 3원칙: 목적 명확화의 원칙으로 개인정보의 수집목적은 수집 시에 특정되어 있어야 하며 그 후의 이용은 구체화된 목적달성 또는 수집목적과 부합해야 한다. 4원칙: 이용제한의 원칙, 5원칙: 안전성 확보의 원칙으로 개인정보는 분실 또는 불법적인 접근, 파괴, 사용, 위/변조, 공개 위험에 대비하여 적절한 안전 조치에 의해 보호되어야 한다. 6원칙: 처리방침의 공개 원칙으로 정보 주체가 제공한 개인정보가 어떠한 용도와 방식으로 이용되고 있으며 개인정보 보호를 위하여 어떠한 조치를 취하고 있는지를 공개하여야 하며 정보 주체가 자신의 정보에 대하여 쉽게 확인할 수 있어야 한다. 7원칙: 정보 주체 참여의 원칙으로 정보 주체가 제공한 개인정보를 열람, 정정, 삭제를 요구할 수 있는 절차를 마련해야 한다. 개인정보는 특정된 목적 이외의 다른 목적을 위하여 공개, 이용, 제공될 수 없다. 8원칙: 책임의 원칙으로 정보관리자는 위의 각 원칙들이 지켜지도록 필요한 제반 조치를 취해야 할 책임이 있다

10   박노형, "개인정보보호법", 박영사 제2판, 2023, p.10.

동에 관한 선언, 1992년 보안에 대한 가이드라인, 1997년 암호화정책 가이드라인 등을 지속적으로 발표하였다. 그러다가 디지털 기술의 확산과 더불어 개인정보 보호에 대한 필요성이 증대됨에 따라, OECD는 1980년에 만들어졌던 가이드라인을 30여년 만에 개정[11]하였다. OECD는 개정된 개인정보 보호 가이드라인에 따라 위험관리에 기초한 접근법에 따른 개인정보 보호 및 개인정보 보호를 위한 국가 간의 상호운용성을 강조한다. 특히 동 가이드라인은 개인정보의 중요성이 증가함과 동시에 개인정보의 혁신적 이용을 통한 확대된 이익을 도모하면서 이로 인한 개인정보 침해의 위험도 함께 증가하고 있다는 점을 강조하고, 개인정보 보호의 효과를 지니는 집행력 있는 국내법규 제정의 중요성을 강조하였다.

한편, 아시아태평양 경제협력체(Asia-Pacific Economic Cooperation: APEC) 역시 전자상거래 이용 시 개인정보 보호 및 국경 간 프라이버시 집행 기준 강화를 도모하기 위하여 개인정보 보호를 위한 9가지의 정보 프라이버시 원칙을 포함하는 '2004년 APEC 개인정보 보호 프레임워크(APEC Privacy Framework)'[12]를 발표하였다. APEC 개인정보 보호 프레임워크는 APEC 회원국들 간에 역내 개인정보 보호의 수준을 설정하고, 지속가능발전한 역내 경제 발전을 추진하기 위한 보다 효과적인 개인정보 보호장치 준비를 목적으로 한다. '9가지의 정보 프라이버시 원칙'에는 개인정보의 수집과 처리로부터 개인에 대한 위해 방지, 개인정보 수집에 관하여 개인에게 수집 전후 통지, 개인정보 수집에 대한 제한, 개인정보의 수집 목적에 따른 이용, 정보 주체의 개인정보 수집에 관한 선택, 개인정보의 정확성 확보, 개인정보의 보호장치 마련, 정보 주체의 접근과 수정을 가할 수 있는 권리, 컨트롤러의 책임성이 포함된다. 나아가, 2011년 APEC은 회원국 간 이동하는 개인정보의 보다 안전한 보호를 목표로 회원국 간 협력 제도를 수립하고 개인정보 보호 체제를 국제적으로 효과적으로 집행하

---

11 그러나 클라우드 컴퓨팅, 빅데이터 등 디지털 기술 발전으로 인한 개인정보에 대한 위협은 더욱 커졌고, OECD는 2014.7월 개정 가이드라인을 다시 발표한 바 있다.

12 APEC 개인정보보호 체재는 APEC 회원국들이 역내 개인정보의 보호 기준을 설립함으로써, 지속가능발전이 가능한 무역거래 및 역내 경제 발전을 위한 효과적인 개인정보 보호장치를 마련하기 위함이 그 목적이다. 이에 추가하여, 2007년 APEC 회원국들은 동 개인정보 체재를 국제적으로 효과적으로 집행하기 위한 APEC Cross-Border Privacy Enforcement Arrangement(CBPEA)을 채택한 바 있다. 이 협약은 각국의 개인정보 보호 집행기관들이 참여하여 국경 간 집행에 협력하는 다자간 메커니즘이라고 할 수 있다.

기 위한 'APEC 국경 간 프라이버시 규칙(Cross-Border Privacy Rules: CBPR)'을 발
표한 바 있다.

(2) 주요국의 입장

이와 같은 국제기구들의 움직임 속에서 각국은 개인정보 보호를 위한 입장을 달
리하여 왔다. 미국의 경우 2015년 TPA 이후로 개인정보를 포함한 국경 간 데이터 이
동을 자유롭게 하자는 입장을 강하게 고수해 왔다. 즉, 미국은 개인정보 보호에 찬성
하지만, 국경 간 자유로운 이동의 대상에 개인정보도 원칙적으로 포함되어야 한다는
태도를 취하고 있다. 반면, 중국의 경우 데이터 주권 등을 이유로 개인정보를 포함한
국경 간 데이터 이동에 대하여 다소 조심스러운 태도를 견지한다. 중국은 개인정보
보호를 디지털통상규범에 규정하는 것조차 처음에는 소극적이었으나 최근 들어 지역
무역협정에서 개인정보 보호 관련 내용을 점차 확대해 나가고 있다.

한편, EU는 엄격한 수준의 개인정보 보호를 지향하면서 개인정보 보호를 위하여
제도나 법률을 채택하고 있는데, 이는 전 세계에 많은 영향을 미치고 있다. 1995.10
월 EU의 '개인정보보호지침(Directive 95/46/EC of the European Parliament and
of the Council of 24 October 1995 on the Protection of Individuals with regard
to the Processing of Personal Data and n the Free Movement of Such Data)'이 통
과되었을 뿐 아니라, EU는 기본권헌장(Charter of Fundamental Rights of the Euro-
pean Union)을 통해 '모든 사람은 자신에 관한 개인정보 보호에 대한 권리를 보유한
다'라고 명시하고 있다.[13] 이러한 개인정보 보호에 관한 권리는 사생활과 가정생활, 주
거 및 통신 존중권리로 대변되는 프라이버시에 관한 권리와 구분되어 규정되는 것으
로 이해된다. 이와 같은 개인정보 보호에 대한 인식을 바탕으로 2015년 EU는 1995
년에 제정된 EU 데이터 보호 지침(Data Protection Directive)을 대체하는 '개인정
보 보호규정(General Data Protection Regulation: GDPR)'을 채택하였다. 이제까지
의 개인정보 보호 관련 법령 중 가장 수준이 높은 것으로 평가되는 GDPR은 개인정
보 처리에 대한 사람의 보호에 관한 규정 및 개인정보의 자유로운 이동과 관련된 내
용을 규율한다. GDPR 등 EU가 제정한 국내법 등을 종합적으로 살펴볼 경우, EU는

13　유럽 기본권헌장 제8조(개인정보 보호).

개인정보 등 국경 간 데이터 이동에 매우 조심스러운 입장이었다. 그러나, 최근 EU가 자국이 체결하는 FTA 등을 통해 국경 간 데이터 이동 관련 규정을 포섭하기 시작하면서 국경 간 데이터 이동은 자유롭게 허용하되, 이와 동시에 이를 규제할 수 있는 권한을 확보하는 방식으로 입장을 선회한 것으로 보인다. 이렇듯 EU는 국경 간 데이터 이동이 허용되는 상황하에서도, 개인정보에 있어서만은 각국이 채택하는 보장장치(safeguard)에 따른 보호를 하여야 한다는 입장이다.

(3) 디지털통상규범상 개인정보 보호 규정

2000년대 초반 급속하게 확산한 FTA에 따라 각국은 해외시장 확대, 관세 철폐 등 시장접근을 최우선적인 목표로 삼았다. 그러나, 점차 FTA 내에 디지털통상규범을 다루는 조항의 개수가 늘어나고 내용이 확대되면서 '비차별 대우원칙', '시장접근' 등의 전통적인 국제무역 이슈 대신, 소비자 보호, 개인정보 보호, 스팸메일 방지 등 '비교역적(non-trade)' 이슈들이 훨씬 더 많이 논의되고 있다.[14]

개인정보 보호 조항은 비교적 초기의 FTA부터 도입되기 시작했다. 가장 초기 단계의 디지털통상에 관한 조항이라고 할 수 있는 '종이 없는 무역' 규정 이후로 디지털통상규범들은 '전자상거래'라는 제목의 장(Chapter) 내에 구분되어 FTA에 도입되었다. 2004년 호주-싱가포르 FTA[15]가 그 대표적인 예이다.[16] 특히 동 FTA는 비교적 초기 단계의 협정임에도 불구하고 개인정보 보호 및 온라인 소비자 보호 조항을 채택[17]하였는데, 당사국의 재량의 여지를 부분적으로 허용하고 있지만, 이들 조항을 원칙적

14　Mira BURRI, "New Legal Design for Digital Commerce in Free Trade Agreements", *Digiworld Economic Journal*, Vol. 107, Issue 3, 2017, p.132, 동 논문은 TPP의 경우 특징적으로 비교역적 이슈들이 추가 되고 있다고 평가하고 있다. 그러나 이러한 현상은 비단 TPP에만 두드러진 것이 아니고, 대부분의 지역무역협정에서 공통적으로 일어나는 현상이다.

15　2003.9.25. 발효된 호주-싱가포르 FTA를 대체하여 최근 완전 개정된 신 협정이 2017.12.1. 발효하였다. 아래 표를 보면 舊협정에 비하여 14년 이후 발효된 新협정은 범위를 구체적으로 명시하는 한편, 디지털 제품의 비차별대우, 전자상거래를 위한 인터넷 접근허용 원칙, 국경 간 정보 이동, 인터넷 방문료, 컴퓨터 설비 위치, 스팸메일, 협력, 사이버 보안 협력, 원시 코드 등 무려 10개의 조항이 신규로 추가되었다. 이는 과거 10개 조문에 불과했던 협정이 거의 두 배로 증가한 것으로 이와 같은 추세를 살펴볼 때 향후 시일이 지남에 따라 끊임없는 여러 가지 신규 이슈들이 포함될 것으로 예상된다.

16　WTO, "Provisions on Electronic Commerce in Regional Trade Agreement", World Trade Organization Economic Research and Statistics Division, 2017, p.5.

17　호주-싱가포르 FTA 제6조 및 7조.

으로 의무규정 형태로 도입한 점은 평가할 만하다.

먼저 미국이 체결한 FTA에서 개인정보 보호 규정이 어떻게 발전되어 오고 있는지 살펴보고자 한다. 미국이 체결한 FTA 중 비교적 초기에 속하는 미국-바레인 FTA, 미국-싱가포르 FTA, 미국-모로코 FTA, 미국-CAFTA-DR FTA, 미국-파나마 FTA, 미국-페루 FTA, 미국-호주 FTA, 미국-칠레 FTA 등의 경우 전자상거래에 대한 조항을 모아 규정하는 별도의 장을 설치하였음에도 불구하고, 전자적 전송이나 디지털 제품에 대한 무관세, 비차별 대우, 종이 없는 무역 등을 규정할 뿐, 개인정보 보호 규정은 다루지 아니하였다.

그러다가 미국이 아시아·태평양 지역의 관세 철폐와 경제통합을 목표로 추진된 메가 FTA로 불리우는 CPTPP를 주도하면서 개인정보 보호를 다루게 된다. 과거 미국이 체결하였던 FTA 내의 전자상거래 규정과 비교할 때, CPTPP는 스팸메일,[18] 국내 규제 프레임워크,[19] 인터넷 방문료,[20] 컴퓨터 설비 위치,[21] 소스 코드[22] 등의 규정을 새롭게 도입하였다. 이 중에서도 개인정보 보호[23]에 대해서는 상세한 내용을 도입하고 있다. 먼저 개인정보란 '식별되거나 식별 가능한 자연인에 대한 데이터를 포함하는 정보'를 의미하는 것으로 정의한다. 또한, 당사국은 전자상거래 사용자의 개인정보 보호를 통하여 전자 거래에 대한 소비자 신뢰 향상을 도모할 수 있다는 점을 인식하고, 전자상거래 이용자의 개인정보 보호를 위한 법적 체계를 채택 또는 유지할 의무를 부담한다. 나아가 이러한 법적 체계를 개발하는 경우 각국은 개인정보 보호에 대한 국제기구의 원칙이나 지침 등을 고려하여야 한다. 아울러 CPTPP 개인정보 보호 규정 제3항에서는 개인정보 보호 위반으로부터 자국 관할권 내 전자상거래 이용자를 보호하기 위한 비차별적 관행을 채택하기 위하여 노력할 의무를 규정한다. 제4항에 따르면 각국은 전자상거래 이용자에게 개인정보 보호 관련 구제방법 및 사업자가 법적 요건을 준수할 수 있는 방법 등 개인정보 보호에 관한 정보를 제공할 의무를 부담한다. 마

---

18   CPTPP 제14.14조.

19   CPTPP 제14.5조.

20   CPTPP 제14.12조.

21   CPTPP 제14.13조.

22   CPTPP 제14.17조.

23   CPTPP 제14.8조.

지막으로 제5항에서는 개인정보 보호에 관하여 각국이 서로 다른 법적 접근방식을 채택할 수 있는 재량을 인정하는 한편, 각국의 상이한 개인정보 보호 제도로 인한 문제점을 보완하기 위하여 서로 다른 제도 간에 호환성을 촉진하는 메커니즘을 개발하도록 장려한다.

USMCA는 CPTPP의 전자상거래 규정을 대부분 계승하면서도, 더욱 강력한 데이터의 자유로운 국경 간 이동 조항을 채택[24]할 뿐 아니라, 공공 데이터(open government data)[25] 및 인터렉티브 컴퓨터 서비스(interactive computer services)[26] 등 새로운 조항까지 도입하고 있다. CPTPP와 마찬가지로 USMCA 역시 개인정보 보호 규정을 두고 있다. 비록 두 협정 모두 개인정보 보호 법제 채택 시 국제기구 등의 지침을 고려하도록 명시하고 있지만, USMCA의 개인정보 보호 규정이 CPTPP와 다른 점은 CPTPP와는 달리 USMCA의 경우 각국이 개인정보 보호 체제 수립을 위하여 참고해야 하는 국제기구 지침을 APEC의 개인정보 보호 체재 및 OECD 이사회의 '개인정보 보호 및 개인정보의 국경 간 이전 통제에 관한 추천(OECD Recommendation of the Council concerning Guidelines governing the Protection of Privacy and Transborder Flows of Personal Data(2013))' 등으로 구체화한다는 점이다. 또한, USMCA는 개인정보 보호 관련 주요 원칙에는 수집 제한, 선택권, 데이터 품질, 목적 명시, 사용 제한, 보안 안전장치, 투명성, 개인 참여 및 책임이 포함된다고 명시[27]하는 한편, 개인정보 보호 조치의 준수를 보장하고 개인정보의 국경 간 흐름에 대한 제한이 '필요하고 비례적인지(necessary and proportionate)'를 확인하는 것의 중요성을 지적한다. 이는 비록 개인정보 보호를 위하여 국경 간 개인정보 이동을 규제하더라도 '필요하고 비례적인' 범위 내라는 요건을 충족하여야 한다는 점에서 국경 간 데이터의 자유로운 이동을 중요시하는 미국의 입장이 여실히 드러난다.

---

24 USMCA 제19.11조.

25 USMCA 제19.18조.

26 USMCA 제19.17조.

27 USMCA 제19.8조 3. The Parties recognize that these key principles include: limitation collection; choice; data quality; purpose specification; use limitation; security safeguards; transparency; individual participation; and accountability. The Parties also recognize the importance of ensuring compliance with measures to protect personal information and ensuring that any restrictions on cross-border flows of personal information are necessary and proportionate to the risks presented.

미국-일본 디지털무역협정의 경우에도 개인정보 보호를 위한 국내법적 프레임워크 채택의무를 규정하고 있다. 나아가 동 협정은 각주 12를 추가하여, 개인정보 보호를 위한 국내 법제에는 '포괄적인 개인정보, 개인정보 또는 개인정보보호법, 포괄적인 개인정보 보호법, 부문별 개인정보 보호법률 또는 개인정보 보호와 관련된 기업의 자발적 약속의 시행을 규정하는 법률' 등이 포함된다고 명시함으로써 명확성을 향상시키고자 한다.

이와 같이 미국이 주도한 협정의 개인정보 보호 규정에 대한 구조를 정리해 보면 다음과 같다. 우선, 개인정보 보호를 통해 신뢰 있는 온라인 환경을 조성할 수 있다고 하는 개인정보 보호의 목적을 설시한다. 다음으로 개인정보 보호를 위한 국내법적 프레임워크 조성을 의무화하되, 당해 프레임워크 수립 시 국제기구의 지침이나 기준을 참고해야 한다는 점을 단순히 설시하기도 하고, 구체적 지침이나 기준을 예로 들기도 한다. 또한, 각국이 개인정보 보호를 위하여 취하는 접근방식이 제각각이므로 이를 상호 호환할 수 있는 메커니즘 개발을 장려한다.

한편, 다른 국가들이 체결한 FTA에서도 개인정보 보호를 규정하고 있다. EU의 경우에는 자국이 체결하는 많은 FTA에서 개인정보 보호에 대한 규정을 별도로 두지 아니한 경우가 많았다. EU-싱가포르, EU-베트남, EU-일본, EU-멕시코, EU-메르코수르 FTA의 경우 개인정보 보호에 대한 규정이 부재하다. 반면, EU-캐나다 FTA의 경우 제16.4조(전자상거래에 대한 신뢰와 확신)를 통해 각 당사국에게 전자상거래에 참여하는 이용자의 개인정보 보호를 위한 법률, 규정 또는 행정 조치를 채택 또는 유지할 의무를 부과한다. 나아가 EU-영국 무역협정 제202조 제1항은 개인의 데이터 및 사생활 보호에 대한 권리가 있음을 인정하는 한편, 프라이버시 및 이와 관련한 높은 기준이 디지털 경제에 대한 신뢰와 무역 발전에 기여함을 인정하는 등 개인정보 보호의 목적을 제시한다. 그리고 국경 간 이동하는 데이터의 보호를 위한 일반적인 적용이 있다는 전제하에 국경 간 데이터 이동 등 개인정보 보호에 관한 조치를 채택하거나 유지할 각국의 권한을 인정한다. 이는 개인정보 보호를 위하여 데이터의 국경 간 이동에 대한 규제 권한 확보를 강조하는 EU의 태도를 잘 드러낸다. 마지막으로 제3항에서는 각국이 국경 간 데이터 이동을 규제하기 위한 조치를 채택하거나 유지하는 경우 이를 상대국에게 통보할 의무를 부과한다.

　　과거 체결하였던 FTA를 2022년 전면개정한 EU-칠레 FTA[28]의 경우에는 개인정보 보호 규정의 목적, 개인정보 보호, 특히 국경 간 데이터 이동을 위한 조치 채택의 권한을 명시한다는 점에서는 과거 EU가 체결한 여타 개인정보 보호 규정과 유사하다. 그러나 EU-칠레 FTA가 EU-영국 FTA보다 더욱 발전한 부분은 개인정보 보호규정의 중요성을 단순히 인정하는 데 그치지 아니하고 개인정보 보호 및 프라이버시야말로 '근본권리(fundamental rights)'라고 부연하여 강조한다는 점이다. 바로 이 점에서 EU의 개인정보 보호 및 프라이버시에 대한 강력한 입장을 확인할 수 있다. 나아가 EU-칠레 FTA에서 주목할 부분은 'Investment Court System'이 개인정보 보호 규정에 적용되지 않음을 명확히 함으로써 보다 강력하게 개인정보 보호규정을 사수하고자 하는 점이다.

　　2022년 체결된 EU-뉴질랜드 FTA의 경우에도 앞서 체결한 EU의 FTA들과 유사하게 개인정보 보호 및 프라이버시가 근본적 권리로 중요하다는 것을 강조하는 한편, 개인정보의 국경 간 전송의 경우 개인정보 보호를 위하여 각국이 조치를 취할 수 있는 권한을 확보하고 있고, 이러한 조치를 채택하거나 유지하는 경우 상대국에게 통지할 의무를 부과한다. 또한, 개인에게 개인정보 또는 프라이버시 보호 위반에 대한 구제방안을 알리고 기업체에 대한 지침을 공시할 의무를 부과하는 등의 내용을 담고 있다.

　　미국이나 EU와 같은 선진국뿐만 아니라 아세안 등 개도국 역시 개인정보 보호 규정 도입에 관심이 많다. 과거 한국이 아세안과 체결한 FTA의 경우에는 개인정보 보호 규정은 물론 어떠한 전자상거래에 관한 규정도 도입되지 않았다. 그러나, 2019년 아세안 국가 간 아세안 전자상거래협정(ASEAN E-Commerce Agreement)을 체결하면서 아세안 국가들도 독자적인 디지털통상협정을 보유하게 된다. 아세안 전자상거래협정은 제7조(국경 간 전자상거래 원활화)에서 '각 회원국은 2012.3.30. 캄보디아에서 체결된 아세안 세관협정 및 회원국이 당사국인 종이 없는 무역 관련 기타 국제협정에 따르는 정보통신기술(ICT)을 통한 전자문서 교환을 확대하고 촉진해야 한다'는 점을 규정하고 있다. 나아가 동 조항에 '온라인 개인정보 보호'에 대한 별도의 항을 설치하고, 아세안 국가들로 하여금 전자상거래 이용자의 개인정보 보호를 위한 조치를

---

28 EU-칠레 FTA 제19.5조.Protection of personal data and privacy
  3. For greater certainty, the Investment Court System does not apply to the provisions in Articles
  19.4 and 19.5.

채택 및 유지해야 하는 의무를 부여한다. 다만, 전자상거래 이용자의 개인정보 보호
를 위한 법령이 제정된 날 이전에는 동 조항 이행을 요구받지 아니하도록 하여 아세
안 국가들에게 부담을 덜어주고자 한다.

중국의 경우 한국과 체결한 FTA[29]를 통하여 '전자상거래상의 개인정보 보호의 중
요성을 인정하면서도, 각 당사국은 전자상거래 이용자의 개인정보 보호를 보장하는
조치를 채택 또는 유지하고, 전자상거래상의 개인정보 보호에 관한 정보와 경험을 공
유'하도록 규정하였다. 한-중 FTA와 거의 비슷한 시기에 체결된 중국-호주 FTA[30]의
경우 이보다 더 상세한 개인정보 보호 규정을 두고 있다. 중국-호주 FTA의 개인정보
보호 규정은 '온라인 데이터 보호'라는 제목하에 2개의 항으로 구성되어 있다. 이에
따르면 개인정보 보호를 위한 각국의 제도에는 차이가 있다는 점이 명시된 한편, 각
국이 전자상거래 이용자의 개인정보 보호를 위해 적절하고 필요하다고 간주하는 조
치를 취할 의무를 규정한다. 나아가 데이터 보호 표준 개발 시 가능한 한 국제기구의
표준 등을 고려하도록 한다. 중국이 참여한 RCEP[31]에서는 이보다 더 발전된 규정을
채택하였다. 각국이 전자상거래 사용자의 개인정보 보호를 보장하는 법적 틀을 채택
하거나 유지하고, 이러한 법적 체재 개발 시 관련 국제기구나 국제기관의 국제 표준,
원칙, 지침 그리고 기준을 고려한다고 규정하는 점은 중국-호주 FTA의 조항과 비슷
하다. 그러나 RCEP은 첫째, 개인이 구제를 구할 수 있는 방법 및 기업이 법적 요건을
준수할 수 있는 방법을 포함하여 각국이 전자상거래 사용자에게 제공하는 개인정보
보호에 관한 정보를 공표할 의무, 둘째, 법인이 개인정보의 보호에 관한 정책 및 절차
를 인터넷 등에 공표하도록 장려할 의무, 셋째, 각국이 국경 간 이동된 개인정보의 보
호를 위하여 가능한 한도에서 협력할 의무를 추가하여 제시한다는 점이 특징이다.

우리나라의 경우에도 FTA를 통하여 개인정보 보호 규정을 지속적으로 발전시키
고 있다. 2007년 체결된 한-미 FTA에는 개인정보 보호에 관한 조항이 없다. 한-EU
FTA의 경우에도 제7장(서비스 무역, 설립 및 전자상거래) 내의 2개의 조항을 통해 전
자상거래를 규율하는데 전자적 전송물에 대한 무관세조항, 전자인증서비스 촉진, 소

---

29   한중 FTA 제13.5조.
30   중국-호주 FTA 제12.8조.
31   RCEP 제12.8조.

비자 보호, 스팸메일 및 협력조항만을 도입했을 뿐이고 개인정보 보호 조항은 다루지 않았다. 그러다가 소비자 보호 조항,[32] 개인정보 보호 조항[33] 등이 최초로 포함된 것은 바로 한-페루 FTA부터이다. 그 이후 체결된 한-호주 FTA 및 한-캐나다 FTA의 경우에도 개인정보 보호 조항[34 · 35]을 각각 도입하였고 한-베트남 FTA도 개인정보 보호 조항[36]을 채택하였다. 한-싱가포르 디지털동반자협정[37] 역시 개인정보 보호 조항을 상세히 규정하고 있다. 이에 따르면 당사국은 전자 거래에 참여한 자의 개인정보 보호를 위한 국내 법체계를 채택 또는 유지해야 하며, 국내 법체계를 개발하는 경우 관련 국제기구의 원칙 및 지침을 고려하도록 한다. 또한, 개인정보 보호 위반의 경우 타 당사국의 국민을 자국민과 동일하게 보호할 의무를 규정하는 한편, 전자상거래시 개인정보 보호를 위한 자연인의 구제 청구 방법, 기업의 개인정보 보호 관련 법령 준수 방법 등 개인정보 보호와 관련한 정보를 공표해야 한다. 나아가 APEC 국경 간 프라이버시 규칙 시스템(CBPR) 활용 또는 각 당사국의 개인정보 보호 인증체계 간 상호인정 등 서로 상이한 개인정보 보호 체계의 상호운용성을 증진하기 위한 메커니즘 개발을 장려하도록 규정한다. 최근 우리나라가 가입한 DEPA[38]에도 개인정보 보호 규정이 포함되어 있다. DEPA 역시 한-싱가포르 디지털동반자 협정과 유사한 내용을 포함하되, 수집 제한, 데이터 품질, 목적의 명시, 이용 제한, 보안 보호장치, 투명성, 개인의 참여 및 책임이라는 개인정보 보호 체계를 뒷받침하는 원칙까지 추가하고 있다.

　최근에는 국제법적 구속력이 있는 조약을 통한 디지털통상규범 수립 이외에도 비록 법적 구속력은 결여되어 있지만 보다 실질적인 협력 사항을 규율하기 위한 '디지털파트너십'이 적극적으로 활용되고 있다. 제28차 EU-일본 정상회 계기 EU 및 일본 양국은 디지털 기술, 무역 및 투자, 기후변화 대응, 생물다양성 보호, 지속가능발전, 안보 등 양국 간 관계를 보다 강화하기 위한 각종 조치를 채택하는 과정에서 디지

32　한-페루 FTA 제14.5조.

33　한-페루 FTA 제14.7조.

34　한-호주 FTA 제15.8조.

35　한-캐나다 FTA 제13.4조.

36　한-베트남 FTA 제10.6조.

37　한-싱가포르 디지털동반자협정 제14.17조.

38　DEPA 제4.2조.

털 분야에 대한 긴밀한 협력을 위해 디지털파트너십을 체결하였다. 이에 따르면 양국은 '개인정보 보호 및 개인정보 보호에 관한 유럽연합, 호주, 코매츠, 인도, 일본, 모리셔스, 뉴질랜드, 대한민국, 싱가포르, 스리랑카의 공동선언'에 따라 개인정보의 효과적인 보호가 중요하고 이는 디지털 대전환에 대한 인간 중심적 접근이라는 점에 대하여 이해를 함께하고, '신뢰'를 바탕으로 한 데이터의 자유로운 이동의 중요성을 강조한다. 또한, 동 디지털파트너십 제4절(디지털 협력 강화를 위한 중점분야 공동 성과 달성)에서는 개인정보 보호와 관련하여 양국은 개인정보 보호에 대한 높은 보호 수준이 인간 중심적 접근방식의 필수 요소임을 고려하고, 신흥 기술의 프라이버시에 대한 영향, 프라이버시 향상 기술, 정보보호 감독기관 간의 법 집행 협력 등에 대하여 추가 협력을 추진하고자 제안한다. 아울러 동 디지털파트너십 부속서는 동 파트너십을 위해 양국이 협력해야 하는 우선순위 목록을 제시하는데, 개인정보 보호 강화 기술이 우선순위로 포함되어 있다. 이에 따라 양국은 개인정보 관련 상호적절성 결정을 완료하고 이를 통해 세계적으로 규모 있는큰 안전한 데이터 이동 영역이 형성되었음을 높이 평가하는 한편, 개인정보 보호 강화 기술과 정보보호 감독 당국 간 집행 협력을 더욱 강화할 예정이라고 명시하고 있다.

　한편, 2023.2.1. EU와 싱가포르는 EU-싱가포르 FTA 차원의 협업 중 한 방편으로 디지털 영역을 위한 강력한 파트너십 수립을 위해 EU-싱가포르 디지털파트너십을 체결하였다. 동 디지털 파트너십 제1절은 디지털 대전환이 삶의 모든 면을 변화시키고 있으므로 디지털 공간에서의 안전을 유지하면서 국민과 기업이 미래의 기회를 잡을 수 있도록 권한을 부여하는 전략을 마련하고자 하는 것이 동 파트너십 체결 배경임을 설명한다. 나아가 2022.2.22.자 '인도-태평양 협력 포럼(Ministerial Forum for Cooperation in the Paris in Indo-Pacific)'에서 발표된 EU, 싱가포르 등의 프라이버시 및 개인정보 보호에 관한 공동선언(Joint Declaration)은 개인정보의 효과적인 보호가 중요한 역할을 하는 디지털 전환에 대한 인간 중심적 접근(human-centric approach)의 공통 비전을 제시한다고 지적한다.

3. 온라인 소비자 보호

재화나 서비스, 디지털 콘텐츠 등을 거래하는 방식으로 자리 잡은 전자상거래에서 소비자 보호는 매우 중요한 과제이다. 코로나 19로 인하여 디지털무역이 소비자거래에서 차지하는 비중이 증가하면서 자연스럽게 전자상거래상 소비자 보호의 문제가 급증하고 있다. 우리나라의 경우에도 2002년 '전자상거래 등에서의 소비자 보호에 관한 법률'을 제정하고, 통신판매 등을 중심으로 소비자 보호를 법제화하였는데, 최근 디지털 경제의 가속화로 인한 비대면 거래의 활성화로 인하여 온라인 유통시장이 급성장하면서 소비자 보호를 위한 법 개정에 더욱 박차를 가하고 있다. 이렇듯 디지털 대전환과 코로나 19를 거치면서 점점 더 온라인 소비자 보호를 위한 국제규범 수립은 필수적인 요소로 자리 잡고 있다.

(1) 다자차원의 논의[39]

온라인 소비자 보호에 대해서는 다양한 국제포럼에서 논의가 진행되었는데 그 중에서도 통상체제 내의 논의도 다양하게 계속된 바 있다. 이 중 하나가 바로 미국과 호주가 주도한 TiSA(Trade in Service Agreement) 협상이다. 2013년 처음으로 개시된 동 협상은 WTO 복수국 간 협상 형태로 전 세계 서비스 무역의 약 70%를 차지하는 EU, 일본, 한국 등이 협상국으로 참여하고 있었다. 중국이나 브라질, 인도와 같이 디지털 교역이 활발한 주요 개도국들도 참여에 관심을 보였지만 최종적으로는 참여하지 않았다. 그런데, TiSA에서 국경 간 데이터 이동 등과 함께 바로 온라인 소비자 보호에 대한 국제규범을 다루고자 하였다는 점이 주목된다.[40]

2019.5월 공식개시된 WTO 전자상거래 협상에서도 각국은 온라인 소비자 보호를 우선적으로 논의하기 시작했다. 특히 WTO 전자상거래 협상을 위해 뉴질랜드가 제출한 제안에 집중할 필요가 있다. 이에 따르면, 전자상거래에서의 소비자 보호에 대한 보다 활발한 논의는 디지털무역의 대상을 생산하는 생산자나 공급자를 위한 경쟁적 온라인 시장을 촉진하고, 신뢰 유지를 통해 소비자 개개인의 전자상거래 활용을

---

[39] 이주형, "디지털교역상 비차별 대우원칙의 이해와 적용에 관한 연구" 박사논문 2019를 참고하였다.

[40] Rachel F. Fefer, "Trade in Services Agreement (TiSA) Negotiations: Overview and Issues for Congress", U.S. Congressional Research Service, 2017, p.11.

북돋우며, 소외계층을 포함하는 소비자 또는 공급자와 같은 다양한 범위의 개인들을 전자상거래에 보다 활발하게 참여시키는 촉진제의 역할을 할 것이라고 주장하였다. 뉴질랜드는 특히 '온라인 소비자 보호' 규정을 위한 구체적 문안[41]을 제시하고 있다. 우선, 전자상거래를 활성화시키기 위한 온라인 소비자 보호는 국경 간 전자상거래 환경 조성의 가장 핵심적인 요소임을 강조하고 있다. 아울러 소비자 복지 강화를 위하여 국경 간 전자상거래 활동에 대한 각국 소비자 보호기관 간의 협력, 소비자 보상 메커니즘의 인식 및 접근의 중요성을 강조하고 있다. 더욱이, 각국이 온라인 소비자 보호를 오프라인 등에서 보장되고 있는 수준까지 제공해야 하는 국내법 수립 의무도 제시하고 있다.

(2) FTA상 온라인 소비자보호규정의 발전[42]

급증하는 온라인 거래로 인하여 온라인 소비자 보호의 중요성이 점점 높아지고 있다. 디지털통상협정이 본격화되기 훨씬 전인 FTA에서도 온라인 소비자 보호 조항을 별도로 두고 전자상거래에서 보다 효율적인 소비자 보호 조치를 채택하고 유지하는 것이 중요함을 강조한 것도 이러한 배경에서이다. 이렇듯 소비자 보호 규정은 국경 간 전자상거래 활성화에 기여하는 중요한 요소이므로 FTA에 적극적으로 도입할 필요가 있다. FTA에서는 당사국 정부가 소비자보호법을 유지하거나 채택할 것을 요구하고 이러한 법률이 투명하고 효과적이어야 하며 오프라인 상거래에서의 소비자 보호와 동등할 필요가 있다는 내용을 위주로 규정하는 한편, 각국의 소비자 보호 기관 간의 협력을 요구[43]하기도 한다.

먼저 미국이 체결한 FTA상 도입된 온라인 소비자 보호 조항의 발전과정을 살펴보고자 한다. 미국이 비교적 초기에 체결한 FTA에 속하는 미국-바레인 FTA, 미국-싱가포르 FTA, 미국-요르단 FTA, 미국-모로코 FTA, 미국-CAFTA-DR FTA, 미국-칠레 FTA, 미국-파나마 FTA 등의 경우 온라인 소비자 보호 규정을 별도로 두지 않았다.

41　WTO, "JOINT STATEMENT ON ELECTRONIC COMMERCE communication from New Zealand", INF/ECOM/21 (2019.4.26.), 이하는 뉴질랜드의 제안서에 따른 문안을 필자가 정리하였다.

42　권현호 외 3인, "디지털통상협정의 한국형 표준모델 설정 연구", 대외경제정책연구원 2023, p.116 이하 필자가 작성한 '온라인 소비자보호' 부분을 참고하였다.

43　송선옥, "FTA의 전자상거래 조항에 대한 향후 개선 방향", 정보통신연구, 23권 제7호, 2022, p.86.

그러나 미국-오만 FTA, 미국-호주 FTA, 미국-페루 FTA 및 미국-콜롬비아 FTA의 경우 비록 개인정보 보호 조항은 다루고 있지 않았지만 온라인 소비자 보호에 관한 조항은 포함하기 시작하였다. 미국-호주 FTA[44] 및 미국-오만 FTA[45]의 경우 '양 당사자는 사기적이고 기만적인 상업적 관행으로부터 소비자를 보호하기 위해 투명하고 효과적인 조치를 유지하는 것의 중요성을 인식'하는 규정을 두었는데, 온라인 소비자 보호 규정이 FTA에서 처음으로 다루어졌다는 의의는 있지만, 온라인 소비자 보호를 위한 조치의 중요성을 강조하는 수준에 그쳤다는 한계가 있었다.

그 이후 등장한 미국-콜롬비아 FTA[46] 및 미국-페루 FTA[47]의 경우 한 걸음 더 나아가 당사국의 소비자 보호를 위한 조치의 중요성뿐만 아니라, 온라인 소비자 보호를 위해 각국의 소비자 보호기관 간에 상호 협력을 하는 것이 무엇보다도 중요하다는 점을 부각하였다. 미국이 한국과 체결한 FTA에서는 더욱 발전된 모습을 보여준다. 한-미 FTA 제15.5조는 제1항에서 소비자가 전자상거래에 참여할 때 사기적이고 기만적인 상업적 관행으로부터 보호하기 위하여 투명하고 효과적인 조치를 채택 및 유지하는 것의 중요성을 강조하는 한편, 제2항에서는 소비자의 복지를 제고를 위해 국경 간 전자상거래 활동에 관한 각국의 소비자 보호 기관 간 협력의 중요성을 인정한다. 제3항에서는 양국의 소비자 보호 집행기관은 상호 관심이 있는 적절한 사안에서 전자상거래에서의 사기적이고 기만적인 상업적 관행에 대처하여 법을 집행함에 있어 다른 쪽 당사국의 국가 소비자 보호 집행기관과 협력하도록 노력해야 하는 의무를 규정한다. CPTPP 및 USMCA의 경우에는 동일한 내용의 온라인 소비자 보호 규정을 포함하고 있다. 이들 협정은 '사기 또는 기만적 상거래 행위'로부터 소비자 보호조치의 중요성을 인정하는 한편, 이들 행위를 금지하는 소비자보호법을 채택 및 유지할 의무와 소비자 보호 관련 기관들의 국가 간 협력을 규정한다.[48] CPTPP 및 USMCA와는 달리 미국-일본 디지털무역협정의 경우에는 '사기적이거나 기만적 상거래 행위'에 대한 정의규정까지 두고 있다.

---

44   미국-호주 FTA 제16.6조.

45   미국-오만 FTA 제14.4조.

46   미국-콜롬비아 FTA 제15.5조.

47   미국-페루 FTA 제15.5조.

48   CPTPP 제14.7조 및 USMCA 제19.7조.

    EU역시 최근 들어 체결하는 FTA에서 온라인 소비자 보호 규정을 적극적으로 도입하고 있다. EU-멕시코 FTA 제7조의 경우 소비자가 전자상거래에 참여하는 경우 사기 및 기만적인 상업적 관행으로부터 소비자를 보호하는 조치 등을 각국이 채택하는 것이 소비자 신뢰에 기여함을 인정하는 한편, 이러한 조치를 채택하거나 유지할 의무를 부과한다. 나아가 양국은 소비자 복지 증대를 위하여 각국의 소비자 보호당국 간의 협력을 강조한다. EU-호주 FTA 제12조 역시 '온라인 소비자 신뢰'라는 제목하에 소비자 신뢰 강화의 중요성을 인정하고 소비자 보호를 위해 사기 및 기만적 상업적 관행 금지 등의 조치 채택 의무를 명시하는 한편, 양국 간 소비자 보호당국의 협력의 중요성에 주목한다. EU-메르코수르 FTA 제49조 역시 온라인 소비자 보호에 관한 규정을 도입하고 있다.

    EU-일본 EPA 제8.78조는 소비자보호 관련 국내법 채택사항 등 모든 규정이 '의무'가 아닌 중요성을 '확인'하는 수준에 그친다는 한계가 있다. 그러나 EU-영국 FTA의 경우 소비자 보호조치 채택 대상을 구체적으로 열거하고 이를 모두 의무 조항으로 규정하고 있어 주목된다. EU-영국 FTA 제208조는 사기적이고 기만적인 관행 금지, 소비자가 요청하지 않은 상품 및 서비스에 대한 비용을 요구하는 것을 포함하여 상품 및 서비스 공급자가 신의성실하게 행동하고 공정한 상관행을 준수하도록 요구할 것, 중개서비스 공급자를 통하는 것을 포함하여 상품 및 서비스 공급자가 소비자에게 당해 공급자의 신원, 연락정보, 관련 거래, 상품 및 서비스의 특징 및 모든 비용을 포함하는 가격, 관련 소비자의 권리 등 명확하고 구체적인 정보를 소비자에게 제공하도록 요구할 것, 상품 또는 서비스 관련 비용이 지불되었음에도 불구하고 배송되지 않은 경우 구제권리 등을 포함한 소비자권리 위반 시정을 위한 접근권을 부여할 것을 모두 소비자 보호조치로 채택할 '의무'를 부여하고 있다. 2022년 체결된 EU-칠레 FTA[49]의 경우 사기적이고 기만적인 상업적 관행 금지, 상품 및 서비스 공급자에게 선의로 행동하고 공정한 상업 관행을 준수하도록 요구, 상품 또는 서비스 공급업체가 소비자에게 자신의 신원과 연락처에 관한 세부 정보 등 제공, 소비자에게 구제 권리 부여 등 전자상거래에 참여하는 소비자의 효과적인 보호를 위한 조치를 채택하거나 유지하여야 한다고 규정한다. 나아가 소비자 신뢰 제고를 위한 전자상거래 활동에 관하여 양

---

49   EU-칠레 FTA 제19.10조.

국의 소비자 보호 관련 기관이 협력해야 함을 강조한다.

우리나라가 체결한 한-중 FTA 등 초기 내지 중기의 협정에서는 온라인 소비자 보호 규정을 두지 않았다. 그러나 최근 체결하는 디지털통상협정에서는 온라인 소비자 보호규정을 보다 상세히 규정하고 있다. 예를 들어 한국이 최근 가입한 DEPA는 소비자 보호조치 및 국가 간 협력의 중요성, 대안적 분쟁해결 메커니즘의 유용성뿐만 아니라, '사기적이고 기만적인 상업행위' 및 소비자보호법에 대한 온라인소비자보호 규정이 가장 상세하다. 즉 '사기적이고 기만적인 상업행위'를 금지하는 소비자보호법령은 민사 또는 형사를 불문하고 '일반계약규정' 또는 '과실처벌규정'도 가능하다고 규정한다.[50] DEPA는 '사기적이고 기만적인 상업행위'의 예로 물품의 품질, 가격, 용도 적합성, 수량 또는 상품이나 서비스 원산지에 대한 허위사실 표시 및 거짓주장 행위, 공급할 의도 없이 상품 또는 서비스를 공급한다고 광고하는 행위, 소비자에게 대금 청구 후 상품 또는 서비스를 제공하지 아니하는 행위, 권한 없이 소비자의 금융, 전화 또는 기타 계좌에 청구하거나 인출하는 행위를 들고 있다.[51] 각국은 배송한 상품 또는 서비스의 품질이 공급자가 주장한 품질에 비추어 수용할 수 있는 만족스러운 품질일 것을 요구하고 소비자가 품질에 만족하지 않는다면 적절한 구제수단을 제공하는 법규를 채택하고 유지할 의무가 있다.[52] 한편 RCEP은 투명성 측면에서 소비자 구제 방안 및 기업의 법적 요건 준수 방안 등 전자상거래 사용자에게 제공하는 소비자 보호 정보를 공표할 의무를 부과한다.[53] 한-싱가포르 디지털동반자협정의 경우 온라인 상업활동에서 소비자 피해를 야기하는 사기·기만적인 행위를 금지하는 소비자 보호법을 채택 또는 유지할 의무를 부과한다. 아울러 사기·기만적인 행위를 '소비자에게 실제 피해를 야기하거나, 피해를 야기할 위험이 있는 사기적이거나 기만적인 행위라고 정의하고, 여기에는 중요한 사실에 대한 허위 표시(묵시적 허위 표시를 포함), 소비자에게 비용을 청구한 후 상품 등을 제공하지 아니하는 것, 소비자의 승인 없이 그의 계정에 청구하거나 그로부터 인출하는 행위 등을 포함하는 것으로 이해한다. 또한, 국경 간 전자상거래와 관련한 소비자 보호기관 간 협력의 중요성을 인정하고, 소

---

50   DEPA 제6.3조.
51   Id.DEPA 제6.3조.
52   Id.DEPA 제6.3조.
53   RCEP 제12.7조

비자 보호법 집행 및 사기·기만적 행위와 관련된 상호 관심 사안에 대한 협력을 도모한다. 나아가 전자상거래 관련 분쟁 해결을 촉진하기 위하여 대안적 분쟁해결(ADR: alternative dispute resolution) 메커니즘의 유용성을 강조하고 있다.

개도국의 경우에도 온라인 소비자 보호에 대하여 관심이 높다. 개도국이 참여하는 대표적 디지털통상협정인 아세안 전자상거래협정 제7조(국경 간 전자상거래 원활화)에서는 온라인 소비자 보호를 규정하고 있다. 이에 따르면 각 회원국은 전자상거래를 위한 투명하고 효과적인 소비자 보호 조치 및 소비자 신뢰발전을 위한 조치를 채택하고 유지하는 것의 중요성을 확인한다. 나아가. 각 회원국은 전자상거래를 이용하는 소비자를 관련 법령 및 정책에 의거하여 다른 형태거래 소비자들과 유사한 수준의 보호를 하여야 한다는 점을 강조하였는데. 다만, 캄보디아, 라오스 및 미얀마에게는 동 협정 발효 후 5년간 동 조항을 이행할 의무를 지지 아니하도록 유예기간을 부여하였다.

한편, 법적 구속력이 없는 디지털파트너십에서도 온라인 소비자 보호에 주목하고 있다. EU-일본 디지털파트너십에 따르면 예측 가능성과 법적 확실성을 보장하고, 부당한 장벽을 제거하며, 온·오프라인 활동 차별을 방지한다는 공동의 목표를 달성하기 위하여 국경 간 디지털 거래를 하는 소비자에게 안전한 온라인 환경을 조성해야 함을 강조한다.

EU-싱가포르 디지털 파트너십 역시 온라인 소비자 보호의 중요성을 언급한다. 이에 따르면 양국이 기업과 국민의 예측가능성과 법적 확실성을 보장하고, 국경을 초월하여 디지털 거래를 하는 소비자의 안전한 온라인 환경을 조성하며, 불합리한 무역장벽을 제거하고 온·오프라인 활동을 차별하지 않도록 하겠다는 목표를 공유하고 있다.

4. 나가며

바야흐로 온라인 쇼핑 전성시대를 맞고 있다. 스마트폰으로 각종 디지털 상품 및 서비스를 구매하고, 국경 간 전자상거래는 폭증하는 실정이다. 하지만 그만큼 온라인 전자상거래를 이용하는 소비자의 피해가 증가하면서 이를 규율하기 위한 국제규범의 필요성은 그 어느 때보다도 높다. 이제까지의 온라인 소비자 보호 규정은 각국의 관련 국내 규범 내지 조치 수립 및 각국의 소비자 보호 관련 기관 간 협력에 그치는 경우가 대부분이었다. 그러나 독자적 디지털통상협정이 점차 확대되면서 향후에는 보다 실질적인 조항들을 통해 온라인 소비자들이 피부로 변화를 느낄 수 있도록 하는 것이 필요하다. 한-싱가포르 디지털동반자협정에서 규정하는 대안적 분쟁해결절차를 보다 활성화하기 위한 국가 간 협력과 지원을 활성화하는 것도 또다른 방책이 될 수 있을 것이다.

Notes & Questions

1. 개인정보 보호를 디지털통상협정에서 다루어야 하는 이유는 무엇일까?
2. 개인정보 보호의 수준과 보호에 대한 접근방식이 각국마다 차이가 나는 이유는 무엇일까? 그리고 이러한 차이를 극복하기 위하여 디지털통상협정은 어떠한 역할을 할 수 있는가?
3. 개인정보 보호에 대한 미국, 중국 및 EU 등 주요국의 입장과 특히 개인정보 보호를 국경 간 데이터의 자유로운 이동 원칙과 연결하여 설명하여 보자.
4. 최근 빅데이터 및 인공지능의 발전과 더불어 개인정보를 포함한 데이터의 적절한 이용과 혁신이 더욱 중요해지고 있다. 이와 같은 데이터의 중요성 및 역할에 비추어 볼 때 개인정보 보호의 정도의 접근에 있어서 어떠한 방식이 양자 간 조화로운 균형이라는 측면에서 적절한 것인지 각자의 의견을 피력해보자.

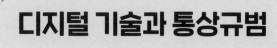

제 12 장

디지털 기술과 통상규범

김민정

1. 서론

디지털기술 발전으로 제품과 서비스 융합이 일어나고 제조업의 디지털 전환이 빠르게 진행되고 있다. 또한 디지털기술 혁신은 플랫폼 산업, 인공지능(AI) 산업, 데이터 산업과 같이 새로운 산업을 발전시키고 경제 성장의 새로운 동력이 되고 있다.

이러한 기술 및 산업의 변화에 발맞추어 전 세계 국가들은 디지털 기술을 확보하고 미래 산업을 발전시키기 위해 혁신과 경쟁력을 제고하고 디지털시대에 필요한 새로운 정책을 수립하고 있다. 자국 기업들이 4차 산업 발전에 합류할 수 있도록 기술력과 역량 제고를 위한 지원을 확대하고, 글로벌 경제의 주요 공급자로서 혹은 주요 선두주자로서 활동할 수 있도록 디지털 전환을 위한 국가 비전과 목표를 설정하고 있다.

특히, 세계 주요국들은 디지털 국가 전략과 계획을 세우고 디지털 전환에 필요한 기술과 역량 개발을 위해 막대한 정부 지원 정책을 수립하고 있다. 디지털 기술력이 곧 국가 경쟁력이자 국력과 밀접하게 연결된다는 게 기본 인식이다. AI, IoT, 클라우드 컴퓨팅, 5G/6G 등의 주요 기술을 개발하고 산업에 활용하는 한편 사회경제적 이익을 확대하기 위한 노력을 기울이고 있다.

디지털기술을 확보하고 선점하기 위한 기술 경쟁이 치열하게 전개되고 있다. 국제적으로는 미국, EU, 중국 등 주요국들은 인공지능(AI), 자율주행, 디지털화폐, 디지털 인프라 등 첨단 기술을 확보하고 선점하기 위해 파트너십 전략을 추진하는 동시에 디지털경제의 주도권을 잡기 위해 관련 산업과 기업을 육성하고 디지털 기술 및 표준을 선점하기 위한 전략을 활발하게 추진하고 있다. 최근, 디지털기술 관련 통상 문제가 중요한 문제로 부상하고 있는데, 가장 대표적인 문제로 강제적 기술이전 문제를 들 수 있다.

　이 문제는 일부 국가들이 디지털기술을 보유한 기업들의 시장진입과 투자를 허용하는 조건으로 소프트웨어나 애플리케이션의 소스코드 또는 알고리즘 정보를 탈취하는 문제며, 중국 정부가 미국의 디지털 기업들의 기술과 정보를 중국 기업으로 강제적으로 이전시키는 문제가 빈번하게 일어나고 있어 중요한 무역기술장벽(Technical Barriers to Trade: TBT)으로 논의되고 있다.

　디지털 기술의 강제 이전 문제를 방지하기 위한 통상규범이 지역무역 협정에 채택되어 발전하고 있다. 디지털통상 규범은 FTA 전자상거래 조항을 바탕으로 발전하여 왔으나, FTA 전자상거래 조항에는 디지털 기술과 관련된 통상 문제를 다루는 규범이 거의 포함되지 않았다. CPTPP 규범으로 채택된 암호화 기법을 사용한 정보커뮤티케이션기술(ICT) 제품 조항이 디지털 기술관련 기술이전 문제를 직접적으로 다룬 최초의 조항에 해당한다고 볼 수 있다. 이와 유사한 조항이 USMCA TBT 규범으로 포함되고, 미-일 디지털통상 협정(USJDTA)과 최근 체결된 여러 디지털무역 및 디지털경제 협정에도 포함된다. 이처럼, 디지털 기술 관련 기술이전 문제를 다루는 통상규범을 채택한 국가들이 증가하는 상황이다.

　강제적 기술이전 문제를 다루는 또 다른 조항은 소스코드 조항이다. 이 조항도 마찬가지로 CPTPP 조항으로 가장 먼저 채택되었다. CPTPP와 USMCA 전자상거래 규범의 일부로 포함되고 여러 디지털무역 및 디지털경제 협정에도 포함된다.

　한편, 최근 AI 기술 사용이 대중화되고 상업화가 빨라지면서 AI 윤리기준을 만들고 규제하려는 움직임이 활발하다. 그러나 AI 기술을 적절하게 사용함으로써 얻을 수 있는 사회경제적 이익이 크므로 과도하게 규제하는 것 또한 바람직하지 않다는 목소리도 있다. AI 기술 혁신과 AI 안전을 동시에 확보할 수 있는 기준이 필요하며, 디지털통상 규범은 신뢰할 수 있는 AI 기술과 사용에 관한 국제표준과 국제적 규제 조화를 추구하는 협력을 채택하고 있다.

　이 외에도 디지털무역 협정에는, 디지털무역을 확대하고 디지털경제 전환을 촉진하기 위해 디지털 기술 혁신과 확산의 중요성을 인정하는 조항이 많다. 이 조항들은 기본적으로 디지털 기술 혁신과 개발, 확보와 이용이 디지털경제를 발전시키고 디지털무역의 경쟁력을 확보하는 데에 필요한 핵심사항이라는 인식을 바탕으로 한다. 디지털 기술이 개발되고 널리 이용되도록 장려하고 국제적 기준과 표준을 개발을 위해 협력할 것을 강조하는 내용이 포함된다.

본 장에서는 디지털통상 규범의 일부로 채택되고 있는 디지털 기술 관련 조항이 무엇이고 어떤 규범을 채택하고 있는지를 살펴보고 각 조항과 관련된 제도적 쟁점에 대해서 알아본다. 디지털무역 및 디지털경제 협정에 포함된 디지털기술 관련 조항과 각 조항의 주요 내용을 알아보고, 디지털 기술 관련 통상규범과 제도 발전 방향에 대해 논의하기로 한다.

2. 디지털무역 협정의 디지털기술 관련 조항

디지털무역 협정의 디지털기술 관련 조항은 CPTPP 전자상거래 규범에 포함되기 시작하였고 이후 USMCA 디지털무역 조항, USJDTA, 디지털경제동반자 협정 (DEPA) 및 디지털경제 또는 디지털파트너십 협정을 통해 유사한 규범이 확산하면서 점진적으로 강화되고 있다.

가장 주요한 디지털 기술 관련 조항은 소프트웨어 소스코드, ICT 제품에 사용되는 암호화 기술, 사이버보안, AI, 디지털아이덴티티(ID)에 관한 조항이다. AI와 디지털ID 조항을 제외한 나머지 디지털 기술 관련 규범은 CPTPP 해당 조항이 기본 틀과 내용이 된다. AI와 디지털ID 조항은 DEPA에 처음 포함되었으므로 각각의 DEPA 조항이 해당 디지털통상 규범의 기초가 된다. 이외에도 금융분야 핀테크, 규제 관련 레그테크, 공공정부데이터, 데이터 혁신에 관한 조항을 고려할 수 있다. 이러한 조항들은 주로 신기술 기반 새로운 산업과 무역 영역에서 디지털통상 협정을 체결한 국가들 간 다방면의 협력을 요구하는 내용으로 이루어진다.

이하에서는 소프트웨어 소스코드, 암호화기술을 사용한 ICT 제품, AI 조항의 주요 내용과 통상규범 쟁점에 관하여 알아본다.

(1) 소스코드 조항

디지털기술 기반 제품은 그 제품에 사용되는 소프트웨어가 중요하며 소프트웨어가 제품의 성능, 품질을 결정한다고 봐도 과언이 아니다. 더 구체적으로 말하면, 소프트웨어의 소스코드가 제품 성능의 기초가 되고 제품을 차별화하는 핵심기술에 해당한다. 소스코드는 지식재산으로 인정되고 소소코드에 대한 소유권은 법의 보호를 받는다.

최근, 디지털기술을 사용한 제품 또는 그 소프트웨어를 수출하여 외국 시장에서 유통, 판매하는 과정에서 소스코드가 부당하게 유출되거나 외국 정부 또는 시험인증기관이 소스코드를 현지 제휴 기업에게 공개하도록 하고 이를 통해 소스코드 이전을 요구하는 사례가 빈번하게 발생하고 있다.[1] 많은 경우 수입국은 수입 제품의 안전성이나 품질을 시험 및 검사하기 위해 제품의 소프트웨어 소스코드에 접근해야 한다거나 소스코드 공개를 요청한다. 그러나 소스코드 접근을 허용하거나 이전하는 것은 제품의 핵심기술을 공개하는 것이어서, 수출기업의 막대한 경제적 손실을 초래하고 연구개발 및 혁신에 필요한 공정한 환경과 경쟁을 저해한다.

디지털무역 규범은 이처럼 수입국이 소스코드의 이전을 강요하거나 소스코드 접근을 강제적으로 요구하지 못하게 방지하는 방향으로 발전하고 있다. 수입국의 소스코드 이전과 접근을 강제적으로 요구하는 것을 금지하는 조항들을 살펴볼 수 있다. 서론에서 언급한 바와 같이, CPTPP, USMCA, USJDTA 등 여러 협정에 소스코드 조항이 포함된다. DEPA에는 소스코드 조항이 포함되지 않지만, 다른 디지털경제 협정들 즉, 호주-싱가포르 DEA, 한국-싱가포르 DPA에는 소스코드 조항이 포함된다. 국가들마다 이 조항을 채택할 지에 대해 다른 입장임을 알 수 있다.

주로 미국 기업이 중국 시장에 소프트웨어 또는 소프트웨어를 포함한 하드웨어를 수출하거나 미국 기업이 중국 기업과 합작투자 형태로 중국에 진출하는 경우 소스코드 접근 또는 강제이전을 요구받은 사례가 빈번하게 발생하고 있다. 이러한 배경에서, 미국은 CPTPP, USMCA 및 미-일 DTA 협상에서 소스코드 조항에 관한 논의를 제안하고 주도적으로 이끌었던 것으로 보고된다. 강제적 기술이전 관행이 글로벌 시장에서 확산하는 것을 막고 무역제도를 통해 대응하려고 하였음을 확인할 수 있다.

CPTPP 조항의 구체적인 내용은 다음과 같다.[2] 첫째, 수입국이 다른 CPTPP 국

---

1   이 책의 여러 장에서 디지털무역 장벽의 한 유형으로 강제적 기술이전과 관련 사례를 설명하였다.

2   CPTPP 제14.17조.

가 기업이 소유한 소프트웨어 또는 소프트웨어를 포함한 제품의 수입, 유통, 판매 또는 사용을 조건으로 소프트웨어 소스코드의 이전 또는 접근을 요구할 수 없다는(강제 이전 금지) 내용이 주요 규범에 해당한다.

둘째, 수입국이 소스코드 이전이나 접근을 강제하는 것을 금지하는 이 규범은 대량 판매되는 소프트웨어(mass-market software) 또는 그러한 소프트웨어를 포함하는 제품에 국한하여 적용된다. 이와 함께 이 CPTPP 조항은 핵심 기간시설(software used for critical infrastructure)에 사용되는 소프트웨어를 적용 대상에서 명시적으로 제외하였다.

셋째, CPTPP 조항은 상기 규범이 적용되지 않는 구체적인 상황을 적시하고 있으며, 거래 계약서에 소스코드 관련 조건이 포함되거나 거래 계약서의 소스코드 관련 조건을 이행하는 경우가 그러한 예외 사항에 해당한다. 그리고 CPTPP와 합치하는 국가 법규정을 이행하기 위해 소프트웨어 소스코드를 변경하는 것이 필요한 경우가 또 다른 예외 사항이다.

넷째, 특허 분쟁 관련 사법 당국이 요구하거나, 특허 신청 또는 특허 부여와 관련하여 소프트웨어 소스코드 공개를 요구하는 경우에는 기술이전 강제 금지 규범이 적용되지 않는다. 다만, 이 경우에는 무단 공개에 대한 보호장치를 제공해야 한다는 단서가 붙는다.

USMCA 조항도 CPTPP 조항과 거의 유사한 강제 이전 금지규범을 채택하고 있다. 즉 수입국이 다른 USMCA 국가의 기업이 소유한 소프트웨어 소스코드 또는 그 소스코드에 표현된 알고리즘의 이전 또는 접근을 요구할 수 없음을 규정한다.

USMCA 조항이 CPTPP 조항과 다른 점은 '소스코드에 표현된 알고리즘'을 명확하게 언급한 부분이라 할 수 있다. 다시 말해서, USMCA 조항의 경우 보호 대상을 소스코드뿐 아니라 소스코드에 표현된 알고리즘까지 확대한 것으로 이해할 수 있다.[3] 또 다른 차이점은 USMCA 조항에는 CPTPP 조항의 예외 사항들이 포함되지 않는다는 점이다. 즉, CPTPP 조항이 핵심 기간시설 관련 예외 사항과, 거래 계약서 및 국내 법규정 이행에 필요한 경우를 예외로 인정한 것과 대조적으로, USMCA 조항에는 이러한 예외 사항이 포함되지 않으며 이 점에서 의무 수준이 더 높다고 볼 수 있다.

---

3   김지은 (2022), 해외 주요국의 디지털 통상 정책 및 무역 협정 규범 동향, 전자통신동향분석 198호, p. 3.

그리고 CPTPP 조항의 네 번째 규범과 유사한 규범이 USMCA 조항에 포함되는 것을 주목할 수 있다.[4] 즉, 다른 USMCA 국가가 수사, 검사, 조사, 집행 조치 또는 사법 절차나 행정절차를 위해 소프트웨어 소스코드 또는 그 소스코드에 표현된 알고리즘을 보전하거나 관련 기관이 이용가능하도록 요구하는 것을 배제하지는 않는다는 점이다. 다만, 무단 공개에 대한 보호 장치를 둬야 하는 것이 조건이다. 또한 소프트웨어 소스코드에 대해 영업비밀(trade secret) 지위를 그 소유자가 주장하는 경우, 영업비밀 지위에 부정적인 영향을 주지 않아야 한다는 단서가 붙는다.

이처럼 CPTPP 조항과 USMCA 조항을 비교하면 USMCA 조항이 더 강화된 규범임을 알 수 있다. 미-일 DTA 조항과 한국-싱가포르 DPA도 USMCA 조항과 사실상 같은 내용의 규범을 채택하고 있다.[5]

한편, 호주-싱가포르 DEA 조항은 CPTPP와 USMCA 규범을 포괄하고 몇 가지 사항을 추가한 규범을 채택하고 있어 주지할 만하다.[6] 기본적으로 USMCA와 같은 소스코드 강제 이전 금지 조항과 국가의 수사, 검사, 조사, 집행조치 및 사법 절차나 행정절차를 위해 소스코드를 보전하거나 관련 기관이 이용가능하도록 요구할 수 있다는 조항을 두었고, CPTPP 조항에 포함된 구체적인 예외 사항 즉, 거래 계약서 및 국내 법규정 이행에 필요한 경우를 구체적인 예외 상황으로 언급하고 있다.

주목할 새로운 내용은, 호주-싱가포르 DEA 조항이 오픈소스에 무료로 라이센스를 제공할 수 있음을 분명히 언급한다는 점이다. 양국이 국제협정을 통해 또는 국제협정의 개정을 통해 소프트웨어 또는 소프트웨어를 포함한 제품의 수입, 유통, 판매, 사용의 조건으로 소프트웨어 소스코드에 표현된 알고리즘의 이전이나 접근을 요구하지 않기로 합의하는 경우, 이 조항을 적용할 수 있도록 하였고, 국제협정이 발효한 후 120일 내에 해당 협정을 다른 당사국에게 통보할 것을 요구하고 있다.

(2) 암호화 기술을 사용한 ICT 제품 조항

ICT 제품에 사용되는 암호화 기법은 통신의 안전성과 보안을 보장하는 중요한

---

4 USMCA 제19.16조.

5 미-일 DTA 제17.1조. 한-싱 DPA 제14.19조.

6 호-싱 DEA 제28조.

기술이다. 그러나 국가마다 암호화 기법 및 관련 기술규제가 다르고 국가 간의 차이는 디지털 경제의 연결성을 저해하는 새로운 무역 현안으로 부상하고 있다.[7] 암호화 기술을 사용한 ICT 제품과 관련된 통상 문제는 무역기술장벽(TBT) 규범과 디지털통상 규범을 바탕으로 규율되고 있다.

예를 들어, 수입국 정부나 수입국 인증 기관이 상업용 ICT 제품에 사용된 암호화 기법의 안전성을 시험하고 검증하는 과정에서, 해당 제품에 사용된 암호화 기법에 관한 정보를 요구하는데 이 과정에서 ICT 제품을 수출하는 외국 기업은 기술 정보가 유출되는 것을 우려하지 않을 수 없다. 수입국 정부와 인증 기관이 영업비밀과 제품의 기술 정보 등 기업의 중요한 정보를 보호하고 정보 유출이 일어나지 않도록 제도적으로 보장해야 하지만, 실제로는 ICT 제품의 기술 정보가 자국 기업으로 이전되도록 강제하는 '강제적 기술이전' 상황이 일어나고 있다. 이처럼 수입국 정부 또는 현지 기업이 적합성평가 절차를 위해 외국 기업이 제공하는 제품 및 기술 정보를 부당하게 탈취하는 문제에 대해 WTO에서 우려가 제기되고 있고 중요한 TBT 문제로 논의되고 있다.[8]

또 다른 상황은 수입국 정부가 특정 암호화 기법을 사용하도록 요구하는 경우다. 외국 기업이 사용한 ICT 제품의 암호화 기법의 성능과 안전성을 인정하지 않고 자국의 특정 암호화 기법을 사용하도록 요구하는 경우, 외국 기업은 교체 비용을 감수해야 하고 이러한 부담으로 인해 수출하지 못하는 상황이 초래된다. 이러한 무역기술장벽 문제가 증가하고 있고 WTO 회원국 간 무역 현안으로 제기되는 상황이다.

이처럼, 기술 경쟁이 심화하고 '강제적 기술이전'과 관련된 통상 문제가 증가하고 있다.[9] 국제통상법상 강제적 기술이전을 직접적이고 일반적으로 규율할 수 있는 규범이 없으며 이 문제를 효과적으로 다루기 위해 WTO 개혁 아젠다로 논의해야 한다는

---

7   김지은 (2023), 디지털 보안에 대한 해외 주요국의 통상규범 동향, 전자통신동향분석 203호, p.3

8   김민정, 이주혜, 김홍경 (2023), 디지털 분야 무역기술장벽 현황과 쟁점 연구, 국제통상연구 제28권 제3호, p. 11.

9   서비스 무역에서의 기술이전 문제는 WTO 서비스무역에 관한 일반협정(GATS)의 외국인 투자와 관련된 개방 협상을 다루는 모드 3(Mode 3)과 FTA 등의 지역무역협정에 포함된 투자 규범과 관련 있다. 가령, CPTPP 투자 규범에는 외국인 투자의 조건으로 특정 기술, 생산공정 또는 지식재산의 이전을 요구할 수 없다는 조항(제9.10조)이 포함된다.

의견도 있다.[10]

암호화 기술을 사용한 ICT 제품 관련 FTA TBT 조항과 최근 체결되고 있는 디지털통상 협정의 ICT 제품 조항이 그러한 디지털통상 규범에 해당한다.

구체적으로 살펴보면, 이 조항은 CPTPP TBT 조항의 부속서 중 하나인 '암호화 기술을 사용한 ICT 제품' 부속서 규범이고, USMCA TBT 조항의 부속서로도 채택되었다. ICT 제품 조항은 상업적 사용을 위해 설계된 ICT 제품을 대상으로 하는데, 이는 다시 말하면 공공 목적에 사용되는 ICT 제품에는 해당 통상규범이 적용되지 않는다는 것을 의미한다.[11]

이 규범이 규율하는 사항은 크게 세 가지다. 첫째, 외국 제조업자 또는 공급자가 제품의 암호기법과 관련된 특정 기술, 생산공정 또는 그 밖의 정보를 국내 기업 또는 국내에 있는 기업에 이전하거나 접근을 제공하도록 요구하는 상황을 규율하며, 이러한 강제적 이전과 접근 요구를 기본적으로 금지한다.

둘째, 외국 제조업자 또는 공급자가 국내에 있는 기업과 제휴를 맺도록 요구하는 것을 금지한다. 일반적으로 합작투자나 공동투자 방식을 장려하고 이를 통해 기술이전을 유도하는 방식의 외국인투자 제도가 많이 있다. 그러나 이러한 제휴를 의무화한 국내 조치를 제한하는 규정으로 볼 수 있다.

셋째, 정부에 의한 제품의 제조, 판매, 유통, 수입 또는 사용, 혹은 정부가 사용할 제품의 제조, 판매, 유통, 수입 또는 사용의 경우를 제외하고, 특정 암호화 알고리즘 또는 암호를 사용하거나 통합하도록 요구하는 것을 금지한다. 수입국은 외국 제조자 또는 공급자가 제품을 제조, 판매, 유통, 수입 또는 사용하는 것을 조건으로 위의 세 가지 사항을 요구하거나 유지하지 않아야 한다.

상기 규범은 중앙은행의 네트워크를 포함한 정부가 소유하거나 통제하는 네트워크에 대한 접근 문제에는 적용되지 않는다. 그리고 금융기관 또는 시장 관련 감독, 조사, 검토 권한에 따라 당사국이 취하는 조치에는 적용되지 않는다. 또한 법 집행 및 규제 당국이 통제하는 암호화 기반 서비스에도 적용되지 않는다. 이처럼 금융서비스,

---

10   Petros Mavroidis & André Sapir (2021), China and the WTO: Why Multilateralism Still Matters, Princeton University Press, p. 176-178.

11   CPTPP Annex 8-B, Section A 3항.

시장감독, 법 집행 관련 암호화 기술에 대한 통제와 규제는 상기 통상 규범의 대상에서 제외된다.

CPTPP와 USMCA 조항으로 채택된 상기 규범은, USJDTA, DEPA 등 디지털통상 규범으로 채택되어 확산하고 있다. TBT 규범은 상품 무역에 적용되는 통상규범이지만, 디지털무역 협정에 채택된 TBT 규범은 그 적용 범위가 상품 무역에 그치는 것인지 디지털통상 규범의 적용 범위를 포괄하는 것인지가 분명하게 설명되지 않아 근본적인 제도적 쟁점 사항에 해당한다.

법적 쟁점을 좀 더 구체적으로 살펴보면, 디지털통상이라는 맥락에서 'ICT 제품(product)'의 법적 의미가 모호하다는 문제가 있다. 디지털무역 협정에는 디지털 제품(digital products)이라는 용어가 사용되고 이 용어는 일반적으로 미디어 컨텐츠, 데이터, 정보 등을 포괄하는 개념으로 이해된다. 이에 비추어 보면 'ICT 제품'이라는 용어에서의 '제품'도 유체물인 상품(goods)의 차원을 넘어 데이터, 정보와 같은 무체물을 포괄하는 개념인지가 명확하지 않다. 한-싱 DPA는 해당 조항에 사용된 'ICT 제품'의 의미가 '상품'이라는 점을 분명하게 적시하였다. 또한 이 조항은 금융상품은 포함하지 않는다는 점도 명확하게 언급하였다. 이러한 구체적인 설명을 통해 디지털무역 협정 내 ICT 제품 규범의 적용 범위에 관한 법적 모호성 문제를 어느 정도 해소하고자 한 것으로 분석된다.[12]

디지털 기술이 발전하면서 상품과 서비스가 융합되고 ICT 제품의 하드웨어와 소프트웨어 사이의 구분이 어려워지고 있다. 더 나아가 ICT 제품은 인터넷 네트워크에 접속되어야 제대로 기능할 수 있고 인터넷 네트워크를 기반으로 데이터, 클라우드, IoT, AI 등 디지털 기술 혁명이 가속화하고 있다. 디지털통상규범으로서의 ICT 제품 조항의 의미는 점차 더 중요해질 것이며, 이 규범을 확대하고 강화하려는 논의도 계속될 것이다. 그러므로 통상 제도로서의 규율 사항을 명확하게 하여 불필요한 분쟁을 방지하는 것이 중요하다.

ICT 제품 규범은 사실상 미-중 기술패권 경쟁의 구도 속에서 중국이 취한 강제적인 기술이전 조치에 대응하기 위해서 미국이 CPTPP와 USMCA 협상을 통해 무역 규범으로 관철시키고 글로벌 기준으로 강화하려고 했던 대표적인 규범에 해당한다.

12　한-싱 DPA 제14.18조의 각주 14-10.

다만, TBT 규범은 기본적으로 상품 무역을 규율하는 규범이므로, CPTPP의 TBT 부속서로 채택된 ICT 제품 조항은 상품에 적용되는 기술규정과 적합성평가절차만을 규율할 수 있다는 제도적 한계가 있다. 그러나 이후 채택된 USMCA의 TBT 부속서는 '기술규정'과 '적합성평가절차'라는 단어를 두지 않았고, 이 때문에 대상 조치를 확대하는 법적 효과가 있다. 더욱이 최근에는 디지털통상 규범의 일부로서 암호화기법을 사용하는 ICT 제품과 관련된 조치를 포괄적으로 다룰 수 있는 중요한 규범으로 부상하고 있다.

현재까지 이 디지털통상 규범은 디지털무역 협정을 체결한 소수 국가만이 채택한 상황이다. WTO 전자상거래 협상에 많은 개도국이 참여하고 있지만 높은 수준의 규범을 논의하기 어려우며, 소스코드 조항이나 ICT 제품 조항과 같은 규범이 다자규범으로 발전하기까지 상당한 시일이 걸릴 것이다.

디지털 기술혁신을 도모하고 디지털무역 환경에 대한 신뢰를 강화하기 위하여 '강제적 기술 이전' 문제를 해결해야 한다. 부당한 방법으로 경쟁사의 신기술과 정보를 취득하는 행위를 제도적으로 방지해야 하며 ICT 제품 관련 디지털통상 규범의 이행 상황을 계속 검토하고 개선 방안이 논의되어야 할 것이다.

(3) 인공지능 조항

인공지능(AI) 기술의 발달로 산업과 무역의 새로운 영역이 생기고 AI 이슈를 다루는 디지털통상 규범이 논의되고 있다. AI 조항을 처음으로 채택한 디지털통상 규범은 호주-싱가포르 디지털경제협정(ASDEA)이다. 소스코드 및 알고리즘을 통해 AI가 구현되므로, 소스코드 및 알고리즘에 관한 디지털통상 규범이 AI 기술의 강제적 이전 문제를 다루고 넓은 의미에서는 AI 기술과 관련된다고 볼 수 있다. 그러나 보다 직접적이고 명시적으로 인공지능의 사용과 통상의 관계를 다룬 조항은 ASDEA에 채택된 인공지능 조항이라 할 수 있다.

ASDEA 이외에도 한-싱 디지털파트너십협정(KSDPA), 영국-싱가포르 디지털경제협정(UKSDEA) 등 디지털경제 협정에 인공지능 조항이 포함되며, 서로 비슷한 기본 내용을 채택하고 있다. AI 기술 활용을 통해 사회경제적 이익을 누릴 수 있지만 동시에 AI의 잠재적인 위험성이 증가하고 있고 따라서 신뢰할 수 있고 안전한 디지털경제를 만들기 위해 많은 논의가 이어지고 있다. 상기 협정에 포함된 AI 조항은 기본적으로 AI 표준을 개발하고 사용할 의무를 부여한다. 또한 AI 활용을 통한 무역 이익을 확대하기 위해 AI 연구 및 기술협력의 중요성도 강조하고 있다.

디지털통상 규범으로 채택된 AI 조항은 AI 기술이 인간과 기업에게 큰 사회·경제적 이익을 제공하고 있고 디지털경제에서의 역할이 중요해지고 있음을 인정하고, 협정 당사국들이 AI 관련 정책에 따라 서로 협력할 의무를 부여한다. 이러한 협력 방식에는 AI 기술과 거버넌스 관련 연구와 산업 관행을 공유하는 협력, 기업과 사회의 책임 있는 AI 사용 및 채택을 증진하고 유지하는 협력, 연구, 학계 그리고 산업 간 AI기술의 상업화 기회와 협업을 장려하는 협력 방식이 구체적으로 언급된다.

협력 내용과 방식은 협정마다 다르다. 예를 들어 UKSDEA는 더욱 구체적인 양자 협력 사항을 규정하고 있다. AI 거버넌스에 관한 국제적 프레임워크 간의 상호 운영성을 증진하는 것이 협력 사항에 포함되고, 연구, 산업활동, 법, 규정, 정책, 집행 및 이행에 관한 정보 교환, 경험 및 모범관행 공유가 구체적으로 언급된다. 또한 당사국 간 AI 및 첨단 기술과 관련된 이슈, 가령 윤리적 사용, 인종 다양성 확보와 의도하지 않게 발생하는 편견(bias)의 문제, 산업 주도적 기술표준과 알고리즘의 투명성 강화를 위한 협력도 AI 관련 고려할 수 있는 협력 사항으로 언급된다.

또한, 신뢰할 수 있고 안전하며 책임있는 AI 기술 사용을 위한 윤리 거버넌스 체계를 개발하고, 디지털경제의 초국경적 특성을 고려하여 이러한 AI 윤리 거버넌스 체계가 국제기준에 부합하도록 노력할 것을 요구한다. KSDPA의 경우, 지역, 다자 및 국제포럼에서 신뢰성 있고 안전하며 책임감 있는 AI 기술의 사용을 지원하는 AI 거버넌스 프레임워크를 개발하고 채택하는 것을 장려하고 이를 위해 협력할 것을 요구한다. 또한 AI 거버넌스 프레임워크를 개발할 때 국제적으로 인정되는 원칙이나 지침을 고려할 것을 권고하고 있다.

디지털통상 협정의 AI 조항과 관련된 법적 쟁점을 살펴보면, 우선 국제적으로 인정된 원칙이나 지침에 대해 명확한 설명이 포함되지 않으며 어떤 기준을 지칭하는가가 모호하다는 문제가 있다. 가령, ASDEA의 AI 조항은 국제적으로 인정된 원칙이나 가이드라인을 고려하기 위해 노력할 의무를 부여하는 반면, UKSDEA의 AI 조항은 관련 국제기관(international bodies)의 원칙과 가이드라인을 고려할 의무를 규정하고 있다. 두 협정에서 언급하고 있는 국제 기준 혹은 국제 표준이 다른데, 후자의 경우는 엄밀하게 본다면 국제기관이 채택한 원칙과 가이드라인이어야 하고 이 점에서 ASDEA와 KSDPA가 규정한 국제적으로 인정된 원칙이나 가이드라인과는 다르다고 볼 수 있다.

AI 조항의 내용에서 주지할 만한 또 다른 사항은 AI 거버넌스 프레임 개발과 채택에 관한 것이다. 가령, UKSDEA의 AI 조항은, 거버넌스 프레임워크를 채택할 때 산업이 주도한 표준에 근거하고 위험에 기초한 규정과 위험관리에 관한 모범 관행을 활용하는 것이 중요하다는 점을 언급하고 있다. 산업이 주도한 표준에 근거해야 한다는 점에서 과도한 AI 규제로 인해 혁신과 산업 활용이 제한되지 않을 것을 위시한 것으로 이해할 수 있다. 또한 위험에 기초한 규제를 장려한다는 점 역시 AI 규제가 과도하게 예방주의적이지 않도록 고려해야 한다는 의미로 볼 수 있다. 끝으로 기술적 상호운영성과 기술적 중립성을 고려하기로 합의하였다. 이를 통해 AI 기술 혁신과 산업 발전 측면이 강조되고 있는 것을 알 수 있다.

UKSDEA는 무역과 AI 및 신기술 간의 상호 관계에 관한 사항을 논의하는 인공지능 글로벌 파트너십(Global Partnership on Artificial Intelligence: GPAI)과 같은 국제포럼에 참여하는 것을 하나의 협력 사항으로 언급하고 있다. GPAI는 OECD AI 권고(OECD Recommendation on AI)에 반영된 인권, 자유권, 민주주의 가치와 일관되게 AI를 책임감 있게 개발하고 사용하도록 하기 위해 다양한 이해관계자들이 참여하는 국제적 협의체(an international and multistakeholder initiative)이다.[13] G7 국가들의 논의 결과로 15개 국가를 중심으로 2020년 출범했고 현재 25개 회원국이 참여하여 정상회담을 개최하고 전문가들이 AI 이슈와 기준을 논의하고 보고서를 발간하고 있다.[14] 이처럼 UKSDEA는 OECD 기준과 협의체를 명확하게 언급하고 당사국의 참여를 협력 사항으로 포함하고 있다.

이처럼 국제기구에서 채택한 AI 기준을 무역 국가들이 도입함으로써 AI 기준이 과도하게 다양해지고 무역 비용이 증가하는 것을 방지할 수 있다. 국제사회가 수용할

---

13 https://oecd.ai/en/gpai

14 호주, 벨기에, 브라질, 캐나다, 체코, 덴마크, 프랑스, 독일, 인도, 아일랜드, 이스라엘, 이탈리아, 일본, 멕시코, 네덜란드, 뉴질랜드, 폴란드, 한국, 싱가포르, 슬로베니아, 스페인, 스웨덴, 영국, 미국, EU.

수 있는 일반적이고 최소한의 원칙을 담은 국제기준을 만들고 이 국제기준으로 수렴하기 위한 노력이 필요하다. 국가마다 다른 AI 기준과 규제는 시장진입 비용을 증가시키기 때문이다.

AI 관련 디지털통상 규범은 신뢰할 수 있는 디지털통상 환경을 만들기 위해 AI 윤리기준을 개발하고 이 기준이 효과적으로 이행되도록 다양한 방식의 협력을 요구하고 있다. 이와 함께 과도하게 제한적이고 국가마다 필요 이상으로 이질적인 AI 기준과 규제가 만들어지지 않도록 국제기준 및 국제표준으로의 수렴을 꾀하고 있다. 통상규범을 강화하는 노력과 함께, AI 기술 및 표준 개발을 위해 협력하고 국제적으로 인정되는 기준을 확립하기 위해 많은 논의가 필요하다.

3. 결론

이 장에서는 디지털기술 관련 주요 디지털통상 규범과 쟁점에 관하여 알아보았다. 특히 소스코드 조항과 ICT 제품 조항이 다루는 강제적 기술이전 문제, AI 조항이 요구하는 거버넌스 체계와 국제적 조화를 위한 협력 사항에 관해서 자세하게 살펴보았다. 그리고 또 다른 중요한 문제로 디지털 기술의 보호 규범을 고려할 수 있다. AI, 사이버보안 등 첨단 기술 혁신과 개발이 계속되어야 하고, 디지털 기술 발전에 필요한 지식재산권 보호가 강화되어야 한다. 본 장에서 살펴본 디지털통상 규범은 기술경쟁이 심화하는 상황에서 부당한 강제적 기술이전 관행이 국가들 사이에 확산하는 것을 방지하는 한편, 안전하고 신뢰할 수 있는 디지털경제 환경을 확보하기 위해 제도 마련을 요구한다.

이 장에서 살펴본 대표적인 세 개의 조항 외에도 전자결제, 전자송장, 전자인증과 서명, 디지털아이덴티티, 사이버보안, 전자적 관세행정과 데이터교환시스템 등 디지털 기술과 관련된 다수의 조항이 포함된다. 이 조항들은 디지털 기술 활용을 통해 사회경제적 이익을 창출하도록 장려하고, 이를 위해 기술 표준을 개발하고 확산할 것을 요구한다. 기술 표준은 서로 다른 기술을 사용하는 국가들 사이에서의 상호운영성을 증진하고 기술을 확보하지 못한 국가나 기업들이 디지털경제에 참여할 수 있도록 돕는다. 또한 AI 윤리기준과 같이 첨단 분야의 새로운 기준과 표준은 각국이 도입하는 규제 및 제도가 국제적으로 수렴할 수 있도록 한다. 그리고 궁극적으로는 안전하고 신뢰할 수 있는 전 세계적인 디지털무역 환경을 확보하는 방향에 도움이 된다.

디지털 기술 관련 디지털통상 규범은 경제적 이익을 얻기 위한 기술 확산과 기술 혁신이 계속될 수 있도록 보완되고 강화되어야 할 것이다. 또한 디지털표준에 관한 통상 규범을 만들고 협력을 강화하는 방안에 대해 다양한 이해관계자가 참여하는 포괄적이고 체계적인 논의가 이루어져야 할 것이다. 그리고 근본적으로는 투명성 확보도 중요하다. 최근 많은 국가들이 디지털기술 관련 국내 법제를 만들고 기술규제를 새롭게 도입하고 있다. 각국의 동향을 공유하고 규제협력을 강화함으로써 불필요한 무역장벽을 사전에 방지할 수 있으므로, 디지털 기술 관련 투명성을 확보하기 위한 통상규범 논의가 필요하고, 다자기구에서 투명성 제도와 절차를 보완하는 방안도 고려되어야 할 것이다.

Notes & Questions

이 장에서는 디지털 기술 관련 디지털통상 규범은 강제적 기술이전 문제가 중요하게 다뤄지고 있음을 살펴보았다. 기존 국제무역 체제에서의 TBT 규범이 ICT 제품 관련 강제적 기술이전 문제를 규율했고, 최근 체결되고 있는 디지털통상 규범에서도 이 문제를 중요하게 다루고 있다.

디지털 기술 관련 디지털통상 규범은 표준 및 국제협력을 강조하고 투명성을 제고하는 방향으로 발전하고 있다. 개념과 적용 범위의 모호성과 같은 법적 쟁점을 해소하기 위한 방안과 함께, 불필요한 디지털무역 장벽을 사전에 방지하는 실효를 거둘 수 있도록 관련 규범의 활용 강화와 이행 방안 모색이 계속되어야 한다.

1. 이 장에서는 소스코드 조항, 암호화기법을 사용한 ICT 제품 조항, AI 조항에 대해 알아보았다. '강제적 기술이전'의 개념과 디지털통상 규범 내용에 관해 토론한다.
2. '강제적 기술이전'이 문제가 된 실제 사례를 찾아본다. 국제무역 체제의 TBT 규범과 관련하여 WTO TBT 위원회에 제기되는 특정무역현안(Specific Trade Concerns) 중에서 관련된 사례를 찾아보고 주요 쟁점과 해결 방안에 대해 토론한다.
3. 디지털기술 관련 디지털통상 규범은 표준 협력과 국제기준의 중요성을 강조한다. AI, 사이버보안 등 국가 법제도 간의 규정의 차이를 줄이고 국제적 조화를 강화하기 위한 국제협력 동향과 사례를 조사하고 토론한다.
4. 디지털기술 관련 국가들 간 투명성 강화가 디지털통상 규범으로서 어떤 긍정적인 효과가 있는지에 관하여 토론한다.

PART 06

디지털통상과 정책적 재량

제 13 장

디지털통상과 일반적 예외[1]

이주형

1. 디지털통상규범과 규제 권한 확보

(1) 개관

디지털 경제가 확대되면서 디지털기술을 둘러싼 각국의 이해관계가 첨예해지고 있다. WTO, 유엔무역개발회의(UNCTAD) 등 국제기구들은 이와 같은 복잡한 이해관계를 규율할 수 있는 디지털무역 관련 법적 프레임워크 수립이 시급하다고 판단하고 있다. 2019.5월부터 WTO 복수국 간 전자상거래 협상이 개시되며 다자적 차원의 디지털 무역규범 수립을 위해 논의가 진행 중인 것도 바로 이러한 맥락에서이다. 각국은 디지털무역규범 수립을 위한 협의를 진행 중인데, 이 중에서도 특히 디지털무역을 규제할 수 있는 각국의 권한 확보에 심혈을 기울이고 있다.

코로나19 이후로 디지털기술의 활용이 폭발적으로 증가하면서 인터넷을 활용한 새로운 비즈니스 유형이 증가하고 있다. 또한, 새로운 산업 영역이나 신규 비즈니스 분야를 개척하면서 불가피하게 발생할 각종 문제점을 규율할 수 있는 각종 규제, 금융서비스 영역에서의 각종 디지털기술 활용에 따른 편의성 증대와 함께 발전하는 금융리스크 축소를 위한 규율의 필요성, 전자 지불 서비스의 보편화와 이에 대한 규제 체재수립, 국경 간 온라인상거래의 보편화에 따른 통관 절차의 신속화 및 신속통관에도 불구하고 우리 국경 내로 들어오지 말아야 할 유해한 물품에 관한 규제 등 실로 다양한 분야에서 규제의 필요성이 증가하고 있다. 또한, 다국적 온라인플랫폼 기업의 사업영역 확대로 인한 독과점 규제의 필요성, 개인정보를 포함한 각종 데이터의 국외

---

1   본고는 필자가 저술한 이주형(2019), "미-일 디지털무역협정과 예외규정에 관한 소고", 국제경제법연구, 17(3) 및 이주형(2021), "EU 디지털 무역규범의 변화와 시사점, 국가의 규제권한(Right to Regulate)를 중심으로", 홍익법학, 22(3) 논문을 바탕으로 저술하였다.

이전에 따른 국가의 프라이버시 보호, 국가안보에 관한 데이터의 국외이전 방지를 위한 규율의 중요성 또한 증대하고 있다. 이와 같이 디지털무역이 확대됨에 따라 각국의 디지털 분야에 대한 규제 필요성도 함께 증가하고 있다.

이렇듯 자유롭고 공정한 무역을 지향하는 디지털무역 분야가 확대될수록 디지털경제에서 중요한 사회적 가치인 공정경쟁, 개인정보, 인권, 노동권 등에 대한 보호가 더욱 중요해진다. 자국의 디지털 주권을 행사하고 자국 내 중요한 사회적 가치 보호를 위한 적절한 규제 권한이 보장되어야 하며, 이와 같은 차원에서 바로 '예외규정'이 주목을 받고 있다.

(2) GATT 및 GATS상 일반적 예외

식품안전, 소비자 보호, 환경 보호 및 국가안보 수호 등은 주권을 가진 국가가 추구해야 하는 가장 핵심적인 역할이다. WTO 협정은 주요 임무 수행을 위한 각국의 주권행사를 존중함과 동시에 자유무역, 시장접근 및 비차별 대우원칙이라는 국제무역의 핵심원칙이 사회적 가치와 공존할 수 있음을 인정한다. 그 결과, WTO 협정은 협정상의 각종 원칙과 의무에 대한 일정한 예외를 허용하고 있다. WTO 협정상 기본적인 의무 및 원칙으로부터 일탈을 허용하는 예외조항에는 일반적 예외규정, 국가안보의 예외규정, 국제수지 방어 예외, FTA 등 지역무역협정상 예외, 의무면제(waiver), 개도국에 대한 일반특혜관세 부여 규정 등이 포함된다.[2] WTO 협정은 이 중에서도 국내제도나 법률이 WTO 협정에 합치할 수 있도록 상품 및 서비스무역에 대하여 각각 GATT 제20조 및 GATS 제14조의 일반적 예외규정을 삽입했다. GATT 제20조 및 GATS 제14조는 일정한 요건을 부여함으로써 일반적 예외규정에 대한 공통의 법적 기틀을 제공하고 있다.[3]

GATT 제20조 일반적 예외규정을 통해 허용되는 조치로는 (a) 공중도덕을 보호하기 위하여 필요한 조치, (b) 인간이나 동식물의 생명 또는 건강을 보호하기 위해 필요한 조치, (c) 금·은의 수출입에 관한 조치, (d) GATT에 반하지 아니하는 법률 또는 규정준수 확보를 위해 필요한 조치, (e) 제소자 노동을 이용한 제품에 관한 조치, (f)

---

2   신국제경제법, 제4판, 박영사, p.150.

3   조유미, 이길원(2020), "디지털무역협정상의 일반적 예외규정에 관한 고찰", 동아법학 13(2), p.229.

미술적, 예술적, 고고학적 가치가 있는 국보의 보호를 위하여 적용하는 조치, (g) 유한 천연자원의 보존에 관한 조치, (h) 체약국단에 제출되어 부인되지 아니한 정부 간 상품협정상의 의무에 따라 취하는 조치, (i) 국내원료가격 안정계획에 의한 국내가공산업에 필수적인 국내원료의 수출제한, (j) 일반적으로 또는 지역적으로 공급이 부족한 제품의 획득 또는 분배를 위한 불가결한 조치이다. 이와 같은 각호의 예외조치에 해당한다 하더라도 동일한 조건하에 있는 국가 간에 자의적이거나 부당한 차별의 수단 또는 국제무역에 대한 위장된 제한을 가하는 방법으로 적용되지 않아야 하는 제20조의 두문까지 모두 충족하여야 한다. 즉, GATT에서 규정하는 의무에 부합하지 아니하는 특정국의 조치가 제20조에 따라 정당화되기 위해서는 소위 '2단계 테스트(two-tier test)'를 통과해야 한다. 우선 대상 조치가 GATT 제20조 각호에 규정된 사유 중 하나에 해당하는지 여부를 판단하고, 그 이후 이와 같은 조치가 각호에 따른 예외에 해당한다 하더라도 비차별 원칙과 위장된 무역제한금지원칙이라는 두문요건을 모두 충족하는지 검토하여야 한다. WTO 분쟁해결기구(Dispute Settlement Body)는 각호의 예외요건 및 두문 요건 모두는 이를 원용하는 당사국이 입증하여야 한다는 입장이다. 또한, 이와 같은 일반적 예외규정은 예외목록이 열거적으로 나열되어 있어 열거된 요건에 제한될 뿐 아니라 원칙에 대한 예외라는 점에서 엄격하게 협의로 해석되어야 한다는 것이 일반적인 견해이다.

한편, GATS 제14조 (a) 공중도덕을 보호 및 공공질서 유지, (b) 인간, 동식물의 생명 또는 건강 보호 및 (c) 국내법규 이행을 위한 조치에 대해 일반적 예외가 적용된다고 규정하고 있는데 (a)부터 (c)까지가 디지털무역에서 가장 많이 원용되는 호이다. GATS 역시 GATT와 동일한 두문요건이 존재한다.

(3) FTA상 일반적 예외규정과 전자상거래에 대한 적용

WTO 사무국 보고서에 따르면 디지털무역규범을 포함하는 많은 지역무역협정들은 소위 GATT 또는/그리고 GATS의 '일반적 예외' 규정이 디지털무역관련 조항에 적용되도록 하고 있다.[4] 이러한 지역무역협정 중 일부의 경우에는 GATT 및 GATS의 일

---

4   WTO, Provisions on Electronic Commerce in Regional Trade Agreement, World Trade Organization Economic Research and Statistics Division (2017), p. 23.

반적 예외조항 모두를 디지털무역 관련 조항에 적용할 수 있도록 규정하지만, 미국이 체결하는 지역무역협정이나 멕시코-중앙아메리카 FTA 등 일부 지역무역협정에서는 GATS상 일반적 예외규정만이 적용되도록 규정하기도 한다.[5]

우리나라의 경우에도 한-싱가포르 및 한-콜롬비아 FTA의 경우 전자상거래 챕터에 GATT 및 GATS상 일반적 예외규정이 모두 적용되도록 하는 반면, 한-베트남 FTA에서는 어떠한 일반적 예외도 인용하지 못하도록 하고 있다. 한편, 한-미 FTA 등 나머지 모든 FTA에서는 전자상거래 관련 규정에 GATS 일반적 예외규정만이 적용되도록 하고 있다. 이렇듯 디지털무역규정에 대한 일반적 예외 적용 시 GATT 및 GAT상 일반적 예외규정 중 어느 조항을 기반으로 할지 또는 완전히 새로운 예외 규정을 창설해야 하는지 아직까지 그 태도가 통일되지 않은 것으로 보인다. 또한, 이는 디지털 무역이 상품 또는 서비스 중 어디에 분류되는지와도 연계되는 문제이므로 논란이 되고 있다.

〈표 13-1〉 우리나라가 체결한 FTA 전자상거래 규정과 예외규정 준용여부

FTA	예외규정
한-싱가포르 FTA 제21.2조	GATT 제20조 적용, GATS 제14조 적용
한-EU FTA 제7.50조	서비스 장 내에 별도의 예외 규정
한-페루 FTA 제24.1조	GATS 제14조 적용
한-미 FTA 제23.1조	GATS 제14조 적용
한-호주 FTA 제22.1조	GATS 제14조
한-캐나다 FTA 제22.1조	GATS 제14조 적용. 문화산업 예외
한-중 FTA 제21.1조	GATS 제14조 적용
한-베트남 FTA	준용규정 없음
한-콜롬비아 FTA 제21.1조	GATT 제20조 적용. GATS 제14조 적용
한-중미 FTA 제23.1조	GATS 제14조 적용
한-영 FTA	서비스 장 내에 별도의 예외 규정
RCEP 제17.12조	GATS 제14조 적용
한-이스라엘 FTA 제21.1조	GATS 제14조 적용

---

5   Ibid.

이하에서는 독자적 디지털무역협정의 형식으로 평가받는 대표적인 사례인 미-일 디지털무역협정의 경우 일반적 예외규정을 어떠한 방식으로 포섭하고 있는지 살펴보는 한편, EU가 체결한 디지털무역규범의 경우 일반적 예외규정을 포함하면서도 국가의 규제권한을 확보하기 위한 별도조항을 규정하는 경우를 중점적으로 살펴보겠다.

2. 일반적 예외규정

(1) 미-일 디지털무역협정상 일반적 예외규정

1) 개관

사회가 발전하고 국제화가 심화될수록 환경보호, 소비자 및 개인정보 보호, 공공질서 유지 등에서부터 최근 이슈가 되는 국가 안보문제에 이르기까지 주권국가가 추구하는 공익적인 가치를 자유무역원칙과 함께 존중해야 한다는 의견이 증가하고 있다.[6]

또한, 여타 비경제적 이익보다 자유무역 원칙을 우선시하는 경향을 경계하는 움직임과 함께, 디지털무역에서 WTO 협정상 일반적 예외규정을 활용하는 것에 대한 관심이 높아지고 있다. 그러나 한편으로는 GATT 또는 GATS상 일반적 예외규정을 원용하여 디지털무역의 폐단을 방지하는 정부의 정책 실시가 실질적으로 얼마나 효과가 있을지 의문을 제기하는 견해도 적지 않다.[7] 그럼에도 불구하고 국가의 규제권한 확보 측면에서 일반적 예외규정을 제대로 원용하는 것은 매우 중요하다. 아래에서는 대표적인 독자적 디지털무역협정 중 하나로 손꼽히는 미-일 디지털무역협정상 일반적 예외조항이 어떠한 방식으로 규정되어 있는지를 일반적 예외조항 및 규정별 예외조항으로 구분하여 살펴보도록 하겠다.

2) 일반적 예외조항

'미-일 디지털무역협정'과 함께 체결된 '미-일 무역협정(U.S.-Japan Trade Agreement: USJTA)'은 총 11개의 조문으로 구성되어 있는데, 이 중 제3조 및 제4조

---

6   박은진(2008), "GATS 의무에 대한 일반적 예외의 해석과 적용", 「한국무역학회 무역학자 전국대회 발표논문집」, p. 223.

7   Mira BURRI(2017), "New Legal Design for Digital Commerce in Free Trade Agreements", Digiworld Economic Journal, Vol. 107, Issue 3, p. 132.

는 일반적 예외를 규정하고 있다. 제3조의 경우 미-일 무역협정이 상품에만 국한된 협정임을 고려하여 GATT 제20조 및 동 주해는 협정에 통합되어 일부가 된다는 내용을 규정하는 한편, 제4조는 소위 '안보 예외'를 규정[8]하고 있다. 당해 안보 예외문구는 한-미 FTA[9] 등 미국이 이제까지 체결한 여타 지역무역협정상 안보 예외규정과 완전히 동일하다.

한편, 미-일 디지털무역협정(U.S.-Japan Digital Trade Agreement)의 경우 총 22개의 조문 중 제3조부터 제6조가 바로 예외에 대한 규정이다. 먼저 제3조에 따르면 제21조(암호를 사용하는 정보통신기술상품)의 경우 GATT 제20조가 적용되고, 그 이외의 모든 규정의 경우 GATS 제14조 (a) 공중도덕을 보호 및 공공질서 유지, (b) 인간, 동식물의 생명 또는 건강 보호 및 (c) 국내법규 이행을 위한 조치에 대해 일반적 예외가 적용된다고 규정하고 있다. 또한, 제4조는 앞서 살펴본 미-일 무역협정 제4조와 완전히 동일한 문구로 안보상 예외를 규정하고 있다. 국가안보상 예외규정에 대해서는 3)에서 후술하기로 한다.

한편, 제5조는 건전성, 통화 및 환율정책의 예외를 인정하고 있다. 즉, 투자자, 예금자, 증권계약자, 또는 금융기관이나 국경 간 금융서비스 공급자가 수탁인으로 의무를 부담하는 대상이 되는 인의 보호 또는 금융 제도의 무결성 및 안전성 보장 등 건전성 사유로 당사국이 조치를 취할 권리를 인정하고, 이러한 조치가 협정에 배치되는 경우 당사국의 약속 또는 의무를 회피하는 수단으로 이용되지 않도록 한다. 또한, 공공기관이 비차별적으로 시행하는 통화 및 관련 신용 또는 환율정책은 당해 협정의 예외로 규정하고 있다. 이렇듯 '건전성 조치'라 함은 금융기관의 안전성 보장 또는 소비자 보호를 위한 것으로[10] 건전한 금융시장 보장을 목표로 하는 국가의 각종 규제 권한

8　안보 예외규정은 (a) 공개되면 자국의 필수적 안보이익에 반한다고 당사국이 결정하는 정보를 당사국이 제공 또는 접근을 허용하도록 요구하는 것 및 (b) 당사국이 국제평화 또는 안보의 유지 또는 회복에 대한 자국의 의무를 이행하기 위하여 또는 자국의 필수적 안보이익 보호를 위하여 필요하다고 판단하는 조치를 배제하는 것을 금지한다는 내용이다.

9　다만, 한-미 FTA는 이례적으로 각주를 추가하고 제11장(투자) 또는 제22장(제도규정 및 분쟁해결)에 따라 개시된 중재절차에서 안보 예외 규정을 원용하는 경우 중재판정부는 그 예외가 적용된다고 판정하도록 명시함으로써 당사국이 안보 예외를 주장할 경우 이에 대한 판단의 여지 없이 자동적으로 동 예외가 적용되도록 보다 강력하게 규정한 바 있다.

10　엄준현(2017), 「자유무역협정(FTA)의 금융서비스 규정 및 협상 동향 연구: 건전성 조치 조항을 중심으로」 KIEP 연구보고서, p. 66.

을 보장하는 수단이다. 건전성 조치는 비록 차별적 소지가 있고 협정상 의무에 위반된다 하더라도 원칙적으로 예외로 가능한 반면, 통화, 신용 및 환율정책의 경우에는 동등한 대우를 통해 경쟁 구도를 변화시키지 아니하도록 하는 한도 내에서만 예외로 인정된다고 판단된다. 이와 같은 규정은 과거 지역무역협정 금융서비스의 장 내 '예외'조항에 포함되던 내용으로, 한-미 FTA, CPTPP 및 USMCA의 그것과 거의 유사하다. 한-미 FTA는 제13장(금융서비스) 제13.10조(예외) 제1항[11]에서 대상 투자에 의한 금융서비스 공급 시 '제15장(전자상거래)'상 규정에도 불구하고 건전성조치를 취할 수 있도록 하고, 제2항에서는 제15장(전자상거래)의 어떤 규정도 통화, 신용정책 또는 환율 정책상 공공기관이 취하는 비차별 조치에는 적용되지 않는다고 규정하고 있다.

CPTPP 제11.11조 및 USMCA 제17.11조 모두 이와 같은 건전성 및 통화정책의 예외를 인정하고 있다. 또한, 미-일 디지털무역협정 제6조는 내국세에 대한 예외를 규정하고 있다. 먼저 제1항에서 미-일 디지털 무역협정이 과세조치에는 적용되지 않는다는 대원칙을 설시한 후, 2항에서는 당해 협정이 조세 조약상 권리 의무에 영향을 미칠 수 없고, 상호 불일치의 경우 조세조약이 우선하도록 한다. 이때 주목하여야 할 것이 바로 제3항으로, 최근 부각되고 있는 디지털무역에 대한 과세에 대하여 보다 명확한 가이드라인을 제시하려 하고 있다.

구체적 내용을 살펴보면, '디지털 제품에 대한 비차별 대우'를 규정하고 있는 제8조가 (a) 소득, 자본이득, 기업의 과세가능한 자본, 투자 또는 자산가치에 대한 과세조치, 부동산세, 상속세, 선물세 및 세대생략이전(generation-skipping transfer) 이외의 여타 과세조치, 그리고 (b) 특정 디지털 제품의 구매 또는 소비와 관련되는 소득, 자본이득, 기업의 과세가능한 자본, 투자 또는 재산의 가치에 대한 과세조치에도 적용되도록 하고 있다. 물론, 당해 영역 내 디지털 제품을 제공하기 위한 요건으로 특정 디지털 제품의 구매 또는 소비와 관련된 이득의 수령 또는 지속적 수령을 조건으로 하는 것은 예외적으로 허용된다. 과거 한-미 FTA만 하더라도 상품이나 서비스 무역 등에 대한 내국민 대우만이 과세조치에 적용된다고만 규정하였을 뿐, 디지털 제품에

---

11   한미 FTA, CPTPPP 및 USMCA의 건전성 조치 조항 비교, 비록 아래 규정에서 확인할 수 있듯이 한-미 FTA는 1항 전단에서 Chapter 15(전자상거래)를 명시하고 있고, CPTPPP 및 USMCA는 이를 명시하지 아니하지만, 후자의 경우 '상품과 관련된 모든 Chapter 이외의 여타 챕터상 규정에도 불구하고'라고 설시하고 있으므로 전자상거래상 규정에도 불구하고 건전성 조치가 가능하다고 해석된다.

대한 비차별 대우원칙이 과세조치에도 적용된다는 명시적 규정은 없었다.[12] 그러나, CPTPP, USMCA 및 미-일 디지털무역협정은 제품에 대한 비차별 대우원칙이 과세조치에도 적용될 수 있는 법적 근거를 마련하기 시작하였다. 최근 글로벌 디지털 기업에 대한 과세를 위해 BEPS(Base Erosion and Profit Shifting) 프로젝트 등 다양한 차원의 국제적 논의가 이루어질 뿐 아니라, 유럽연합의 온라인 광고, 데이터 전송 서비스 등의 수입금액에 과세하는 디지털 서비스세(Digital Service Tax) 등 권역별, 국가별로도 다양한 시도가 이루어지고 있다. 이와 같은 현상이 과열되며, 자국의 디지털 산업 육성을 위해 과세조치가 악용될 가능성을 배제하기 위하여 디지털무역에 대한 과세조치는 필연적으로 비차별 대우원칙과 연계될 수밖에 없을 것이다.

3) 규정별 예외조항

앞서 살펴본 바와 같이 미-일 디지털무역협정은 제3조에서 제6조까지 소위 '일반적 예외'로 분류되는 규정을 두고 있을 뿐 아니라, 각 규정별로 별도의 예외규정을 명시하고 있다. 이 중에서도 특히 국가의 규제 권한 확보가 논란이 되는 국경 간 정보 이동, 현지 컴퓨터 설치 및 금융서비스 공급자를 위한 현지 컴퓨터 설치 관련 규정에 포함된 예외문구를 차례로 살펴보도록 하겠다.[13]

가. 국경 간 정보 이동

CPTPP의 경우에는 국경 간 정보 이동에 대한 각국의 규제요건 설정이 가능하다는 점을 선언한 바 있으나, USMCA 및 미-일 디지털무역협정에서는 이와 같은 조항을 삭제함으로써, 국경 간 자유로운 정보 이동이 보다 대원칙임을 더욱 강조하고자 한다. 다만, CPTPP 이래로 USMCA 및 미-일 디지털무역협정 모두 합법적인 공공정책적 목적달성을 위해 임의적이고 정당화되지 않는 차별이나 위장된 제한이 아닌 한,

---

12 한-미 FTA 제23.3조 제4항만 하더라도 투자, 국경 간 서비스 및 금융서비스 장의 내국민 대우 또는 최혜국 대우 규정이 과세조치에 적용한다고 규정하고 있을 뿐, 디지털 제품의 비차별 대우원칙이 과세조치에 적용되는지 여부에 대해서는 침묵하고 있었다.

13 참고로 CPTPP 제29.1.1조의 경우 암호를 사용하는 전기통신기술상품이 규정되어 있는 제8장(무역기술장벽), 그리고 USMCA 제32.1.1조의 경우 암호를 사용하는 전기통신기술상품이 규정되어 있는 제12장에 대하여 모두 GATT상 일반적 예외 규정이 적용되도록 하고 있다. 또한, 미-일 디지털무역협정 제3조 역시 제21조(암호를 사용한 전기통신기술상품)에 대하여 GATT상 일반적 예외 규정을 적용하도록 하고 있다. 이와 같이, 전기통신기술상품에 대하여 GATT의 예외 조항을 활용하는 것에 통일적인 것은 이를 유형적 재화로 한정하여 보는데 큰 이견이 없기 때문으로 보인다.

정부의 규제조치를 예외적으로 인정[14]하고 있다. 한편, CPTPP와는 달리 USMCA 및 미-일 디지털무역협정 모두 경쟁조건을 변경하는 방식으로 상대국 인의 정보 이전에 다른 대우를 부여할 경우 이와 같은 예외에 포섭되지 않도록 추가적으로 명시하고 있다. 이는 비차별 대우원칙과도 접목되는데, 국경 간 정보 이동을 제한하거나 금지하는 조치로 인하여 국내외 기업 간에 공정한 경쟁을 저해하는 것을 금지하고 예외를 보다 엄격하고 제한적으로 인정하는 효과를 유도할 것으로 사료된다. 유의할 것은 당해 예외규정이 GATT 및 GATS 일반적 예외규정과 유사하면서도 다른 점인데, 당해 예외규정상 '정당한 공공정책 목적'이 어느 범위까지를 대상으로 하는지 별도의 정의가 없는 점은 문제로 지적된다.

나. 현지 컴퓨터 설비설치

CPTPP의 경우 현지 컴퓨터 설비설치 강요를 원칙적으로 금지하되, 앞서 살펴본 국경 간 정보이동규정과 동일하게 합법적인 공공정책이행을 위한 조치는 예외적으로 인정되도록 하였다. 그러나, USMCA 및 미-일 디지털무역협정에서는 이와 같은 예외 문구를 삭제함으로써 공공정책으로 가장한 보호무역 수단으로 예외가 악용될 소지를 원천적으로 차단하고자 하였다. 물론, 이 경우에도 GATS 제14조 일반적 예외가 적용되므로 국가가 정당한 정책을 구현하는 것은 예외적으로 인정될 것이다. 그러나 당해 방식과 정당한 정책목적 실현을 위한 조치가 예외적으로 인정되도록 규정하는 방식은 근본적인 차이가 있다. GATS상 일반적 예외는 (a)부터 (c)까지 나열된 공중도덕이나 환경보호 등의 사유에 한정해서만 인정되므로 예외가 보다 제한적으로 인정되는 한계가 있을 것이다.

다. 금융서비스 공급자를 위한 컴퓨터 설비설치

원래 GATS 협정에서는 금융서비스가 동 협정의 부속서로 포함되어 있고, 부속서 역시 동 협정의 불가분의 일부이므로 GATS 제14조는 금융서비스 부속서에도 적용

---

14 김정곤(2018), "국경간 디지털상거래의 쟁점과 과제", 「국제통상연구」 제23권 제1호, p. 69, 이에 따르면 우리나라의 경우 정부가 관할하는 측량정보가 적용대상에서 제외될 여지가 있다고 평가하고 있다. 그러나, USTR이 지속적으로 이의를 제기하는 우리나라의 측량정보 국외반출의 경우 '덜 무역적인 제한' 방식을 고려하지 아니하였다고 판단하여 예외의 대상이 아니라고 주장할 여지도 있다고 사료된다. 또한, 위치정보에 기반을 둔 상품이나 서비스 수출 확대를 도모하는 해외 기업들이 증가할 것으로 전망되므로 측량정보 국외반출에 대한 통상마찰 빈도가 늘어날 것으로 예측된다. 이에 대해 서는 이규엽, 「데이터 통상이슈의 부상과 정책 대응」(경제, 인문사회연구회 혁신성장연구단, 2019.1월), p. 10 참조.

된다고 해석하는 것이 자연스러울 것으로 보인다. 그러나, 지역무역협정에서는 금융서비스 규정에 대한 GATS 제14조 적용 가부가 통일되어 있지 않다. 특히 미국이 체결하는 지역무역협정 대부분의 경우, 금융서비스 규정에 대하여 GATS 제14조를 적용하는 규정이 포함되어 있지 않았다. 그 대표적인 예가 USMCA이다. 동 협정 내 '금융서비스 공급자를 위한 현지 컴퓨터 설비설치 금지규정'이 규정되어 있는 '금융서비스의 장'은 제32장(예외)의 GATS 제14조가 적용되는 대상에서 빠져있다. 따라서 USMCA의 경우 '금융서비스 공급자의 컴퓨터 서버 설치금지' 규정에 대해서는 건전성, 통화 및 환율정책 이외의 다른 정책적 목적에 따른 조치는 예외로 인정받을 수 없다. 다만, USMCA는 제17.18조 제4항을 통하여 당해 조항의 약속이나 의무를 우회하지 않는다는 조건으로 개인정보, 개인 프라이버시, 개인기록 및 계좌 관련 비밀성을 보호하기 위한 당사국의 조치를 보장함으로써 예외의 범위를 확대하고자 한다. 그러나 미-일 디지털무역협정은 USMCA와는 체계를 달리한다. 제13조인 '금융서비스 공급자의 컴퓨터 서버 설치금지' 규정에 대하여 GATS 14조에 따른 일반적 예외가 적용될 뿐 아니라, 건전성, 통화 및 환율정책의 예외도 적용된다.

(2) EU의 디지털무역규범과 일반적 예외규정

1) 개관

EU의 경우 전통적으로 '가치' 중심의 무역협정을 추구하여 왔다. 특히 최근에는 '인간 중심적 가치에 기반한 데이터 환경구축'[15]을 목표로 디지털무역 분야에서의 국가의 '규제 권한' 확보를 중요하게 여기는 경향을 보인다. EU의 경우에도 초기의 전자상거래 규범에서는 무역기회 증진, 그리고 전자상거래 관련 문제점에 대한 협력이 당해 규범 수립의 주요 목적이었다. 나아가, EU-캐나다 및 EU-일본 EPA의 경우 전자상거래 규정의 목표를 '포괄적 경제성장 촉진'까지 확장하고 있다. 한편, EU-멕시코, EU-영국 무역협력협정의 경우 '사업자 및 소비자를 위하여 개방적이고, 보호되며 신뢰할 수 있는 온라인 환경 조성'까지 그 목표를 확대하고 있는데, 이는 협정 상대국의

---

15   이승주(2020), "디지털 무역질서의 국제정치경제:디지털무역 전략의 차별화와 갈등 구조의 복합성", 한국동북아논총, 제25권 제2호, p.57, 즉, EU가 국경 간 데이터 이동 자체를 반대하는 것은 아니지만 충분한 안전장치가 보장되어야 한다는 점에서 미국과 큰 입장차이를 보이고 있다고 분석하는 견해가 다수이다.

규제이슈 파악 수준에서 더 나아가 EU 스스로도 규제 권한을 확보하고자 한 것으로 판단된다.

2) 규제권한과 일반적 예외규정

WTO 설립을 위한 마라케쉬협정에서도 명시되어 있듯이 무역협정이 추구하는 상호 호혜적인 무역체제는 환경보호, 인권존중 등 다양한 가치와 함께 이루어질 필요가 있다. 즉, 자국의 눈높이에 맞는 가치들을 고려하여 수립한 합법적인 정책추진은 국가 주권 수행의 일환인 것이다. 이와 같은 '규제 권한'은 서비스 무역에 관한 일반협정(GATS) 서문 등 여타 국제협정에서도 확인된다. EU-캐나다 무역협정, EU-영국 무역협력협정 및 한-EU FTA 등 EU가 체결한 다수의 지역무역협정 서문(preamble) 역시 합법적 정책적 목표를 위하여 규제를 가할 수 있는 국가의 재량과 자치권을 인정하고 있다. 그런데 EU-일본, EU-싱가포르 및 EU-베트남 협정의 경우 '규제 권한'을 서문에 배치하는 것에 그치지 아니하고, 전자상거래가 속한 서비스 무역의 장(Chapter) 내에 '규제 권한' 관련 실제 조항을 추가로 배치하고 전자상거래 규정이 동 조항의 적용을 받도록 설계하였다.

이는 EU가 복수국 간 서비스 무역협정(TiSA) 협상 때부터 '규제 권한'을 서문에 배치하는 것에 그치지 아니하고 별도의 조항으로 규정하는 방식을 정책적으로 채택한 것과 관련된다. EU의 경우 전통적으로 디지털무역을 서비스 무역으로 분류하여 왔다. 이는 서비스 무역의 경우 '국내규제'가 허용되므로 서비스 무역으로 분류되는 디지털 무역에서도 '규제권한'이 보장되어야 한다는 입장으로 이해된다. 나아가 EU-멕시코 및 EU-영국 무역협력협정의 경우에는 서비스 무역의 장이 아닌 디지털무역의 장 내에 직접 '규제권한' 규정을 배치함으로써, 디지털무역이 서비스 무역으로 분류되는지와 상관없이 규제권한을 인정하고 있다.

〈표 13-2〉 **EU의 주요협정과 예외규정**

협정	예외규정	규제권한 확보규정
EU-캐나다	별도의 장 내 위치 GATS 제14조와 유사한 EU 특유의 예외규정	없음 단 서문에 명시 공공보건, 안전, 환경, 공중도덕 및 문화다양성 예시

협정	예외규정	규제권한 확보규정
EU-멕시코	별도의 장 내 위치 GATS 제14조와 유사한 EU 특유의 예외규정	동일한 장 내 위치 공공보건, 사회서비스, 공공교육, 안전, 환경, 공중도 덕, 사회 및 소비자보호, 프라이버시 및 데이터보호, 문화다양성 예시
EU-일본	동일한 장 내 별도 제1부에 위치 GATS 제14조와 유사한 EU 특유의 예외규정	동일한 장 내 별도 제1부에 위치 필요성 테스트 추가 공중보건, 안전, 환경, 공중도덕, 사회 및 소비자보호, 문화다양성 예시
EU-메르코수르	동일한 장 내 별도 제4부에 위치 GATS 제14조와 유사한 EU 특유의 예외규정	일반적인 규제권한 조항은 없음 사전허가금지조항에 국한된 규제권한만을 명시 LPO의 구체적 예시 없음
EU-싱가포르	동일한 장 내 별도 제7부에 위치 GATS 제14조와 유사한 EU 특유의 예외규정	동일한 장 내 별도 제1부에 위치 LPO의 구체적 예시 없음 규제뿐 아니라 신규규정 도입도 가능함을 명시
EU-베트남	동일한 장 내 별도 제6부에 위치 GATS 제14조와 유사한 EU 특유의 예외규정	동일한 장 내 별도 제1부에 위치 필요성 테스트 추가 환경, 공공보건, 사회정책, 금융시스템의 통합 및 안 정, 안보 및 안전, 문화다양성 예시
EU-영국	동일한 디지털무역 장 내 위치 GATT 및 GATS 제14조와 유사한 EU 특유의 예외규정 준용 안보 예외 및 Prudential carve-out에만 한정	디지털무역 장 내 위치 공중보건, 사회서비스, 공공교육, 안전, 기후변화 등 환경, 공중도덕, 사회 및 소비자보호, 프라이버시 및 데이터보호, 문화적 다양성 예시 단, 서문에서는 위 예시에 '동물복지' 추가

흥미로운 것은 '규제 권한'을 행사할 수 있는 합법적 정책목표 예시의 확대 경향
이다. GATS 제14조 일반적 예외규정이 한정적 열거 조항인 반면, '규제 권한' 규정상
정책목표는 예시의 성격을 지닌다. 표에서 확인할 수 있듯이, EU가 최근 체결한 7개
협정 중 초기 협정인 EU-싱가포르 협정은 규제 권한이 있다는 것만 확인할 뿐, 정책
목표를 예시하지는 아니하였다. 그러나 EU-베트남 자유무역협정부터는 환경, 안전,
공공보건, 문화 다양성 등 합법적 정책목표의 구체적 예시가 등장했고 EU-멕시코 및
EU-영국 무역협력협정의 경우 사회서비스, 공공교육, 소비자 보호, 프라이버시 및 데
이터 보호까지 확대되고 있다. 한편, EU-베트남 자유무역협정은 '사회정책, 금융시스
템의 통합 및 안정'도 포함하고 있고, EU-영국 무역협력협정은 '기후변화'까지도 명시

하고 있다.

한편, EU 디지털무역규정에 준용되는 일반적 예외규정은 첫째, EU-멕시코 협정과 같이 GATS 제14조 (a), (b) 및 (c)를 준용하는 형태, 둘째, EU-일본, EU-싱가포르및 EU-베트남 협정 등과 같이 'GATS 제14조와 유사한 EU 특유의 예외규정'을 준용하는 형태, 셋째, EU-영국 무역협력협정과 같이 'EU 특유의 일반적 예외규정'뿐 아니라 GATT상 '일반적 예외규정'도 함께 준용하는 형태로 구분된다. 그런데, 둘째인 'EU특유의 예외규정'이라 하더라도 협정에 따라 미묘한 차이가 있다. 대부분의 협정에서는 공공안보, 공중도덕, 공중질서, 인간 및 동식물 건강 보호, 법령준수를 위한 것 등열거하고 있는 일반적 예외사유가 공통되지만, EU-멕시코 협정의 경우에는 동 조항이 공정거래법 위반을 치유하기 위한 법원, 행정심판, 공정거래위원회가 부과하는 조건 이행조치에는 적용되지 않음을 추가적으로 명시하고 있을 뿐 아니라, 자금세탁방지, 테러리즘 금융방지도 포함됨을 명시하고 있다는 점에서 차이가 있다. 아울러, 앞서 살펴본 '규제 권한' 규정상 정책목표의 예시가 '일반적 예외' 규정상 한정적 열거목록과 반드시 연계되는 것은 아니지만 서비스 무역의 질을 보장하기 위한 광범위한 목적과 관련이 있다는 점에서 양자를 종합적으로 살펴볼 필요가 있다.

3. 디지털통상규범과 국가안보[16]

(1) 개관

주권국은 영토 보전 및 정치적 독립을 유지할 권리를 보유한다. 따라서 국가의 안전보장 또는 존립을 위태롭게 하는 조약상 의무를 부담하지 아니할 권한이 있다. 국가안보는 국민 생존과 직결되므로 국제통상법을 포함한 국제조약은 국가가 조약상각종 의무로부터 벗어나기 위한 장치로 국가안보 예외조항을 두고 있다.[17] 이와 같이국가안보를 기반으로 한 자유무역 원칙의 제한은 비록 국가안보의 예외조항이 없다

---

16   필자가 제1저자로 저술한 "디지털통상의 국제규범화 현황과 쟁점, 국경간 데이터 이동 및 데이터 보호를 중심으로"(2021), 무역학회지를 바탕으로 작성하였다.

17   신국제경제법, 제4판, 박영사, p.177.

하더라도 적용될 수 있는 관습법으로도 간주될 수 있다.[18]

그런데 최근 디지털무역이 국가안보의 예외와 다양한 경로 및 방식에서 부딪치는 현상을 보인다. 예컨대 디지털통상협정에서 다루고 있는 개인정보와 관련하여 국가안보 예외조항은 개인정보 이전 및 컴퓨터 서버 설치 의무화 금지규정 등 디지털무역에서 개인정보 보호를 위해 규제조치를 시행하고자 하는 정부에 대하여 추가적 안전장치를 제공할 가능성이 높다.[19]

(2) GATT 및 GATS상 국가안보 예외

GATT 제21조 조항은 국가안보 예외에 관한 내용을 담고 있는데 이는 GATS 제14조의2, TRIPS 73조에도 동일 또는 유사하게 반영되어 있을 뿐 아니라, WTO 복수국 간 협정인 정부조달협정(Revised Agreement on Government Procurement) 제3조 제1항에도 일부 수정된 형식으로 포함되어 있다.[20] GATT 제21조는 자국의 중대한 국가안보 이익을 보호하기 위해 취하는 국가의 조치의 경우 GATT상 각종 원칙이나 의무로부터 면제될 수 있는 예외조항이다.

당해 조항의 경우 GATT 초기부터 남용의 우려가 있었다. 국가안보 예외규정의 경우 일반적 예외규정과는 달리 두문이 부재할뿐더러, 각국이 스스로 판단(self-judging)할 수 있게 하는 규정이 명시되어 있기 때문이다. 이에 따라 1947년 GATT 이후 이제까지 국가안보 예외를 원용한 국가의 조치에 대하여 통상분쟁이 여러 건 있었다. 그러나 동 규정에 대하여 직접적인 사법심사를 하는 것 자체가 매우 민감한 것이었으므로 이를 심판하는 것 자체를 국가들은 가급적 회피하고자 했다. GATT 제21조의 적용과 해석에 대한 포괄적인 사법적 판단이 이루어진 것은 2019년 러시아-통과운송(Russia-Measures concerning Traffic in Transit) 사건[21]이 최초이다. 2014.2월 우크라이나는 정권교체 이후 독립 국가 연합국 간 자유무역협정을 체결하고 유라시아경제연합 설립 협상에 참여하며 EU와의 각종 경제협력 조약을 체결하는 등 일련

---

18   신국제경제법, 제4판, 박영사, p.177.

19   이재민(2020), "디지털 교역 시대의 아날로그 규범, 개인정보의 국경 간 이전과 국가안보 예외", 국제법학회논총, 65(2), p.229.

20   장성길(2021), "국가안보 예외 관련 재판관할권과 판단의 기준 검토", 통상법률, p.35.

21   Russia-Measures Concerning Traffic in Transit (WT/DS512/R).

의 친서방외교를 진전시켰고 그 과정을 통해 러시아와 우크라이나의 관계는 악화되었다. 러시아의 우크라이나 크림반도 침공 이후 미국, EU 등 서방국가들은 대러시아 경제제재를 시행하였다. 러시아는 이에 대항하여 특정 식품 및 농산품 등의 수입 금지조치를 시행하는 한편, 이와 같은 상품들의 러시아 연방 통과를 제한하였다. 이에 2016.9월 우크라이나는 러시아의 통과운송 제한조치가 GATT 제5조 및 제10조 등에 위반함을 이유로 러시아를 WTO에 제소하였다.

러시아-통과운송 사건의 경우 정치적 판단의 영역으로만 여겨졌던 GATT 제21조 국가안보 예외조항을 법적 규범 해석 차원에서 재확인하는 계기가 되었다.[22] 우선, WTO 회원국이 자국이 취한 조치에 대하여 GATT 제21조 국가안보 예외조항을 원용하는 경우 WTO 분쟁 해결 패널이 관할권을 가지는지부터가 문제되었다. 러시아는 국가안보 예외조항은 자기판단 조항("which it considers")이므로 패널이 관할권을 가지지 않는다고 주장하였고, 패널은 러시아의 주장이 맞는지를 검토하기 위해서는 GATT 제21조(b)(iii)에 대한 해석을 하여야 한다고 판단하였다. 즉, 두문의 자기판단 조항("which it considers")이 하위 각호를 포괄할 경우 패널의 관할권은 부인되는 반면, 자기판단 조항("which it considers")이 필요성("necessary")을 수식하거나 필수적 안보이익("its essential security interests")을 수식하는 경우 관할권이 인정될 수 있다. 패널은 GATT 제21조는 회원국에게 제한 없는 권한을 부여한 것이 아니고 각호의 요건 충족 여부에 대한 검토는 패널이 검토 권한을 가지므로 동 조항이 자기판단 조항에 해당한다는 러시아의 주장을 기각하였다.

(3) 국가안보 예외규정과 FTA 전자상거래 조항에 대한 적용

대부분의 FTA에서는 국가안보 예외조항을 두고 동 규정이 FTA의 조항 전반에 모두 적용되도록 규정하고 있다. 일반적으로 FTA상 국가안보 규정의 경우 GATT 제21조의 규정과 거의 유사한 문구를 사용한다. 반면 미국이 체결하는 FTA는 이와는 다른 문구를 가지고 있는 것이 특징이다. 예컨대, 한-미 FTA 제23.2조는 공개되면 자국의 필수적 안보이익에 반한다고 당사국이 결정하는 정보를 당사국이 제공하거나 이에 대한 접근을 허용하도록 요구하는 것, 또는 당사국이 국제 평화 또는 안보의 유

---

22 박언경(2021), "국제통상분쟁에서 안보예외조항의 법적 쟁점과 과제", EU연구 제58호, p.59.

지 또는 회복에 대한 자국의 의무를 이행하기 위하여, 또는 자국의 필수적 안보이익의 보호를 위하여 필요하다고 판단하는 조치를 적용하지 못하게 배제하는 것으로 해석할 수는 없다고 규정한다. 나아가 한-미 FTA는 각주를 추가하여 제11장(투자) 또는 제22장(제도규정 및 분쟁해결)에 따라 개시된 중재절차에서 제23.2조 국가안보 예외조항을 원용하는 경우 그 사안을 심리하는 중재판정부 또는 패널은 국가안보 예외가 적용된다고 판정하도록 명시하고 있다. 이는 미국의 경우 국가안보 예외규정을 원용하는 국가의 특정조치는 통상조약에 따른 분쟁해결절차 적용 대상 자체가 아니라는 입장임을 잘 보여준다.

(4) 규정별 국가안보 확보-국경 간 데이터 이전 규정

디지털무역의 다양한 규정들은 직·간접적으로 국가안보와 연결될 수 있다. 특히 이 중에서도 국경 간 데이터 이전규정의 경우 데이터가 국가의 중요한 안보이익을 포함할 수 있으므로 국가안보와 직결되는 의제로 사료된다. 따라서 디지털무역에서는 국가안보를 이유로 국경 간 데이터 이전을 제한하는 각종 조치가 채택될 확률이 높을 뿐더러, 이는 디지털무역장벽으로 작용하며 관련 산업에 영향을 미칠 가능성이 높다. 그러므로 각국은 국가안보와 관련된 데이터를 보호하기 위하여 특정 데이터에 접근하거나 이동을 제한할 필요성 등 정책 목표와 시장개방성 간의 균형을 도모하는 것이 필요하다.

한-미 FTA에서 등장했던 것처럼 초기의 디지털무역규범에서는 국경 간 데이터 이전 규정이 비구속적 노력의무 수준으로 규정되었다. 그러다가 CPTPP를 계기로 국경 간 데이터 이전 규정은 명실상부 대표적 의무규정으로 등장하였고 그 이후 체결된 주요 지역무역협정에서도 국경 간 데이터 이전규정을 통해 의무를 부여하는 태도가 견지되어 왔다. 국경 간 데이터 이전 규정은 일반적으로 다음과 같은 구조로 그 내용이 구성되어 있다.

가장 먼저 국경 간 데이터 이전에 대하여 규제를 가할 수 있는 각국의 재량권 확인을 선언한다. 그 다음 국경 간 데이터의 자유로운 이전을 각국이 허용해야 하는 의무를 규정하고 이와 함께 공공정책 목표달성을 위해 국경 간 데이터의 자유로운 이전을 금지할 수 있는 예외상황을 규정한다. 아울러 이와 같은 예외조치를 취할 수 있는 구체적 조건이 설시된다. 대부분의 협정에서는 이와 같은 공통적 구조하에서 각국은 이를 가감하거나, 의무를 재량사항으로 규정하는 등 다양한 방식으로 변형을 가하여 국경 간 데이터 이전규범을 확보하고 있다.

앞서 살펴본 바와 같이 각국은 투자기업 등이 국경 간 데이터를 자유롭게 이전하도록 허용해야 할 부담을 지닌다. 그러나 이와 동시에 각국에게는 공공정책적 목표 달성을 위하여 규제조치를 가할 수 있는 권한이 보장된다. 당해 조항에서는 바로 이와 같은 국경 간 데이터 이전 허용이라는 의무조항에는 예외가 인정됨을 규정하고 있다. 이렇듯 데이터 이전 허용의무의 예외를 규정할 때 유사한 형태의 두문을 포함하는 경우가 많으므로 이에 관한 국가 간 입장이 통일되어 있는 것처럼 보인다. 그러나 상세하게 살펴보면, 각 협정별로 합법적 공공정책 목표 달성을위한 국가의 조치 관련 규정은 미묘한 차이가 있다. 이는 다음과 같은 3가지로 구분하여 볼 수 있다. a) '합법적 공공정책 목표를 달성하기 위한 목적(to achieve a legitimate public policy objective)'이라고 규정하는 가장 기본적인 방식, b) '합법적 공공정책 목표를 달성하는데 필요한(that is necessary to achieve a legitimate public policy objective) 조치' 라고 규정하는 방식, c) '정당한 공공정책 목표를 달성하기 위하여 당사자가 필요하다고 간주하는(that it considers necessary to achieve a legitimate public policy objective) 조치' 라고 규정하는 방식으로 a) 방식은 CPTPP, DEPA, 싱가포르 · 호주 디지털경제협정에서, b) 방식은 USMCA, 미-일 디지털무역협정 등 미국이 주도하는 협정에서, c) 방식은 중국 및 아세안 등 다수 개도국이 포함된 RCEP에서 채택하고 있다. 한편, RCEP이 채택하고 있는 c) 방식의 경우도 USMCA, USJDTA이 채택하는 b) 방식과 마찬가지로 '필요성 테스트(necessary)'를 부과하고 있다. 그러나 b) 방식과는 달리 필요성 테스트를 시행하고 필요성 가부를 판단하는 주체로 당해 규제조치를 시행하고자 하는 국가를 명시하고 있다. 이는 규제조치를 시행하는 국가에게 전적으로 필요성 가부 판단을 맡기게 되는 결과를 초래하므로 국경 간 데이터 이전 자유화 측면에서는 후퇴한 규정이라고 평가된다. 더욱이 c) 방식을 채택하고 있는 RCEP의 경우 각주를 통해 다시 한번 당해 필요성 판단의 주체는 전적으로 이를 시행하는 국가라는 점을 재확인하고 있다. 결론적으로 RCEP의 경우 공공정책 목표달성을 위한 '필요성 테스트(necessary)' 판단 주체를 당해 국가로 한정함으로써, 악용될 경우 국경 간 데이터 이동의 자유가 저해될 우려가 있다고 판단된다. 나아가 RCEP은 여타 협정에는 없었던 '국가의 필수안보를 위한 규제조치(any measure that it considers necessary for the protection of its essential security interests)'를 별도로 보장하고 있다. 뿐만 아니라 RCEP은 국가의 필수안보이익 보호를 위한 규제권한 행사는 분쟁해결의 대상이 되지 아니하도록 명시함으로써, 국가안보를 이유로 데이터 이전을 부당하게 규제하는 것에 대한 법적 구제수단을 차단해 버렸다. 이와 같은 점에서 RCEP은 국경 간 데이터 이전을 허용할 의무를 수용했음에도 불구하고, 국가안보를 이유로 데이터를 국외로 유출하지 못하도록 규제할 수 있는 강력한 권한을 확보해 둔 협정으로 평가된다.

4. 결론

디지털대전환과 더불어 다양한 신기술과 이를 활용한 비즈니스가 물밀듯이 쏟아지면서 각국은 이에 대응하기 위한 규제에 고심하고 있다. 사회적 가치를 중시하는 EU는 물론 중국을 비롯한 개도국들은 디지털무역에 뒤따르는 각종 폐해 방지를 내세우며 규제권한을 강화하고자 노력하고 있고 이는 디지털무역협정상 일반적 예외, 국가의 규제권한 확보, 국가안보 예외 조항으로 형상화되고 있다. 이와 같은 흐름은 디지털경제에서 가장 핵심이라고 할 수 있는 데이터의 이동에 있어서 더욱 명확하게 드러난다. 각국은 디지털 시장확장 및 각국별 데이터 주권확보를 위해 경쟁하고 있다. 특히 중국은 데이터주권을 앞세우고 네트워크안전법 및 데이터안전법 등을 통해 국가안보를 위한 데이터의 국외이전을 제한할 수 있는 막강한 권한을 확보하고자 한다. 더욱이 사이버 보안이 더욱 중요해지면서 데이터 이동을 제한하거나, 컴퓨터 서버 요건 부과 등의 조치가 예상된다. 사이버보안도 국가안보와 밀접하게 연관되어 있다는 점에서 보호의 필요성 및 남용방지 간의 조화로운 균형이 요구된다.

디지털기술의 혁신과 다양한 온라인세상을 모두가 누리도록 자유화 혁신을 보장해야 한다는 신기술분야의 특징도 고려해야 하지만, 급속도로 발전하는 디지털경제 속에서 자칫 보호되지 못하는 인권, 프라이버시뿐 아니라 사이버보안, 나아가 국가안보의 확보를 위한 다양한 규제권한 또한 반드시 보장되어야 한다. 이와 같은 양쪽 측면을 모두 고려할 수 있는 보다 정교한 예외규정의 확보가 필요한 시점이다.

Notes & Questions

1. 디지털통상협정 원칙과 일반적 예외 중 환경적 요인을 이유로 한 예외적 조치는 무엇이 있을까? 환경과 디지털무역도 서로 상관관계가 있을까?
2. 일반적 예외규정이 있음에도 불구하고 굳이 각 조항별로 별도의 예외문구를 적시하는 의도는 무엇일까?
3. 일반 무역협정상 '원칙과 예외'와는 달리 디지털통상협정의 경우 일반 무역협정과 같은 '원칙과 예외' 규정이 여전히 의미가 있을까? 의미가 전혀 없다고 생각하는 경우와 여전히 의미를 갖는다고 생각하는 경우로 나누어 각자의 주장과 논거를 토론해 보자.
4. 디지털통상협정 중 데이터의 국경 간 이동의 예를 들어보자. 국경 간 이동의 경우 국가안보를 이유로 한 데이터 이동 제한을 허용할 경우 사실상 자의적 제한조치가 대다수이고 이를 규제할 수 있는 방법이 없으므로 이를 어떻게 대처하는 것이 현명할까?

제 14 장

디지털통상과 분쟁해결절차[1]

이주형

1. 서론

　매년 발간되는 USTR의 국별장벽보고서를 통해 미국은 각국의 디지털무역장벽을 조사, 발표하고 있다. 이와 같이 디지털무역을 둘러싼 통상갈등은 더욱 다양해져가고 있다. 나아가 디지털기술에 따른 각종 분쟁은 기업이나 소비자와 같은 사인까지도 확대되고 있다. 예컨대, 디지털기술의 활용과 함께 국제 전자상거래를 이용하는 개인들의 불편사항이 폭증하면서 '국제거래대행서비스'에 대한 소비자 상담 건수가 엄청난 비중을 차지하고, 이와 같은 불만 상담은 피해구제를 위한 자율분쟁조정위원회로의 분쟁해결 접수 증가로 이어지고 있다.[2]

　이와 같은 배경에서 국가 간, 기업과 국가 간, 개인과 기업 간, 개인과 개인 간 등 다양한 주체 간의 디지털무역을 둘러싼 분쟁이 증가하는 것은 필연적일 수밖에 없고 이들을 해결하기 위한 분쟁해결절차의 정교한 설계가 중요해지고 있다. 그런데, 아쉽게도 데이터의 이동, 각국별 전자상거래 프레임워크 수립, 개인정보 보호 및 스팸메일 규제 등 디지털무역에 관한 다양한 실체적 규정의 발전정도에 비해 디지털무역 분야에서 발생하는 분쟁해결에 대한 절차적 규정들은 미흡하였던 것이 사실이다.

　그러므로 FTA의 하나의 장(Chapter)으로 삽입되기 시작하던 디지털무역규범부터 2015년 포괄적·점진적 환태평양경제동반자협정(Comprehensive and Progres-

---

1　본고는 2023.5월 '인권과 정의'지에 개제된 '디지털경제와 분쟁해결절차'라는 필자의 논문을 바탕으로 작성되었다.

2　E-나라지표, "소비자피해구제상황(분쟁조정기구 운영)", 공정거래위원회, 동 통계에 따르면 2021년 기준 총 844건의 접수 중 전자상거래 관련 분쟁조정 요청 건수가 316건으로 거의 반을 차지하고 있다. https://www.index.go.kr/unity/potal/main/EachDtlPageDetail.do?idx_cd=1180 (2023. 3. 13. 최종방문).

sive Agreement for Trans-Pacific Partnership: CPTPP)을 기점으로 급속도로 발전한 소위 新 디지털무역협정에 이르기까지 이들 협정은 어떠한 분쟁해결절차를 구비하여 왔고, 어떠한 방식으로 발전하고 있는지 분석한 후, 현재의 디지털무역협정상 분쟁해결절차가 가지고 있는 문제점을 살펴보고 개선방안을 모색해 볼 필요가 있다.

2. 디지털무역협정상 분쟁해결절차

(1) 개관

디지털기술의 발전은 국가 간의 분쟁 증가에 그치지 아니하고, 사인과 국가, 사인과 사인 간 갈등과 분쟁도 증폭시킬 가능성이 높다. 이와 같은 배경에서 FTA를 중심으로 발전하여 온 디지털무역/전자상거래규범(이하 '디지털무역규범')에 적용 가능한 분쟁해결절차나 이를 지원하기 위한 메커니즘이 어떠한 형태로 존재하고 어떻게 발전되어 왔는지를 살펴보고자 한다. 본고는 논의의 편의를 위하여 국가 대 국가 간 분쟁해결절차 및 사인의 권리를 구제하기 위한 메커니즘 2가지로 구분하여 살펴보고자 한다.

(2) 국가 간 분쟁

1) 배경

디지털 대전환이 일어나면서 1985년 출범한 WTO 규범의 경우 최신화되지 않고서는 더 이상 '데이터의 국경 간 이전'이나 '디지털기술로 인한 개인정보보호'와 같은 새로운 이슈들을 포섭할 수 없고, 분쟁이 발생하는 경우 규율에 중대한 모호성이 야기될 수밖에 없는 지경에 이르렀다.[3] 그럼에도 불구하고 다자 차원의 국제규범 형성이 지연되자, 지역무역협정인 FTA를 중심으로 디지털무역규범은 폭발적인 성장을 해 왔다. 이제까지의 디지털무역규범은 크게 2000년경 FTA의 발전과 함께 별도의 장(Chapter)조차 없이 1~2개의 조문이 들어가는 태동기, 그 이후부터 2015년 포

---

3   Wentong Zheng, "The Digital Challenge to International Trade Law", University of Florida Levin College of Law Research Paper No. 20-30, 2020, p.553.

괄적·점진적 환태평양경제동반자협정(Comprehensive and Progressive Agreement for Trans-Pacific Partnership: CPTPP)의 탄생 이전까지 대부분의 FTA에서 '전자상거래'의 장(Chapter)으로 도입되던 발전기, CPTPP 타결 이후 신규 FTA에 미국 주도의 강력한 디지털무역규범이 추가되는 변환기, '미-일 디지털무역협정' 및 DEPA 등 독자적 디지털무역협정이 등장하는 진화기와 같이 4단계로 구분될 수 있다.[4]

태동기인 2000년부터 현재까지 지난 20년간 체결된 디지털무역협정[5] 총 58개를 2000년부터 2010년까지(초기), 그리고 2011년부터 2020년까지(후기)로 구분하여 보았을 때, 초기에는 분쟁해결절차가 적용되도록 규정한 디지털무역협정이 29개였지만 후기 단계에는 39건으로 30% 이상 증가하는 현상을 발견할 수 있다.[6] 여기서 언급하고 있는 분쟁해결절차는 국가 간 분쟁 시 적용하는 것을 기준으로 하고 있는데, 이는 디지털무역협정의 확대에 따라 분쟁해결절차를 협정 내 설치할 필요가 증가하고 있음을 보여준다. 디지털무역협정에 관한 국가 간 갈등이 불거지는 경우 이를 해결하기 위한 절차의 유형은 아래와 같이 몇 가지로 구분될 수 있다.

2) FTA에 따른 일반분쟁해결절차를 적용하는 형태

디지털무역규범이 FTA 내의 '전자상거래' 또는 '디지털무역'이라는 제목의 장(Chapter)으로 포함되어 있고, 이들 규정에 FTA에 따른 일반분쟁해결절차를 적용하는 형태이다. "FTA 내의 일반분쟁해결절차(이하 '일반분쟁해결절차')"란 당해 협정 내에 당사국 간 합의된 독자적 분쟁해결절차를 규정하는 것으로 해당 FTA에만 엄격하게 적용될뿐더러, 국가 대 국가 분쟁 형태이므로 정부만이 소송당사자가 될 수 있다.[7] '한-싱가포르 디지털동반자협정'[8]을 비롯하여 우리나라가 체결한 디지털무역/전자상거래의 장이 포함되어 있는 대부분의 FTA가 이 형태에 해당한다. 태동기부터 디

---

4   이주형, "한-칠레 FTA를 넘어 한-싱가포르 디지털동반자협정으로"「사례로 손쉽게 이해하는 디지털 통상의 기초」산업통상자원부, 2020., 41면.

5   앞서 설명한 바와 같이 디지털무역협정은 '독자적으로 디지털무역만을 다루는 별도의 협정'뿐 아니라 'FTA에 디지털무역이나 전자상거래의 장이나 조항이 들어있는 경우'까지 총칭하기로 한다.

6   이규엽 외 5인, "디지털 전환 시대의 디지털통상정책 연구"「KIEP 연구보고서」, 2021., 134면.

7   신희택, "국제분쟁해결의 맥락에서 본 국제투자중재-ICSID 협약에 의한 국제투자협정중재를 중심으로"「서울대학교 법학」제55권 제2호, 2014., 3면.

8   '한-싱가포르 디지털동반자협정'은 기존 한-싱가포르 FTA 제14장(전자상거래)을 개정하는 형식의 일종의 개정의정서로 볼 수 있다.

지털무역규범을 FTA에 적극 반영하여 온 미국이나 싱가포르 등이 이 형태를 선호하는 대표적 국가이고, EU가 싱가포르, 캐나다, 베트남, 일본, 멕시코, 메르코수르 및 영국과 체결한 무역협정들도 동일하게 각 협정 내 디지털무역/전자상거래의 장에 대하여 당해 협정상 일반분쟁해결절차를 적용하도록 하고 있다. 다만, 이 형태에 속하는 경우에도 일부 당사국의 경우에는 디지털무역규범에 대한 일반분쟁해결절차 적용에 대하여 일정한 유예기간을 부여하는 협정도 있는데 그 대표적인 예가 CPTPP이다. CPTPP는 말레이시아의 경우 '디지털 제품의 비차별대우' 및 '국경 간 정보이전' 규정에 대하여, 베트남의 경우 '디지털 제품의 비차별대우', '국경 간 정보이전' 및 '컴퓨터 설비 설치' 규정에 대하여 각각 발효 후 2년간 일반분쟁해결절차 적용면제를 허용하고 있다.[9]

3) FTA에 따른 일반분쟁해결절차 적용에서 제외되는 형태

디지털무역규범이 FTA 내의 디지털무역/전자상거래의 장에 포함되어 있지만, 이에 대하여 FTA 내의 일반분쟁해결절차를 적용하지 않는 형태이다. 이 형태에 속하는 협정으로는 '호주-중국 FTA', '아세안-호주-뉴질랜드 FTA', '한-중 FTA', '홍콩-뉴질랜드 EPA', '뉴질랜드-대만 경제협력협정'[10] 등이 있고,[11] 최근 발효된 '인도-UAE FTA'도 이에 속한다.[12] 우리나라가 체결한 FTA 중에서 '한-중 FTA'의 경우 '전자상거래의 장에서 발생하는 사안에 대하여 FTA 내의 분쟁해결절차를 이용할 수 없다'라는 규정을 전자상거래의 장 내의 조항으로 두고 있다.[13] 우리나라가 가입국인 역내포괄적경제동반자협정(Regional Comprehensive Economic Partnership: RCEP) 역시 이견이 있는 경우 공동위원회에 회부하여 논의하되, 일반분쟁해결절차를 이용할 수는 없도록 규정하고 있다.[14]

---

9 CPTPP 제14.18조.

10 디지털무역규범에 FTA에 따른 일반분쟁해결절차를 적용하지 않는 대표적인 국가는 중국 및 아세안이다. 특이하게도 '뉴질랜드와 대만 간 경제협력협정' 역시 제9장(Electronic Commerce)의 제6조(분쟁해결절차 부적용)를 통해 일반분쟁해결절차 적용 제외를 명문화하고 있다.

11 Mark Wu, "Digital Trade-Related Provisions in Regional Trade Agreements:Existing Models and Lessons for the Multilateral Trade System", *International Centre for Trade and Sustainable Development (ICTSD)*, 2017, p.26.

12 인도-UAE FTA 제9.3조(일반규정) 제4항.

13 한중 FTA 제13.9조(분쟁해결의 비적용).

14 RCEP 제12.17조(분쟁해결).

한편, 'GCC-싱가포르 FTA'의 경우 일반적으로 전자상거래 규정에 대하여 일반 분쟁해결절차가 적용되지만 '전자상거래 관련 협력' 규정에는 적용되지 않는다.[15] 반대로 대부분의 디지털무역규범에 대해서는 일반분쟁해결절차 적용을 제외하되, 극히 일부 조항에 대해서만 일반분쟁해결절차를 적용하는 협정도 있다. 그 대표적인 예가 태국이 호주 및 뉴질랜드와 각 체결한 협정으로 '전자적 전송에 대한 무관세조치 규정'에 대해서만 FTA 내의 일반분쟁해결절차가 적용되도록 하고 있다.[16] 수차례 개정된 바 있는 '호주-싱가포르 FTA'의 경우 전자상거래 규정 중 일반분쟁해결절차 적용에서 제외되는 규정들만을 별도로 열거한 바 있으나,[17] 최근 개정된 '호주-싱가포르 디지털경제협정'은 일반분쟁해결절차가 대부분 적용되도록 하고 있다. 이와 같이 디지털무역규범에 대한 FTA 내의 일반분쟁해결절차 적용제외 조항이 있을 경우 디지털무역규범에 대한 분쟁에 대해서는 WTO를 통해서만 해결 가능하다는 의사표시로 해석하기도 한다.[18] 그러나 WTO 복수국 간 전자상거래협상이 타결되지 않고 있는 작금의 상황에서 WTO 규범만으로는 규율하기 어려운 법적 공백 때문에 FTA 등 지역무역협정을 통해 WTO plus인 디지털무역규범이 탄생했다는 측면에서, 디지털무역에 대한 분쟁을 다시 WTO로 돌아가 해결하는 것은 불가능하므로[19] 결과적으로 분쟁 자체를 회피하려는 의도로도 해석 가능하다.

4) 디지털무역협정만의 독자적 분쟁해결절차를 적용하는 형태

FTA에 디지털무역규범이 포함되는 것이 아니라 독자적인 별개의 협정으로 수립되어 있고, 당해 협정에 독자적인 분쟁해결절차를 규정하는 형태이다. 앞서 살펴본

15 더 정확하게는 GCC-싱가포르 FTA의 경우 제7장(전자상거래) 전체에 분쟁해결절차를 다루고 있는 제9장(분쟁해결)이 적용된다. 다만, 제8장(협력) 내 제8.4조(전자상거래)의 경우 제9장(분쟁해결)에서 적용 배제되도록 규정하고 있다.

16 Australia-Thailand FTA 제1109조, New Zealand-Thailand EPA 제10.8조.

17 WTO, "Provisions on Electronic Commerce in Regional Trade Agreements", WTO Working Paper ERSD-2017-11, 2017, p.25. 호주-싱가포르 FTA의 경우 2003년 발효한 이후, 2006년, 2007년, 2011년, 2017년 및 2020년까지 여러 차례 개정을 한 바 있다. 과거 버전의 경우 국내규제 프레임워크, 전자인증 및 서명, 온라인소비자보호, 온라인 개인정보보호가 일반분쟁해결절차 적용에서 제외되는 규정이라고 명시한 바 있다.

18 한설화/최원목, "국제 전자상거래의 온라인 분쟁해결에 관한 연구, 한중 FTA 접근방식을 중심으로" 「국제거래법연구」 제29권 제1호, 2016., 113면.

19 Marc D. Froese, "Digital Trade and Dispute Settlement in RTAs: An Evolving Standard?", *Journal of World Trade*, Issue 5, 2019, p.32.

'(2)' 형태는 전자상거래뿐 아니라 상품, 서비스, 지식재산권, SPS, TBT 등 여타 규정에도 적용되는 FTA 내의 일반분쟁해결절차를 적용하지만, '(4)' 형태는 디지털무역규범에만 특화된 별도의 독자적 분쟁해결절차라는 점에서 차이가 있다. 가장 대표적인 예가 DEPA인데, DEPA의 경우 모듈 14(분쟁해결)를 통해 당해 협정만의 독자적인 분쟁해결절차를 규정하고 있다. 동 협정 제14.3조는 협정의 해석 또는 적용 및 협정의 무 위반이나 불이행의 경우를 분쟁해결의 대상으로 규정하고 있다. 또한, 알선, 조정 및 중재 각 절차를 선택할 수 있는데, 부속서 14-B(조정) 및 부속서 14-C(중재)는 조정 및 중재절차를 상세하게 규정하고 있다. 특히 중재절차를 선택할 경우 FTA 내의 일반분쟁해결절차와 유사하게 양 당사국의 협의를 필수적 선결 요건으로 규정하고 있으므로 제소국은 서면으로 문제되는 조치, 기타 쟁점사항 확인, 법적 이의제기의 근거조항 등 협의요청 사유를 명시하여 협의를 개시하게 된다.[20] 협의 기간은 달리 합의하지 아니하는 한, 부패상품과 관련된 경우 요청받은 날로부터 15일, 그 밖의 경우 요청받은 날로부터 30일이다. 협의요청을 받은 날로부터 60일 이내에 해결되지 아니하는 경우 제소국은 서면으로 중재판정부 선정을 요청할 수 있다.[21] 중재판정부는 3인으로, 각국은 중재판정부 설치요청 송달일로부터 20일 이내에 중재인을 선정하여 통지하여야 하고, 중재판정부 의장 선임이 합의되지 아니하는 경우 WTO 사무총장이 요청일로부터 30일 내 지명하고, WTO 사무총장이 기일 내 지명하지 아니하는 경우 양 당사국은 PCA 사무총장에게 신속하게 의장을 임명할 것을 요청할 수 있다. 중재판정부는 조약법에 관한 비엔나협약 제31조 및 제32조에 명시된 국제법 해석원칙에 따라 DEPA를 검토하는 한편, DEPA에 포함된 WTO 협정 조항에 대해서는 WTO 패널보고서 및 상소보고서상 관련 해석을 고려할 의무가 있다.[22] 중재판정부는 합의로 판정하되, 합의가 불가능한 경우 과반수 의결로 판정할 수 있다. 당해 사안에 이해관계가 있다고 판단되는 당사국은 제3자 참여가 가능하고, 중재판정부 직권 또는 분쟁당사국의 요청으로 전문기관이나 전문가로부터 정보 및 기술자문을 구할 수 있다. 최종보고서는 발표 후 15일 이내에 일반에게 공개되고, 분쟁당사국 간 보고서상 판정과

---

20   DEPA 부속서 14-C 제14C.1조.
21   DEPA 부속서 14-C 제14C.2조.
22   DEPA 부속서 14-C 제14C.7조.

권고에 따른 합리적인 이행기간을 합의하고, 최종보고서 제출일로부터 45일 이내에 이행기간에 대하여 합의하지 못하는 경우 최종보고서 제출일로부터 60일 이내에 의장에게 회부하여 중재를 통해 결정한다. 여타 대부분의 FTA 내의 일반분쟁해결절차와 다른 점 중 하나는 당해 최종보고서가 분쟁당사국에 대하여 구속력을 가지고, 상소의 대상이 되지 않는다는 점을 명시하고 있지 않다는 점이다.[23]

한편, DEPA도 최종보고서 미이행에 따른 보상 및 혜택의 정지 규정을 포함한다.[24] 피제소국이 불일치 사항을 해결할 의도가 없음을 고지한 경우 또는 정해진 합리적 이행기간이 만료된 경우 분쟁당사국은 보상을 위한 협상을 개시하여야 한다. 그러나 협의가 개시된 후 30일 이내에 보상에 관한 합의에 도달하지 아니하거나, 보상 합의를 하였음에도 불구하고 합의 조건을 준수하지 못했다고 판단하는 경우 언제든지 피제소국에게 동등한 효력의 혜택을 중지할 의사가 있음을 서면으로 통지할 수 있다. 다만, 혜택을 정지하는 경우에는 중재판정부가 부적합 판정한 것과 '동일한 사안'에 대한 혜택의 정지를 우선적으로 고려하고, 만일 동일한 사안에 대하여 혜택을 중지하는 것이 현실적으로 가능하거나 효과적이지 아니하고 사정이 매우 중대하다고 판단되는 경우 '다른 사안'에 대한 혜택의 정지가 가능하며, 이 경우 다른 사안에 대한 혜택의 정지로 결정되었다는 근거를 명시하여 서면통지를 하여야 한다. 또한, 이 경우 중재판정부가 부적합 판정을 내린 사안의 거래, 해당 거래가 제소국에게 갖는 중요성 및 혜택의 중지로 인하여 확산될 경제효과를 고려할 의무가 있다.[25] 보상 및 혜택의 중지는 임시조치이므로 이러한 임시조치보다는 부적합을 제거하기 위한 완전한 이행

23　한-칠레 FTA 제19.44조, 한-싱가포르 FTA 제20.13조, 한-EFTA FTA 제9.10조 제1항 등. 다만, 한-미 FTA의 경우에도 최종보고서에 대한 법적 구속력 관련 조항이 포함되어 있지 아니하다.

24　DEPA 부속서 14-C 제14C.13조.

25　나아가 중재판정부가 판정한 부적합성을 제거하였고, 불복당사국의 서면 통지가 송달된 날로부터 30일 이내에 중재판정부에 이를 검토해 달라는 재심의 요청이 가능하다. 중재판정부는 요청서 송달일 이후 가능한 한 조속히 재소집하고, 재소집일로부터 90일 이내 또는 재소집한 날부터 120일 이내에 결정을 하여야 한다. 중재판정부는 혜택의 중지 수준이 명백히 과도하다고 판단하는 경우, 동등한 효력이 있다고 간주하는 혜택의 수준을 결정한다. 중재판정부는 피제소국이 부적합을 제거한 것으로 판단하지 않는 한, 신청 당사자는 판정부가 결정한 수준 또는 판정부가 결정한 수준이 아닌 경우 신청 당사자가 중단하기로 제안한 수준까지 혜택을 중지할 수 있다. 중재판정부는 신청 당사국이 원칙 및 절차를 준수하지 않았다고 판단하는 경우, 중재판정부는 판정에 원칙 및 절차의 완전한 준수를 보장하기 위해 목적이 되는 혜택을 중지할 수 있는 범위를 명시하여야 하고 당사국은 중재판정부의 결정에 부합하는 방식으로만 혜택을 중지할 수 있다.

이 선호된다. 따라서, 보상 및 혜택의 중지는 피제소국이 부적합을 제거하거나 상호 만족스러운 해결책을 도출할 때까지만 적용된다.

'아세안 전자상거래협정(ASEAN Electronic Commerce Agreement)'은 DEPA 와 같이 디지털무역규범만을 다루는 독자적 형태의 협정이다. 그러나 DEPA와는 달리 디지털무역규범에 특화된 분쟁해결절차를 적용하는 것은 아니다. 동 협정 제15 조에 따르면 '1979년 아세안 식량안보 보전협정'부터 '2018년 아세안 서비스기본협 정 이행의정서'에 이르기까지 100여개가 넘는 아세안 관련 협정에 모두 적용되고 있 는 '2004년 강화된 분쟁해결 메커니즘에 따른 아세안 의정서(ASEAN Protocol on Enhanced Dispute Settlement Mechanism of 2004)'가 아세안 전자상거래협정에도 적용되도록 규정하고 있다.[26 · 27] 동 아세안 의정서에 따르면, 분쟁당사국 간 협의를 거 쳐 제소국이 '고위경제관리회의(Senior Economic Officials Meeting, SEOM)'에 제소 함으로써 패널 절차가 개시되고, '아세안경제장관회의(ASEAN Economic Ministers: AEM)'에서 지정한 상소기구에 상소가 가능하다. 패널 또는 상소기구의 권고 및 판결 이 있는 경우 이를 이행해야 하나, 이행되지 않는 경우 동 사안은 최종적으로 아세안 정상회의로 회부되며,[28] 판정을 이행하지 않는 경우 보상 및 혜택의 정지까지 명령한 다는 점에서 대다수의 통상협정상 일반분쟁해결절차와 매우 유사하다.

5) 독자적 디지털무역협정이지만 분쟁해결절차를 마련하지 않는 형태

독자적 디지털무역협정 형태로 수립되어 있지만, 분쟁해결절차가 전혀 없는 형태 이다. '미-일 디지털무역협정'이 이 형태로 분류된다. '미-일 디지털무역협정'과 동시에 서명된 '미-일 무역협정' 제6조는 당해 협정의 운영이나 해석 관련 문제에 대한 '협의' 가 가능하다고 규정할 뿐 별도의 분쟁해결절차는 포함하고 있지 아니한 것과 비교할

---

26 나희량, "아세안 역내 분쟁해결제도 연구: 문제점 및 개선방안을 중심으로" 「동남아시아연구」 제29권 제4호, 2019., 99면 이하, 1992년 '아세안자유무역협정(AFTA)'이 체결된 이후로 같은 해 '아세안 경제협 력 강화에 관한 기본협정'에 따라 경제 관련 분쟁에 대한 아세안 내부의 독자적인 분쟁해결규정이 최초 로 수립된 바 있다. 이는 개도국이 대부분을 차지하는 아세안의 경우 WTO 등에 대한 접근이 용이하지 않다는 점 등을 이유로 탄생하였는데, 그 이후 두 번의 개정을 거쳐 채택된 '2004 강화된 분쟁해결 메 커니즘에 대한 ASEAN 의정서'는 AFTA 관련 분쟁을 포함한 경제협정과 관련된 분쟁해결을 위하여 아 세안 회원국을 위한 메커니즘을 제공하고 있다.

27 다만, 동 협정 제6조에 따른 협력사항에는 분쟁해결절차가 적용되지 아니한다.

28 나희량, 앞의 주 27, 99면.

때, '미-일 디지털무역협정'의 경우에는 '분쟁해결조항'은 물론, '협의조항'조차 없다.

(3) 사적 권리에 관한 분쟁

디지털 기술의 폭발적 발전과 함께 디지털무역규범을 포함하는 FTA 또는 DEPA와 같은 독자적 디지털무역협정 이행에 따른 각종 갈등과 분쟁이 기업이나 개인에게도 본격화될 확률이 높을 것이다. 그러나, 협정 당사국의 기업 또는 개인에게 디지털무역협정을 둘러싼 각종 분쟁이 생긴다 하더라도 디지털무역협정이 국가 간의 조약인 이상, 이들 사인은 'FTA 내의 일반분쟁해결절차' 및 '디지털무역협정의 독자적 분쟁해결절차'를 이용할 수 없다.[29] 다만, 디지털무역규범을 포함하는 FTA 또는 독자적 디지털무역협정의 경우 기업이나 개인의 분쟁을 지원할 수 있는 각종 절차적 규정을 두고 있다. 따라서 이러한 협정들에 어떠한 사적 권리에 관한 분쟁해결 내지 지원절차가 있는지, 그리고 각 경우에 따른 이용 가부 등을 살펴보고자 한다.

1) 사적 당사자의 국가를 대상으로 한 제소 가부

먼저, 예를 들어 A국과 B국 간에 디지털무역규범을 포함하는 FTA가 체결되어 있는 경우, B국의 특정 조치가 동 협정에 위배된다는 점을 근거로 A국의 기업이나 개인이 자국법에 따라 국내법원에 B국을 대상으로 제소가 가능한지 문제될 수 있다. 대부분의 협정은 '어느 당사국도 타방 당사국의 조치가 동 협정에 합치되지 아니한다는 근거로 사적 당사자가 타방 당사국에 대해 소송을 제기할 권리를 자국의 국내법에 규정하여서는 아니 된다'라고 하는 사적 당사자의 제소권에 대한 규정을 두고 있다. 우리나라가 체결한 FTA 중에서는 한-칠레 FTA, 한-미 FTA, 한-캐나다 FTA, 한-중미 FTA, 한-중 FTA. 한-캐나다 FTA, 한-호주 FTA 등이 이에 해당한다.[30] 나아가 CPTPP 제28.22조는 이에 추가하여 '타방당사국의 조치가 동 협정에 합치되지 않는 것을 근거로 할 때뿐만 아니라 타방 당사국이 동 협정상 의무이행에 실패하였다는 점을 근거'로도 국내법상 제소가 불가능하도록 규정하고 있다.

---

29 이재민, "국제분쟁해결절차의 비교법적 고찰, 국제통상·투자·상사 분쟁해결절차의 공통점 및 상이점과 그 제도적 함의"「서울대학교 법학」제55권 제2호, 2014., 292면.

30 한-칠레 FTA 제19.17조(사적인 권리), 한-미 FTA 제22.16조, 한-캐나다 FTA 제20.16조 한-중미 FTA 제22.18조(사적 권리), 한-중 FTA 제20.17조(사적 권리). 한-캐나다 FTA 제21.14조(사적 권리), 한-호주 FTA 제20.16조(사적 권리).

이는 주권국가의 경우 원칙적으로 스스로 제소하거나 자발적으로 응소하지 아니하는 한 타국 법원의 관할권으로부터 면제되는 주권면제(sovereign immunity)를 근거로 한 규정으로 이해된다.[31] 물론, 동 규정을 사적 당사자가 국내법원에서 타방당사국을 대상으로 하여 조약 규정을 근거로 제소가 가능한지에 관한 국제조약의 국내법적 효력 관련 조항으로 해석하는 견해도 있지만,[32] 그보다는 주권면제를 이유로 이에 반하는 국내법을 제정할 수 없다는 점을 확인하는 규정으로 이해하는 것이 적절할 것이다. 결론적으로, 추후 살펴볼 (5)에 따른 투자자-국가 분쟁해결절차 이외에는 사인의 타방 국가를 대상으로 직접 제소하는 것은 불가능할 것이다.

2) 사적 당사자 간의 국제적 상사분쟁

전자상거래 플랫폼을 이용한 해외직구나 빅테크 기업들의 SNS 서비스 제공 등이 활성화되면서 기업이나 개인 등 사적 당사자 간에 크고 작은 분쟁이 증가할 확률이 높다. 일부 FTA의 경우 사적 당사자들 간의 국제적 상사분쟁에 대한 해결방안으로 사적 당사자 간의 국제상사분쟁해결을 위한 중재 또는 대체적 분쟁해결 수단을 장려하고, 중재의 경우 각국 내 집행을 위한 뉴욕협약 가입 및 각국의 관련 국내법적 절차 마련을 강조하는 규정을 두고 있으므로,[33] 이를 디지털무역규범에 대한 상사분쟁에도 참고할 수 있을 것이다. 이와 같은 규정은 우리나라가 체결한 FTA 중에서 한-칠레 FTA, 한-중미 FTA, 한-캐나다 FTA 및 한-미 FTA뿐 아니라, 최근 FTA 중에서는 CPTPP 제28.23조에서도 포함되어 있다.[34] 대체적 분쟁해결제도는 FTA로 인해 생성되는 자유무역지대 내에서 발생하는 사적 당사자들 간의 분쟁에 대한 해결방안을 지원하기 위하여 사적 분쟁에 대한 국가 차원의 제도적 지원을 보장한다는 점에서 의미가 있다.[35]

사적 당사자 간의 국제적 상사분쟁해결을 위한 대체적 분쟁해결제도에 관심이

---

31   정인섭, 「신국제법강의」 제8판, 박영사, 2018., 242면.

32   김인숙, "FTA 분쟁해결절차에 관한 연구-한국이 체결한 FTA를 중심으로" 「국제법학회논총」 제52권 제2호, 2007., 115면.

33   FTA 내의 일반분쟁해결절차의 경우 별도의 조약 또는 국내법에 따른 승인이 없이도 직접적으로 우리나라에 적용 가능한 것과는 달리, 중재 또는 대체적 분쟁해결수단을 이용할 경우 별도의 집행절차가 필요하기 때문이다.

34   한-칠레 FTA 제19.18조, 한-중미 FTA 제22.19조, 한-캐나다 FTA 제21.15조 및 한-미 FTA 제22.17조.

35   김인숙, 앞의 주 33, 116면.

높은 국가는 바로 미국이다. 이와 같은 규정 도입의 배경은, FTA 관련 상사분쟁의 경우 투자자나 무역업자 간의 민간 분쟁이 주를 이룰 것인데, 이들 스스로 분쟁해결이 어려울 경우 각국 정부에 지원을 요청하더라도 상사분쟁에서의 국가의 역할은 제한적일 수밖에 없으므로 대체적 분쟁해결절차를 제대로 수립하도록 지원하는 것이 국가의 역할이라는 판단에 기인한다.[36] 미국은 1994년 발효된 북미자유무역협정(North American Free Trade Agreement: NAFTA)부터 한-미 FTA, CPTPP에 이르기까지 사적 당사자 간의 국제적 상사분쟁해결 지원 규정을 도입하고 있다. 1994.10월 'NAFTA 자유무역위원회(Free Trade Commission)'는 처음으로 '사적 상사분쟁에 관한 자문위원회(Advisory Committee on Private Commercial Disputes)'를 설립하였다. NAFTA 제2022조 제3항에 근거를 둔 동 자문위원회는 NAFTA 역내에서 발생하는 사적 분쟁해결을 지원하기 위한 중재 및 대체적 분쟁해결수단의 이용 가능성, 효과 및 이를 위한 공동분쟁해결기구 설립 등을 지원하고 있다.[37] 동 자문위원회는 대체적 분쟁해결수단의 촉진을 위한 각종 활동을 NAFTA 자유무역위원회에 보고하는 한편, 대체적 분쟁해결수단 모델규정, 중재조항 체크리스트 그리고 대체적 분쟁해결 수단을 위한 기관 관련 정보를 제공하고, 기업, 변호사 및 판사 등을 대상으로 교육활동이나 세미나 등을 개최하여 왔다.[38] 흥미로운 것은 NAFTA는 일반적인 상사분쟁에 관

36　Ginger Lew, Jean Heilman Grier, "A Role for Governments in the Resolution of International Private Commercial Disputes", Fordham International Law Journal, Volume 19 Issue 5, 1994, p.1722.

37　한설화/최원목, 앞의 주 18, 114면.

38　November 1996 Report of the NAFTA Advisory Committee on Private Commercial Disputes to the NAFTA Free Trade Commission, 동 보고서에 따르면 동 자문위원회는 4개의 분과위원회를 구성하고, 각 분과위원회가 진행 상황을 정리하여 다음과 같은 사항을 보고한 바 있다. 1분과위원회에서는 연방 및 주/지방 단위에서 NAFTA 당사국에 대한 상사중재법령과 NAFTA 지역 내 국제상사중재에 사용할 수 있는 주요 기관에 대한 정보를 수집하고 민간 당사자가 중재 기관을 선택할 때 이용할 수 있는 지침을 개발했다. 다만, 분과위원회가 직접 중재기관에 대한 평가를 수행하는 것이 적절하지 않다고 판단하고 각국의 주요 기관에서 사용하는 모델 중재 및 조정 조항을 개발했다. 또한, NAFTA 지역에서 중재 및 조정을 처음으로 이용하고자 하는 잠재적인 사용자, 특히 중소기업을 대상으로 하는 브로슈어를 준비하였다. 2분과위원회에서는 NAFTA 지역의 특정 산업 부문에 서비스를 제공하는 전문 대체분쟁해결(ADR) 비즈니스업자의 임시 목록을 작성하였고, 3분과위원회는 사적인 국제상사분쟁을 해결하기 위해 중재 및 기타 형태의 ADR 사용을 촉진하는 수단을 검토하였다. 4분과위원회는 NAFTA 당사국에서 중재 합의 및 최종 외국 중재판정 및 관련 법적 문제에 관한 협약, 법률, 법원 결정 및 관련 문헌과 관행을 조사하였고, 5분과위원회는 조정/조정을 다루는 법률 및 규정 조사하고 중재/조정 화해 계약의 설명, 분석 및 집행 가능성, 중재/조정에 따른 판정을 조사하고 농산물에 관한 민간 상업분쟁에 관한 NAFTA 자문위원회 작업을 모니터링하고 정기적으로 협의하도록 합의한 바 있다.

한 NAFTA 자문위원회뿐 아니라, 제7장(농업 및 SPS)에서도 '농산물에 대한 사적 상사분쟁'에 대한 별도의 자문위원회 설립규정을 두고 농업에 특화된 전문가 등으로 구성된 자문위원회를 운영해 왔다는 점이다.[39] 동 자문위원회는 농산물업체 및 중소기업을 위해 가장 효과적인 분쟁해결 방안은 독립적 기관을 설립하는 것이라고 판단한 결과, '과실·채소 분쟁해결기구(Fruit and Vegetable Dispute Resolution Corporation)'를 설립하고, 공통되는 무역표준, 조정 및 중재절차에 합의한 바 있다.[40]

USMCA는 'NAFTA 1994로부터의 전환규정'에 의거하여, USMCA에서도 그대로 'NAFTA 사적 상사분쟁에 관한 자문위원회(Advisory Committee on Private Commercial Disputes)'를 계승하고 있다.[41] NAFTA와 마찬가지로 USMCA도 '전자상거래'의 장에 특화된 사적 당사자 간의 국제적 상사분쟁해결 관련 규정이 있는 것은 아니고 일반적인 '분쟁해결'의 장에서 이를 다룬다. USMCA의 '대체적 분쟁해결' 조항에 따라 각 당사국은 중재 합의를 준수, 중재 판정 및 합의안의 승인 및 집행을 보장하기 위하여 중재절차를 촉진하고 장려하기 위한 적절한 절차를 제공하여야 한다. 나아가 국제 상사분쟁 해결에 대한 전문 지식이나 경험을 가진 사람으로 구성된 USMCA '사적 상사분쟁에 관한 자문위원회(Advisory Committee on Private Commercial Disputes)'는 가능한 범위 내에서 교육을 통해 중재, 조정, 온라인 분쟁해결 등의 사용 및 국제 상거래 분쟁의 예방 및 해결을 장려, 촉진 및 홍보한다. 동 자문위원회는 중재, 조정, 중재의 가용성, 사용 및 효과에 관한 일반적인 문제에 대해 위원회에 보고하고 권고할 수 있다.[42] USMCA 자문위원회에 대한 위임사항(terms of reference)도 별도로 마련되어 있다.[43] 2023.3월 현재까지 USMCA 자문위원회는 2021.6월 및

---

39 NAFTA 제707조(농산물에 관한 사적 상사분쟁에 관한 자문위원회).

40 Luis Miguel Diaz, Nancy A. Oretskinp, "Mediation Furthers the Principles of Transparency and Cooperation to Solve Disputes in the NAFTA Trade Area". *Denver Journal of International Law and Policy,* Volume 30 Number 1, 2001, p.78.

41 USMCA 제34.1조.

42 USMCA 제31.22조 제4항.

43 위임사항(terms of reference)에 따르면, 동 자문위원회는 각 당사국으로부터 온 최대 10명의 위원으로 구성되고, 이 중 2명은 당사국을 대표하는 공무원이, 나머지 8명은 외부에서 선임될 수 있으며, 각 당사국은 최대 3명의 대체 위원을 지명할 수도 있다. 각 당사국은 위원회 위원을 자체적으로 임명하고, 그 임명 조건을 정할 수 있고 정부 대표는 위원회의 의장 역할을 수행한다. 의장은 위원들과 협의한 후 합의에 따라 모든 조치를 승인하고 위원회의 모든 보고서를 작성하며, 모든 위원회 구성원의 견해와 입장

2022.9월 2차례의 회의를 개최하는 등 적어도 1년에 1회 회동을 하며 운영되고 있다.[44] USMCA 자문위원회가 NAFTA와 다른 점은 중재 및 기타 대체적 분쟁해결방안 뿐 아니라 바로 '온라인분쟁해결'까지도 교육하고 사용을 장려하며 촉진하고자 한다는 점이다.[45] '전자상거래'에 관한 규정이 전무하던 NAFTA와는 달리 USMCA가 '디지털무역'이라는 제목의 별도 장(Chapter)을 통해 디지털무역규범을 정교화한 가장 대표적인 FTA라는 점에서 민간 상사분쟁에서도 온라인분쟁해결 방안의 중요성을 더욱 강조하는 것으로 보인다.

3) 통신서비스의 경우 사적 당사자의 분쟁

WTO는 기본통신협정에서 상호접속 기본원칙이 출발하면서 참조문서(reference paper)를 통해 상호접속에 대한 분쟁발생 시 서비스 공급자와 독립적인 규제기관을 통해 이의제기할 수 있도록 보장한 바 있다. 나아가 한-미 FTA[46]는 당사국의 조치에 대한 분쟁해결을 위하여 통신규제기관 등에 이의신청을 할 수 있고 지배적 사업자에게 상호접속을 요청한 타방 당사국 공중통신 사업자는 상호접속의 조건 및 요율에 대하여 통신규제기관의 심사 청구가 가능하도록 하였으며, 규제기관의 결정에 의해 법익을 침해당한 기업의 통신규제기관의 재검토 요청 및 통신규제기관의 결정에 의해 법익을 침해당한 기업이 사법당국에 대한 재심 요청이 가능하도록 한 바 있다.[47] 한

을 충분히 고려하여 위원회에 제출해야 할 권고안을 결정한다. 위원회는 본 운영원칙의 범위 내에서 특정 사안을 다루기 위해 소위원회를 설치할 수 있다. 소위원회는 양 당사자가 합의하는 경우 위원회의 위원이 아닌 개인을 포함할 수 있으며, 이 경우 각 당사자는 해당 소위원회에 자체 위원을 임명할 수 있다. 위원회는 매년 최소 한 차례 회의를 개최하며, 이 때 위원회는 본 기준약관의 수정을 적절히 검토하고 고려할 수 있다.

44 캐나다 정부 USMCA 홈페이지 자료,
https://www.international.gc.ca/trade-commerce/trade-agreements-accords-commerciaux/agr-acc/cusma-aceum/comittees-comites.aspx?lang=eng (2023. 3. 13. 최종방문),

45 USMCA 제31.22조 제4항.

46 한-미 FTA 제14.19조.

47 관계부처 합동, "한-미 FTA 주요 내용", 2012., 139면에 따르면 이와 관련된 미국 국내법으로는 수수료 미지급에 따른 연방통신위원회(FCC)의 인허가 취소 조치에 대해 당사자가 FCC에 이유를 제시해 줄 것을 요청할 수 있는 규정(47 USC 159(c)), 미국 통신법 규정 위반 사항에 대해 FCC 또는 연방법원에 이의신청을 할 수 있는 규정(47 USC 206~208), 상호접속 관련 협상 과정에서 발생하는 쟁점 사항을 조정해줄 것을 협상당사자가 주 위원회에 요청할 수 있는 규정(47 USC 252), FCC의 조치에 대한 재검토 요청, 법원의 재심 요구 등 가능한 규정(47USC 401~408) 등이 있다.

편, 한-EU FTA는 서비스공급자 간 또는 서비스공급자와 이용자 간 분쟁해결을 위하여 서비스공급자가 규제당국에 분쟁해결을 신청할 수 있도록 보장할 뿐 아니라, 공중통신 전송망 또는 서비스의 공급자 간 분쟁이 발생하는 경우 규제기관은 가능한 한 최단기한 내에 분쟁해결을 위한 구속력 있는 결정을 내리도록 보장하고 있다.[48] 한-미 FTA는 공중통신사업자 등 사적 당사자 간 분쟁이 있을 경우 규제기관에 심사요청이 가능하도록 제도적으로 보장하였다는 데 의의가 있는 반면, 한-EU FTA의 경우 사적 당사자 간 분쟁 시 규제기관으로 하여금 최단 기간 내에 구속력 있는 결정을 내릴 의무까지 명시함으로써 신속한 분쟁해결을 지원하고 있다. 나아가 EU-영국 무역협력협정[49]은 사업 기밀 유지 요건을 고려하여 통신규제기관의 결정을 대중에게 공개되도록 하고 관련 당사자에게는 결정의 근거가 되는 이유 관련 진술기회 및 항소권을 부여할 뿐 아니라, 동 절차 관련 당사자 중 어느 일방이 사법 기관에 소송을 제기할 수 있도록 보장하고 있어 절차의 보장 및 투명성을 강조하고 있다. 통신서비스도 디지털무역과 밀접한 관련이 있는 이상, 사적 당사자는 분쟁 시 이와 같은 규정 활용을 고려할 수 있다.

4) 행정절차상의 지원과 투명성 확보

한-캐나다 FTA 및 한-중미 FTA[50]의 경우 디지털무역/전자상거래 규범을 망라하는 모든 FTA 규정 해석이나 적용문제가 국내 사법 또는 행정기관에서 발생할 경우

---

48 한-EU FTA 제7.36조.

49 ARTICLE 171 Resolution of telecommunications disputes
   1. Each Party shall ensure that, <u>in the event of a dispute arising between suppliers of telecommunications networks or telecommunications services in connection with rights and obligations that arise from this Section, and upon request of either party involved in the dispute, the telecommunications regulatory authority issues a binding decision within a reasonable timeframe to resolve the dispute.</u>
   2. <u>The decision by the telecommunications regulatory authority shall be made available to the public,</u> having regard to the requirements of business confidentiality. The parties concerned shall be given a full statement of the reasons on which it is based and shall have the right of appeal referred to in Article 167(4).
   3. The procedure referred to in paragraphs 1 and 2 shall not preclude either party concerned from bringing an action before a judicial authority.

50 한-캐나다 FTA 제21.13조 및 한-중미 FTA 제22.17조, 단, 동일한 조항이 한-칠레 제19.16조에도 있지만 한-칠레 FTA는 캐나다 및 중미 FTA와는 달리 전자상거래 조항이 없다.

당사국 간 합의로 해결하는 규정을 가지고 있다. 즉, 어느 당사국 내의 사법 또는 행정절차에서 당해 협정의 해석이나 적용이 문제되고 당해 사법 또는 행정기관이 당국의 입장을 요청한 경우, 요청받은 당사국은 타방당사국에 이를 통보해야 하고, 양국은 가능한 한 조속히 적절한 합의를 이루기 위하여 노력한다. 사법 또는 행정기관 소재 당사국은 양국이 참여한 자유무역위원회(Free Trade Commission)를 통해 합의된 해석을 국내 사법 또는 행정기관에 제출할 수 있되, 합의에 이르지 못하는 경우 자국의 견해를 당해 사법 또는 행정기관에 제출할 수 있다. 비록 미합의 시 일방 당사국의 견해가 제출된다 하더라도, 우선적으로는 양국 간 협의로 협정 해석이나 적용 문제를 해결하고자 한다는 점에서, 일방 당사국 한쪽만의 해석보다는 양당사국의 합의에 근거한 해석을 이끌어 내어 보다 최종적인 결론을 도출할 수 있도록 지원한다는 장점이 있다.

이외에도 일부 협정에서는 투명성의 장(Chapter)을 통해 행정절차에서 사인에게 절차와 관련된 통지를 제공하고 주장을 제시할 기회를 제공하도록 보장한다. 예컨대, 한-페루 FTA[51]의 경우 협정에 따른 조치를 일관되고 공평하며 합리적으로 운영하기 위하여 다른 쪽 당사국의 특정한 인, 상품 또는 서비스에 조치를 적용하는 자국의 행정절차에 있어 다른 쪽 당사국의 인에게, 그 절차의 성격에 대한 기술, 절차가 개시되는 법적 권한에 대한 진술 및 쟁점에 대한 일반적 기술을 포함한 합리적인 통지의 제공 및 최종 행정처분 이전에 자신의 입장을 뒷받침하는 사실과 주장을 제시할 합리적인 기회 제공 등을 규정하고 있다. DEPA 모듈 13(투명성)의 경우에도 '일반적으로 적용되는 행정결정'이란 특정 사인에게 국한되지 아니하는 당해 협정의 이행과 관련된 결정이나 해석으로 정의하고, 이와 같은 행정결정에 대하여 이해관계자가 의견을 제시할 기회를 부여한다. 또한, 행정심판절차에서 다른 쪽 당사국의 사인에게 통지 및 행정심판 절차에서 당해 사인이 직접 의견을 제시할 합리적 기회를 제공하도록 규정하고 재심절차를 보장함으로써 사인의 분쟁 시 행정적 지원을 하고 있다.

5) 투자자-국가 분쟁해결절차

디지털기술의 확산으로 인하여 기업들의 투자유형도 변화하고 있다. 디지털 기술의 급격한 발전으로 말미암아 각국에서 어떠한 규제가 시행될지에 대한 불확실성이

---

51   한-페루 FTA 제21.3조(행정절차) 및 제21.4조(재심 및 불복청구).

높아지는 한편, 기술의 발전으로 규제가 필요한 새로운 분야가 급증하면서 보호무역주의와 같은 요소들도 함께 등장할 것으로 예측된다. 특히 급증하는 보호무역주의는 반투자적 정서를 부추기며 자칫 규제 차별의 원동력으로 작용할 수도 있다. 규제조치는 필연적으로 디지털기술보다 뒤쳐질 수밖에 없기에 투자 시 관련 규제의 부재로 인하여 예측 불가능성이 증가하고 투자자로 하여금 사전에 차별적 규제를 예측하고 대응하기 어렵게 한다.[52] 디지털 경제에 따르는 이와 같은 요인들은 외국인 투자자를 규제 위험에 노출시키고 투자자들과 투자유치국 간의 갈등이 야기되며 향후 투자자-국가 분쟁해결절차 등을 이용하게 될 가능성도 없지 않다. 대부분의 FTA가 투자의 장에서 투자자-국가 분쟁해결절차를 갖추고 있으므로, 위와 같은 투자유치국의 디지털 분야 관련 조치가 공정·공평한 대우 의무 등 협정에 위반되는 경우 사인인 기업은 투자유치국을 대상으로 한 제소가 가능할 것이다.

(4) 제도적 한계

살펴본 바와 같이 디지털무역협정에는 국가 간 분쟁을 규율하는 '일반분쟁해결절차' 및 사적 권리에 관한 분쟁해결 내지 분쟁 지원절차가 일부 포함되어 있지만, 다음과 같은 제도적 한계가 지적될 수 있다.

우선 국가 간 분쟁과 관련된 제도적 한계를 살펴보고자 한다. II.2.(1)에서 설명한 바와 같이 태동기의 디지털무역/전자상거래 규범은 대부분이 노력규정이나 선언적 규정에 불과하였고, '전자적 전송에 대한 무관세조치' 또는 '디지털제품에 대한 비차별대우' 등 극히 일부 조항만이 의무규정으로 존재하였다. 그러나, CPTPP 이후 전환기를 맞이하며 기존 국제무역이 다루지 아니하던 '데이터'가 무역의 대상으로 등극하고 관련 규정이 신규도입되면서 상품무역이나 서비스무역 등 전통적인 무역에 적용되는 FTA 내의 일반분쟁해결절차만으로는 더 이상 디지털무역규범을 다루기 어려운 경지에 이르렀다. 그럼에도 불구하고 디지털무역협정에서는 여전히 상품무역뿐만 아니라 서비스무역, TBT, SPS 등 모든 분야에 일률적으로 적용되는 'FTA 내의 일반분쟁해결절차'만을 적용하도록 하고, '디지털무역에 특화된 분쟁해결절차'는 별도로 존

---

52 Robert Ginsburg, "Investor-State Dispute Settlement in the Digital Economy: The Case for Structured Proportionality", *Northwestern Journal of International Law and Business*, Volume 39 Issue 2, 2019, p.177.

재하지 아니한다는 점이다. 물론 DEPA의 경우에는 독자적 분쟁해결절차를 포함하고
있지만, 협의 기간, 중재판정부 구성, 중재인의 자격, 최종판정문 작성 기간뿐 아니라
판정 미이행 시 보상 및 혜택의 중지에 이르기까지 대부분의 절차가 FTA 내의 일반
분쟁해결절차와 다를 것이 없되, FTA 내의 일반분쟁해결절차와 유일하게 다른 점 중
하나는 조약법에 관한 비엔나협약에 의거하여 협정을 해석하되, WTO 패널보고서 및
상소기구보고서 해석을 고려할 '의무규정'이 추가되어 있다는 것이다. 그러나 DEPA
가 WTO plus 조항임을 고려할 때 WTO 패널 및 상소기구 보고서 등 전례 해석을 고
려하는 것은 큰 의미가 없을 뿐 아니라 전례의 참고를 문제점으로 지적하며 WTO 개
혁을 주장하는 미국 등 일부 국가들의 반감으로 인해 DEPA 참가국 확대에 부정적 영
향을 줄 수 있다. 사실, 기존 FTA의 경우에도 모든 분야에 대한 일률적인 일반분쟁해
결절차 적용을 지양하고 다양하게 변형된 별도의 절차를 모색하여 왔다. 예를 들어
한-미 FTA 부속서 22-가의 경우 자동차에 대한 신속분쟁 해결절차 및 관세 snap-
back 조항을 두고 자동차와 같은 특정 물품에 대한 특별분쟁해결절차를 별도로 마련
한 바 있다. 한-EU FTA 부속서 14-가를 통한 '비관세조치에 대한 중개(mediation)'
절차 역시 비관세조치 문제 해결을 위한 별도의 특별분쟁해결절차라고 평가할 수 있
다. 최근 발효된 '호주-싱가포르 디지털경제협정'의 경우에도 '부속서 나'를 통해, 국
경 간 데이터 이동 또는 금융서비스 컴퓨터 설치 위치 등 디지털에 연계된 금융서비
스에 대한 분쟁인 경우 중재판정부를 금융서비스법에 대한 전문가 등을 위촉하도록
하는 등 이에 맞게 분쟁해결절차를 변형하여 적용하고 있다.

나아가 FTA 내의 일반분쟁해결절차 및 WTO와 같은 다자무역규범상 분쟁해결
절차에서도 국가 간 이해관계 균형 회복이라는 측면에서 중재판정부에 따른 판정 결
과 조치의 철회나 변경이 뒤따를 뿐, '보상'은 규모에 대한 합의의 어려움으로 거의 사
용되지 않았다. 그런데 눈에 보이지 않는 무형물을 다루는 디지털무역의 경우에는 상
품무역 등 전통적인 무역거래보다 더 분쟁으로 인한 피해가 간접적이고도 광범위하
게 나타날 수밖에 없으므로 이에 대한 보상 규모를 협의하는 것은 거의 불가능에 가
깝다. 더욱이 새로운 비즈니스 분야에 걸쳐 나타나는 디지털무역의 특성상 전통 무역
거래에 비해 혜택의 중지를 위한 '동종분야'가 무엇인지 판단하기 어렵다. 이러한 여
러 문제점에도 불구하고 '일반분쟁해결절차'를 디지털무역협정에 그대로 적용하는 것

은 제도적 개선이 필요함에도 불구하고 아직까지 디지털무역협정에 대한 국가 간 분쟁해결절차는 과거의 일반분쟁해결절차를 답습하는 경향이 있다. 예컨대, 현재 진행 중인 WTO 복수국 간 전자상거래협정에서 캐나다가 당해 협정에 분쟁해결양해로 적용되는 GATT 제22조 및 제23조, GATS 제22조 및 제23조가 협의 및 분쟁해결에 적용되도록 문안을 제안한 바 있는데,[53] 이는 앞서 살펴본 문제점을 그대로 답습하는 것으로 보인다.

다음으로 사적 권리에 관한 분쟁과 관련하여 살펴보고자 한다. 사적 당사자의 국제적 상사분쟁을 위한 대체적 분쟁해결제도 관련 규정이 도입되어 왔지만, 이 역시 디지털무역/전자상거래상 상사분쟁에 특화된 대체적 분쟁해결제도가 아니라 보편적인 상사분쟁과 관련된 모색이었다는 한계가 있다. 나아가 이와 같은 보편적 상사분쟁에 대한 대체적 분쟁해결제도 역시, 자문위원회를 꾸려 교육이나 홍보 등에 힘썼음에도 불구하고 NAFTA의 경우 부패하기 쉬운 농산물에 대하여 제한적으로 관련 기관이 설립되었고 이에 대한 특별 중재, 조정 절차가 합의되는 것에 그쳤을 뿐이다. 더욱이 기존 국제적 상사분쟁을 위한 대체적 분쟁해결제도 규정은 결정적인 흠이 있다. '상사중재'에 있어서의 분쟁당사자는 대체로 국제거래의 주체인 '기업'이다.[54] 그러나 최근 디지털무역협정의 경우 기업뿐 아니라 개인도 협정의 핵심적인 주체로 등장하고 있을 뿐만 아니라, 개인정보 보호나 명예회복을 위한 분쟁, 개인의 잊혀질 권리에 대한 온라인플랫폼이나 SNS의 침해, 개인의 데이터 주권, 게임서비스를 이용하는 개인의 게임 아이템 거래 시 분쟁 등 상사거래만으로는 포섭할 수 없는 다채로운 갈등 이슈가 불거지고 있다. 따라서 무역, 건설, 보험, 운송 또는 금융과 관련된 기업 분쟁이 위주인 '국제적 상사분쟁을 위한 대체적 분쟁해결제도' 지원만으로는 폭넓은 스펙트럼의 디지털무역 분쟁들을 아우를 수 없는 한계가 있다.[55]

---

53 JOINT STATEMENT ON ELECTRONIC COMMERCE COMMUNICATION FROM CANADA, INF/ECOM/34, 11 June 2019, "Article 17 Dispute Settlement, Articles XXII and XXIII of the GATT 1994 and Articles XXII and XXIII of the GATS, as elaborated and applied by the Dispute Settlement Understanding, apply to consultations and the settlement of disputes arising under this Agreement."

54 석광현, "국제분쟁해결의 맥락에서 본 국제상사중재"「서울대학교 법학」제55권 제2호, 서울대학교 법학연구소, 2014., 240면.

55 한설화/최원목, 앞의 주 18, 113면.

3. 결론

각국은 디지털무역의 확산을 뒷받침하기 위한 규범 수립에 박차를 가하고 있다. 빅테크 기업을 다수 보유하고 있는 미국은 세계에서 가장 큰 서비스 무역국이다. 미국 전체 서비스 수출의 약 86%가 ICT 네트워크를 통해 전송될 정도로[56] 다양한 분야의 미국 기업들은 인터넷 및 디지털기술을 적극적으로 활용하고 있다. 미국은 자국 기업들을 지원하기 위하여 '인도·태평양경제프레임워크(Indo-Pacific Economic Framework)', '미국-대만 간 21세기 무역 이니셔티브(United States-Taiwan Initiative on 21st Century Trade)', '미국-영국 아틀란타 무역 대화(U.S.-UK Dialogues on the Future of Atlantic Trade)', '미국-케냐 전략적 무역투자 파트너십' 등을 적극적으로 확대해 나가는 한편, 이들을 통한 디지털무역규범 생성에도 박차를 가하고 있다. 한국의 경우에도 2023.1.14. 최초의 디지털무역협정으로 평가되는 한-싱가포르 디지털동반자협정이 발효했다.

이렇게 복잡한 상황 속에서 디지털무역규범을 둘러싼 갈등과 분쟁이 더욱 악화될 것으로 예상된다. 그러나 앞서 살펴본 바와 같이 각국은 디지털무역협정상 이를 해결하기 위한 분쟁해결절차에 대해서는 침묵하거나 과거 일반분쟁해결절차의 변화 없는 답습을 하고 있다. 특히, 소비자 및 기업 등 사인의 이해관계가 한층 복잡화되면서 이들을 고려한 각종 분쟁해결제도 설계가 시급하다. 그러므로 디지털무역협정상 '국가 간 분쟁'의 경우 디지털무역의 특성을 고려하여 기존 제도의 수정을 모색해야 할 뿐 아니라, '사인을 위한 구제절차 부속서'를 신설하여 온라인 분쟁해결센터 등을 제대로 갖출 수 없는 해외 중소기업의 온라인 마켓을 이용한 소비자를 위한 보다 현실적인 구제방안을 지원할 필요가 있다. 해외 전자상거래 플랫폼을 이용한 물품 구매 또는 해외 기업의 SNS 이용으로 인해 비경제적 피해를 입은 소비자의 경우 어디에 연락해야 할지, 당해 해외기업 본사나 서비스지원센터가 어느 국가에 위치해 있고 한국어로 연락이 가능한지조차 알 수 없는 막막한 현실이다. 이제는 이에 대한 보다 현실적인 구제책이 디지털무역협정에서도 반영되어야 할 시기이다.

---

[56] USTR, "2023 Trade Policy Agenda and 2022 Annual Report", 2023, p.146.

Notes & Questions

※ 핵심 내용

지도 반출거부, 인앱결제에 관한 전기통신사업법 개정안 등 디지털무역을
둘러싼 국가 간 통상분쟁이 격화되면서 이는 기업이나 소비자와 같은 사인
간의 분쟁으로 확대되고 있다. 한편, 디지털무역협정이 발전하면서 당해 협
정의 목표가 수정될 뿐 아니라, 전통적 무역협정과는 달리 기업 및 개인도
직접적인 이해관계자로 등장하고 있다. 더욱이 '가치' 중심적인 디지털무역
규범이 대거 등장하면서 분쟁의 양상은 전보다 훨씬 더 복잡해지고 있다. 이
에도 불구하고 디지털무역협정은 여전히 상품무역뿐만 아니라 서비스무역,
TBT, SPS 등 모든 분야에 일률적으로 적용되는 'FTA 내의 일반분쟁해결절
차'만을 적용할 뿐, '디지털무역에 특화된 분쟁해결절차' 설계는 아직까지 정
교하게 발전하고 있지 않은 형편이다. FTA 내에 사적 당사자의 국제적 상사
분쟁을 위한 대체적 분쟁해결제도 관련 규정이 도입되어 왔지만, 이 역시 디
지털무역이나 전자상거래상 상사분쟁에 특화된 대체적 분쟁해결제도는 아
니라는 한계가 있다.

※ 토론주제

1. 디지털통상을 둘러싼 갈등이 첨예화되면서 분쟁으로 비화될 소지가 높아
   지고 있는데, 이를 WTO 분쟁해결절차를 이용하여 해결할 경우의 문제점
   은 무엇인가?
2. FTA 일반분쟁해결절차를 이용하여 판결을 할 경우의 문제점은 무엇인가?
3. 디지털통상협정상 분쟁해결 전 단계에서 분쟁을 예방할 수 있는 방안은
   무엇이 있는가?

부록

디지털통상 연구와 학습을 위해 참고할 만한 자료

디지털통상 협정

- TAPED

  https://www.unilu.ch/en/faculties/faculty-of-law/professorships/manag-
  ing-director-internationalisation/research/taped

- E-Commerce Analysis

  https://tom-walker.shinyapps.io/e-commerce_app

디지털통상 정책

- Digital Policy Alert

  https://digitalpolicyalert.org/?url=digital_policy

- USTR, ICT Services and Digital Trade

  https://ustr.gov/issue-areas/services-investment/telecom-e-commerce

디지털무역 제한 지수

- OECD Digital Services Trade Restrictiveness Index

  https://goingdigital.oecd.org/en/indicator/

- ECIPE Digital Trade Restrictiveness Index

  https://ecipe.org/dte

비관세 장벽

- USTR NTE reports

  https://ustr.gov/about-us/policy-offices/press-office/reports-and-publications

국제기구

- APEC, Digital Economy
  https://www.apec.org/groups/committee-on-trade-and-investment/digi-tal-economy-steering-group

- European Commission, Digital Trade
  https://policy.trade.ec.europa.eu/help-exporters-and-importers/access-ing-markets/goods-and-services/digital-trade_en

- OECD Digital Trade Inventory
  https://www.oecd.org/trade/topics/digital-trade

- UNCTAD Global Cyberlaw Tracker
  https://unctad.org/topic/ecommerce-and-digital-economy/ecom-merce-law-reform/summary-adoption-e-commerce-legislation-worldwide

- WTO Digital Technologies and Trade
  https://www.wto.org/english/tratop_e/dtt_e/dtt_e.htm

기타 기관

- Berkman Klein Center for Internet & Society
  https://cyber.harvard.edu/

- Center for Global Development
  https://cgdev.org

- Hinrich Foundation Digital Trade Research Project
  https://www.hinrichfoundation.com/research/project/digital-trade-re-search-project

- Information Technology and Innovation Foundation
  https://itif.org

- Oxford Internet Institute
  https://www.oii.ox.ac.uk

- World Economic Forum, the Digital Economy
  https://www.weforum.org/topics/future-of-the-internet

디지털통상 관련 데이터

- Global Data Governance Mapping
  https://datagovhub.letsnod.com

- ITIF A Global View of Barriers to Cross-Border Data Flows
  https://itif.org/publications/2021/07/19/global-view-barriers-cross-border-
  data-flows

- Word Bank Indicators - Infrastructure
  https://data.worldbank.org/indicator

- CEPII Gravity database
  http://www.cepii.fr/CEPII/en/bdd_modele/bdd_modele_item.asp?id=8

- Trade, Tariffs, and GVC database
  https://wits.worldbank.org

- ITU ICT Indicator
  https://www.itu.int/en/ITU-D/Statistics/Pages/publications/wtid.aspx

찾아보기

디지털통상론

초판발행	2024년 1월 31일
지은이	곽동철·권현호·김민정·노재연·서정민·이주형·이효영·한주실
펴낸이	안종만·안상준
편 집	탁종민
기획/마케팅	조성호
표지디자인	BEN STORY
제 작	고철민·조영환
펴낸곳	(주) **박영사**
	서울특별시 금천구 가산디지털2로 53, 210호(가산동, 한라시그마밸리)
	등록 1959.3.11. 제300-1959-1호(倫)
전 화	02)733-6771
f a x	02)736-4818
e-mail	pys@pybook.co.kr
homepage	www.pybook.co.kr
ISBN	979-11-303-1901-8 93320

*파본은 구입하신 곳에서 교환해 드립니다. 본서의 무단복제행위를 금합니다.

정 가   25,000원